A DIMENSÃO SOCIOAMBIENTAL DO DIREITO FUNDAMENTAL AO TRABALHO DIGNO

UMA ANÁLISE A PARTIR DO ASSÉDIO ORGANIZACIONAL NOS BANCOS DO DISTRITO FEDERAL

Valéria de Oliveira Dias

A DIMENSÃO SOCIOAMBIENTAL DO DIREITO FUNDAMENTAL AO TRABALHO DIGNO

UMA ANÁLISE A PARTIR DO ASSÉDIO ORGANIZACIONAL NOS BANCOS DO DISTRITO FEDERAL

LTr®

LTr®

LTr Editora Ltda.

Rua Jaguaribe, 571
CEP 01224-003
São Paulo, SP — Brasil
Fone (11) 2167-1101
www.ltr.com.br
Agosto, 2020

Produção Gráfica e Editoração Eletrônica: R. P. TIEZZI
Projeto de Capa: DANILO REBELLO
Impressão: META BRASIL

Versão impressa — LTr 6255.7 — ISBN 978-85-301-0154-1
Versão digital — LTr 9685.7 — ISBN 978-85-301-0197-8

Dados Internacionais de Catalogação na Publicação (CIP)
(Câmara Brasileira do Livro, SP, Brasil)

Dias, Valéria de Oliveira

A dimensão socioambiental do direito fundamental ao trabalho digno : uma análise a partir do assédio organizacional nos bancos do Distrito Federal / Valéria de Oliveira Dias. — São Paulo : LTr, 2020.

Bibliografia.

ISBN 978-85-301-0154-1

1. Ambiente de trabalho 2. Assédio moral 3. Bancos — Distrito Federal (Brasil) 4. Direito do trabalho 5. Direito fundamental 6. Saúde mental 7. Trabalhadores — Saúde I. Título.

19-32301 CDU-34:331.101.21

Índice para catálogo sistemático:

1. Direito fundamental ao trabalho digno : Direito trabalhista 34:331.101.21

Cibele Maria Dias — Bibliotecária — CRB-8/9427

Para Gabriel, sempre.

Agradecer significa:
Tomar o que me é dado,
Segurá-lo com respeito nas mãos,
Acolhê-lo dentro de mim,
Em meu coração,
Até que percebo internamente:
Agora é uma parte de mim.
Agradecer é também
Aplicar o que me foi dado
E se tornou uma parte de mim
Numa ação que permita a outros
Alcançar também o que me enriqueceu
Só então o que me foi dado
Alcança sua plenitude.
Bert Hellinger

Aos meus pais, Liadar Dias de Sousa (*in memoriam*) e Lúcia Batista de Oliveira Dias, pela vida, pela dedicação e pelo amor. Especialmente a minha mãe, meu exemplo de vida, por me ensinar que o caminho da liberdade está na educação.

Às minhas irmãs, Giselle de Oliveira Dias e Luana de Oliveira Dias, pelas risadas garantidas, pela amizade e pelo amor. Vocês serão eternamente minhas meninas. Luana (Neném), obrigada pelos gráficos. Ficaram perfeitos!

Ao meu companheiro, Thiago Vilela Dania, pelo cuidado com o nosso menininho durante as minhas muitas ausências. Só cheguei até aqui por saber que Gabriel estava bem com o papai. Reconheço sua demonstração de amor por mim. Obrigada! Amo nossa família.

Ao meu filho, Gabriel, pelo amor incondicional. É recíproco, menininho da mamãe.

À Profa. Dra. Gabriela Neves Delgado, orientadora desta pesquisa, por me conduzir neste caminho com firmeza e por ser, a um só tempo, "*colo que acolhe, braço que envolve, palavra que conforta, silêncio que respeita, alegria que contagia*". Obrigada por seu encantamento contagiante pela pesquisa e por sua visão alargada e inclusiva do Direito, que transborda para a vida (ou seria o inverso?). Obrigada por me instigar a alçar voos cada vez mais altos, tanto na pesquisa acadêmica quanto na vida. Gabriel é o mais belo presente de toda uma vida e esse presente também é seu. Não existem palavras que possam dimensionar minha gratidão. Obrigada, obrigada...

Ao Ministro do Tribunal Superior do Trabalho, Prof. Dr. Mauricio Godinho Delgado, por vivenciar a marcante teoria humanista e social presente em seus livros no cotidiano do trabalho. Como afirma Paulo Freire, a "teoria sem a prática vira 'verbalismo', assim como a prática sem teoria vira ativismo. No entanto, quando se une a prática com a teoria, tem-se a práxis, a ação criadora e modificadora da realidade". Obrigada por criar e modificar realidades, inclusive a minha. Obrigada, também, pelo apoio para a conclusão desta obra.

À Janaina Alves Rocha Ivo, chefe de gabinete, e aos amigos queridos Patrícia, Lucas, Denise, Fernanda e Renato, por tornar o dia a dia no trabalho mais leve, acolhedor e divertido. Vocês são todos e todas muito especiais!

Ao Prof. Dr. Menelick de Carvalho Netto, pelos muitos e valiosos ensinamentos nos campos da Filosofia Política, da Teoria Crítica e do Direito Constitucional que marcaram profundamente minhas reflexões acerca do Direito do Trabalho. Muito obrigada, de igual modo, por me ensinar que a escrita se revela denúncia e, em especial, pelo privilégio de sua presença na Banca de Defesa de dissertação que resultou na presente obra.

À Profa. Dra. Ana Magnólia Mendes, cujo compromisso com o sujeito no trabalho, demonstrados pelo incansável aprimoramento de suas pesquisas na Clínica do Trabalho e pela construção dialógica no exercício da docência, revelou a importância da interdisciplinaridade solidária como potência para provocar mudanças qualitativas na vida dos sujeitos trabalhadores. Seu riso fácil e sua capacidade de se mobilizar pelo sofrimento de outrem também são potências transformadoras. De um modo especial, transformou-me também. Obrigada!

Ao Prof. Dr. Ricardo José Macêdo de Britto Pereira, Colíder do Grupo de Pesquisa da Faculdade de Direito da Universidade de Brasília "Trabalho, Constituição e Cidadania", cuja gentileza na docência, abertura para o diálogo e incentivo para a pesquisa são marcos fundamentais na minha trajetória desde a época em que eu ainda era aluna especial da Pós-Graduação em Direito. Muito obrigada por aceitar o convite para compor a Banca de Defesa da dissertação que resultou na presente obra. Sinto-me honrada.

À Profa. Dra. Maria Cecília de Almeida Monteiro Lemos, pela amizade e pelo compartilhar de alegrias e angústias. Sua trajetória na vida acadêmica e seu dinamismo na luta pela Democracia e por inclusão social são admiráveis. Agradeço muitíssimo por sua presença na Banca de Defesa da dissertação que resultou na presente obra. Companheira, você é brilhante!

Aos pesquisadores do Grupo de Pesquisa da Faculdade de Direito da Universidade de Brasília "Trabalho, Constituição e Cidadania", Lara Parreira Faria Borges, Thiago Vilela Dania, Luciana Conforti, Milena Pinheiro, Noêmia Porto, Marthios Savio Lobato, Rodrigo Leonardo e todos os outros que, nos inúmeros debates, contribuíram para esta pesquisa. À querida Renata de Queiroz Dutra pela generosidade, pela gentileza e pela oportunidade de diálogo que muito me motivou nas veredas da pesquisa acadêmica.

Aos colegas do Mestrado, aos professores e aos servidores da secretaria do Programa de Pós-Graduação em Direito da Faculdade de Direito da Universidade de Brasília, em especial à Euzilene, pela simpatia e pelo carinho com que sempre me receberam.

Por fim, aos bancários e às bancárias que dividiram conosco seu sofrimento no trabalho por meio das ações judiciais analisadas nesta pesquisa. Obrigada e, por favor,

Não te rendas, ainda estás a tempo
de alcançar e começar de novo,
aceitar as tuas sombras
enterrar os teus medos,
largar o lastro,
retomar o voo.
Não te rendas que a vida é isso,
continuar a viagem,
perseguir os teus sonhos,
destravar os tempos,
arrumar os escombros,
e destapar o céu.
Não te rendas, por favor, não cedas,
ainda que o frio queime,
ainda que o medo morda,
ainda que o sol se esconda,
e se cale o vento:
ainda há fogo na tua alma
ainda existe vida nos teus sonhos. [...]

Mario Benedetti

Sumário

Apresentação

Com alegria e honra recebi o convite de Valéria de Oliveira Dias para fazer a apresentação de seu livro, que disponibiliza para o meio acadêmico e profissional a sua dissertação de mestrado. O título representa bem a grandeza do trabalho: "A dimensão socioambiental do direito fundamental ao trabalho digno: uma análise a partir do assédio organizacional nos bancos do Distrito Federal".

Tive a oportunidade de conhecer Valéria antes mesmo de seu mestrado na Universidade de Brasília. Embora já a identificasse como aluna dedicada e destacada, a leitura de sua dissertação e a participação em sua banca de mestrado impressionaram por sua vocação para a pesquisa acadêmica multidisciplinar. A avaliação foi unânime! Essa vocação foi potencializada pelo trabalho sempre competente e zeloso de orientação da Professora Gabriela Neves Delgado. O resultado não poderia ser outro senão uma verdadeira obra acadêmica, de difícil apreensão numa curta e singela apresentação. Embora a apresentação de um livro consista mais na descrição de suas diversas partes, não poderia deixar de iniciar com esse juízo de valor, para dar a verdadeira dimensão do livro de Valéria, considerando a riqueza de sua pesquisa.

O primeiro capítulo se dedica ao meio ambiente de trabalho e à saúde mental dos trabalhadores. O Direito do Trabalho tradicional dispensava proteção, sobretudo ao aspecto patrimonial da relação de emprego e não dava suficiente atenção à sustentabilidade do meio ambiente de trabalho na perspectiva da saúde mental dos trabalhadores. A responsabilidade pela higidez de sua saúde mental era atribuída aos próprios trabalhadores, como se eventuais problemas psíquicos causados pelo trabalho decorressem de sua exclusiva falta, jamais do trabalho.

A linha de argumentação teórica é construída com base no pilar do trabalho digno. Como a autora destaca logo no início de seu trabalho:

> a tutela do direito fundamental ao trabalho digno se concretiza na medida em que se considera sua dimensão socioambiental e se confere proteção jurídica às três categorias a ele imanentes — a pessoa humana trabalhadora, o valor social do trabalho e o meio ambiente de trabalho — de forma simultânea.

O desafio é justamente, como bem coloca Valéria, reduzir o enorme fosso existente entre a realidade vivida no trabalho e o sistema constitucional de proteção ao trabalho.

O segundo capítulo estabelece um diálogo interdisciplinar para tratar das formas de produção e técnicas de gestão de matriz toyotista, analisada na perspectiva da psicodinâmica do trabalho. As estratégias empresariais de deslocar a responsabilidade pelos danos decorrentes do trabalho exclusivamente aos empregados, num contexto de intensa pressão para o cumprimento de metas estabelecidas, passam a ser reveladas com o auxílio da psicodinâmica do trabalho. A identificação das causas e dos efeitos danosos à saúde mental dos trabalhadores permite redirecionar a questão da responsabilização pelo Direito, para o empregador prevenir o dano ou repará-lo quando já tiver ocorrido. Neste capítulo, é ressaltado como as transformações verificadas na atividade bancária impactam a saúde dos trabalhadores, a partir de um preciso diagnóstico feito pela clínica do trabalho realizada no Sindicato dos Bancários de Brasília.

O terceiro capítulo trata da violência como estratégia de gestão, com foco na violência psicológica e no assédio moral. Além de uma primorosa revisão conceitual relacionada ao poder empregatício nas relações de trabalho, a autora reúne relevante material de discussão que levou à aprovação da Convenção n. 190 da Organização Internacional do Trabalho na centésima oitava reunião da Conferência, que celebrou o centenário da organização. A importância do tema abordado na referida convenção desencadeia todo um processo rumo à interpretação e à incorporação de suas normas pelos Estados-Membros. O livro de Valéria apresenta-se, neste aspecto, com extrema atualidade, peso e densidade capazes de orientar esse processo.

O último capítulo cuida da reação judicial ao problema, a partir de uma criteriosa análise da jurisprudência do Tribunal Regional do Trabalho da 10ª Região e do Tribunal Superior do Trabalho. O resultado da pesquisa aponta para a necessidade de aprimoramento no enfrentamento da violência e do assédio no trabalho, especialmente no tocante ao assédio moral organizacional na atividade bancária.

Em suma, a autora se vale não apenas da cuidadosa análise bibliográfica interdisciplinar de especialistas nas suas respectivas áreas para respaldar as suas hipóteses de trabalho. Valéria se volta para a pesquisa de campo, com enorme desenvoltura, o que é incomum na área do Direito, para evidenciar toda a realidade vivida no trabalho em bancos no Distrito Federal, em desacordo com os preceitos constitucionais alusivos ao trabalho digno. Esse trabalho serve de referência e estímulo para a realização de novas pesquisas em outras localidades e setores da economia.

Penso que o livro de Valéria é de leitura obrigatória para todos os envolvidos e interessados com a violência e assédio moral no trabalho. Ela apresenta problemas específicos em relação aos bancos no Distrito Federal, as deficiências em seu tratamento e os possíveis caminhos para a observância do trabalho digno constitucionalmente imposto. Mas a realidade no Distrito Federal é apenas um indicativo de que os mesmos problemas e deficiências de respostas adequadas se verificam em outras localidades de nosso imenso país, em algumas delas provavelmente com maior gravidade. O recorte por setor da atividade econômica, no caso o bancário, é, da mesma forma, indicativo de que esses problemas são recorrentes em outras atividades econômicas.

O material trazido no livro é, além disso, uma grande mensagem para sindicatos, Ministério Público do Trabalho e Judiciário trabalhista, no sentido de que algo deve ser feito para reverter a tendência de adoecimento mental no trabalho, considerando que as respostas, até o momento, são insuficientes.

O livro é ainda recomendado para todos os estudantes e profissionais do Direito. O elaborado arcabouço teórico e conceitual contém verdadeiras aulas de Direito, destacando-se a extrema habilidade com a colocação das palavras e a estrutura do texto. Os pesquisadores terão, além disso, a inspiração nos passos de uma pesquisa com inquestionável rigor metodológico.

Por fim, o livro alcança estudantes e profissionais de outras áreas. O estudo interdisciplinar, com suporte em referências comuns e reconhecidas em vários setores do conhecimento, confere credibilidade à pesquisa além das fronteiras do Direito.

Tenham uma excelente leitura!

Ricardo José Macedo de Britto Pereira
Professor Titular e Coordenador Acadêmico do Mestrado das Relações Sociais e Trabalhistas do UDF — Centro Universitário. Colíder do Grupo de Pesquisa da UNB/CAPES "Trabalho, Constituição e Cidadania". Estágio pós-doutoral na Universidade de Cornell; Doutor pela Universidade Complutense de Madri: Master of Laws *pela Universidade de Syracuse; Mestre pela Universidade de Brasília. Subprocurador-Geral do Ministério Público do Trabalho.*

Prefácio

A educação é uma via potente de encontros para todos aqueles que nela se integram, oportunizando a construção de novos pontos de partida e de chegada.

Foi pela educação universitária que me encontrei com Valéria de Oliveira Dias, em seu despertar para a pesquisa científica. Fui sua professora no Curso de Especialização *Lato Sensu* em Direito Constitucional do Trabalho, exitoso projeto acadêmico firmado entre a Faculdade de Direito da Universidade de Brasília (UnB) e o Tribunal Superior do Trabalho, em 2013. Desde aquela época acompanho seu processo de formação e de reconhecimento pela pesquisa, tendo atuado como sua orientadora de mestrado e, ainda, no doutorado em curso, além de conduzi-la em sua jornada de estudos junto ao Grupo de Pesquisa *Trabalho, Constituição e Cidadania* (UnB/CNPq).

Durante todo esse trajeto, Valéria Dias se apoderou das técnicas de pesquisa, num processo crescente e notável de maturação acadêmica, cuja principal expressão é a obra *A Dimensão Socioambiental do Direito Fundamental ao Trabalho Digno: uma análise a partir do assédio organizacional nos bancos do Distrito Federal*, resultado de sua dissertação de mestrado, aprovada com louvor, por unanimidade da banca examinadora, no Programa de Pós-graduação em Direito da UnB, em 2019.

Em grandes linhas, o repertório teórico condensado tem no direito fundamental ao trabalho digno sua referência guia. Com suporte na tese da centralidade e da dignidade do ser humano, as reflexões procuram enfatizar a multidimensionalidade do direito fundamental ao trabalho digno com base em suas três categorias celulares — a pessoa humana trabalhadora, o valor social do trabalho e o meio ambiente de trabalho — além da sua relação com o conceito mais amplo de Estado Democrático de Direito.

No percurso da análise, são tecidas considerações específicas sobre a *dimensão socioambiental do direito fundamental ao trabalho digno*, estruturada pela proteção integrada do direito à saúde psicofísica do sujeito trabalhador e do direito ao meio ambiente de trabalho equilibrado.

A autora avança nas reflexões e reforça a importância de abertura dos princípios de aceitação incontroversa do Direito Ambiental (princípio do desenvolvimento sustentável, princípio da prevenção/precaução, princípio do poluidor/

pagador, princípio da participação, princípio da função social da propriedade) para o campo do Direito Ambiental do Trabalho. Conforme aponta, referida integração é decisiva para se imprimir efetividade à dimensão socioambiental do direito fundamental ao trabalho digno, devendo ser necessariamente articulada pela jurisprudência trabalhista brasileira quando do enfrentamento de demandas da esfera labor-ambiental.

Concluída a sedimentação *dos pressupostos conceituais do Direito Constitucional do Trabalho e do Direito Ambiental do Trabalho*, Valéria Dias desloca seu olhar para as vulnerabilidades e as violências que impedem a efetividade da dimensão socioambiental do direito fundamental ao trabalho digno, com ênfase no estudo do assédio organizacional bancário.

Ao longo da publicação, se posiciona com clareza e profundidade para demonstrar que os modelos de gestão do trabalho humano baseados em violência psicológica e em situações estressoras tendem a desequilibrar o meio ambiente de trabalho e a afetar a saúde do trabalhador, contribuindo de forma decisiva para o desencadeamento de transtornos mentais e doenças psicossomáticas, além de patologias sociais. A partir dessa constatação, se contrapõe a uma perspectiva doutrinária conservadora, limitada ao entendimento de que a violência no trabalho resulta exclusivamente da relação disfuncional firmada entre o agressor e a vítima.

Numa perspectiva interdisciplinar abrangente, Valéria Dias absorve importantes marcos teóricos da Psicodinâmica do Trabalho e da Clínica Analítica do Trabalho, para, em seguida, se debruçar sobre os resultados obtidos no Projeto *"Clínica do Trabalho no Sindicato dos Bancários de Brasília"*, promovido pelo Grupo de Estudos e Práticas em Clínica, Saúde e Trabalho (GEPSAT), do Instituto de Psicologia da UnB.

Ao sintetizar a pesquisa tabulada quanto à realidade do segmento bancário de Brasília no período de 2013 a 2017, comprova a tese de que a violência promovida pelo assédio organizacional é adotada como estratégia gerencial para maximizar resultados de produção, apresentando-se, portanto, como fator determinante e central para o adoecimento e a violação de direitos fundamentais trabalhistas.

Com alicerces teóricos consolidados e apurada metodologia de pesquisa, Valéria Dias parte para a investigação do padrão regulatório da Justiça do Trabalho nos conflitos de interesse relacionados ao assédio organizacional nos bancos públicos e privados do Distrito Federal, em observância ao marco temporal de 2013 a 2017. A partir de criteriosa análise das decisões compiladas, aponta alternativas para revisitação e avanço da jurisprudência trabalhista à luz do Direito do Trabalho constitucionalizado.

Os leitores estão, portanto, diante de uma obra de fôlego, cuja autora, num processo valoroso de abertura e disposição para a pesquisa, apresenta novos pontos de partida para as reflexões sobre a dimensão socioambiental do direito fundamental ao trabalho digno. Eis um livro com significado, em que cada crítica, ponderação e referência apresentada traduz o conceito de dignidade que dá sentido ao trabalho humano.

Brasília, fevereiro de 2020.

Gabriela Neves Delgado

Professora Associada de Direito do Trabalho dos Programas de Graduação e Pós-graduação da Faculdade de Direito da UnB. Pós-doutora em Sociologia do Trabalho pela UNICAMP. Doutora em Filosofia do Direito pela UFMG. Mestre em Direito do Trabalho pela PUC-Minas. Pesquisadora Coordenadora do Grupo de Pesquisa "Trabalho, Constituição e Cidadania" (UnB/CNPq). Advogada. Autora de diversos livros e artigos em sua área de especialização.

Introdução

A Constituição Federal de 1988, a par da perspectiva humanista, progressista e civilizatória de proteção integral do ser humano trabalhador inerente ao constitucionalismo contemporâneo, além de elevar a dignidade humana ao *status* de princípio fundamental, fundamento da República e objetivo da ordem econômica — uma vez que a ordem econômica é "fundada na valorização do trabalho humano e na livre-iniciativa" e se destina a "assegurar a todos existência digna, conforme os ditames da justiça social" —, elevou igualmente o trabalho ao patamar de valor fundamental da República Federativa do Brasil e da ordem econômica. Além desse avanço civilizatório, a ordem social, cuja base é o primado do trabalho, foi vinculada ao bem-estar, à justiça social e ao meio ambiente ecologicamente equilibrado, no qual se inclui o meio ambiente do trabalho (arts. 1º, III; e 170, *caput;* 193; 200, II e VIII; e 225)(1).

Vale dizer que, no Texto Constitucional brasileiro, o trabalho humano superou o critério valorativo próprio da economia capitalista concernente à utilidade, para incorporar o *status* de valor, ou seja, o trabalho valorizado e não uma mercadoria, em razão de ser o meio de afirmação econômica e social e de superação de desigualdades sociais(2).

Nessa medida, no prisma constitucional, o referencial axiológico da dignidade humana e o trabalho humano estão intrinsecamente relacionados ao conceito de "*direito fundamental ao trabalho digno*"(3).

O trabalho digno é aquele que tem como patamar mínimo os direitos fundamentais destinados à proteção da dignidade do trabalhador, ou seja, o trabalho será considerado digno, sob a perspectiva jurídica, quando o trabalhador, no exercício do trabalho, tiver acesso aos direitos fundamentais(4).

Essa perspectiva revela que os deveres de proteção ao trabalho humano se concretizam mediante a garantia de um patamar civilizatório mínimo de direitos

---

(1) DELGADO, Gabriela Neves. *Direito fundamental ao trabalho digno.* São Paulo: LTr, 2006. p. 27-28.

(2) DELGADO, Mauricio Godinho; DELGADO, Gabriela Neves. *Constituição da República e direitos fundamentais*: dignidade da pessoa humana, justiça social e direito do trabalho. 3. ed. São Paulo: LTr, 2015. p. 150.

(3) DELGADO, Gabriela Neves. *Op. cit.*, p. 182.

(4) *Ibidem*, p. 182-184.

fundamentais previstos nos eixos de proteção imanentes aos planos jurídico internacional, constitucional e infraconstitucional[5].

O primeiro eixo de proteção abrange os instrumentos internacionais de proteção aos Direitos Humanos, com destaque, sob a perspectiva justrabalhista, às Convenções da Organização Internacional do Trabalho (OIT) incorporadas ao ordenamento jurídico pátrio. Tais instrumentos internacionais realçam um patamar mínimo de direitos universais para a pessoa humana trabalhadora ao afirmar o direito de qualquer sujeito[6] usufruir de condições de trabalho justas, favoráveis e compatíveis com uma vida digna[7].

O segundo eixo de proteção está assentado na Constituição de 1988, que alçou a pessoa humana e sua dignidade ao patamar de fundamento do Estado Democrático de Direito, incorporando os direitos constitucionais trabalhistas ao seu núcleo principiológico humanístico e social[8].

Enfim, o terceiro eixo de proteção diz respeito às normas infraconstitucionais, nas quais se incluem, por exemplo, a Consolidação das Leis do Trabalho (CLT), que estabelece padrões mínimos de proteção ao trabalho digno[9].

Por certo que existem direitos fundamentais inerentes ao patamar civilizatório mínimo de proteção ao direito fundamental ao trabalho digno que necessitam de proteção diferenciada, sobretudo se considerados, no tempo presente, os impactos do modelo de gestão toyotista sobre a saúde física e mental dos trabalhadores. Tais direitos são aqueles que se destinam à tutela da saúde do trabalhador e da qualidade do meio ambiente do trabalho.

---

(5) DELGADO, Gabriela Neves. *Loc. cit.*

(6) A designação "sujeito" adotada na presente pesquisa tem suas bases na teoria psicanalítica, segundo a qual sujeito "é aquele que se constitui na relação com o Outro através da linguagem". De acordo com Lacan, "ao nascer, o homem é inserido em uma ordem humana que lhe é anterior, uma ordem social na qual ele adentra através da linguagem e da família" (TOREZAN, Zeila C. Facci; AGUIAR, Fernando. O sujeito da psicanálise: particularidades na contemporaneidade. *Revista Mal-Estar e Subjetividade,* Fortaleza, v. 11, n. 2, p. 525-554, 2011. p. 533 e 535). Esse conceito de sujeito é utilizado por Michel Rosenfeld em sua teoria da identidade do sujeito constitucional. O autor afirma que "a questão do sujeito emerge da necessidade do confronto com o outro" e "da perspectiva do constitucionalismo moderno", não se podendo evitar "o contraste entre o eu (*self*) e o outro em razão do pluralismo que lhe é inerente" (ROSENFELD, Michel. *A identidade do sujeito constitucional.* Tradução de Menelick de Carvalho Netto. Belo Horizonte: Mandamentos, 2003. p. 29-30). Do mesmo modo, o conceito de sujeito da psicanálise é utilizado pela psicodinâmica do trabalho. "O sujeito da psicodinâmica é o sujeito do sofrimento, da falta, do desejo, da ação, do afeto", que se constitui no trabalho, "pelo espaço da palavra, na linguagem", ao realizar o encontro com o real, o que possibilita o questionamento da ordem institucional, social e do conhecimento (MENDES, Ana Magnólia; VIEIRA, Fernando de Oliveira. Diálogos entre a psicodinâmica e clínica do trabalho e os estudos sobre coletivos de trabalho e práticas organizacionais. *Farol — Revista de Estudos Organizacionais e Sociedade*, Belo Horizonte, v. 1, n. 1, p. 161-213, p. 198-199, jun. 2014).

(7) DELGADO, Gabriela Neves. *Direito fundamental ao trabalho digno.* São Paulo: LTr, 2006. p. 189.

(8) DELGADO, Gabriela Neves. *Loc. cit.*

(9) DELGADO, Gabriela Neves. *Loc. cit.*

O direito fundamental à saúde é um direito humano que decorre do próprio direito à vida, o que revela que *a vida tutelada na ordem constitucional contemporânea é a vida saudável*, com dignidade, qualidade e bem-estar preservados(10). Não em vão que o Supremo Tribunal Federal enfatizou que *o direito fundamental à saúde, em suas múltiplas dimensões, tem seu núcleo essencial afeto à dignidade da pessoa humana*(11).

O equilíbrio do meio ambiente, por sua vez, é vital para que o ser humano tenha uma vida com saúde e qualidade. Daí porque a Constituição de 1988 reconhece a relação direta entre a sadia qualidade de vida e o meio ambiente ecologicamente equilibrado (art. 225) e, portanto, entre o direito fundamental à saúde e o direito à proteção ao meio ambiente. *Tal perspectiva conduz à ilação de que a qualidade do meio ambiente também é um dos elementos constitutivos da dignidade humana.*(12)

Na medida em que o Texto Constitucional reconhece o meio ambiente de trabalho como uma das dimensões do meio ambiente social (arts. 200, VIII, e 225), tem-se que o direito fundamental à saúde e o direito à proteção ao meio ambiente são direitos humanos constitucionalizados interdependentes e essenciais, tanto sob o ponto de vista do meio ambiente natural quanto do meio ambiente de trabalho, uma vez que a qualidade do ambiente de trabalho é imprescindível para a construção global de um trabalho saudável.

A qualidade do meio ambiente de trabalho aliada ao princípio da solidariedade e aos deveres relativos ao desenvolvimento sustentável a ele inerente, no marco do Estado Democrático de Direito — que preconiza a inclusão do *eu* e do outro, tendo em consideração ainda as futuras gerações —, atuam conjuntamente com os demais princípios e valores que compõem a ordem jurídica, especialmente com a dignidade humana, a igualdade substancial e a justiça social(13), evidenciando, no plano jurídico, a *dimensão socioambiental da dignidade humana*.

Na perspectiva do Direito do Trabalho constitucionalizado, reconhecer a qualidade ambiental como pressuposto de vida digna e saudável, cujo dever de defesa e proteção vincula o Estado e os particulares (art. 225 da Constituição de 1988),

---

(10) SARLET, Ingo Wolfgang; FIGUEIREDO, Mariana Filchtiner. Algumas considerações sobre o direito fundamental à promoção e proteção da saúde aos 20 anos da Constituição Federal de 1988. *Revista de Direito do Consumidor — RDC*, v. 17, n. 67, p. 125-172, jul./set. 2008.

(11) BRASIL. Supremo Tribunal Federal. Medida Cautelar na Arguição de Descumprimento de Preceito Fundamental MCADPF n. 532 MC/DF. Relator Ministro Celso de Mello, 1º de agosto de 2018. Disponível em: <http://portal.stf.jus.br/processos/downloadPeca.asp?id=314926270&ext=.pdf>. Acesso em: 15 fev. 2019.

(12) SARLET, Ingo Wolfgang; FENSTERSEIFER, Tiago. Direito à saúde e proteção do ambiente na perspectiva de uma tutela jurídico-constitucional integrada dos direitos fundamentais socioambientais (DESCA). *BIS, Bol. Inst. Saúde* (Impr.), São Paulo, v. 12, n. 3, p. 250, 2010.

(13) FENSTERSEIFER, Tiago. Estado socioambiental de direito e o princípio da solidariedade como seu marco jurídico-constitucional. *Direitos Fundamentais e Justiça,* n. 2, p. 151, jan./mar. 2008.

significa afirmar que a ordem econômica e seu mercado capitalista igualmente possuem os deveres de mútuo respeito entre particulares e de solidariedade social (art. 170, *caput*, III e IV, da Constituição de 1988).

Nessa medida, a plena eficácia ao dever fundamental de proteção ao trabalho digno tem como pressuposto basilar a promoção da saúde e a proteção da integridade psicofísica do sujeito trabalhador no meio ambiente do trabalho.

Partindo de tais premissas, defende-se, nesta pesquisa, a tese de que a efetiva tutela do direito fundamental ao trabalho digno se concretiza na medida em que se considera sua dimensão socioambiental e se confere proteção jurídica às três categorias a ele imanentes — a pessoa humana trabalhadora, o valor social do trabalho e o meio ambiente de trabalho — de forma simultânea.

O mundo do trabalho contemporâneo, todavia, revela a dissonância existente entre a realidade do trabalho e o primado constitucional pautado na proteção e valorização do sujeito trabalhador e do trabalho humano, na medida em que a organização do trabalho, elemento que compõe o meio ambiente laboral, se tornou a causa principal de ofensa à saúde do trabalhador[(14)].

As pesquisas empreendidas nos campos da saúde mental e do trabalho evidenciam que os modelos de organização e gestão do trabalho humano afetam o funcionamento psíquico do sujeito trabalhador, provocando vivências de prazer — nas quais se constrói saúde e qualidade de vida —, mas também de sofrimento patogênico, condição responsável pelo desenvolvimento ou desencadeamento de doenças psicossomáticas e transtornos mentais e comportamentais, além de patologias sociais.

Entre as novas patologias sociais relacionadas ao trabalho ganham relevo as patologias da violência e da indiferença, por ocasionarem o esfacelamento dos laços de solidariedade no trabalho e o isolamento afetivo do trabalhador, impedindo a afirmação da sua identidade social e profissional, o que pode tornar mais grave o adoecimento mental do trabalhador inserido nos contextos de trabalho que não prezam pela sadia qualidade ambiental.

O modelo de gestão toyotista, introduzido a partir da década de 1970 na Europa Ocidental e, no Brasil, a partir de 1990, fundado na política neoliberal de desregulamentação e competitividade desmedida[(15)], tornou os postos de trabalho flexíveis, os vínculos de emprego precários e as técnicas de gestão do trabalho

(14) DIAS, Valéria de Oliveira. O conteúdo essencial do direito fundamental à integridade psíquica no meio ambiente de trabalho na perspectiva do assédio moral organizacional. In: DELGADO, Gabriela Neves *et al.* (coord.). *Direito constitucional do trabalho:* princípios e jurisdição constitucional. São Paulo: LTr, 2015. p. 193-208.

(15) DELGADO, Gabriela Neves. *Direito fundamental ao trabalho digno.* São Paulo: LTr, 2006. p. 241.

humano instrumentos de dominação psicológica e de difusão da violência no trabalho[16].

As empresas com gestão toyotista, caracterizadas por um sistema de qualidade total, estruturadas em avaliações individuais de desempenho e remuneração vinculada à produtividade, banalizam a instrumentalização do trabalhador e o uso de violência psicológica na forma de assédio organizacional.

Compreende-se o assédio organizacional como a violência institucionalizada e naturalizada na estratégia de gestão, cuja função é advertir o trabalhador acerca da necessidade de dedicação ilimitada e de sujeição pessoal à organização empresarial, sob pena de exclusão. As práticas inerentes à violência institucionalizada ofendem a dignidade do trabalhador e podem causar sofrimento e comprometer sua integridade psicofísica.

Essa tipologia de assédio se manifesta no limiar existente entre o poder empregatício e a subordinação jurídica, dado que a violência muitas vezes se revela de forma sutil e naturalizada no ambiente de trabalho. É certo que o estabelecimento de metas de produtividade com o intuito de maximizar os resultados organizacionais, por si só, pode não representar uma prática de violência no ambiente de trabalho. Todavia, o uso de pressão e de constrangimentos permanentes na cobrança de metas de produtividade — muitas vezes estipuladas de forma irrealista e com prazos inadequados que desconsideram as condições e os riscos psicossociais envoltos no exercício do trabalho —, pode extrapolar os limites imanentes do poder empregatício e da subordinação jurídica, configurando assédio organizacional.

O assédio organizacional é direcionado essencialmente à coletividade e é percebido pelos trabalhadores como inerente à política institucional, como uma característica da empresa. Essa prática degrada o clima organizacional, estimula práticas de assédio moral entre os colegas de trabalho, mina a autoconfiança do trabalhador, desarticula a solidariedade diante do sofrimento do outro e a mobilização coletiva, gerando um estado de banalização da injustiça social[17]. O resultado é o sofrimento psíquico no ambiente de trabalho e o desencadeamento ou agravamento de transtornos mentais e comportamentais e de patologias sociais relacionadas ao trabalho.

Entre os variados reflexos dos danos causados pela prática do assédio organizacional, há destaque para os danos causados no sistema previdenciário, em razão das despesas com benefícios previdenciários e aposentadorias precoces, além de outros danos relativos aos processos judiciais.

---

(16) HELOANI, R. *Gestão e organização do capitalismo globalizado:* história da manipulação psicológica no mundo do trabalho. São Paulo: Atlas, 2011.

(17) O conceito de banalização da injustiça social foi desenvolvido por Christophe Dejours, inspirando-se nas reflexões de Hannah Arendt acerca da banalidade do mal. DEJOURS, Christophe. *A banalização da injustiça social.* 7. ed. ampl. Rio de Janeiro: FGV, 2007.

O Anuário Estatístico da Previdência Social de 2016 (AEPS/2016) noticiou que foram concedidos em 2014, 2015 e 2016, respectivamente, 263.485, 185.998 e 212.209 *auxílios-doença urbanos acidentários* no Brasil e, entre eles, 11.735, 8.860 e 10.376 foram atribuídos ao capítulo da Classificação Internacional de Doenças — CID dos *transtornos mentais e comportamentais*, o que torna essa a terceira principal causa de adoecimento desencadeado ou agravado por fatores presentes no ambiente de trabalho(18).

Esse patamar alarmante em que se encontra o trabalho humano também pode ser verificado na quantidade de aposentarias por invalidez urbanas acidentárias concedidas no mesmo período pesquisado.

Segundo dados do AEPS/2016, em 2014, 2015 e 2016, respectivamente, foram concedidas 10.134, 8.236 e 8.667 *aposentadorias por invalidez acidentária*, entre as quais os *transtornos mentais e comportamentais* ocupam, igualmente, o lugar de terceira maior causa de incapacidade definitiva para o trabalho no Brasil(19).

Há de se considerar, ainda, a grande possibilidade de esses dados estarem subnotificados. Uma das razões é o fato de o sujeito com transtorno mental e comportamental ser alvo de estigma e preconceito enraizados culturalmente. O estigma e o preconceito podem conduzir à exclusão do mundo do trabalho, tanto pelos afastamentos previdenciários quanto pela possibilidade de perda do emprego, e, por conseguinte, podem conduzir o sujeito adoecido ao isolamento social e à perda da identidade profissional(20). Esse fato, por si mesmo, conduz o sujeito a ter dificuldades em reconhecer o próprio adoecimento e torna a busca por tratamento médico, na maioria dos casos, tardia, ou seja, quando o dano à saúde mental alcança patamares mais graves.

Outra razão é a multiplicidade de fatores que envolve o transtorno mental e comportamental. As doenças mentais e comportamentais apresentam etiologia multicausal e seu desencadeamento pode advir de fatores diversos que interagem entre si, como a história de vida e de trabalho do sujeito. Para a apuração do nexo de causalidade entre o adoecimento mental e o trabalho, há que se considerar, ainda, os fatores ambientais de natureza química e os intrinsecamente relacionados à organização e gestão do trabalho humano. Essa multiplicidade de fatores requer do profissional perito e do julgador um olhar multidimensional que abarque os

(18) BRASIL. Anuário Estatístico da Previdência Social 2016 (AEPS). Disponível em: <http://www.previdencia.gov.br/wp-content/uploads/2018/01/AEPS-2016.pdf>. Acesso em: 3 jul. 2018.

(19) BRASIL. Anuário Estatístico da Previdência Social 2016 (AEPS). Disponível em: <http://www.previdencia.gov.br/wp-content/uploads/2018/01/AEPS-2016.pdf>. Acesso em: 3 jul. 2018.

(20) Sobre o tema, consultar JORGE, Maria Salete Bessa; BEZERRA, Maria Luciene Moreira Rolim. Inclusão e exclusão social do doente mental no trabalho: representações sociais. *Texto & Contexto — Enfermagem*, Florianópolis, v. 13, n. 4, p. 551-558, dez. 2004.

fatores psicossociais desfavoráveis no trabalho e sua relação com o adoecimento mental, bem como a análise do ambiente laboral, especialmente na perspectiva da organização e da gestão do trabalho.

Esta pesquisa se concentrará na organização e gestão do trabalho humano.

Evidentemente que as práticas de gestão do trabalho humano que afetam a dignidade do trabalhador na dimensão da saúde mental alcançam diversas categorias econômicas, profissionais e diferenciadas.

As pesquisas que referenciam à *categoria dos bancários*, todavia, trazem dados bastantes significativos.

O Dieese apontou que, no ano de 2017, os cinco maiores bancos múltiplos brasileiros, com carteira comercial(21) — Santander, Bradesco, Banco do Brasil, Itaú e Caixa —, apuraram o maior lucro líquido histórico, alcançando o montante de R$ 77,4 bilhões, valor 33,5% superior ao apurado no ano anterior. Nesses bancos, as despesas de pessoal, nas quais se incluem as despesas decorrentes de ações trabalhistas, são cobertas, com folga, por fontes de arrecadação secundárias relacionadas aos serviços e tarifas bancárias. Essas fontes são responsáveis por arrecadar valor superior entre 5% e 72% aos gastos efetivos com empregados e ações judiciais(22).

Segundo o Observatório Digital de Saúde e Segurança no Trabalho (MPT/OIT), os bancos múltiplos, com carteira comercial, embora sejam responsáveis por apenas 1% dos empregos formais no Brasil, ocupam o primeiro lugar entre as atividades econômicas campeãs em despesas previdenciárias com benefícios de natureza acidentária (B91). No período de 2012 a 2017, os bancos foram responsáveis por 4,95% do total de despesas previdenciárias com o referido benefício(23) e, tendo por referência o ano de 2017, o Dieese aponta que os bancos foram responsáveis por 21,2% do total de afastamentos por transtorno depressivo recorrente (CID-F33); 18% do total de afastamentos por outros transtornos ansiosos (CID-F41);

(21) "Os bancos múltiplos são instituições financeiras privadas ou públicas que realizam as operações ativas, passivas e acessórias das diversas instituições financeiras, por intermédio das seguintes carteiras: comercial, de investimento e/ou de desenvolvimento, de crédito imobiliário, de arrendamento mercantil e de crédito, financiamento e investimento. Essas operações estão sujeitas às mesmas normas legais e regulamentares aplicáveis às instituições singulares correspondentes às suas carteiras. A carteira de desenvolvimento somente poderá ser operada por banco público. O banco múltiplo deve ser constituído com, no mínimo, duas carteiras, sendo uma delas, obrigatoriamente, comercial ou de investimento, e ser organizado sob a forma de sociedade anônima. As instituições com carteira comercial podem captar depósitos à vista. Na sua denominação social deve constar a expressão 'Banco' (Resolução CMN n. 2.099, de 1994)." Disponível em: <https://www.bcb.gov.br/pre/composicao/bm.asp?idpai=SFNCOMP>. Acesso em: 10 dez. 2018.

(22) BRASIL. Departamento Intersindical de Estatísticas e Estudos Socioeconômicos (Dieese). Desempenho dos Bancos em 2017. Disponível em: <https://www.dieese.org.br/desempenhodosbancos/2018/desemprenhoDosBancos2017.html>. Acesso em: 3 dez. 2018.

(23) SMARTLAB. Observatório Digital de Saúde e Segurança do Trabalho. Disponível em: <https://observatoriosst.mpt.mp.br/>. Acesso em: 4 jan. 2019.

17,1% do total de afastamentos por episódios depressivos (CID-F32); e 14,6% do total de afastamentos por reações ao estresse grave e transtornos de adaptação (CID-F43)[(24)].

As duas principais causas de afastamento identificadas no trabalho bancário são as LER/Dorts e os transtornos mentais e comportamentais, ambos relacionados à precarização do trabalho e ao modelo de gestão baseado em programas de qualidade total e remuneração variável vinculada ao alcance de metas de produtividade. O modelo de gestão, de controle e de remuneração vinculado ao sistema de metas de produtividade adotado no trabalho bancário evidencia um sistema que gera pressão em cadeia, com efeito dominó: do bancário sobre si mesmo, dos colegas de trabalho entre si, do gerente sobre o coletivo de trabalhadores, do supervisor regional sobre os gerentes de agência, e assim sucessivamente. Esse processo de controle em cadeia incentiva o individualismo, a competitividade, a desagregação do coletivo, as jornadas excessivas e a utilização da violência psicológica como estratégia de gestão, o que potencializa o estresse, o desgaste emocional e o sofrimento dos trabalhadores, revelando uma forma de exploração perversa do trabalho humano.

Nesse quadro em que a precarização tem se tornado a regra condutora das relações de trabalho e de emprego e das relações intersubjetivas no ambiente de trabalho, os estudos acerca da relação existente entre trabalho e saúde, os quais apontam para a *centralidade do trabalho para a construção da saúde*, ganham especial relevo para a ciência do Direito com a finalidade de lançar luz à efetiva tutela do direito à saúde no meio ambiente de trabalho em face do assédio organizacional.

Daí porque, nesta obra, utilizar-se-ão os pressupostos teóricos da relação entre trabalho e saúde, segundo a abordagem da Psicodinâmica do Trabalho e da Clínica Analítica do Trabalho, e os resultados da pesquisa empírica realizada pelo Grupo de Estudos e Práticas em Clínica, Saúde e Trabalho (GEPSAT) do Instituto de Psicologia da Universidade de Brasília (UnB), no projeto "*Clínica do Trabalho no Sindicato dos Bancários de Brasília*" coordenado pela pesquisadora e docente Ana Magnólia Mendes, com a finalidade de investigar se a regulação judicial de conflitos trabalhistas tem acomodado as repercussões da crise estrutural do capital e de seu sistema de produção toyotista na saúde psicofísica do trabalhador bancário.

Assim, entre as diversas possibilidades de regulação e de tratamento do assédio organizacional, como a exemplo da atuação dos Sindicatos dos Bancários e do Ministério Público do Trabalho, esta pesquisa se concentrará na regulação oriunda do Poder Judiciário Trabalhista e, mais precisamente, do Poder Judiciário Trabalhista

---

(24) NEGRÃO, Cecília. *Bancos são responsáveis por apenas 1% do estoque de empregos e 4,71% do total de afastamentos por doenças*. Disponível em: <http://spbancarios.com.br/07/2018/bancos-sao-responsaveis-por-apenas-1-do-estoque-de-empregos-e-471-do-total-de-afastamentos>. Acesso em: 4 jan. 2019.

da 10ª Região[25] e do Tribunal Superior do Trabalho, especificamente no tocante às ações propostas no Distrito Federal em face de bancos públicos e privados, no período de 1º de novembro de 2013 a 10 de novembro de 2017.

O recorte proposto, abrangendo bancos públicos e privados situados no Distrito Federal, decorre do cotejo da regulação promovida pelo Poder Judiciário Trabalhista da 10ª Região com os resultados da pesquisa empírica realizada pelo Instituto de Psicologia da Universidade de Brasília, no projeto "*Clínica do Trabalho no Sindicato dos Bancários de Brasília*", nos anos de 2103 a 2017.

A referida pesquisa, utilizada como fonte primária e referencial teórico nesta obra, retratou a organização e gestão do trabalho e os riscos psicossociais inerentes ao trabalho prestado em bancos públicos e privados no Distrito Federal e suas repercussões na saúde mental dos trabalhadores. Entre os resultados apurados, constatou-se que "não foram encontradas diferenças estatisticamente significativas entre os sujeitos de diferentes bancos, indicando uma possível homogeneidade na exposição dos riscos psicossociais no trabalho independentemente da bandeira do banco"[26].

Nesse sentido, cabe acentuar, ainda, que, embora os bancos públicos e privados se diferenciem, sob a perspectiva jurídica, no tocante à forma de contratação e de dispensa de empregados, ambos compõem o ponto central de atuação de um mercado altamente competitivo e voltado para a acumulação de capital que prima pela implementação de estratégias de minimização de custos e ampliação de serviços[27], utilizando idêntico tipo de mão de obra e semelhantes formas de organização do trabalho pautadas na elevação do número de gestores de relacionamento e redução de níveis hierárquicos[28], em que se prioriza o atendimento ao cliente e a venda de produtos bancários[29].

Em suma, nesta obra, a análise jurisprudencial se concentrará nas sentenças e eventuais acórdãos proferidos em sede de recurso ordinário e de recurso de revista referentes às ações propostas contra bancos múltiplos, com carteira comercial, públicos e privados, indistintamente, e protocolizadas, nas Varas do

(25) O Tribunal Regional do Trabalho da 10ª Região abrange Distrito Federal e Tocantins. Nesta pesquisa serão objeto de estudo apenas as ações propostas nas Varas do Trabalho do Distrito Federal.

(26) FACAS, Emilio Peres; DUARTE, Fernanda Sousa; MENDES, Ana Magnólia; ARAUJO, Luciane Kozicz Reis. Sofrimento ético e (in)dignidade no trabalho bancário: análise clínica e dos riscos psicossociais. In: MENDES, Ana Magnólia; MONTEIRO, Janine Kieling; VIEIRA, Fernando de Oliveira (org.). *Trabalho & prazer* — teoria, pesquisas e práticas. Curitiba: Juruá, 2015. p. 249.

(27) SEGNINI, Liliana Rolfsen Petrilli. Reestruturação nos bancos no Brasil: desemprego, subcontratação e intensificação do trabalho. *Educação e Sociedade*, v. 20, n. 67, p. 183-209, 1999.

(28) JAQUES, Anderson Gonsalves; ZILIOTTO, Denise Macedo. As contingências do trabalho bancário: um estudo sobre os mecanismos de mediação e defesa do sofrimento. *Interação em Psicologia*, v. 21, n. 1, p. 20, 2017.

(29) SIGNINI, Liliana Rolfsen Petrilli. *Mulheres no trabalho bancário:* difusão tecnológica, qualificação e relações de gênero. São Paulo: Edusp, 1998. p. 161.

Trabalho do Distrito Federal, *no período de 1º de novembro de 2013 a 10 de novembro de 2017*.

O marco temporal inicial — 1º de novembro de 2013 —, do mesmo modo, coincide com o da pesquisa empírica da *"Clínica do Trabalho no Sindicato dos Bancários de Brasília"*, que retrata a realidade social do trabalho bancário no Distrito Federal. O marco temporal final, por sua vez, foi definido em razão do início da vigência da Lei n. 13.467, 11 de novembro de 2017 (a denominada "Lei da Reforma Trabalhista").

O termo final delimitado se justifica pelo fato de a Lei da Reforma Trabalhista ter promovido uma acentuada restrição de acesso à justiça trabalhista manifestada pela descaracterização do instituto da justiça gratuita (art. 790, §§ 3º e 4º, da CLT); pela responsabilização da parte sucumbente na pretensão objeto da perícia pelo pagamento dos honorários periciais, ainda que beneficiária da justiça gratuita (art. 790-B, § 4º, da CLT); e pela adoção do sistema de sucumbência recíproca no tocante aos honorários advocatícios (art. 791-A da CLT). Essas restrições de caráter processual impuseram grande risco econômico para os trabalhadores na busca da tutela jurisdicional em face dos danos de natureza patrimonial e extrapatrimonial ocasionados pelos empregadores no curso do contrato de emprego, o que provocou uma redução considerável do número de ações trabalhistas, segundo revela estudo promovido pelo Tribunal Superior do Trabalho[(30)].

Em síntese, o objetivo geral proposto nesta obra é identificar, a partir dos parâmetros constitucionais de proteção à pessoa humana, à sua saúde e à qualidade do meio ambiente do trabalho, sob a perspectiva da *dimensão socioambiental do direito fundamental ao trabalho digno*, qual é o padrão de regulação promovido pela Justiça do Trabalho nos conflitos de interesse relacionados ao assédio organizacional nos bancos públicos e privados situados no Distrito Federal.

A partir da análise da jurisprudência, objetiva-se verificar, especificamente, à luz dos pressupostos teóricos desenvolvidos nesta pesquisa, se a realidade do adoecimento mental do trabalhador bancário constatada nos resultados da pesquisa empírica desenvolvida no projeto *"Clínica do Trabalho no Sindicato dos Bancários de Brasília"* pelo Instituto de Psicologia da Universidade de Brasília foi apreendida pelo Tribunal Regional do Trabalho da 10ª Região e pelo Tribunal Superior do Trabalho no julgamento dos casos concretos que lhes foram submetidos; e se a Justiça do Trabalho reconhece a existência de assédio organizacional como instrumento de gestão do trabalho bancário e quais os fundamentos constitucionais eventualmente articulados para o enfrentamento das situações de assédio moral e adoecimento psíquico.

(30) "Segundo a Coordenadoria de Estatística do TST, entre janeiro e setembro de 2017, as Varas do Trabalho receberam 2.013.241 reclamações trabalhistas. No mesmo período de 2018, o número caiu para 1.287.208 reclamações trabalhistas." BRASIL. Tribunal Superior do Trabalho. Primeiro ano da reforma trabalhista: efeitos. Disponível em: <http://www.tst.jus.br/noticia-destaque/-/asset_publisher/NGo1/content/id/24724445>. Acesso em: 18 fev. 2019.

Para alcançar os resultados almejados, utilizar-se-á o método de abordagem dedutivo, com a utilização de pesquisa bibliográfica multidisciplinar(31) e de pesquisa empírica desenvolvida pelo Instituto de Psicologia da Universidade de Brasília, além de pesquisa e análise de jurisprudência do Tribunal Regional do Trabalho da 10ª Região e do Tribunal Superior do Trabalho.

A presente pesquisa se estrutura em quatro capítulos. Inicialmente, no Capítulo 1, tratar-se-á da conformação da identidade constitucional do trabalhador na Constituição Federal de 1988 a delinear o direito fundamental à saúde mental no ambiente de trabalho, com base na teoria da identidade do sujeito constitucional de Michel Rosenfeld(32). Objetiva-se demonstrar que, a partir do marco do Estado Democrático de Direito, de sua arquitetura humanística e social, da concepção de direitos fundamentais da pessoa humana e de seu compromisso com a prática da democracia e a prevalência do constitucionalismo, tanto o sujeito trabalhador quanto a qualidade do meio ambiente de trabalho foram alçados ao centro de proteção do ordenamento jurídico-constitucional. Essa perspectiva de análise revela a dimensão socioambiental do direito fundamental ao trabalho digno e os consequentes deveres de proteção à saúde e ao meio ambiente de trabalho. Após, delimitar-se-á as categorias-chave no marco contemporâneo do constitucionalismo para a regulação judicial do trabalho em face do assédio organizacional e, por fim, tratar-se-á da conformação da identidade constitucional do trabalhador e o direito à saúde mental no meio ambiente de trabalho.

No Capítulo 2, com o objetivo de efetuar uma abordagem dialógica e interdisciplinar da relação entre trabalho humano e saúde, discorrer-se-á acerca das mudanças no mundo do trabalho decorrentes do desenvolvimento do capitalismo de base neoliberal e como os modelos de produção e de gestão do trabalho humano, especialmente os modelos taylorista-fordista e toyotista, produzem e reproduzem formas de precarizar o trabalho e a saúde dos trabalhadores. Em seguida, estabelecer-se-á os pressupostos teóricos da relação entre trabalho e saúde, descrever-se-á a evolução do trabalho bancário brasileiro frente às reestruturações produtivas e

(31) A interdisciplinaridade torna-se uma exigência epistemológica, o "fio que une as pedras", na medida em que possibilita elucidar as diversas dimensões existentes entre trabalho e saúde e como elas se articulam, trazendo luz aos direitos fundamentais que se projetam para a proteção de bens jurídicos postos à prova pela complexidade do mundo do trabalho e das dinâmicas sociais envolvidas no trabalhar. Assim, a pesquisa bibliográfica empreendida nesta obra se concentrou, especialmente, nos campos do conhecimento do Direito Constitucional, do Direito do Trabalho, da Psicodinâmica do Trabalho, que dialoga com a Psicanálise e a Teoria Social, e da Psicologia do Trabalho, especificamente sob o olhar da Clínica do Trabalho e seu diálogo com a Psicodinâmica do Trabalho, a Psicopatologia do Trabalho, as perspectivas teóricas da Sociologia Crítica do Trabalho e da Psicanálise e, ainda, com os pressupostos e dispositivos da Clínica Psicanalítica. A respeito da importância da pesquisa interdisciplinar, cf. FERNANDES, Aliana; GUIMARÃES, Flávio Romero; BRASILEIRO, Maria do Carmo Eulálio (org.). *O fio que une as pedras*: a pesquisa interdisciplinar na pós-graduação. São Paulo: Biruta, 2002.

(32) ROSENFELD, Michel. *A identidade do sujeito constitucional*. Tradução de Menelick de Carvalho Netto. Belo Horizonte: Mandamentos, 2003.

à precarização e, por fim, analisar-se-á o resultado da pesquisa empírica realizada, entre os anos de 2013 e 2017, pelo Grupo de Estudos e Práticas em Clínica, Saúde e Trabalho (GEPSAT) do Instituto de Psicologia da Universidade de Brasília (UnB) no projeto "*Clínica do Trabalho no Sindicato dos Bancários de Brasília*" — adotada como referencial teórico nesta obra.

No Capítulo 3, analisar-se-á a violência psicológica e o assédio no mundo do trabalho. Para elucidar as interfaces entre a violência psicológica, o assédio moral e a organização e gestão do trabalho humano contemporâneo, retratar-se-á, inicialmente, os principais achados e conclusões da OIT registrados nos Relatórios V(1) e V(2) elaborados por ocasião da 107ª Sessão da Conferência Internacional do Trabalho, realizada em maio de 2018, ressaltando-se, naturalmente, os que têm vinculação direta à temática proposta na presente pesquisa: *a violência psicológica na forma de assédio organizacional no ambiente de trabalho*. Em seguida, em face da correlação entre violência e poder, estabelecer-se-á as interfaces e os limites da subordinação jurídica e do poder empregatício no contrato de emprego paradoxalmente livre e subordinado e, após, com esteio na literatura e nas pesquisas brasileiras, elucidar as perspectivas tradicional e psicossocial do assédio moral no mundo do trabalho, a fim de demonstrar a predominância do assédio organizacional como estratégia de difusão da violência no ambiente de trabalho com a finalidade de aumentar a acumulação de capital e sua instrumentalização como estratégia de gestão do trabalho humano. Por fim, apresentar-se-á o assédio organizacional e suas repercussões na saúde do trabalhador bancário brasileiro, segundo estudos clínicos realizados entre os anos de 2008 e 2017, que reforçam a tese defendida nesta pesquisa de que *o assédio organizacional é adotado como estratégia gerencial do trabalho humano e, por essa razão, se tornou fator determinante para o adoecimento e a violação de direitos fundamentais de trabalhadores bancários*.

O Capítulo 4 destinar-se-á a descrever a pesquisa empírica desenvolvida nesta pesquisa com o objetivo de aferir os parâmetros constitucionais de proteção ao direito fundamental ao trabalho digno utilizados nas decisões proferidas pelo Tribunal Regional do Trabalho da 10ª Região, especificamente nas Varas do Trabalho do Distrito Federal, em primeira e segunda instâncias (sentenças e acórdãos em recursos ordinários). Também será analisado o Tribunal Superior do Trabalho, considerando-se os recursos de revista interpostos pelas partes em face dos acórdãos em sede de recurso ordinário julgados no Tribunal Regional analisado. Para isso, identificar-se-á as ações trabalhistas que tratam de assédio moral ou assédio organizacional em bancos múltiplos, com carteira comercial, propostas no período de 1º de novembro de 2013 a 10 de novembro de 2017, as respectivas sentenças e acórdãos proferidos em sede de recurso ordinário e de recurso de revista.

Para subsidiar os objetivos propostos, buscou-se responder aos seguintes questionamentos: quantas ações que tratam de assédio moral ou assédio organizacional em bancos múltiplos, com carteira comercial, foram propostas no período de 1º de novembro de 2013 a 10 de novembro de 2017 no Distrito Federal? Qual o gênero da parte autora? A ação foi proposta em face de banco público, privado ou sociedade de economia mista? O contrato de trabalho estava extinto, vigente ou suspenso? Qual a conduta descrita como assédio pela parte autora? Qual a conduta praticada no ambiente de trabalho que ficou comprovada nos autos? Qual tipologia de assédio — assédio moral interpessoal ou assédio organizacional — foi reconhecida pelo Juiz de primeiro grau? Qual a doença ocupacional comprovada nos autos? Foi reconhecido o nexo de causalidade entre o assédio e a doença? Houve condenação por dano moral e dano material? Quais são os valores arbitrados para as indenizações? Quais parâmetros constitucionais foram articulados pelo julgador na sentença? Foram interpostos recursos ordinários? A Turma no Tribunal Regional do Trabalho da 10ª Região reformou a sentença? No acórdão foi reconhecida a prática do assédio moral interpessoal ou assédio organizacional? Houve alteração dos valores arbitrados para as indenizações decorrentes dos danos morais e materiais? Quais parâmetros constitucionais foram articulados no acórdão? Foram interpostos recursos de revista? Os recursos de revista foram admitidos? No julgamento do recurso, foi proferida decisão unipessoal ou acórdão? O Tribunal Superior do Trabalho reformou o acórdão do Tribunal Regional do Trabalho da 10ª Região? O Tribunal Superior do Trabalho emitiu tese acerca da prática de assédio interpessoal ou assédio organizacional? Quais parâmetros constitucionais foram articulados na decisão ou acórdão do Tribunal Superior do Trabalho?

A pesquisa empreendida, em seu conjunto, pretende demonstrar que o Poder Judiciário Trabalhista, a partir da hermenêutica voltada para a conformação dos princípios constitucionais do trabalho coerente com os pressupostos estruturantes do Estado Democrático de Direito, tem o dever de reconhecer, nos casos de assédio organizacional, a violação ao *direito fundamental ao trabalho digno, especialmente em sua dimensão socioambiental,* e de estabelecer parâmetros constitucionais de proteção tanto à saúde mental do trabalhador quanto à qualidade do meio ambiente de trabalho, de modo a destinar igual tutela jurídica ao sujeito trabalhador, ao valor social do trabalho e ao meio ambiente do trabalho, porque indissociáveis e imprescindíveis para a saudável qualidade de vida.

1. A Conformação da Identidade Constitucional do Trabalhador na Constituição Federal de 1988: o Direito à Saúde Mental no Meio Ambiente de Trabalho

1.1. A centralidade da pessoa humana e do valor social do trabalho no Estado Democrático de Direito: o direito fundamental ao trabalho digno

Mauricio Godinho Delgado e Gabriela Neves Delgado explicitam que a matriz da Constituição Federal de 1988 se estrutura a partir de três eixos principais: o Estado Democrático de Direito, sua arquitetura principiológica humanística e social e a concepção constitucional de direitos fundamentais da pessoa humana[33].

O paradigma[34] do Estado Democrático de Direito surge, no contexto brasileiro, a partir da Constituição da República de 1988, como marco contemporâneo do constitucionalismo que supera e aperfeiçoa os paradigmas do Estado Liberal de Direito e do Estado Social de Direito, porque fundado no pluralismo,

(33) DELGADO, Mauricio Godinho; DELGADO, Gabriela Neves. *A reforma trabalhista no Brasil:* com os comentários à Lei n. 13.467/2017. 2. ed. rev. atual. e ampl. São Paulo: LTr, 2018. p. 21.

(34) A noção de paradigma adotada nesta pesquisa é a da filosofia da ciência de Thomas Kuhn. Menelick de Carvalho Netto evidencia o duplo aspecto de tal noção ao afirmar que, "por um lado, possibilita explicar o desenvolvimento científico como um processo que se verifica mediante rupturas, através da tematização e explicitação de aspectos centrais dos grandes esquemas gerais de pré-compreensões e visões de mundo, consubstanciados no pano de fundo naturalizado de silêncio assentado na gramática das práticas sociais, que a um só tempo torna possível a linguagem, a comunicação, e limita ou condiciona o nosso agir e a nossa percepção de nós mesmos e do mundo. Por outro, também padece de óbvias simplificações, que só são válidas na medida em que permitem que se apresente essas grades seletivas gerais pressupostas nas visões de mundo prevalentes e tendencialmente hegemônicas em determinadas sociedades por certos períodos de tempo e em contextos determinados". Consultar: CARVALHO NETTO, Menelick. A hermenêutica constitucional sob o paradigma do Estado Democrático de Direito. In: OLIVEIRA, Marcelo Andrade Cattoni de (coord.). *Jurisdição e hermenêutica constitucional no Estado Democrático de Direito.* Belo Horizonte: Mandamentos, 2004. p. 29.

no reconhecimento universal de direitos humanos e na proteção dos direitos fundamentais, sob o manto do Estado de Direito, pilar essencial da democracia constitucional[35].

O conceito constitucional de Estado Democrático de Direito, conforme destaca Mauricio Godinho Delgado, revela uma acepção de democracia multidimensional que, além de abarcar sua concepção clássica relativa à sociedade política voltada para a gestão estatal, abarca a gestão da sociedade civil — "das instituições sociais, da economia e seu mercado capitalista etc."[36] —, baseando-se "na garantia firme das liberdades públicas, liberdades sociais e liberdades individuais, com participação ampla das diversas camadas da população", efetivada por meio de mecanismos institucionalizados de inclusão política, social, econômica e cultural e de participação "dos setores sociais destituídos de poder e de riqueza"[37].

Note-se que o constitucionalismo humanista e social contemporâneo incorporou o compromisso com a prática da democracia: a democracia, por sua vez, o compromisso com o respeito e a prevalência do constitucionalismo. Menelick de Carvalho Netto e Guilherme Scotti esclarecem que democracia implica a "observância dos limites constitucionais à vontade da maioria", de modo a "preservar o respeito público às diferenças individuais e coletivas na vida". Noutros termos, significa afirmar que não há constitucionalismo sem democracia; tampouco há democracia sem respeito às minorias e ao constitucionalismo, cujas bases estão alicerçadas nos ideais de liberdade e de igualdade como direito à diferença[38].

Assim, tem-se que o constitucionalismo, amparado no imperativo da democratização e seu ideal de participação e inclusão de todos os cidadãos por meio de uma sociedade política democrática e inclusiva e uma sociedade civil igualmente democrática e inclusiva, alcançou lastro para a afirmação da centralidade da pessoa humana e sua inerente dignidade ao patamar de centro convergente do ordenamento jurídico, tornando-a diretriz cardeal de toda a ordem jurídica[39] e polo de

---

(35) DELGADO, Gabriela Neves. Os paradigmas do estado constitucional contemporâneo. In: DELGADO, Mauricio Godinho; DELGADO, Gabriela Neves. *Constituição da República e direitos fundamentais*: dignidade da pessoa humana, justiça social e direito do trabalho. 4. ed. São Paulo: LTr, 2017. p. 25-26.

(36) DELGADO, Mauricio Godinho; DELGADO, Gabriela Neves. *Op. cit.*, p. 28.

(37) DELGADO, Mauricio Godinho. Constituição da República, Estado Democrático de Direito e direito do trabalho. In: DELGADO, Mauricio Godinho; DELGADO, Gabriela Neves. *Constituição da República e direitos fundamentais*: dignidade da pessoa humana, justiça social e direito do trabalho. 4. ed. São Paulo: LTr, 2017. p. 34.

(38) CARVALHO NETTO, Menelick; SCOTTI, Guilherme. O direito do trabalho e o Estado Democrático de Direito: o individual e o coletivo no exercício da autonomia do trabalhador. In: DELGADO, Gabriela Neves; PEREIRA, Ricardo José Macêdo de Britto (org.). *Trabalho, Constituição e cidadania*: a dimensão coletiva dos direitos sociais trabalhistas. São Paulo: LTr, 2014. p. 173.

(39) DELGADO, Mauricio Godinho. Constituição da República, Estado Democrático de Direito e direito do trabalho. In: DELGADO, Mauricio Godinho; DELGADO, Gabriela Neves. *Op. cit.*, p. 46.

convergência da arquitetura principiológica humanística e social em que se assenta o Texto Constitucional. Tal dinâmica evidencia o compromisso hermenêutico de prevalência dos direitos humanos fundamentais na estrutura normativa constitucional, tanto no âmbito da sociedade política quanto da sociedade civil[(40)].

Ingo Wolfgang Sarlet salienta que a dignidade da pessoa humana é um princípio geral estruturante e constitucionalmente conformador da ordem jurídico-constitucional — que também possui a condição de norma e de valor fundamental geral norteador do ordenamento jurídico —, que se tornou indissociável dos direitos humanos e fundamentais reconhecidos e protegidos no âmbito do direito internacional e do direito constitucional, assim como inerente à própria democracia[(41)].

Essas ilações são extraídas do próprio Texto Constitucional de 1988, que, ao alçar a pessoa humana e sua dignidade ao patamar de fundamento do Estado Democrático de Direito (art. 1º, III), reconheceu que o Estado e suas instituições existem para a pessoa humana e, por essa razão, eles mesmos devem se incumbir da tutela integral da dignidade da pessoa humana, considerada individual ou coletivamente,[(42)] de modo a possibilitar o pleno desenvolvimento da personalidade e do potencial humanos, inclusive por meio do pleno exercício da cidadania.

É exatamente em razão do dever de tutela integral do ser humano e sua dignidade que o Estado Democrático de Direito igualmente se estrutura nos direitos fundamentais da pessoa humana, os quais são "inerentes ao universo de sua personalidade e de seu patrimônio moral, ao lado daqueles que são imprescindíveis para garantir um patamar civilizatório mínimo inerente à centralidade da pessoa humana na vida socioeconômica e na ordem jurídica"[(43)].

Logo, democracia, dignidade da pessoa humana e direitos humanos fundamentais guardam estreita relação com o Estado Democrático de Direito e o seu ideal de existência digna das pessoas humanas em uma sociedade livre, justa e solidária permeada pela justiça social (arts. 3º, I, e 170, *caput*, da CF).

Daí porque a dimensão constitucional da dignidade implica compreender que a pessoa humana não pode ser instrumentalizada pelo outro, reduzida à condição

---

(40) DELGADO, Mauricio Godinho. Constituição da República, Estado Democrático de Direito e direito do trabalho. In: DELGADO, Mauricio Godinho; DELGADO, Gabriela Neves. *Op. cit.*, p. 49-50.

(41) SARLET, Ingo Wolfgang; MARINONI, Luiz Guilherme; MITIERO, Daniel. *Curso de direito constitucional*. 7. ed. São Paulo: Saraiva Educação, 2018. p. 275.

(42) SARLET, Ingo Wolfgang; MARINONI, Luiz Guilherme; MITIERO, Daniel. *Curso de direito constitucional*. 7. ed. São Paulo: Saraiva Educação, 2018. p. 276-280.

(43) DELGADO, Mauricio Godinho; DELGADO, Gabriela Neves. *A reforma trabalhista no Brasil:* com os comentários à Lei n. 13.467/2017. 2. ed. rev. atual. e ampl. São Paulo: LTr, 2018. p. 33.

de objeto[(44)], e, para tanto, emerge o dever estatal de proteção da dignidade de todos contra o próprio Estado e contra ações de atores privados[(45)].

O dever de tutela integral da dignidade humana, por sua vez, se concretiza mediante a garantia de efetividade da comunidade de princípios humanísticos e sociais e dos direitos humanos fundamentais que, ao lado do Estado Democrático de Direito, compõem os eixos estruturais da Constituição da República. Aliás, conforme salienta Ricardo José Macêdo de Britto Pereira, "não há como se referir aos direitos fundamentais e à dignidade da pessoa humana sem conceber os mecanismos que imprimam as transformações necessárias para a sua observância"[(46)].

Ao tratar do núcleo principiológico humanístico e social da Constituição de 1988, Mauricio Godinho Delgado e Gabriela Neves Delgado evidenciam a constitucionalização de princípios gerais que produzem efeitos normativos em diversos campos jurídicos, além da constitucionalização de princípios outros, típicos do Direito do Trabalho: os *princípios constitucionais do trabalho*[(47)]. São eles:

> 1) princípio da dignidade da pessoa humana; 2) princípio da centralidade da pessoa humana na vida socioeconômica e na ordem jurídica; 3) princípio da valorização do trabalho e do emprego; 4) princípio da inviolabilidade do direito à vida; 5) princípio do bem-estar individual e social; 6) princípio da justiça social; 7) princípio da submissão da propriedade à sua função socioambiental; 8) princípio da não discriminação; 9) princípio da igualdade em sentido material; 10) princípio da segurança; 11) princípio da proporcionalidade e razoabilidade; 12) princípio da vedação do retrocesso social.[(48)]

---

(44) Ingo Wolfgang Sarlet, reportando-se a Ronald Dworkin, salienta que a dignidade humana remete à concepção kantiana de que o ser humano não é instrumento para realização dos objetivos alheios, constituindo, portanto, um fim em si mesmo. Essa perspectiva enfatiza que o sujeito não pode ser tratado de "forma que se venha a negar a importância distintiva de suas próprias vidas". Essa abordagem revela que as interações sociais em geral devem se conformar a uma "recíproca sujeição", o que revela que o critério decisivo para se apurar a existência de violação da dignidade ampara-se na conduta destinada à coisificação do outro. *Dignidade da pessoa humana e direitos fundamentais na Constituição Federal de 1988*. 9. ed. rev. atual. 2. tir. Porto Alegre: Livraria do Advogado, 2012.

(45) SARLET, Ingo Wolfgang; MARINONI, Luiz Guilherme; MITIERO, Daniel. *Op. cit.*, p. 280-283.

(46) PEREIRA, Ricardo José Macêdo de Britto. A eficácia da declaração de princípios e direito fundamentais no trabalho da organização do trabalho de 1998. In: ROCHA, Cláudio Jannotti da *et al.* (coord.). *Direito internacional do trabalho*: aplicabilidade e eficácia dos instrumentos internacionais de proteção ao trabalhador. São Paulo: LTr, 2018. p. 339.

(47) Para aprofundar o estudo relativo aos princípios constitucionais do trabalho, consultar DELGADO, Mauricio Godinho. *Princípios constitucionais do trabalho e princípios de direito individual e coletivo do trabalho*. 5. ed. São Paulo: LTr, 2017.

(48) DELGADO, Mauricio Godinho; DELGADO, Gabriela Neves. *A reforma trabalhista no Brasil*: com os comentários à Lei n. 13.467/2017. 2. ed. rev. atual. e ampl. São Paulo: LTr, 2018. p. 31.

A hermenêutica coerente com os pressupostos estruturantes do Estado Democrático de Direito relativa à conformação dos princípios constitucionais do trabalho conduzem à ilação de que não apenas a pessoa humana e sua inerente dignidade, mas também o trabalho humano, ambos ocupam posição central no contexto socioeconômico e na ordem jurídica constitucional brasileira.

A dignidade humana possui um espectro de afirmação no campo social que está intimamente imbrincado com o trabalho humano. Isso porque, além de, por meio do trabalho, ser possível estabelecer um feixe de condições concretas para a garantia de uma existência digna numa sociedade capitalista, o trabalho exerce papel fundamental na estruturação da identidade da pessoa humana, tanto no plano individual quanto no coletivo, por possibilitar o pleno desenvolvimento das capacidades e potencialidades humanas por meio da construção da identidade e da saúde do sujeito no trabalhar, bem como das relações de solidariedade que geram o sentimento de pertencimento social, possibilitando, assim, o exercício da cidadania e o aprendizado da democracia nos espaços de trabalho[(49)].

No plano internacional dos Direitos Humanos, considerando-se as declarações e os instrumentos incorporados ao ordenamento jurídico pátrio[(50)], de igual modo, tem-se que a pessoa humana, a dignidade e o trabalho humano estabelecem uma relação de interdependência a elevá-los ao centro convergente de proteção jurídica.

---

(49) O tema relativo às dinâmicas do reconhecimento e da construção da identidade do sujeito no trabalhar, assim como a utilidade e a centralidade política do trabalho para a realização do sujeito no campo social, será abordado no Capítulo 2 desta pesquisa. Especificamente acerca da centralidade do trabalho na vida humana e na sociedade, consultar a seção 2.2, subseção 2.2.1.

(50) Ricardo José Macêdo de Britto Pereira, Flávia Piovesan, Mauricio Godinho Delgado, Gabriela Neves Delgado e Ana Carolina Paranhos de Campos encampam a tese de que, além dos Tratados e Convenções Internacionais ratificados pelo Brasil, as Declarações Internacionais possuem natureza normativa, de modo que na existência de eventual conflito entre o Direito interno e o Direito Internacional dos Direitos Humanos, deve ser adotado o critério da "prevalência da norma mais favorável à vítima". Esse critério se coaduna com a concepção contemporânea de Direitos Humanos, que estabelece a "idêntica natureza e clara paridade" entre os direitos civis, políticos, sociais, econômicos e culturais e a afirmação dos direitos individuais e sociais trabalhistas como Direitos Humanos sociais, econômicos e culturais. DELGADO, Mauricio Godinho. *Curso de direito do trabalho*. 17. ed. São Paulo: LTr, 2018. p. 181-182. Acerca do tema, consultar ainda: PEREIRA, Ricardo José Macêdo de Britto. A eficácia da declaração de princípios e direito fundamentais no trabalho da organização do trabalho de 1998. In: ROCHA, Cláudio Jannotti da *et al.* (coord.). *Direito internacional do trabalho*: aplicabilidade e eficácia dos instrumentos internacionais de proteção ao trabalhador. São Paulo: LTr, 2018. PIOVESAN, Flávia. *Direitos humanos e o direito constitucional internacional*. 16. ed. São Paulo: Saraiva, 2016; DELGADO, Gabriela Neves; RIBEIRO, Ana Carolina Paranhos de Campos. Os direitos sociotrabalhistas como dimensão dos direitos humanos. *Revista do Tribunal Superior do Trabalho*, Brasília: TST, v. 79, p. 199-219, 2013; DELGADO, Mauricio Godinho; DELGADO, Gabriela Neves. *A reforma trabalhista no Brasil*: com os comentários à Lei n. 13.467/2017. 2. ed. rev. atual. e ampl. São Paulo: LTr, 2018.

A Declaração Relativa aos Fins e Objetivos da Organização Internacional do Trabalho (Declaração de Filadélfia, de 1944)[51] estabelece como princípio fundamental o fato de o trabalho não ser uma mercadoria. Afirma que "todos os seres humanos (...) têm o direito de efetuar o seu progresso material e o seu desenvolvimento espiritual em liberdade e com dignidade, com segurança econômica e com oportunidades iguais", a fim de alcançar a paz duradoura com base na justiça social (II, *a*). Ademais, ao tratar das diretrizes a serem observadas pelas diferentes nações do mundo, enuncia ser essencial a "proteção adequada da vida e da saúde dos trabalhadores em todas as ocupações" (III, *g*).

A Declaração Universal dos Direitos Humanos[52], aprovada em 1948 pela Assembleia Geral da ONU, ao delinear os direitos humanos básicos, reconhece, no Preâmbulo, que a "dignidade é inerente a todos os membros da família humana" e que o "fundamento da liberdade, da justiça e da paz do mundo" são os "direitos iguais e inalienáveis" de cada ser humano. No artigo primeiro, enfatiza que "todos os homens nascem livres e iguais em dignidade e direitos" e são "dotados de razão e consciência" e, portanto, "devem agir em relação uns aos outros com espírito de fraternidade". No art. III, assinala que "todo ser humano tem direito à vida, à liberdade e à segurança pessoal". Já no art. XXII, 3, reconhece a vinculação entre dignidade humana e trabalho, ao dispor que "todo ser humano que trabalha tem direito a uma remuneração justa e satisfatória, que lhe assegure, assim como à sua família, uma existência compatível com a dignidade humana (...)", assentando, ainda, a premissa de que "todo ser humano tem deveres para com a comunidade, na qual o livre e pleno desenvolvimento de sua personalidade é possível" (art. XXIX, 1).

O Pacto dos Direitos Econômicos, Sociais e Culturais (PIDESC)[53], aprovado pela Assembleia Geral da ONU, em 1966, e incorporado ao ordenamento jurídico brasileiro desde 1992, reconhece o direito ao trabalho, compreendido sob o prisma de a pessoa humana ter a possibilidade de ganhar a vida mediante um trabalho livremente escolhido ou aceito, num ambiente de pleno emprego produtivo em condições que salvaguardem aos sujeitos o gozo das liberdades políticas e econômicas fundamentais (art. 6º), gozando, igualmente, de condições de trabalho justas e favoráveis que assegurem meios de materialização da dignidade humana — existência decente, segurança e higiene no trabalho, não discriminação e tempo de não trabalho remunerado (art. 7º). Afirma, ainda,

(51) ORGANIZAÇÃO INTERNACIONAL DO TRABALHO. Constituição da Organização Internacional do Trabalho (OIT) e seu Anexo (Declaração de Filadélfia). Disponível em: <https://www.ilo.org/wcmsp5/groups/public/---americas/---ro-lima/---ilo-brasilia/documents/genericdocument/wcms_336957.pdf>. Acesso em: 15 jan. 2019.

(52) ORGANIZAÇÃO INTERNACIONAL DO TRABALHO. Declaração Universal dos Direitos Humanos. Disponível em: <https://nacoesunidas.org/direitoshumanos/declaracao/>. Acesso em: 15 jan. 2019.

(53) BRASIL. Decreto n. 591, de 6 de julho de 1992. Atos Internacionais. Pacto Internacional sobre Direitos Econômicos, Sociais e Culturais. Promulgação. Disponível em: <http://www.planalto.gov.br/ccivil_03/decreto/1990-1994/d0591.htm>. Acesso em: 15 dez. 2019.

a proteção da dignidade humana no trabalho, ao reconhecer que toda pessoa tem o direito de desfrutar do mais elevado nível possível de saúde física e mental, inclusive por meio da melhoria de todos os aspectos de higiene do trabalho e do meio ambiente (art. 12, 1, 2, *b*).

Verifica-se, portanto, que, no plano jurídico internacional, as referidas Declarações, lidas sob o prisma justrabalhista, afirmam a necessária vinculação entre dignidade e trabalho humano e apontam, juntamente com PIDESC e as demais ferramentas normativas internacionais integrantes da Carta Internacional de Direitos Humanos Trabalhistas, para a proteção dos sujeitos trabalhadores e do trabalho humano, alçando-os a patamares de relevante dignidade no contexto social em nível mundial(54).

A Constituição Federal de 1988, a par da perspectiva humanista, progressista e civilizatória de proteção integral do ser humano trabalhador inerente ao constitucionalismo contemporâneo, além de elevar a dignidade humana ao *status* de princípio fundamental, fundamento da República e objetivo da ordem econômica — uma vez que a ordem econômica é "fundada na valorização do trabalho humano e na livre-iniciativa" e se destina a "assegurar a todos existência digna, conforme os ditames da justiça social" —, elevou igualmente o trabalho ao patamar de valor fundamental da República Federativa do Brasil e da ordem econômica. Além desse avanço civilizatório, a ordem social, cuja base é o primado do trabalho, foi vinculada ao bem-estar, à justiça social e ao meio ambiente ecologicamente equilibrado, no qual se inclui o meio ambiente do trabalho (arts. 1º, III; e 170, *caput;* 193; 200, II e VIII; e 225)(55).

Vale dizer que, no Texto Constitucional brasileiro, o trabalho humano superou o critério valorativo próprio da economia capitalista concernente à utilidade, para incorporar o *status* de valor, ou seja, o trabalho valorizado e não uma mercadoria, em razão de ser o meio de afirmação econômica e social e de superação de desigualdades sociais(56).

(54) Acerca da abrangência dos Direitos Humanos dos Trabalhadores e da existência de uma Carta de Direitos Humanos dos Trabalhadores, integrada por Declarações e Pactos Internacionais voltados à sistemática proteção do sujeito trabalhador e do trabalho humano, consultar as seguintes obras: DELGADO, Gabriela Neves. Direitos humanos dos trabalhadores: perspectiva de análise a partir dos princípios internacionais do direito do trabalho e do direito previdenciário. In: DELGADO, Mauricio Godinho; DELGADO, Gabriela Neves. *Constituição da República e direitos fundamentais:* dignidade da pessoa humana, justiça social e direito do trabalho. 3. ed. São Paulo: LTr, 2015 e DELGADO, Gabriela Neves; RIBEIRO, Ana Carolina Paranhos Campos. Os direitos sociotrabalhistas como dimensão dos direitos humanos. *Revista do Tribunal Superior do Trabalho*, Brasília: TST, v. 79, p. 199-219, 2013.

(55) DELGADO, Gabriela Neves. *Direito fundamental ao trabalho digno.* São Paulo: LTr, 2006. p. 27-28.

(56) DELGADO, Mauricio Godinho; DELGADO, Gabriela Neves. *Constituição da República e direitos fundamentais*: dignidade da pessoa humana, justiça social e direito do trabalho. 3. ed. São Paulo: LTr, 2015. p. 150.

Ademais, o Texto Constitucional, ao incorporar o valor social do trabalho ao conteúdo jurídico da dignidade humana, revelou a existência do *direito fundamental ao trabalho digno*, que se reveste de dever fundamental universal de todo tomador de serviços[57] e se destina, em última análise, à integração social e à efetivação do ideal da justiça social textualmente consagrado no paradigma do Estado Democrático de Direito brasileiro.

Gabriela Neves Delgado enfatiza que o trabalho valorizado pelo Texto Constitucional é o trabalho digno, a saber, aquele prestado em condições dignas garantidas pela efetividade dos direitos humanos fundamentais e que "devem ser compreendidas como o ponto de chegada do momento ético de um Estado Democrático de Direito"[58].

Nesse sentido, torna-se evidente que o direito fundamental ao trabalho, inserto no art. 6º da Constituição de 1988, refere-se ao trabalho que assegura dignidade ao ser humano. A existência do trabalho digno, por sua vez, é formalizada e assegurada pelo Direito do Trabalho, com seu amplo rol de institutos, regras e princípios jurídicos, que devem ser lidos e relidos sob a "diretriz do Estado Democrático de Direito que privilegia, ao mesmo tempo, a pluralidade, a segurança jurídica; o valor e a forma; o trabalho e o trabalhador"[59].

O giro hermenêutico proposto por Gabriela Neves Delgado requer, todavia, a imprescindível reconstrução do Direito do Trabalho alicerçada na comunidade de princípios constituída na Constituição de 1988, a exigir do intérprete uma releitura de todo o ordenamento justrabalhista a partir de suas lentes principiológicas[60].

Na perspectiva do Estado Democrático de Direito, o Direito do Trabalho destina-se à concretização da justiça social no trabalho e tem por diretrizes cardeais a dignidade humana da pessoa trabalhadora e o valor social do trabalho, de modo que a tutela integral do trabalho digno atrai, inevitavelmente, o plexo de garantias e direitos humanos fundamentais destinados à garantia do mesmo patamar de dignidade para o *eu* e o outro[61].

---

(57) DELGADO, Gabriela Neves. *Loc. cit.*

(58) *Ibidem*, p. 182, 183 e 211.

(59) *Ibidem*, p. 241.

(60) *Ibidem*, p. 13.

(61) Na racionalização do discurso constitucional proposta por Michel Rosenfeld, por meio da teoria da identidade do sujeito constitucional, tem-se que o *eu* pode ser compreendido como aquele que pertence ao padrão reconhecido na sociedade (harmonizando-se com a tradição); o outro, por sua vez, é aquele que se diferencia do *eu* e, em razão disso, torna-se potencialmente excluído de reconhecimento social e jurídico. Daí a importância do constitucionalismo e seu compromisso com a democracia e os direitos humanos fundamentais como instrumento de harmonização entre o *eu* e o outro, para que ambos alcancem o mesmo patamar de dignidade no exercício pleno de cidadania

Assim, a dimensão constitucional do direito fundamental ao trabalho digno não comporta a prestação de trabalho servil ou assemelhado ao escravo ou, ainda, aquela que, de algum modo, instrumentaliza a pessoa trabalhadora e mercantiliza o trabalho humano, desconsiderando a essencialidade do trabalho para a afirmação da dignidade, para o pleno desenvolvimento da personalidade e para a participação cidadã na vida social[(62)].

1.1.1. O valor social do trabalho e o valor social da livre-iniciativa: o mercado capitalista de produção à luz da Constituição Federal de 1988

O valor social do trabalho foi elevado, em paridade com o valor social da livre-iniciativa, ao patamar de fundamento da República Federativa do Brasil e da ordem econômica[(63)].

Nesse contexto, é natural a existência de uma tensão inerente às relações de trabalho e de emprego que se estabelece entre liberdade e igualdade na medida em que essas relações se traduzem como o lugar de realização da ordem econômica brasileira na forma da Constituição Federal de 1988.

As forças representadas pelo valor social do trabalho e pelo valor social da livre-iniciativa, aparentemente opostas e paradoxais, representam a tensão inerente às relações laborais no mercado capitalista de produção, que se torna constitutiva na medida em que se reconhece o *eu* — sujeito trabalhador e empregador — e o outro — sujeito trabalhador — como detentores de igual respeito e consideração a serem garantidos pela efetivação de direitos fundamentais.

A ordem econômica, de acordo com o art. 170, *caput*, da Constituição Federal, se alicerça na valorização do trabalho humano e na liberdade de iniciativa e tem por finalidade expressa assegurar a todos existência digna, conforme os ditames da justiça social, de modo que "qualquer prática econômica (mundo do ser)" ou preceito legal que afronte o valor *trabalho* vai de encontro à arquitetura principiológica humanística e social da ordem constitucional vigente centrada na pessoa trabalhadora e sua dignidade[(64)].

---

no Estado Democrático de Direito. Sobre o tema, consultar: ROSENFELD, Michel. *A identidade do sujeito constitucional*. Tradução de Menelick de Carvalho Netto. Belo Horizonte: Mandamentos, 2003. p. 40-49.

(62) DELGADO, Gabriela Neves. *Direito fundamental ao trabalho digno*. São Paulo: LTr, 2006. p. 28-29.

(63) Registre-se que esta subseção foi desenvolvida com base em DELGADO, Gabriela Neves; DIAS, Valéria de Oliveira. Reforma trabalhista e precarização do trabalho terceirizado: a incorporação do trabalho feminino nos estratos assalariados de serviços. In: PINTO, Roberto Parahyba de Arruda; CAMARANO, Alessandra; HAZAN, Ellen Mara Ferraz (coord.). *Feminismo, pluralismo e democracia*. São Paulo: LTr, 2018. p. 156-166.

(64) GRAU, Eros Roberto. *A ordem econômica na Constituição de 1988*. São Paulo: Malheiros, 2012. p. 193.

Segundo Eros Grau, valorizar o trabalho humano numa sociedade capitalista significa conferir aos trabalhadores "proteção não meramente filantrópica, porém politicamente racional, uma vez que o valor *trabalho* prevalece, na conformação da ordem econômica, como *prioridade* sobre os demais valores da economia de mercado"[(65)].

Nesse passo, partindo do pressuposto de que os direitos fundamentais da pessoa humana são aqueles inerentes à personalidade e ao patrimônio moral, bem como "imprescindíveis para garantir um patamar civilizatório mínimo inerente à centralidade da pessoa humana na vida socioeconômica e na ordem jurídica"[(66)], tem-se que o valor social da livre-iniciativa não pode ser reduzido "à mera liberdade econômica ou empresarial, tampouco a liberdade de iniciativa pode ser concebida como, apenas, afirmação do capitalismo"[(67)].

A liberdade econômica assegura a todos o livre exercício de qualquer atividade econômica, independentemente de autorização de órgãos públicos, salvo nos casos previstos em lei (art. 170, parágrafo único). O preconizado princípio da autonomia privada, todavia, está no cerne da liberdade de iniciativa que, a seu turno, é princípio constitucional, cujo conteúdo é delimitado pelos princípios insertos nos incisos I a IX do art. 170, os quais visam assegurar os direitos de liberdade e igualdade que a todos conduzem a uma existência digna.

Vale afirmar que, na ordem econômica constitucional vigente, a autonomia privada e a liberdade econômica para o exercício de qualquer atividade econômica estão diretamente vinculadas, sob a perspectiva justrabalhista, à função social da propriedade, à defesa do meio ambiente, à redução das desigualdades regionais e sociais e à busca do pleno emprego, balizadas pelos postulados da existência digna do ser humano e da justiça social.

Daí porque ser necessário, para o efetivo gozo da autonomia privada, a garantia de condições materiais mínimas de liberdade e de igualdade, o que, em última análise, significa afirmar o próprio Estado Democrático de Direito mediante o exercício, pelo sujeito trabalhador, dos direitos fundamentais no mercado capitalista de produção para a materialização dos direitos de liberdade e igualdade no contexto assimétrico inerente às relações de trabalho.

Nesse sentido, Gabriela Neves Delgado e Valéria de Oliveira Dias salientam:

> para atender de forma equilibrada aos postulados fundamentais da Constituição de 1988 relativos à centralidade da pessoa humana no

---

(65) *Ibidem*, p. 196-197.

(66) DELGADO, Mauricio Godinho; DELGADO, Gabriela Neves. *A reforma trabalhista no Brasil*: com os comentários à Lei n. 13.467/2017. 2. ed. rev. atual. e ampl. São Paulo: LTr, 2018. p. 33.

(67) DELGADO, Gabriela Neves; DIAS, Valéria de Oliveira. Reforma trabalhista e precarização do trabalho terceirizado: a incorporação do trabalho feminino nos estratos assalariados de serviços. In: PINTO, Roberto Parahyba de Arruda; CAMARANO, Alessandra; HAZAN, Ellen Mara Ferraz (coord.). *Feminismo, pluralismo e democracia*. São Paulo: LTr, 2018. p. 156-166. p. 158.

> contexto socioeconômico e institucional, ao valor social do trabalho e ao valor social da livre-iniciativa, o trabalho deve ser aliado aos direitos fundamentais de liberdade e aos direitos socioeconômicos — que assegurem, nos termos do art. 6º da Constituição Federal de 1988, educação, saúde, alimentação adequada, moradia, transporte, lazer, segurança, previdência social, proteção à maternidade e à infância, entre outros —, de modo a garantir as circunstâncias materiais que outorguem autonomia plena à pessoa trabalhadora e a concretização de sua dignidade, inclusive no âmbito sociolaboral.[68]

Assim, tem-se que "os princípios e direitos fundamentais no trabalho são a resposta à dimensão dos mercados, que supervalorizam o fator competitividade para o seu funcionamento"[69].

No Estado Democrático de Direito, há, portanto, um patamar mínimo de direitos imprescindíveis à afirmação e exercício da cidadania, aptos a conferir autonomia ao trabalhador enquanto sujeito de direitos[70].

Nessa perspectiva, tem-se que os trabalhadores compõem uma minoria política que luta por reconhecimento de igual respeito e consideração por meio da efetivação de direitos fundamentais. Tal efetivação requer que se considere, na hermenêutica constitucional, o contexto de aplicação desses direitos e que, de igual modo, se adote, como parâmetro, a patente desigualdade existente entre as partes, as quais, nos contratos de emprego, se traduzem no empregado hipossuficiente e no empregador[71].

Não é por outra razão que Menelick de Carvalho Netto e Guilherme Scotti afirmam que os temas relativos ao trabalho remetem aos direitos sociais "que, como tais, devem ser vistos como políticas públicas de acesso à igualdade e à liberdade de todos"[72].

---

(68) DELGADO, Gabriela Neves; DIAS, Valéria de Oliveira. Reforma trabalhista e precarização do trabalho terceirizado: a incorporação do trabalho feminino nos estratos assalariados de serviços. In: PINTO, Roberto Parahyba de Arruda; CAMARANO, Alessandra; HAZAN, Ellen Mara Ferraz (coord.). *Feminismo, pluralismo e democracia*. São Paulo: LTr, 2018. p. 156-166. p. 158.

(69) PEREIRA, Ricardo José Macêdo de Britto. A eficácia da declaração de princípios e direito fundamentais no trabalho da organização do trabalho de 1998. In: ROCHA, Cláudio Jannotti da *et al.* (coord.). *Direito internacional do trabalho*: aplicabilidade e eficácia dos instrumentos internacionais de proteção ao trabalhador. São Paulo: LTr, 2018. p. 339.

(70) CARVALHO NETTO, Menelick; SCOTTI, Guilherme. O direito do trabalho e o estado democrático de direito: o individual e o coletivo no exercício da autonomia do trabalhador. In: DELGADO, Gabriela Neves; PEREIRA, Ricardo José Macêdo de Britto (org.). *Trabalho, Constituição e cidadania*: a dimensão coletiva dos direitos sociais trabalhistas. São Paulo: LTr, 2014. p. 169.

(71) *Ibidem*, p. 170.

(72) *Idem*, *Loc. cit.*

Esse contexto realça a tensão inerente aos valores sociais do trabalho e da livre-iniciativa que compõem um espectro de princípios aparentemente antagônicos, que, na verdade, se constituem, compondo um todo complexo que garante a existência da livre-iniciativa e do trabalho.

Nessa linha, tem-se que a hermenêutica comprometida com o constitucionalismo humanista e social inaugurado pela ordem constitucional de 1988 sinaliza que a liberdade de iniciativa requer o exercício de atividade econômica que promova a valorização do trabalho humano e assegure o direito fundamental ao trabalho digno, ante a eficácia horizontal(73) de que se revestem os direitos humanos fundamentais realçados nas relações de trabalho.

Diante da compatibilidade entre o trabalho digno e a ordem econômica brasileira(74), a regulação do exercício da atuação institucional e do poder empregatício deve se ancorar no Texto Constitucional com vistas à preservação dos princípios, valores, direitos e garantias fundamentais relacionados à pessoa humana trabalhadora, à livre-iniciativa, ao trabalho humano e à própria ordem econômica capitalista e, por conseguinte, rechaçar toda prática institucional voltada para a gestão do trabalho humano incompatível com a ordem constitucional contemporânea.

1.2. Categorias-chave para a regulação do trabalho no marco contemporâneo do Estado Democrático de Direito: a dimensão socioambiental do direito fundamental ao trabalho digno e o direito à saúde mental

1.2.1. O direito à saúde mental do sujeito trabalhador

No plano internacional dos Direitos Humanos, consideradas as Declarações e os instrumentos incorporados ao ordenamento jurídico pátrio, tem-se que o direito à saúde foi consagrado na Declaração Relativa aos Fins e Objetivos da Organização Internacional do Trabalho (Declaração de Filadélfia, de 1944), na Declaração Universal dos Direitos Humanos, de 1948, e no Pacto dos Direitos Econômicos, Sociais e Culturais — PIDESC, de 1966.

A Declaração de Filadélfia proclama a obrigação da Organização Internacional do Trabalho — OIT de auxiliar os Estados-Membros na execução de programas destinados a "assegurar uma proteção adequada da vida e da saúde dos trabalhadores em todas as ocupações" (III, *g*). A Declaração Universal dos Direitos do

(73) Acerca do tema, consultar SARMENTO, Daniel; GOMES, Fábio Rodrigues. A eficácia dos direitos fundamentais nas relações entre particulares: o caso das relações de trabalho. *Revista do TST*, Brasília, v. 77, n. 4, out./dez. 2011.

(74) DELGADO, Gabriela Neves; DIAS, Valéria de Oliveira. Reforma trabalhista e precarização do trabalho terceirizado: a incorporação do trabalho feminino nos estratos assalariados de serviços. In: PINTO, Roberto Parahyba de Arruda; CAMARANO, Alessandra; HAZAN, Ellen Mara Ferraz (coord.). *Feminismo, pluralismo e democracia*. São Paulo: LTr, 2018. p. 156-166.

Homem assevera que "todo ser humano tem direito a um padrão de vida capaz de assegurar-lhe, e a sua família, saúde e bem-estar" (art. XXV, 1). O Brasil, ao aderir ao PIDESC, comprometeu-se com o reconhecimento do "direito de toda pessoa de desfrutar o mais elevado nível possível de saúde física e mental", bem como com a adoção de medidas destinadas a assegurar o pleno exercício desse direito, inclusive quanto à "melhoria de todos os aspectos de higiene do trabalho e do meio ambiente", tanto sob o viés preventivo quanto de tratamento das doenças profissionais (art. 12, 1, 2, *b* e *d*).

O direito à saúde foi elevado ao patamar de direito humano fundamental, no contexto brasileiro, a partir da Constituição Federal de 1988. Até então, esse imprescindível direito social encontrava seu eixo de proteção em normas esparsas ou de modo indireto por meio da conjugação de diversos dispositivos das constituições precedentes relacionados à garantia da assistência social.

No Texto Constitucional de 1988, o direito fundamental à saúde, em sentido material, decorre do próprio direito à vida, de modo a evidenciar que *vida tutelada na ordem constitucional contemporânea é a vida saudável, com dignidade e qualidade preservadas.* Não é por outra razão que, no sentido formal, esse direito fundamental ocupa o ápice do ordenamento jurídico — do mesmo modo que os demais direitos humanos fundamentais, inclusive os sociotrabalhistas — e, portanto, trata-se de norma de "superior hierarquia axiológica", diretamente aplicável de forma vinculada em relação ao Estado e nas relações entre particulares[(75)].

Na perspectiva da eficácia horizontal inerente aos direitos fundamentais, a Constituição da República preconiza que o direito à saúde se efetiva como dever fundamental, na medida em que estabelece ser a saúde "direito de todos e dever do Estado" (art. 196), evidenciando o "dever geral de respeito à saúde pública e dos demais" de forma cogente, inclusive, no contexto privado, como a exemplo das normas de saúde, higiene e segurança de proteção ao trabalhador (art. 7º, XXII, e art. 200 da CLT, que trata das normas regulamentadoras)[(76)] e do direito ao seguro contra acidentes de trabalho, a cargo do empregador, sem excluir a indenização a que se obriga, quando incorrer em dolo ou culpa (art. 7º, XXVIII).

Embora o Estado brasileiro seja o destinatário principal do dever fundamental inerente à promoção e proteção da saúde humana, a própria noção de dever fundamental articulada com o princípio da solidariedade — "no sentido de que toda a sociedade é também responsável pela efetivação e proteção do direito à saúde de todos e de cada um, no âmbito daquilo que Canotilho denomina de uma

(75) SARLET, Ingo Wolfgang; FIGUEIREDO, Mariana Filchtiner. Algumas considerações sobre o direito fundamental à promoção e proteção da saúde aos 20 anos da Constituição Federal de 1988. *Revista de Direito do Consumidor — RDC*, v. 17, n. 67, p. 125-172, jul./set. 2008.

(76) *Ibidem*, p. 130.

responsabilidade compartilhada"[(77)] — reforça a obrigação de as instituições sociais, da economia e seu mercado atentarem, da mesma forma, para a promoção e proteção desse dever fundamental, de modo a assegurar que toda pessoa, individual e coletivamente considerada, desfrute do "mais elevado nível possível de saúde física e mental", inclusive no meio ambiente do trabalho, tal como prescreve o art. 12, 1 e 2, *b*, do PIDESC[(78)].

A Lei n. 8.080, de 1990, assegura que a saúde é um direito fundamental do ser humano, considerado individual e coletivamente, que diz respeito ao seu bem-estar físico, mental e social, cujo dever do Estado de prover as condições indispensáveis ao seu pleno exercício não exclui o das pessoas, da família, das empresas e da sociedade (arts. 2º, *caput, e* § 2º; e 3º, parágrafo único)[(79)].

O Supremo Tribunal Federal, ao julgar a Medida Cautelar na Arguição de Descumprimento Fundamental n. 532/DF, em julho de 2018, destacou que *o direito fundamental à saúde, em suas múltiplas dimensões, tem seu núcleo essencial afeto à dignidade da pessoa humana*. Ponderou, em acréscimo, que o fato de o Brasil ser signatário da Declaração Universal de Direitos do Homem, de 1948, em cujo art. 25 se prevê o direito de todo ser humano "a um padrão de vida capaz de assegurar a si e a sua família saúde e bem-estar", revela que o direito à saúde tem como corolário o direito à vida digna. Daí concluiu que o estado de bem-estar do cidadão não se refere apenas à ausência de doença, mas depende das "condições gerais que lhe asseguram segurança e confiança no seu entorno sociopolítico e econômico". Tais apontamentos reafirmam o dever de compromisso da sociedade civil com a efetivação do direito à saúde[(80)].

---

(77) SARLET, Ingo Wolfgang; FIGUEIREDO, Mariana Filchtiner. Algumas considerações sobre o direito fundamental à promoção e proteção da saúde aos 20 anos da Constituição Federal de 1988. *Revista de Direito do Consumidor — RDC*, v. 17, n. 67, p. 125-172, jul./set. 2008.

(78) BRASIL. Decreto n. 591, de 6 de julho de 1992. Atos Internacionais. Pacto Internacional sobre Direitos Econômicos, Sociais e Culturais. Promulgação. Art. 12.1. Os Estados-Partes do presente Pacto reconhecem o direito de toda pessoa de desfrutar o mais elevado nível possível de saúde física e mental. 2. As medidas que os Estados-Partes do presente Pacto deverão adotar com o fim de assegurar o pleno exercício desse direito incluirão as medidas que se façam necessárias para assegurar: (...) b) A melhoria de todos os aspectos de higiene do trabalho e do meio ambiente. Disponível em: <http://www.planalto.gov.br/ccivil_03/decreto/1990-1994/d0591.htm>. Acesso em: 15 jan. 2019

(79) BRASIL. Lei n. 8.080, de 19 de setembro de 1990. Dispõe sobre as condições para a promoção, proteção e recuperação da saúde, a organização e o funcionamento dos serviços correspondentes e dá outras providências. Art. 2º A saúde é um direito fundamental do ser humano, devendo o Estado prover as condições indispensáveis ao seu pleno exercício. (...). § 2º O dever do Estado não exclui o das pessoas, da família, das empresas e da sociedade. Art. 3º (...). Parágrafo único. Dizem respeito também à saúde as ações que, por força do disposto no artigo anterior, se destinam a garantir às pessoas e à coletividade condições de bem-estar físico, mental e social. Disponível em: <http://www.planalto.gov.br/ccivil_03/leis/L8080.htm>. Acesso em: 18 dez. 2018.

(80) BRASIL. Supremo Tribunal Federal. Medida Cautelar na Arguição de Descumprimento de Preceito Fundamental MCADPF n. 532 MC/DF. Relator Ministro Celso de Mello, 1º de agosto de 2018.

A solidariedade é princípio e valor articulado como objetivo fundamental da República Federativa do Brasil. O Texto Constitucional estabelece os objetivos de "construir uma sociedade livre, justa e solidária", "erradicar a pobreza e a marginalização social e reduzir as desigualdades sociais e regionais" e "promover o bem de todos, sem preconceitos de origem, raça, sexo, cor, idade e quaisquer outras formas de discriminação" (art. 3º, I, III e IV). Esses objetivos fundamentais realçam o direito-dever de solidariedade social a amparar a ideia de "primazia das situações existenciais sobre as situações de cunho patrimonial". Tal direito-dever evidencia a dimensão social da dignidade humana a ser efetivada pela elevação do sujeito à condição de cidadão que goza das mesmas condições de igualdade[(81)] e de liberdade de todos, na perspectiva de igual respeito e consideração em uma sociedade plural e desigual.

Segundo Ingo Wolfgang Sarlet e Mariana Filchtiner Figueiredo, a proteção da saúde, individual e coletivamente considerada, está interconectada essencialmente com a efetividade de diversos outros direitos fundamentais instituídos na Constituição Federal de 1988, que visam a tutelar bens constitucionais, entre os quais se destacam a vida, a dignidade da pessoa humana, o meio ambiente, o trabalho, a propriedade, a seguridade social, a moradia, a privacidade, "além da proteção do consumidor, da família, de crianças e adolescentes, dos idosos"[(82)].

Na perspectiva da tutela integral da dignidade humana no trabalho, bem como da tutela do trabalho humano, por meio da afirmação do direito fundamental ao trabalho digno, é plenamente compatível com o ordenamento justrabalhista constitucional, inclusive se considerados os bens constitucionais tutelados que se encontram interconectados ao direito à saúde, incluir o sujeito trabalhador no âmbito de proteção do hipossuficiente destinatário de direitos humanos fundamentais garantidores do conteúdo jurídico do direito à saúde.

Nessa linha, Augusto César Leite de Carvalho salienta que, o Texto Constitucional, ao assegurar o direito fundamental à saúde, o integra à proteção do meio ambiente do trabalho, o que significa que a proteção da saúde no trabalho se concretiza a partir de direitos que abarquem, inclusive, "as condições de tempo e de modo do trabalho"[(83)].

Disponível em: <http://portal.stf.jus.br/processos/downloadPeca.asp?id=314926270&ext=.pdf>. Acesso em: 15 fev. 2019.

(81) MORAES, Maria Celina Bodin. *Danos à pessoa humana*: uma leitura civil-constitucional dos danos morais. Rio de Janeiro: Renovar, 2003. p. 108-109.

(82) SARLET, Ingo Wolfgang; FIGUEIREDO, Mariana Filchtiner. Algumas considerações sobre o direito fundamental à promoção e proteção da saúde aos 20 anos da Constituição Federal de 1988. *Revista de Direito do Consumidor — RDC*, v. 17, n. 67, p. 125-172, jul./set. 2008.

(83) CARVALHO, Augusto César Leite de. *Direito do trabalho:* curso e discurso. São Paulo: LTr, 2016. p. 292.

A OIT, diante do compromisso firmado com a promoção da saúde, segurança do trabalhador e sua proteção contra acidentes e adoecimento no trabalho, estabeleceu que o meio ambiente do trabalho equilibrado e seguro se reveste da qualidade de direito humano, associando a ele a dimensão do desenvolvimento sustentável para assegurar a proteção da qualidade de vida do trabalhador.

Sebastião Geraldo de Oliveira afirma existir ao menos 22 Convenções da OIT que tratam direta ou indiretamente da proteção jurídica à saúde no trabalho[(84)], entre as quais se destacam as Convenções ns. 155 e 161.

A Convenção n. 155 da OIT, que versa sobre segurança e saúde dos trabalhadores empregados que se ativam em todas as atividades econômicas, inclusive na Administração Pública, e o meio ambiente do trabalho, foi adotada pela OIT em 1981, ratificada pelo Brasil em 1992 e passou a vigorar no plano interno em 1993[(85)].

Seu texto enfatiza que a saúde, com relação ao trabalho, "abrange não só a ausência de afecções ou de doenças, mas também os elementos físicos e mentais que afetam a saúde e estão diretamente relacionados com a segurança e a higiene no trabalho", *a denotar que a proteção à saúde abrange expressamente a proteção jurídica à saúde mental do trabalhador e ao meio ambiente do trabalho equilibrado e que o empregador tem o dever jurídico de prevenir eventuais danos à saúde mental dos trabalhadores* (art. 3º, e)[(86)].

---

(84) Entre elas, citam-se as seguintes convenções ratificadas pelo Brasil: Convenção n. 103 — Amparo à maternidade; Convenção n. 115 — Proteção contra as radiações; Convenção n. 121 — Política de emprego; Convenção n. 127 — Peso máximo das cargas; Convenção n. 134 — Prevenção de acidentes do trabalho dos marítimos; Convenção n. 136 — Proteção contra os riscos da intoxicação pelo benzeno; Convenção n. 139 — Prevenção e controle de riscos profissionais causados pelas substâncias ou agentes cancerígenos; Convenção n. 148 — Contaminação do Ar, Ruído e Vibrações; Convenção n. 152 — Segurança e higiene nos trabalhos portuários; Convenção n. 155 — Segurança e saúde dos trabalhadores; Convenção n. 159 — Reabilitação profissional e emprego de pessoas deficientes; Convenção n. 161 — Serviços de saúde no trabalho; Convenção n. 162 — Utilização do amianto com segurança; Convenção n. 163 — Bem-estar dos trabalhadores marítimos no mar e no porto; Convenção n. 167 — Sobre segurança e saúde na construção; Convenção n. 170 — Segurança no trabalho com produtos químicos; Convenção n. 171 — Trabalho noturno; Convenção n. 174 — Sobre a prevenção dos acidentes industriais maiores; Convenção n. 176 — Sobre segurança e saúde nas minas; Convenção n. 182 — Sobre a proibição das piores formas de trabalho infantil e a ação imediata para sua eliminação. A Convenção n. 184, sobre a segurança e a saúde na agricultura, e a Convenção n. 187, sobre o marco promocional para a segurança e saúde no trabalho, não foram ratificadas pelo Brasil.

(85) BRASIL. Decreto n. 1.254, de 29 de setembro de 1994. Promulga a Convenção n. 155 da Organização Internacional do Trabalho, sobre Segurança e Saúde dos Trabalhadores e o Meio Ambiente de Trabalho, concluída em Genebra, em 22 de junho de 1981. Disponível em: <http://www.planalto.gov.br/ccivil_03/decreto/1990-1994/D1254.htm>. Acesso em: 15 jan. 2019.

(86) BRASIL. Decreto n. 1.254, de 29 de setembro de 1994. Promulga a Convenção n. 155 da Organização Internacional do Trabalho, sobre Segurança e Saúde dos Trabalhadores e o Meio Ambiente

Ademais, ao estabelecer o princípio de uma política nacional coerente em matéria de segurança e saúde dos trabalhadores e do meio ambiente de trabalho, determina:

> Essa política terá como objetivo prevenir os acidentes e os danos à saúde que forem consequência do trabalho, tenham relação com a atividade de trabalho, ou se apresentarem durante o trabalho, reduzindo ao mínimo, na medida que for razoável e possível, as causas dos riscos inerentes ao meio ambiente de trabalho (art. 4º, 2).[87]

Para tornar efetiva tal política nacional, o Brasil se comprometeu a determinar que a autoridade competente garanta a realização progressiva de tarefas, entre as quais se menciona "a realização de sindicâncias cada vez que um acidente do trabalho, um caso de doença profissional ou qualquer outro dano à saúde ocorrido durante o trabalho ou com relação com o mesmo possa indicar uma situação grave" (art. 11, *d*).

A Convenção n. 161 da OIT[88], adotada pela OIT em 1985, ratificada pelo Brasil em 1990, com vigência nacional em 1991, ao tratar dos princípios de uma política nacional coerente com relação aos serviços de saúde no trabalho, enfatiza ser necessária a adoção de medidas essencialmente preventivas, que envolvam os trabalhadores, para estabelecer e manter o meio ambiente laboral seguro e salubre, de modo a "favorecer uma saúde física e mental ótima em relação com o trabalho", e para que se efetive "a adaptação do trabalho às capacidades dos trabalhadores levando em conta seu estado de sanidade física e mental" — e não a adaptação do trabalhador ao trabalho (PARTE I, art. 1º, *a*, I e II).

Ademais, além de identificar e avaliar os riscos para a saúde, presentes nos locais de trabalho, os serviços de saúde nas empresas devem "vigiar os fatores do meio de trabalho e as práticas de trabalho que possam afetar a saúde dos trabalhadores, inclusive as instalações sanitárias, as cantinas e as áreas de habitação, sempre que esses equipamentos sejam fornecidos pelo empregador", "acompanhar a saúde dos trabalhadores em relação com o trabalho" e "promover a adaptação do trabalho aos trabalhadores" (PARTE II, art. 5º, *a, b, f* e *g*).[89]

---

de Trabalho, concluída em Genebra, em 22 de junho de 1981. Disponível em: <http://www.planalto.gov.br/ccivil_03/decreto/1990-1994/D1254.htm>. Acesso em: 15 jan. 2019.

(87) BRASIL. Decreto n. 1.254, de 29 de setembro de 1994. Promulga a Convenção n. 155 da Organização Internacional do Trabalho, sobre Segurança e Saúde dos Trabalhadores e o Meio Ambiente de Trabalho, concluída em Genebra, em 22 de junho de 1981. Disponível em: <http://www.planalto.gov.br/ccivil_03/decreto/1990-1994/D1254.htm>. Acesso em: 15 jan. 2019.

(88) BRASIL. Decreto n. 127, de 22 de maio de 1991. Promulga a Convenção n. 161 da Organização Internacional do Trabalho — OIT, relativa aos Serviços de Saúde do Trabalho. Disponível em: <http://www.planalto.gov.br/ccivil_03/decreto/1990-1994/D0127.htm>. Acesso em: 15 jan. 2019.

(89) BRASIL. Decreto n. 127, de 22 de maio de 1991. Promulga a Convenção n. 161 da Organização Internacional do Trabalho — OIT, relativa aos Serviços de Saúde do Trabalho. Disponível em: <http://www.planalto.gov.br/ccivil_03/decreto/1990-1994/D0127.htm>. Acesso em: 15 jan. 2019.

Os dispositivos destacados de ambas as convenções da OIT denotam o reconhecimento no plano internacional — incorporado ao ordenamento jurídico brasileiro — de que a saúde é um direito humano do trabalhador.

Ademais, em face do reconhecimento de um conceito alargado de saúde no trabalho, segundo o qual o meio ambiente do trabalho pode ser determinante para o desencadeamento de agravos à saúde mental do trabalhador, os instrumentos preconizam a adoção de medidas preventivas amplas que abarquem a identificação e avaliação de riscos para a saúde no trabalho, a adaptação do trabalho ao sujeito, acompanhamento de sua saúde no trabalho, bem como que se determine a apuração dos casos em que o dano à saúde mental tenha ocorrido durante o trabalho ou ainda nos casos em que o trabalho não tenha sido a causa imediata do agravo, mas que com ele estabeleça uma relação de concausalidade.

A forma como o sistema capitalista modela e remodela as relações sociais e a morfologia social do trabalho, especialmente por meio da precarização das relações de trabalho e de seus mecanismos de organização e gestão da produção e do trabalho humano, impacta profundamente na saúde física e mental dos sujeitos trabalhadores.

No século XIX, com a expansão do capitalismo industrial, a tutela da saúde consubstanciou-se no direito à vida (ou à sobrevivência, diga-se de passagem), em face das extenuantes jornadas de trabalho, dos salários módicos e dos graves e elevados acidentes de trabalho e doenças profissionais. Com a segunda Revolução Industrial, especialmente entre os anos de 1914 e 1968, a organização do trabalho embasada no taylorismo-fordismo se tornou a causa principal de ofensa à saúde física do trabalhador. Naquela época, o foco da tutela da saúde no trabalho era a saúde ocupacional, em razão dos acidentes de trabalho típicos e das doenças ocupacionais. Depois da crise do capitalismo na década de 1970, a organização do trabalho foi redesenhada pelo toyotismo e suas técnicas de gestão do trabalho humano embasadas no culto à excelência, na competitividade entre os pares, no esfacelamento dos laços de solidariedade e na instrumentalização do medo, gerando uma cultura de violência psicológica a permear os espaços de trabalho, comprometendo, em larga escala, a saúde mental dos trabalhadores[90].

João Silvestre da Silva Júnior, em estudo com os trabalhadores segurados da Previdência Social entre os anos de 2008 e 2011, constatou que os afastamentos

(90) Os apontamentos acerca das mudanças no mundo do trabalho e os impactos na saúde do trabalhador foram desenvolvidos com base no artigo intitulado "O Conteúdo Essencial do Direito Fundamental à Integridade Psíquica no Meio Ambiente de Trabalho na Perspectiva do Assédio Moral Organizacional" de minha autoria. DELGADO, Gabriela Neves *et al.* (coord.). *Direito constitucional do trabalho*: princípios e jurisdição constitucional do TST. São Paulo: LTr, 2015. p. 193 a 206. Sobre o tema, consultar DEJOURS, Christophe. *A loucura do trabalho*: estudo de psicopatologia do trabalho. 5. ed. ampl. São Paulo: Cortez Oboré, 1992.

do trabalho por transtornos mentais e comportamentais e fatores associados foram a terceira principal causa de concessão de auxílio-doença por incapacidade laboral. A exposição à violência do assédio moral no trabalho foi apontada como um dos estressores psicossociais desfavoráveis associados aos afastamentos prolongados do trabalho[91].

Tendo como parâmetro o ano de 2011, relata que

> foram concedidos cerca de 2,3 milhões de novos benefícios auxílio-doença por incapacidade para o trabalho, dos quais 9% foram decorrentes de "Transtorno mental e comportamental" (CID10 — Capítulo V) [...]. Os grupamentos "transtornos de humor" (F30-F39) e "transtornos neuróticos, relacionados com o *stress* e somatoformes" (F40-F48) representaram 67,7% das concessões.[92]

O autor enfatiza, ainda, que os afastamentos do trabalho motivados pelo adoecimento mental do trabalhador tendem a ser mais prolongados do que outros e apresentam uma das menores taxas de retorno ao trabalho, especialmente quando constatado o nexo causal entre o adoecimento mental e as condições estressoras no trabalho[93]. Considerado o panorama mundial, "os transtornos mentais são considerados a principal carga de anos vividos com incapacidade, principalmente os quadros depressivos e ansiosos"[94].

O "estado da arte" no qual se encontra a saúde mental e o trabalho, marcada pela trajetória do sistema capitalista e seus mecanismos de exploração do trabalho humano, revela a premência de uma tutela jurídica que enfatize, com prioridade, a proteção à saúde mental no ambiente de trabalho.

1.2.2. O direito fundamental ao meio ambiente de trabalho ecologicamente equilibrado

No plano internacional dos Direitos Humanos, a OIT, conforme se constata no preâmbulo da sua Constituição, firmou um compromisso com a promoção da saúde e segurança do trabalhador e sua proteção contra acidentes e adoecimento

(91) SILVA JÚNIOR, João Silvestre da. *Afastamento do trabalho por transtornos mentais e fatores associados:* um estudo caso-controle entre trabalhadores segurados da Previdência Social. Dissertação (Mestrado em Saúde Ambiental) — Faculdade de Saúde Pública, Universidade de São Paulo, São Paulo, 2012. p. 6 e 7.

(92) SILVA JÚNIOR, João Silvestre da. *Retorno ao trabalho após afastamento de longa duração por transtornos mentais*: um estudo longitudinal com trabalhadores do mercado formal. Tese (Doutorado em Saúde Ambiental) — Faculdade de Saúde Pública, Universidade de São Paulo, São Paulo, 2017. p. 14.

(93) *Ibidem*, p. 14.

(94) *Ibidem*, p. 12.

no ambiente laboral. Assim, diversas normas foram sistematizadas em convenções e recomendações internacionais do trabalho de modo a prescrever padrões internacionais de promoção do trabalho seguro, relacionando a prestação de serviços à proteção da dignidade do trabalhador e reconhecendo que o meio ambiente do trabalho equilibrado é um direito humano(95).

Norma Sueli Padilha pondera que o meio ambiente e o trabalhador estão no centro dos conflitos das relações em sociedade, atualmente denominada de "sociedade de risco"(96). Para o trabalhador, a degradação de sua saúde e de sua qualidade de vida gera doenças ocupacionais e acidentes de trabalho. Para o meio ambiente natural, a degradação leva à perda irreparável do equilíbrio dos ecossistemas, destruição de biomas, poluição da água, do ar, do solo e extinção de espécies.(97)

Como resultado dos movimentos sociais dos trabalhadores e sua luta pela saúde e segurança no trabalho, desde o início do século XX, foram estatuídas normas de Direito do Trabalho no Brasil, com forte influência da OIT. Todavia, a proteção jurídica se restringia aos limites inerentes à legislação ordinária inserta no Capítulo destinado à Segurança e Medicina do Trabalho da CLT(98).

No tocante às questões ambientais, a Conferência de Estocolmo de 1972 é considerada o marco da proteção jurídica do meio ambiente, pois, a partir da afirmação do Direito Internacional do Meio Ambiente, as constituições supervenientes reconheceram o meio ambiente ecologicamente equilibrado como um direito fundamental associado aos direitos sociais.

O meio ambiente de trabalho, especialmente a partir da crise econômica mundial aprofundada entre os anos de 1960 e 1970, se insere no contexto de um mercado capitalista agressivo e competitivo, que prioriza a maximização dos resultados institucionais para auferir crescentes lucros em detrimento da qualidade de

(95) PADILHA, Norma Sueli; DI PIETRO, Josilene Hernandes Ortolan. A contribuição da OIT na construção da tutela internacional do direito ao meio ambiente do trabalho equilibrado. *Rev. Fac. Direito UFMG*, Belo Horizonte, n. 70, p. 529-559, jan./jun. 2017.

(96) "O sociólogo alemão Ulrich Beck, professor da Universidade de Munique, com sua obra Sociedade de risco: a caminho de uma nova modernidade [...], publicada originalmente no ano de 1986, identificou o modelo de sociedade característico das últimas décadas, especialmente no tocante aos riscos tecnológicos inerentes às práticas sociais levadas a efeito tanto por atores privados quanto públicos, somando-se a tudo isso uma 'desorganização' ou mesmo incapacidade institucional — na perspectiva da atuação político-estatal — capaz de gerenciar o risco e assegurar a devida segurança e proteção aos indivíduos e à comunidade política como um todo." SARLET, Ingo Wolfgang; FENSTERSEIFER, Tiago. *Direito ambiental:* introdução, fundamentos e teoria geral. São Paulo: Saraiva, 2014. p. 98. Consultar também: BECK, Ulrich. *La sociedade del riesgo:* hacia una nueva modernidad. Barcelona: Paidós, 2001.

(97) PADILHA, Norma Sueli. O equilíbrio do meio ambiente do trabalho: direito fundamental do trabalhador e de espaço interdisciplinar entre o direito do trabalho e o direito ambiental. *Rev. TST*, Brasília, v. 77, n. 4, p. 232, out./dez. 2011.

(98) PADILHA, Norma Sueli. *Loc. cit.*

vida do trabalhador e de sua dignidade. Nesse contexto, tornou-se essencial que a tutela jurídica do sujeito no meio ambiente laboral não se restringisse às normas infraconstitucionais. Aliás, frente à hipercomplexidade do mundo do trabalho, promover o trabalho digno requer mecanismos mais abrangentes e complexos voltados, especialmente, para a proteção da qualidade de vida do sujeito no trabalho[(99)].

A Constituição Federal de 1988 adotou um conceito alargado de ambiente na medida em que reconheceu o meio ambiente de trabalho como uma das dimensões do meio ambiente humano ou social, firmando a expressa vinculação entre direito à saúde do trabalhador e direito à proteção ao meio ambiente laboral. Inserto no art. 225, o direito humano fundamental[(100)] ao meio ambiente ecologicamente equilibrado, no qual se inclui o meio ambiente do trabalho (art. 200, VIII), é reconhecido como direito essencial à sadia qualidade de vida de todos.

O *dever de defesa* e preservação do meio ambiente do trabalho não recai apenas sobre o Estado. O mencionado art. 225 preconiza que esse dever fundamental é imposto à coletividade, à sociedade, a denotar a vinculação da ordem econômica à observância do princípio da defesa do meio ambiente laboral (arts. 170, VI, e 200, VIII), o que a torna também corresponsável pelas presentes e futuras gerações.

Para assegurar a eficácia do direito ao meio ambiente do trabalho ecologicamente equilibrado e à sadia qualidade de vida de todos os trabalhadores — sob a perspectiva do patrimônio material e imaterial que lhes são inerentes —, o Texto Constitucional incumbe ao Poder Público — e também à coletividade, na qual se inclui a pessoa jurídica e o mercado de produção — o dever de controle do emprego de técnicas e métodos que comportem risco para a vida, a qualidade da vida e o meio ambiente (art. 225, § 1º, V), sob pena de as condutas e atividades, de pessoas físicas ou jurídicas, consideradas lesivas ao meio ambiente se sujeitarem a sanções penais e administrativas, independentemente da obrigação de reparar os danos causados (art. 225, § 3º).

Nesse sentido, Augusto César Leite de Carvalho afirma:

> A combinação dos preceitos constitucionais sobreleva a prescrição de um ambiente de trabalho harmonioso, indispensável à qualidade de

---

(99) PADILHA, Norma Sueli. Meio ambiente do trabalho: o diálogo entre o direito do trabalho e o direito ambiental. In: FELICIANO, Guilherme Guimarães *et al.* (coord.). *Direito ambiental do trabalho*: apontamento para uma teoria geral. São Paulo: LTr, 2015. v. 2, p. 106.

(100) Ingo Wolfgang Sarlet e Tiago Fensterseifer defendem que o meio ambiente de trabalho saudável, tanto na perspectiva individual quanto na coletiva, possui o *status* de direito humano e dever fundamental que goza da mais ampla agenda ambiental de proteção inserta nos arts. 225, § 1º, 200, VIII, e 7º, XXII, XXIII, XXIV e XXVIII, da Constituição Federal de 1988 e nas demais legislações de cunho infraconstitucional correlatas. Como direito humano fundamental, o direito ao meio ambiente de trabalho saudável possui aplicação imediata, vincula diretamente os empregadores, a denotar a eficácia desse direito nas relações privadas. Sobre o tema, consultar: SARLET, Ingo Wolfgang; FENSTERSEIFER, Tiago. Direito à saúde e proteção do ambiente na perspectiva de uma tutela jurídico-constitucional integrada dos direitos fundamentais socioambientais (DESCA). *BIS, Bol. Inst. Saúde* (Impr.), São Paulo, v. 12, n. 3, p. 250, 2010.

> vida dos que nele se ativam e dos que fora de seus domínios sofrem a radiação do que nele se produz, cometendo-se a toda a sociedade e ao Estado a responsabilidade de proteger o ecossistema laboral para o seu uso sustentável pela atual e futuras gerações.[(101)]

Com o objetivo de enfatizar o necessário comprometimento do sistema capitalista com a promoção da saúde e da integridade psicofísica humana no ambiente laboral, o Texto Constitucional aponta, entre outros deveres, o dever fundamental de redução dos riscos inerentes ao trabalho, por meio de normas de saúde, higiene e segurança, incorporado aos direitos fundamentais sociotrabalhistas (arts. 6º e 7º, XXII), e de reparação do dano material, moral ou à imagem em caso de violação dos direitos fundamentais do sujeito trabalhador inerentes à sua personalidade e patrimônio moral (art. 5º, V e X).

Ingo Wolfgang Sarlet e Tiago Fensterseifer explicitam que o direito fundamental ao meio ambiente ecologicamente equilibrado é um direito-dever ou dever de solidariedade. Isso porque,

> para além de um bem-estar individual e social, as construções jurídico-constitucionais caminham hoje no sentido de garantir ao indivíduo e à comunidade como um todo o desfrute de um bem-estar ambiental, ou seja, de uma vida saudável com qualidade ambiental, o que se apresenta como indispensável ao pleno desenvolvimento da pessoa e ao desenvolvimento humano no seu conjunto.[(102)]

A concepção de proteção ambiental mediante a afirmação do direito a um ambiente equilibrado ou saudável se reveste da qualidade de direito humano e fundamental e, como tal, é essencial para a concretização da dignidade ínsita à vida humana, em suas múltiplas dimensões. Aliás, a inserção dos elementos "digna" e "saudável" ao conceito de vida alargou sua concepção, incorporando à vida humana uma dimensão existencial que alcança o desenvolvimento da personalidade humana, inclusive sob a ótica da integridade psicofísica, para a qual a qualidade do ambiente é imprescindível[(103)].

Nesse sentido, Norma Sueli Padilha pontua que, a partir da definição de meio ambiente como "o conjunto de condições naturais e de influências que atuam sobre os organismos vivos e os seres humanos", tem-se que o meio ambiente é

---

(101) CARVALHO, Augusto César Leite de. *Direito do trabalho:* curso e discurso. São Paulo: LTr, 2016. p. 293.

(102) SARLET, Ingo Wolfgang; FENSTERSEIFER, Tiago. Direito à saúde e proteção do ambiente na perspectiva de uma tutela jurídico-constitucional integrada dos direitos fundamentais socioambientais (DESCA). *BIS, Bol. Inst. Saúde* (Impr.), São Paulo, v. 12, n. 3, p. 250, 2010.

(103) SARLET, Ingo Wolfgang; FENSTERSEIFER, Tiago. *Loc. cit.*

composto por "fatores bióticos e abióticos, sociais, culturais e psicológicos" que, em seu conjunto, compõem o meio exterior que afeta o desenvolvimento integral do sujeito, sinalizando para a premência de uma visão global e sistêmica do meio ambiente para a efetiva tutela da sadia qualidade de vida no trabalho[104].

Contemplar o meio ambiente de trabalho de forma sistêmica implica compreender que a qualidade de vida do trabalhador vincula-se aos elementos físicos, mecânicos, químicos e biológicos presentes no meio ambiente de trabalho, bem como à cultura organizacional e à própria organização do trabalho[105], além dos riscos psicossociais a ela inerentes.

Importante rememorar que, tendo como parâmetro a gestão toyotista da produção e do trabalho humano, tem-se que os riscos psicossociais que sobressaem estão relacionados exatamente à organização do trabalho e à lógica de gestão do trabalho humano que podem conduzir os trabalhadores a vivências de sofrimento patogênico e de adoecimento, causando danos físicos, psicológicos e sociais[106].

A integridade psicofísica do trabalhador é comprometida quando o trabalho é realizado em meio ambiente degradado, por comprometer o livre desenvolvimento da personalidade humana.

Nesse quadro, é necessário reconhecer que a qualidade do meio ambiente é um dos elementos constitutivos da dignidade humana e, portanto, tornou-se um dos elementos-chave da tutela da personalidade humana. Daí que a tutela integral da pessoa humana e sua dignidade perpassa pela proteção e efetividade do direito ao meio ambiente equilibrado, bem como dos demais direitos fundamentais que com ele se correlacionam, "especialmente em razão da sua imprescindibilidade à manutenção e à existência da vida e de uma vida com qualidade e saúde"[107].

---

(104) PADILHA, Norma Sueli. Meio ambiente do trabalho: o diálogo entre o direito do trabalho e o direito ambiental. In: FELICIANO, Guilherme Guimarães *et al.* (coord.). *Direito ambiental do trabalho*: apontamento para uma teoria geral. São Paulo: LTr, 2015. v. 2, p. 111.

(105) A organização do trabalho envolve a divisão formal do trabalho, o conteúdo da tarefa e as relações de poder que permeiam a gestão do trabalho humano e os processos de trabalho, bem como a repartição de responsabilidades, a divisão hierárquica e a sua forma de controle. Trata-se, segundo a psicodinâmica, do trabalho prescrito. Sobre o tema, consultar a subseção 1.2.2 desta pesquisa.

(106) Os riscos psicossociais presentes na organização prescrita do trabalho bancário no Distrito Federal, contatados na pesquisa empírica descrita na subseção 2.3.1, foram: a) quanto à divisão de tarefas, onde se avaliou o ritmo, prazos e condições oferecidas para a execução da tarefa, 72,5% dos entrevistados atribuíram a esse fator risco médio a alto; b) quanto à divisão social do trabalho, cuja análise centrou-se em normas, comunicação, avaliação, autonomia e participação relativas ao trabalho, 79,9% da amostra indicou risco médio a alto; e c) quanto ao estilo de gestão, 43,7% indicaram presença moderada do estilo de gestão gerencialista, enquanto 42,8% apontaram para sua predominância, especialmente, quanto ao aspecto individualista e normativo.

(107) SARLET, Ingo Wolfgang; FENSTERSEIFER, Tiago. Direito à saúde e proteção do ambiente na perspectiva de uma tutela jurídico-constitucional integrada dos direitos fundamentais socioambientais (DESCA). *BIS, Bol. Inst. Saúde* (Impr.), São Paulo, v. 12, n. 3, p. 250, 2010.

1.2.2.1. *Meio ambiente de trabalho saudável e sustentável: as dimensões ambiental e social da dignidade da pessoa humana*

Tiago Fensterseifer defende que a *dimensão ambiental da dignidade humana*, diante de sua relevância para a vida digna e saudável, integra o plexo de direitos e garantias inerentes ao conceito de mínimo existencial, na medida em que esse conceito se refere às condições de sobrevivência articuladas com vida digna e saudável[(108)].

Pondera o autor que é "justamente a partir do conceito de vida saudável [...] que se projeta a concepção de um mínimo existencial ecológico (ou ambiental), uma vez que a qualidade e a saúde da vida estão diretamente vinculadas às condições materiais do ambiente", visto que a qualidade ambiental é determinante para o pleno desenvolvimento dos potenciais humanos. Nessa senda, diante do caso concreto, emerge o dever de tutela do mínimo existencial ambiental e da proteção do meio ambiente, sempre que a ação degradadora comprometer ou colocar em risco o âmbito de proteção da dignidade humana[(109)].

A Comissão Mundial sobre Meio Ambiente e Desenvolvimento da ONU reconheceu, em documento de 1987 — o Relatório *Nosso Futuro Comum* (Relatório Brundtland[(110)]) —, que a existência da humanidade vincula-se à biosfera e afirma que a opção por um desenvolvimento sustentável está ligada, necessariamente, ao combate da desigualdade social e da falta de acesso da população em geral aos direitos sociais básicos, entre os quais se encontram o direito à saúde e à proteção ambiental, para a garantia de uma existência atenta à dignidade humana das presentes e futuras gerações. Tal concepção de desenvolvimento sustentável, ao evidenciar a preocupação quanto à existência digna das futuras gerações, preconiza sua interlocução com o princípio da solidariedade[(111)].

Então, tem-se que *a dignidade humana contempla uma dimensão social* que abarca o desenvolvimento sustentável, para "além de uma mera harmonização entre a economia e a ecologia". Essa dimensão encontra suas bases na solidariedade, "uma nova ordem de valores que devem conduzir a ordem econômica rumo a uma produção social e ambientalmente compatível com a dignidade de todos os integrantes do tecido social". Significa afirmar a existência de um dever de mútuo

(108) FENSTERSEIFER, Tiago. *A dimensão ecológica da dignidade humana:* as projeções normativas do direito (e dever) fundamental ao ambiente no estado socioambiental de direito. Dissertação (Mestrado em Ciências Jurídicas e Sociais) — Faculdade de Ciências Jurídicas e Sociais, Pontifícia Universidade Católica do Rio Grande do Sul, Rio Grande do Sul, 2007. p. 306-309.

(109) FENSTERSEIFER, Tiago. *Loc. cit.*

(110) A consulta ao Relatório *Nosso Futuro Comum* (Relatório Brundtland) está disponível em: <http://www.un.org/documents/ga/res/42/ares42-187.htm>.

(111) FENSTERSEIFER, Tiago. Estado socioambiental de direito e o princípio da solidariedade como seu marco jurídico-constitucional. *Direitos Fundamentais e Justiça*, n. 2, p. 133, jan./mar. 2008.

respeito entre particulares, segundo o qual "o desenvolvimento econômico deve estar vinculado à ideia de uma melhoria substancial e qualitativa (e não apenas quantitativa em termos de crescimento econômico) da qualidade de vida", levando em consideração ainda as condições ambientais favoráveis para o desenvolvimento das gerações humanas presentes e futuras(112).

Tiago Fensterseifer salienta que os princípios que regem o desenvolvimento ambiental e socialmente sustentável vinculam tanto o Estado quanto as empresas. Daí o porquê de a ordem econômica vincular o direito à propriedade à sua função social (arts. 5º, XXII, e 170, III), salientando, desse modo, que o desenvolvimento econômico deve ser margeado pelo interesse coletivo. A propósito, no Estado Democrático de Direito, a ordem econômica não é um fim em si mesma, mas instrumento de efetivação de direitos fundamentais(113).

Diante disso, o autor enfatiza:

> toda prática econômica desajustada aos valores ambientais e sociais no seu processo produtivo estará agindo de forma contrária aos ditames constitucionais, já que [...] a Constituição Federal traz o bem-estar social e a qualidade de vida como "princípios-base" da ordem econômica, sendo que a ordem social (aí também incluída a proteção ambiental), que era relegada a um plano secundário antes de 1988, ganhou "foro e títulos próprios" no novo Texto Constitucional.(114)

Em sintonia com tais conclusões, Ingo Wolfgang Sarlet afirma que os eixos ambiental, social e econômico, que integram o dever de sustentabilidade(115), devem conviver de forma harmônica e equilibrada, apesar de toda a complexidade que os envolve, com vista a propiciar, no meio ambiente de trabalho, a proteção da dignidade e do livre desenvolvimento da personalidade do trabalhador, mediante a

---

(112) FENSTERSEIFER, Tiago. Estado socioambiental de direito e o princípio da solidariedade como seu marco jurídico-constitucional. *Direitos Fundamentais e Justiça,* n. 2, p. 141, jan./mar. 2008.

(113) FENSTERSEIFER, Tiago. *Loc. cit.*

(114) FENSTERSEIFER, Tiago. *Loc. cit.*

(115) Denise Schmitt Siqueira Garcia salienta que o dever de sustentabilidade na perspectiva ambiental refere-se ao compromisso de proteção do meio ambiente a fim de garantir, como finalidade básica, "a sobrevivência do planeta mediante a preservação e a melhora dos elementos físicos e químicos que a fazem possível, tudo em função de uma melhor qualidade de vida". Na perspectiva social, conforme já enfatizado, a sustentabilidade perpassa pela garantia do mínimo existencial destinada à proteção da dignidade humana por meio de prestações relacionadas à melhoria da qualidade de vida da pessoa, individual e coletivamente considerada, e à garantia de existência minimamente digna, intrinsecamente relacionadas com a efetivação dos direitos sociais. Já a perspectiva econômica do dever de sustentabilidade, refere-se ao desenvolvimento do mercado econômico comprometido em gerar melhor qualidade de vida para as pessoas, num quadro de menor impacto ambiental possível. Dimensão econômica da sustentabilidade: uma análise com base na economia verde e a teoria do decrescimento. *Veredas do Direito*, Belo Horizonte, v. 13, n. 25, p.133-153, jan./abr. 2016.

concretização dos direitos humanos fundamentais conexos — a exemplo do direito à saúde —, num contexto de progresso econômico que garanta justiça social[(116)].

A proteção à qualidade ambiental laboral em sintonia com o reconhecimento do direito à saúde psicofísica do trabalhador revela exatamente a conexão preconizada no Texto Constitucional de 1988 entre propriedade, sua função social e a proteção ambiental (arts. 5º, XXIII, e 186, II), de modo que a empresa, ao exercer a liberdade de iniciativa, vincula-se à observância de um conjunto de deveres econômicos, sociais, culturais e ambientais relativos à proteção à saúde do trabalhador que, na perspectiva do dever fundamental de proteção ao ambiente laboral, revelam a necessária observância do princípio da defesa do meio ambiente laboral (art. 170, VI) e das inerentes obrigações de cunho negativo (dever de abstenção) — abster-se de práticas que degradem a qualidade do ambiente de trabalho — e positivo (dever de prestação) — praticar condutas destinadas à prevenção, precaução, reparo etc. de eventuais danos ambientais no contexto laboral[(117)].

A rede de proteção jurídica do trabalhador se fortalece na medida em que se observa, com prioridade, a defesa do meio ambiente de trabalho. Os princípios da prevenção de danos ambientais e da precaução ocupam o epicentro do Direito Ambiental exatamente por serem essenciais para a proteção e melhoria da qualidade do ambiente, o que, no âmbito trabalhista, operaria em favor da construção da saúde no trabalho[(118)].

O princípio da prevenção engloba o da precaução. O primeiro se aplica aos impactos ambientais já identificados — como os riscos psicossociais relativos a determinada atividade econômica ou profissional, por exemplo — e se destina a evitar o dano ambiental. A precaução, por sua vez, "refere-se a reflexos ao ambiente ainda não conhecidos cientificamente, no intuito de evitar riscos ambientais irreversíveis à saúde humana ou ao ambiente", o que requer das empresas ações preventivas de controle de eventuais fontes de poluição ou de degradação do ambiente[(119)].

Nessa linha, o princípio da precaução ambiental implica necessariamente a "modificação do modo de desenvolvimento da atividade econômica" com o objetivo de elidir o grau de risco do ambiente laboral e da saúde dos trabalhadores,

---

(116) SARLET, Ingo Wolfgang. O direito fundamental ao meio ambiente do trabalho equilibrado. *Revista do TST*, Brasília, v. 80, n. 1, p. 25 e 26, jan./mar. 2014.

(117) FENSTERSEIFER, Tiago. *A dimensão ecológica da dignidade humana:* as projeções normativas do direito (e dever) fundamental ao ambiente no estado socioambiental de direito. Dissertação (Mestrado em Ciências Jurídicas e Sociais) — Faculdade de Ciências Jurídicas e Sociais, Pontifícia Universidade Católica do Rio Grande do Sul, Rio Grande do Sul, 2007. p. 298-299.

(118) PADILHA, Norma Sueli. Meio ambiente do trabalho: o diálogo entre o direito do trabalho e o direito ambiental. In: FELICIANO, Guilherme Guimarães *et al.* (coord.). *Direito ambiental do trabalho*: apontamento para uma teoria geral. São Paulo: LTr, 2015. v. 2, p. 115.

(119) *Ibidem,* p. 115-116.

afastando todo risco potencial de prejudicialidade da qualidade de vida no trabalho, em atenção ao disposto no art. 7º, XXII, da Constituição Federal[(120)].

A materialização do dano ambiental é de difícil reparação e, na maioria dos casos, é irreversível. Nesse quadro, a reparação de natureza cível é pouco eficiente, sobretudo quando se trata de mera indenização. O dano ao ambiente natural elucida bem essa questão. E quando as péssimas condições ambientais de trabalho, que igualmente incorrem em danos ambientais, trazem consequências para o trabalhador?

> De que valerá a indenização, por exemplo, aos trabalhadores que perderam sua audição em decorrência da exposição, no meio ambiente de trabalho, a ruídos acima dos níveis tolerados? Na verdade, cada vez que um dano ambiental ocorre, o que se perde é a qualidade de vida.[(121)]

O dever de proteção e de preservação do meio ambiente de trabalho recai sobre o próprio trabalhador, quando se trata de trabalhador autônomo, liberal, microempresário etc. Quando o trabalho é prestado para outrem, por sua vez, o dever de proteção e de preservação do meio ambiente de trabalho recai sobre o empresário, o Sindicato e a fiscalização estatal promovida pelos órgãos responsáveis pela segurança e higiene do trabalho. De forma supletiva, a proteção do meio ambiente de trabalho deve ser assegurada pela Justiça do Trabalho que, por meio de suas decisões, tem o poder-dever de conferir a máxima efetividade possível aos direitos humanos fundamentais[(122)].

Um importante instrumento para incrementar medidas de proteção, segurança e saúde dos trabalhadores é a tutela embasada no princípio do poluidor-pagador. Tal princípio orienta que o custo ambiental deve ser absorvido pelo poluidor, o responsável pela degradação ambiental, com o objetivo de que a empresa promova o exercício de suas atividades de modo menos agressivo à qualidade de vida das pessoas e do ambiente[(123)].

Na seara laboral, significa dizer que aquele que lucra com a atividade desenvolvida deve responder pelos riscos e desvantagens dela resultantes, "evitando a socialização do prejuízo que deve ser totalmente assumido pelo agente"[(124)].

O mais comum, todavia, é a sociedade suportar os prejuízos decorrentes dos danos ambientais laborais, tanto pelo custeio do Sistema Único de Saúde utilizado

---

(120) PADILHA, Norma Sueli. Meio ambiente do trabalho: o diálogo entre o direito do trabalho e o direito ambiental. In: FELICIANO, Guilherme Guimarães *et al.* (coord.). *Direito ambiental do trabalho*: apontamento para uma teoria geral. São Paulo: LTr, 2015. v. 2, p. 115-116.

(121) *Ibidem*, p. 116.

(122) *Ibidem*, p. 119.

(123) *Ibidem*, p. 115-116.

(124) *Ibidem*, p. 117.

pelas vítimas quanto pelos benefícios previdenciários percebidos em razão do dano perpetrado à saúde do trabalhador. Nos casos de percepção de benefícios em razão do adoecimento mental relacionado às condições estressoras no trabalho, os afastamentos tendem a ser mais prolongados do que outros[(125)], o que onera ainda mais a sociedade.

Nessa medida, as doenças profissionais ou doenças do trabalho — estas adquiridas ou desencadeadas por determinadas condições especiais em que o trabalho é realizado; aquelas, pelo exercício do trabalho peculiar a determinada atividade —, devem ser consideradas para além do Direito Previdenciário. O Direito Ambiental, em face de sua multidisciplinaridade, é um instrumento hábil para a tutela do meio ambiente de trabalho e, por conseguinte, da saúde do trabalhador, especialmente se considerado o arcabouço jurídico-constitucional acerca da matéria[(126)].

Dadas tais ponderações e aliando-as ao conceito amplo de saúde que abarca a tutela da integridade psicofísica do sujeito frente a qualquer ameaça oriunda do ambiente humano ou social, tem-se que agressões resultantes de um ambiente de trabalho que não oferecem condições de construção da saúde e da qualidade de vida do sujeito — tal como aquele que se utiliza da violência psicológica como instrumento de gestão do trabalho humano — são violadoras do direito à saúde, sobretudo mental, do direito ao meio ambiente laboral equilibrado, visto que a saúde humana é "totalmente dependente da qualidade e equilíbrio das bases naturais (e artificiais, considerando-se o meio ambiente do trabalho) que dão suporte à vida"[(127)] e do direito fundamental ao trabalho digno.

1.2.3. A dimensão socioambiental do direito fundamental ao trabalho digno: a proteção jurídica à saúde mental no meio ambiente de trabalho em face do assédio organizacional

Como visto, a qualidade do meio ambiente laboral é imprescindível à manutenção de um trabalho saudável destinado à proteção do livre desenvolvimento da personalidade do sujeito trabalhador, na qual se insere o seu direito à proteção de sua saúde mental.

---

(125) SILVA JÚNIOR, João Silvestre da. *Retorno ao trabalho após afastamento de longa duração por transtornos mentais:* um estudo longitudinal com trabalhadores do mercado formal. Tese (Doutorado em Saúde Ambiental) — Faculdade de Saúde Pública, Universidade de São Paulo, São Paulo, 2017. p. 14.

(126) PADILHA, Norma Sueli. Meio ambiente do trabalho: o diálogo entre o direito do trabalho e o direito ambiental. In: FELICIANO, Guilherme Guimarães *et al.* (coord.). *Direito ambiental do trabalho*: apontamento para uma teoria geral. São Paulo: LTr, 2015. v. 2, p. 117.

(127) SARLET, Ingo Wolfgang; FENSTERSEIFER, Tiago. Direito à saúde e proteção do ambiente na perspectiva de uma tutela jurídico-constitucional integrada dos direitos fundamentais socioambientais (DESCA). *BIS, Bol. Inst. Saúde* (Impr.), São Paulo, v. 12, n. 3, p. 250, 2010.

A qualidade do meio ambiente laboral aliada ao princípio da solidariedade e os deveres relativos ao desenvolvimento sustentável a ele inerente, no marco do Estado Democrático de Direito — que preconiza a inclusão do *eu* e do outro, tendo em consideração ainda as futuras gerações —, atuam conjuntamente com os demais princípios e valores que compõem a ordem jurídica, especialmente com a dignidade humana, a igualdade substancial e a justiça social[(128)], evidenciando, no plano jurídico, a dimensão social e ambiental inerente à dignidade humana.

A dimensão social da dignidade humana implica permanente olhar para o outro e o seu reconhecimento como sujeito de direitos iguais reivindicáveis, que desfrutam do *status* de cidadão na comunidade, o qual é concretizado por meio do compromisso do Estado e dos particulares com a efetivação dos direitos humanos fundamentais. Nesse contexto, tem-se que a dignidade da pessoa humana individualmente considerada projeta-se na dignidade de todos os integrantes do grupo social, de modo a requerer o compromisso jurídico do Estado e dos particulares "na composição de um quadro social de dignidade para (e com) todos"[(129)].

Já a dimensão ambiental da dignidade humana contempla a necessária qualidade de vida como um todo, na qual se inclui a qualidade do ambiente em que a vida humana se desenvolve, a revelar "um padrão de qualidade e segurança ambiental mais amplo". Nesse sentido, o meio ambiente do trabalho se destaca como elemento do ambiente que potencialmente mais impacta a vida humana, em suas múltiplas dimensões, uma vez que a grande maioria dos cidadãos trabalhadores passa a maior parte de sua existência no trabalho[(130)].

Em vista disso, as dimensões sociais e ambientais da dignidade humana sob a perspectiva dos direitos constitucionais do trabalho e da tutela integral do cidadão trabalhador sinalizam para a proteção integral do sujeito no meio ambiente laboral, individual e coletivamente considerado, revelando a *dimensão socioambiental do direito fundamental ao trabalho digno*.

Tal dimensão refere-se à tutela da dignidade do sujeito, individual e coletivamente considerado, e à qualidade de vida no meio ambiente de trabalho. De igual forma, a dimensão socioambiental do trabalho digno abarca a proteção integral do valor social do trabalho, que, sob a égide do Estado Democrático de Direito, deve ser prestado em condições de dignidade preservada pela eficácia horizontal dos direitos humanos fundamentais, contemplando, ainda, a dimensão prospectiva de

---

(128) FENSTERSEIFER, Tiago. Estado socioambiental de direito e o princípio da solidariedade como seu marco jurídico-constitucional. *Direitos Fundamentais e Justiça*, n. 2, p. 151, jan./mar. 2008.

(129) SARLET, Ingo Wolfgang. Algumas notas sobre a dimensão ecológica da dignidade da pessoa humana e sobre a dignidade da vida em geral. *Direito Público.* Porto Alegre, ano 5, n. 19, p. 7-26, jan./fev. 2008.

(130) SARLET, Ingo Wolfgang; FENSTERSEIFER, Tiago. Direito à saúde e proteção do ambiente na perspectiva de uma tutela jurídico-constitucional integrada dos direitos fundamentais socioambientais (DESCA). *BIS, Bol. Inst. Saúde* (Impr.), São Paulo, v. 12, n. 3, p. 250, 2010.

prevenção e precaução, tendo em conta o compromisso com as gerações presentes e futuras representado pela sustentabilidade.

Nessa medida, a dimensão socioambiental do direito fundamental ao trabalho digno implica o dever de proteção da saúde humana e do ambiente e, especialmente quando se coloca em perspectiva a tutela conexa dos direitos econômicos, sociais, culturais e ambientais(131) do ser humano, evidencia-se a necessária integração da proteção da saúde mental à proteção do ambiente de trabalho para a garantia de um ambiente suscetível à prestação de serviços em patamares que assegurem a dignidade do sujeito trabalhador, sua saúde e segurança, bem como a qualidade ambiental.

Com base na mesma perspectiva de tutela integral da pessoa humana, levando em conta, ainda, a necessária interdisciplinaridade para compreender o ser humano de forma holística e os fatos sociais que o circundam, tem-se que a dimensão socioambiental do trabalho digno igualmente se evidencia se consideradas as dinâmicas de mobilização da subjetividade humana e as relações intersubjetivas que são vivenciadas no trabalhar e imprescindíveis para a construção e reconstrução da identidade do sujeito — individual, social e profissional — e sua realização no campo social.

Os estudos da Psicodinâmica do Trabalho, da Clínica Analítica do Trabalho e da Sociologia Clínica do Trabalho e as pesquisas empreendidas inter-relacionando os campos da saúde mental e do trabalho demonstram que no trabalho se constrói saúde ou, por outro lado, o processo dinâmico que envolve essa construção é minado e a saúde psicofísica entra, paulatinamente, em colapso.

A centralidade que o trabalho ocupa na vida humana e na sociedade denota que o trabalho é determinante para a saúde, especialmente para a saúde mental, em razão da carga subjetiva que envolve o trabalhar e do sentido ético que o trabalho possui para o sujeito e para a sociedade.

Os estudos e os resultados de pesquisas envolvendo saúde mental e trabalho explorados nesta pesquisa são enfáticos: *a forma como o trabalho é organizado, como a gestão do humano é efetivada no ambiente laboral, afeta o funcionamento psíquico do sujeito, conduzindo-o a vivências de prazer ou de sofrimento patogênico, o que pode desencadear o desenvolvimento das mais variadas patologias de ordem psíquica e psicossomática, além de patologias sociais relacionadas ao trabalho.*

Evidentemente que o desenvolvimento e/ou desencadeamento de patologias físicas de natureza psicossomática podem anteceder ou ocorrer de forma concomitante ao momento em que se evidencia, para o sujeito, seu adoecimento psíquico.

---

(131) SARLET, Ingo Wolfgang; FENSTERSEIFER, Tiago. Direito à saúde e proteção do ambiente na perspectiva de uma tutela jurídico-constitucional integrada dos direitos fundamentais socioambientais (DESCA). *BIS, Bol. Inst. Saúde* (Impr.), São Paulo, v. 12, n. 3, p. 248, 2010.

Estudos clínicos demonstram que o adoecimento físico pode ser decorrente de um sofrimento psíquico, como a exemplo do acometimento de LER/Dorts. Essa patologia, como já salientado, supõe a existência de múltipla causalidade, entre elas, a utilização da estratégia de defesa da autoaceleração para suportar o ritmo intenso de trabalho sob pressão de produtividade, estratégia essa relacionada intimamente com as dinâmicas subjetivas inerentes ao trabalhar do bancário, por exemplo.

A autocelebração, juntamente com a virilidade e a servidão, são sintomas sociais decorrentes do modelo de gestão toyotista e seu discurso organizacional embasado no produtivismo, ameaça, agressividade, individualismo, medo etc. Tais sintomas sociais se inserem na base das patologias sociais relacionadas ao trabalho humano.

Entre as patologias sociais, as patologias da violência e da indiferença são as que alcançam maior relevo, na medida em que provocam o desfazimento dos laços de solidariedade no trabalho e o isolamento afetivo do trabalhador, impedindo a afirmação de sua identidade social e profissional, além de dificultar a mobilização coletiva.

A solidão no coletivo de trabalhadores gera indiferença ao próprio sofrimento e insensibiliza para o sofrimento do outro, possibilitando a banalização da violência psicológica e a naturalização de práticas gerenciais que degradam o ambiente de trabalho e potencializam a possibilidade de danos à saúde mental dos trabalhadores.

Nesse contexto, a inter-relação entre saúde mental e organização do trabalho humano, na perspectiva da dimensão socioambiental da tutela do trabalho digno, revela que a preservação da qualidade do ambiente laboral deve envolver a proteção do conteúdo do trabalho.

Leonardo Vieira Wandelli afirma que a centralidade do trabalho para o sujeito não pode ser substituída por benefícios da seguridade social. Tampouco o direito fundamental ao trabalho (art. 6º, *caput*) se restringe "a um posto de trabalho em que se assegurem mínimos de subsistência e se evitem as formas mais graves de degradação". A noção de alteridade do proveito do trabalho abrigada pelo Direito do Trabalho não se resume ao fato de que quem trabalha está se desincumbindo de uma obrigação contratual firmada com o empregador[(132)]. "Quem trabalha não só trabalha para outrem, mas também trabalha para si mesmo, consigo mesmo e com outrem, mediado pelos objetos e meios de trabalho"[(133)].

---

(132) WANDELLI, Leonardo Vieira. O direito fundamental ao conteúdo do próprio trabalho: uma reconstrução normativa do direito ao trabalho. In: MELO, Raimundo Simão de; ROCHA, Cláudio Jannotti da. *Constitucionalismo, trabalho, seguridade social e as reformas trabalhista e previdenciária*. São Paulo: LTr, 2017. p. 239.

(133) WANDELLI, Leonardo Vieira. Da psicodinâmica do trabalho ao direito fundamental ao conteúdo do próprio trabalho e ao meio ambiente organizacional saudável. *Revista Eletrônica do Curso de Direito da UFSM*, v. 10, n. 1, p. 204, 2015.

Os estudos da Psicodinâmica do Trabalho e da Clínica Analítica do Trabalho evidenciam que as dinâmicas subjetivas e intersubjetivas inerentes ao trabalhar e a possibilidade de o sujeito trabalhador, individual e coletivamente considerado, desenvolver sua personalidade e potencialidades e construir patamares dignos de saúde estão umbilicalmente ligadas ao mundo do trabalho e dependem, portanto, de forma essencial das condições em que o trabalho é prestado no espaço de construção de cidadania no qual se assenta a organização do trabalho, o ambiente laboral.

Daí que, segundo Leonardo Vieira Wandelli, haja vista a premissa neoliberal de precarização do trabalho que alcança as condições existenciais do sujeito, emerge a necessidade de proteção do conteúdo do próprio trabalho, relativamente "à atividade e às condições da organização do trabalho", no duplo sentido da coordenação e cooperação, de modo a possibilitar o resgate do sentido do trabalho[(134)].

O sentido do trabalho para o sujeito relaciona-se com o modo como a prestação de serviços é gerida. O modelo de gestão utilizado é que propicia (ou não) as condições sociais necessárias para a construção de espaços de deliberação e cooperação que facilitam a dinâmica do reconhecimento e a utilização da inteligência prática frente ao real do trabalho — o que, evidentemente, beneficia o empregador e é essencial para a proteção da saúde mental do trabalhador[(135)].

A partir da proteção conferida ao conteúdo do trabalho, ainda segundo Leonardo Vieira Wandelli, seriam estabelecidos limites negativos e conteúdos obrigatórios[(136)] para a atividade e a organização do trabalho, de modo a preservar o sentido do trabalho e a saúde psicofísica do sujeito trabalhador.

(134) WANDELLI, Leonardo Vieira. O direito fundamental ao conteúdo do próprio trabalho: uma reconstrução normativa do direito ao trabalho. In: MELO, Raimundo Simão de; ROCHA, Cláudio Jannotti da. *Constitucionalismo, trabalho, seguridade social e as reformas trabalhista e previdenciária.* São Paulo: LTr, 2017. p. 239.

(135) MENDES, Ana Magnólia; VIEIRA, Fernando de Oliveira. Diálogos entre a psicodinâmica e clínica do trabalho e os estudos sobre coletivos de trabalho e práticas organizacionais. *Farol — Revista de Estudos Organizacionais e Sociedade*, Belo Horizonte, v. 1, n. 1, p. 161-213, jun. 2014.

(136) Os limites negativos e conteúdos obrigatórios descritos por Leonardo Vieira Wandelli são: "a) Limites negativos ao conteúdo do trabalho — Vedação de um conteúdo do trabalho com esvaziamento significativo, seja por ausência de tarefas e de utilidade das tarefas, seja por total falta de controle sobre a própria atividade; — de Limites quanto à invariabilidade excessiva ou excesso de fragmentação, sobrecarga, intensidade ou extensão excessiva da jornada; incluem-se os métodos de remuneração que induzam à autointensificação; — Limites aos métodos de gestão e organização do trabalho que bloqueiem a cooperação entre os trabalhadores (vertical e horizontal) e com usuários e clientes (transversal), assim como métodos que inviabilizem a dinâmica contribuição-reconhecimento, inclusive por promoverem a disputa competitiva no lugar da cooperação e por suprimirem as condições de confiança e de diálogo; — Desenho organizacional que permita a adequação dos limites à singularidade de cada trabalhador e ao contexto de trabalho. b) Conteúdos obrigatórios da atividade e organização: — Mecanismos, espaços e tempos, assim como condições de transparência, confiança e liberdade de diálogo, para que haja a cooperação e a participação deliberativa na atividade deôntica formal e informal de regulação do trabalho; — Conteúdo da atividade individual e coletiva que permita o desenvolvimento das capacidades humanas e a contribuição para o bem comum; — Mecanismos

Cumpre ressaltar que tais limites negativos e conteúdos obrigatórios preservadores do conteúdo do trabalho, embora se relacionem diretamente com a qualidade do ambiente laboral, não possuem o condão de subtrair do empregador a prerrogativa concernente à liberdade de iniciativa e ao poder empregatício(137).

Aliás, essa proteção objetiva realçar que práticas gerenciais pautadas na violência, como o assédio organizacional, muitas vezes implícita na política organizacional e naturalizada pelos próprios trabalhadores, não encontram legitimidade na tensão entre livre-iniciativa e trabalho humano, na medida em que essa tensão se torna constitutiva por meio da efetividade dos direitos humanos fundamentais, especialmente os relacionados à saúde humana postos à prova no ambiente laboral.

Em tempos em que o óbvio precisa ser defendido, especialmente na seara justrabalhista(138), é imprescindível relembrar que o ser humano trabalhador não perde a condição de centro convergente do ordenamento jurídico justrabalhista constitucionalizado, tampouco se despe de sua dignidade, ao assumir as obrigações e deveres de uma relação contratual trabalhista.

Desse modo, a dignidade humana em sua dimensão social e ambiental revela que a proteção jurídica dirigida à pessoa humana trabalhadora alcança igualmente a atividade por ele desenvolvida e o ambiente no qual esse trabalho é prestado, tornando-os, a um só tempo, destinatários de igual tutela jurídica.

Assim, proteger o sujeito no trabalhar, o trabalho do sujeito e o *locus* no qual esse processo se desenvolve requer, especialmente sob a perspectiva da saúde mental, que as práticas empresariais relacionadas à organização do trabalho sejam sopesadas, prioristicamente, com o enfoque na defesa do meio ambiente de trabalho e sua inter-relação com a proteção da saúde psicofísica, tendo em vista a proteção

---

adequados de reconhecimento mate- rial e simbólico da contribuição singular efetiva do trabalho; — Um grau razoável de autonomia e flexibilidade dos procedimentos laborativos; — Conteúdo significativo e moral da atividade a realizar e das práticas organizacionais; — Conhecimento do conteúdo do próprio trabalho individual e coletivo; — Perspectivas de carreira e desenvolvimento profissional; — Condições de continuidade e integração social e psicoafetiva em termos igualitários com o coletivo de trabalho". WANDELLI, Leonardo Vieira. O direito fundamental ao conteúdo do próprio trabalho: uma reconstrução normativa do direito ao trabalho. In: MELO, Raimundo Simão de; ROCHA, Cláudio Jannotti da. *Constitucionalismo, trabalho, seguridade social e as reformas trabalhista e previdenciária*. São Paulo: LTr, 2017. p. 241.

(137) WANDELLI, Leonardo Vieira. O direito fundamental ao conteúdo do próprio trabalho: uma reconstrução normativa do direito ao trabalho. In: MELO, Raimundo Simão de; ROCHA, Cláudio Jannotti da. *Constitucionalismo, trabalho, seguridade social e as reformas trabalhista e previdenciária*. São Paulo: LTr, 2017. p. 239.

(138) Acerca do tema, consultar: MELLO FILHO, Luiz Philippe Vieira de; DUTRA, Renata Queiroz. *Direito do trabalho:* é preciso dizer o óbvio. Disponível em: <https://www.jota.info/opiniao-e-analise/artigos/direito-do-trabalho-e-preciso-dizer-o-obvio-23112018>. Acesso em: 18 dez. 2018.

do trabalhador e do coletivo de trabalhadores expostos à degradação ambiental perpetrada pela violência psicológica ínsita aos modelos de gestão toyotista e às práticas neoliberais individualistas e precarizantes que os norteiam.

Os riscos psicossociais vinculados à organização do trabalho — identificados pela OIT e apontados nos Relatórios V(1) e V(2) que subsidiaram os debates relativos à violência e assédio no mundo do trabalho na Conferência realizada em 2018[139] —, entre os quais se encontram as excessivas cargas de trabalho, a baixa consideração pelo trabalho das pessoas, a atenção insuficiente à manutenção de boas relações interpessoais, a cultura organizacional tolerante com a prática de comportamentos inadequados e desarrazoados, que gera estresse indevido e/ou impõe um ritmo e volume de trabalho que desconsidera o bem-estar psicofísico do sujeito no trabalho, enfatizam a possibilidade de instrumentalização da violência como aparato de gestão do trabalho humano que, independente das características pessoais e do trabalho realizado, pode afetar a saúde mental dos trabalhadores a ela expostos[140].

Nessa medida, a OIT enfatizou que a compreensão da violência e do assédio no mundo do trabalho requer que se considerem as dinâmicas de poder e a cultura predominantes no ambiente laboral e que não se naturalize qualquer forma de violência, ainda que ela esteja naturalizada nos discursos institucionais como estratégia para enfrentar a competitividade, em detrimento da saúde das pessoas humanas trabalhadoras.

É evidente que a deterioração do meio ambiente laboral pelas práticas inerentes à violência do assédio organizacional, dada a centralidade da pessoa humana e do valor social do trabalho no constitucionalismo humanista e social, conduz à violação do direito fundamental ao trabalho digno, especialmente em sua dimensão socioambiental, por vulnerar, diretamente, o direito fundamental ao meio ambiente laboral equilibrado e o direito fundamental à saúde mental dos sujeitos trabalhadores.

Assim, visto que os fatores ambientais prevalecem sobre os fatores biológicos na determinação das condições de saúde da pessoa, segundo revelou estudo da OMS[141], é imprescindível que a tutela e a promoção do direito à saúde sejam efetivadas, de forma conjunta, com a tutela e a promoção do meio ambiente

---

(139) Sobre o tema consultar a subseção 3.1 desta pesquisa.

(140) ORGANIZAÇÃO INTERNACIONAL DO TRABALHO. Acabar com a violência e o assédio no mundo do trabalho. *Conferência Internacional do Trabalho,* 107ª Sessão, Relatório V(2), p. 98, 2018. Disponível em: <https://www.ilo.org/wcmsp5/groups/public/---ed_norm/---relconf/documents/meetingdocument/wcms_630697.pdf>.

(141) Relatório divulgado pela OMS, em 2008, "demonstra a existência de diferenças radicais nas condições de saúde de pessoas pertencentes a diferentes grupos populacionais, inclusive dentro de um mesmo (e desenvolvido) país, fato que afasta a consideração de fatores meramente biológicos para destacar, como causa principal do problema, os denominados 'determinantes sociais de saúde', ou seja, 'o ambiente no qual as pessoas nascem, vivem, crescem, trabalham e envelhecem'". SARLET, Ingo Wolfgang; FIGUEIREDO, Mariana Filchtiner. Algumas considerações sobre o direito fundamental à promoção e proteção da saúde aos 20 anos da Constituição Federal de 1988. *Revista de Direito do Consumidor — RDC,* v. 17, n. 67, p. 125-172, jul./set. 2008.

ecologicamente equilibrado para assegurar ao sujeito e à coletividade vida digna e saudável[(142)], o que, à toda evidência, inclui o seu direito à saúde mental.

O meio ambiente laboral é fator determinante para a construção da saúde psicofísica do trabalhador e afirmação de sua dignidade. A saúde é um direito humano fundamental que se reveste da qualidade de mínimo existencial, aderindo ao patamar civilizatório mínimo estabelecido no Estado Democrático de Direito e integrando, portanto, o rol de direitos revestidos de indisponibilidade absoluta.

Recorde-se que as Declarações Internacionais de Direitos Humanos anteriores à Constituição de 1988 já enunciavam o dever de proteção do sujeito contra ações ambientais que degradassem sua saúde psicofísica, colocando em risco de vulneração o direito à vida, à liberdade e à segurança nela inscritos explicitamente, e igualmente reconheciam que viver em um ambiente que confira qualidade de vida e condições de desenvolvimento psicofísico saudável é um direito humano.

Manter o meio ambiente de trabalho equilibrado e saudável é fundamental tanto para a manutenção de um padrão de vida digna, repleta de bem-estar, na qual se permite e incentiva o livre e saudável desenvolvimento da personalidade, sob o ponto de vista individual, e o desenvolvimento pleno das sociedades presentes e futuras.

Daí ser essencial a proteção à saúde dos trabalhadores por meio da tutela do direito fundamental ao trabalho digno, *especialmente tendo em vista a sua dimensão socioambiental*.

Portanto, a *dimensão socioambiental do direito fundamental ao trabalho digno* revela a premência da proteção concomitante do trabalhador, do valor social do trabalho e do meio ambiente de trabalho a ser efetivada pela tutela integrada do direito à saúde física e mental no ambiente laboral e do direito ao meio ambiente de trabalho equilibrado, com vistas à proteção do sujeito trabalhador e de seu patrimônio imaterial expresso por sua saúde psicofísica contra toda ação, no contexto econômico-profissional, que redunde na redução do patamar civilizatório mínimo a que tem direito numa sociedade democrática e inclusiva que zela pela dignidade da pessoa humana e pela valorização do trabalho no mercado capitalista.

1.3. *A conformação da identidade constitucional do trabalhador e o direito à saúde mental no meio ambiente de trabalho*

A Constituição Federal de 1988 estabeleceu, fundada no Estado Democrático de Direito, um claro comprometimento com o constitucionalismo, o pluralismo social e os direitos fundamentais.

---

(142) SARLET, Ingo Wolfgang; FENSTERSEIFER, Tiago. Direito à saúde e proteção do ambiente na perspectiva de uma tutela jurídico-constitucional integrada dos direitos fundamentais socioambientais (DESCA). *BIS, Bol. Inst. Saúde* (Impr.), São Paulo, v. 12, n. 3, p. 249, 2010.

Nessa medida, as práticas constitucionais e institucionais devem ser pautadas pelo igual respeito e consideração por todos os cidadãos, indistintamente, bem como pela noção de integridade e de história institucional da comunidade política brasileira.

Os direitos fundamentais constitucionalizados possuem o relevante papel de defesa tanto do pluralismo quanto do próprio constitucionalismo e, além do papel contramajoritário — inclusive no sentido de garantir o direito à igualdade como direito à diferença a possibilitar o exercício da cidadania e a inclusão social —, são essenciais para a construção e/ou reconstrução da identidade do sujeito constitucional.

Michel Rosenfeld, ao desenvolver a teoria da identidade do sujeito constitucional, afirma que o processo de reordenação e reconstrução da identidade constitucional se efetiva conforme o nível de engajamento do sujeito constitucional. A reconstrução da identidade pelo processo constituinte geralmente é mais amplo e envolve a ruptura com a ordem constitucional precedente[(143)].

Estabelecida a nova ordem constitucional, o processo de reformulação da identidade constitucional opera em um nível gradual e implícito pautado nas narrativas insertas na interpretação constitucional, construída a partir de um Texto Constitucional vinculado a um contexto específico, que molda a identidade do sujeito constitucional como distinta e, ao mesmo tempo, interligada a outras identidades-chave, como a identidade nacional[(144)].

O autor ressalta que "a identidade constitucional compete com outras identidades relevantes, opondo-se a elas", e, ao mesmo tempo, é obrigada a incorporar parcialmente essas outras identidades a fim de que adquira sentido determinado ou determinável, conformando-se, ainda, "dentre outras coisas, pelo respeito aos direitos fundamentais de igualdade e de liberdade de expressão"[(145)].

Num contexto de "constituição viva" — uma vez que uma Constituição não se limita ao Texto Constitucional —, a identidade constitucional torna-se, então, "um produto de processo dinâmico sempre aberto à maior elaboração e à revisão" e a matéria constitucional "parece condenada a permanecer incompleta e sempre suscetível de maior definição, de maior precisão", de modo que é mais fácil afirmar o que não é a identidade constitucional, bem como a matéria e o sujeito constitucionais, do que afirmar o que eles são de fato[(146)].

(143) ROSENFELD, Michel. *The identity of the constitutional subject:* selfhood, citizenship, culture, and community. London and New York: Routledge, 2010. p. 104.

(144) ROSENFELD, Michel. *Loc. cit.*

(145) ROSENFELD, Michel. *A identidade do sujeito constitucional.* Tradução de Menelick de Carvalho Netto. Belo Horizonte: Mandamentos, 2003. p. 21-23.

(146) ROSENFELD, Michel. *A identidade do sujeito constitucional.* Tradução de Menelick de Carvalho Netto. Belo Horizonte: Mandamentos, 2003. p. 23-25.

Nessa senda, Michel Rosenfeld define o sujeito constitucional como o sujeito do discurso constitucional, inerentemente incompleto, permeado pelo vazio, envolvido por um hiato, e, por conseguinte, incompleto e, necessariamente, aberto à — impossível — completude e à reconstrução(147).

Acrescenta o autor que "a identidade do sujeito constitucional só é suscetível de determinação parcial mediante um processo de reconstrução orientado no sentido de alcançar um equilíbrio entre a assimilação e a rejeição das demais identidades relevantes" ou, noutros termos, sua determinação parcial é fruto do preenchimento do vazio existente entre o constituinte e a sociedade — o *eu* e o outro — num dado momento histórico, como numa fotografia(148).

Logo, é diante do caso concreto que surgem os dilemas de construção e reconstrução da identidade do sujeito constitucional, cujos critérios de controle e limites são, em grande medida, delineados pelos direitos fundamentais.

Daí a premência de o sujeito constitucional ser um vazio — nele devem caber todos — e de a identidade do sujeito constitucional ser forjada pela releitura e reconstrução dos direitos fundamentais constitucionalizados, cujo sentido é aberto exatamente para propiciar que sejam lidos e relidos em face das dinâmicas sociais de modo a permitir o exercício da cidadania e a inclusão social, promovendo, consequentemente, um pluralismo abrangente(149).

O discurso constitucional, segundo Michel Rosenfeld, pode ser racionalizado com base em três elementos integrantes da teoria linguística: a negação, a metáfora e a metonímia. Por meio de tais elementos é possível afirmar direitos fundamentais e delimitar os sujeitos incluídos e excluídos de seu âmbito de proteção, de modo que se alcance uma identidade constitucional parcial que concilie igualdade e diferença, acolhendo o *eu* e o outro(150).

A negação consiste no repúdio das identidades e concepções tradicionais que se contrapõem à identidade constitucional. A utilização da negação tem por objetivo a construção de uma identidade, que se efetiva por meio do processo constituinte, ou a reconstrução de uma identidade, por meio das narrativas insertas na interpretação constitucional. Todavia, a construção ou reconstrução de uma

---

(147) ROSENFELD, Michel. *A identidade do sujeito constitucional*. Tradução de Menelick de Carvalho Netto. Belo Horizonte: Mandamentos, 2003. p. 26.

(148) ROSENFELD, Michel. *A identidade do sujeito constitucional*. Tradução de Menelick de Carvalho Netto. Belo Horizonte: Mandamentos, 2003. p. 27.

(149) Michel Rosenfeld assinala que "em termos mais amplos, o pluralismo busca promover a maior diversidade possível de concepções de bem como meio para a maximização da autonomia e dignidade humanas". ROSENFELD, Michel. *A identidade do sujeito constitucional*. Tradução de Menelick de Carvalho Netto. Belo Horizonte: Mandamentos, 2003. p. 54.

(150) ROSENFELD, Michel. *A identidade do sujeito constitucional*. Tradução de Menelick de Carvalho Netto. Belo Horizonte: Mandamentos, 2003. p. 52-58.

identidade positiva apenas é possível pela negação da negação, ou seja, quando se busca incorporar concepções anteriormente negadas, desde que estas sirvam aos interesses e, ao mesmo tempo, se submetam aos limites normativos inerentes ao constitucionalismo[(151)].

A metáfora é elemento essencial para delimitar a interação entre identidade e diferença por meio da ênfase na combinação de similaridades e equivalências em detrimento das diferenças, de maneira a "forjar vínculos de identidade". Esse elemento utilizado na argumentação jurídica objetiva aproximar o caso concreto, a partir de analogias, com outros casos já pacificados. A metonímia, por sua vez, é utilizada para enfocar o contexto, evocando as diferenças com o fito de especificar o caso concreto analisado na perspectiva constitucional. Assim, tem-se que "o processo metafórico tende à descontextualização, ao passo que o metonímico, por sua vez, apresenta a tendência oposta"[(152)].

Para promover inclusão por meio do discurso constitucional, é necessário compreender que os direitos fundamentais constitucionalizados em 1988 podem e devem ser reconstruídos, relidos, reformulados, em face da "dimensão de temporalidade que abarque as vivências e exigências constitucionais das gerações passadas, das presentes e das futuras", de modo a explicitar o patamar alcançado pela comunidade de princípios humanísticos e sociais constituída no Texto Constitucional[(153)].

Nessa linha de raciocínio, pode-se afirmar que a hermenêutica jurídica tem por desafio compreender a existência de uma tensão inerente à matriz principiológica e aos direitos fundamentais, a qual requer do intérprete uma atividade hermenêutica coerente com o Estado Democrático de Direito, embasada na previsibilidade e centrada no caso concreto em cotejo com os princípios e direitos fundamentais aparentemente colidentes que são "atraídos" pelo fato social em análise.

O discurso constitucional elaborado a partir da Constituição Federal de 1988 e ancorado nos seus eixos principais — o Estado Democrático de Direito, sua arquitetura principiológica humanística e social e a concepção constitucional de direitos fundamentais da pessoa humana — é que articulará uma autoidentidade que definirá quais elementos e âmbito de proteção vincularão os sujeitos parciais, "os atores humanos reunidos pelo mesmo conjunto de normas constitucionais", e de que forma se harmonizarão com os elementos anteriormente existentes de modo a promover o mútuo reconhecimento entre o *eu* e o outro, mantendo-os no mesmo patamar de dignidade[(154)].

---

(151) ROSENFELD, Michel. *Loc. cit.*

(152) *Ibidem*, p. 61-68.

(153) CARVALHO NETTO, Menelick de. Reflexão constitucional acerca dos direitos do portador de sofrimento mental em conflito com a lei. *Veredas do Direito*, Belo Horizonte, v. 2, n. 4, p. 67-80, jul./dez. 2005.

(154) ROSENFELD, Michel. *A identidade do sujeito constitucional*. Tradução de Menelick de Carvalho Netto. Belo Horizonte: Mandamentos, 2003. p. 40-49.

Nesse processo, a inclusão de elementos que provocam uma cisão em quaisquer dos eixos principais nos quais se estrutura a Constituição, que, por certo, compõem os limites decorrentes do próprio constitucionalismo, acabará por evidenciar as "identidades constitucionais que oprimem ou coagem desmedidamente o 'eu' ou o outro"(155).

Na perspectiva justrabalhista, a hermenêutica constitucional coerente com os pressupostos estruturantes do Estado Democrático de Direito e seu compromisso com a comunidade de princípios que o conformam conduz à reconstrução, à releitura, à reformulação do Direito do Trabalho constitucionalizado, sob a ótica informativa do *direito fundamental ao trabalho digno*, que, dada a sua dimensão socioambiental, situa a pessoa humana trabalhadora, o valor social do trabalho e o ambiente de trabalho no centro convergente de proteção jurídico-constitucional, porque indissociáveis no contexto laboral.

A leitura do Direito do Trabalho à luz da comunidade de princípios constituída em 1988 requer que os trabalhadores alcancem uma identidade constitucional que perpasse pela negação de práticas que importem exclusão social e, ao mesmo tempo, pela afirmação do princípio da proteção(156), que compõe a matriz principiológica originária justrabalhista.

O princípio da proteção compõe o núcleo dos demais princípios que integram o ordenamento justrabalhista e a afirmação desse princípio basilar como regra de hermenêutica no caso concreto deve se orientar pela matriz principiológica da Constituição Federal de 1988 que se volta à efetivação de direitos sociais fundamentais aptos a equilibrar, no plano jurídico, a patente desigualdade socioeconômica e de poder que permeia as relações de trabalho, de modo a proteger a pessoa humana trabalhadora e garantir-lhe existência digna na ordem econômica brasileira(157).

---

(155) ROSENFELD, Michel. *A identidade do sujeito constitucional*. Tradução de Menelick de Carvalho Netto. Belo Horizonte: Mandamentos, 2003. p. 49.

(156) Gabriela Neves Delgado e Lara Parreira de Faria Borges enfatizam a necessária revisitação do princípio da proteção no discurso constitucional trabalhista. A construção do processo discursivo, na análise do caso concreto, deve se pautar em uma argumentação jurídica com "enfoque muldimensional", ou seja, "com ênfase no sujeito trabalhador, no objeto de trabalho e no meio ambiente de trabalho", de modo que no processo de formação da identidade constitucional do sujeito trabalhador sejam incluídas as categorias de trabalhadores excluídas. DELGADO, Gabriela Neves; BORGES, Lara Parreira de Faria. A revisitação do princípio da proteção pelo discurso constitucional trabalhista no Tribunal Superior do Trabalho. In: DELGADO, Gabriela Neves *et al.* (coord.). *Direito constitucional do trabalho*: princípios e jurisdição constitucional do TST. São Paulo: LTr, 2015.

(157) DELGADO, Gabriela Neves; BORGES, Lara Parreira de Faria. A revisitação do princípio da proteção pelo discurso constitucional trabalhista no Tribunal Superior do Trabalho. In: DELGADO, Gabriela Neves *et al.* (coord.). *Direito constitucional do trabalho*: princípios e jurisdição constitucional do TST. São Paulo: LTr, 2015. p. 38-40.

Menelick de Carvalho Netto acentua que é a "gramática das práticas sociais, ou seja, a postura e os supostos assumidos pelos diferentes atores sociais em sua ação, que atribui sentido e significado às normas jurídicas, à Constituição"[(158)].

Partindo dessa premissa e diante das considerações até então postas, impende analisar o fato social *assédio organizacional como estratégia de gestão do trabalho humano* e suas consequências para a integridade psíquica do trabalhador frente à hermenêutica dos direitos humanos fundamentais envolvidos.

A tensão "extremamente rica e complexa"[(159)] entre os direitos fundamentais "atraídos" pelo fato social presente no caso concreto torna-se determinante para se delimitar a proteção a ser conferida ao direito fundamental ameaçado de vulneração ou supressão, na hipótese, o *direito fundamental à saúde mental* em face da prática de assédio organizacional como instrumento gerencial do trabalho humano.

O direito fundamental à saúde dos trabalhadores expostos a essa tipologia de violência psicológica e assédio inerente à estratégia de gestão organizacional encontra assento na Constituição Federal de 1988 e seu conteúdo jurídico é delimitado pelo plexo de direitos e garantias fundamentais repletos de conteúdos jurídicos que se conformam em constante tensão constitutiva diante desse fato social.

Entre esses direitos e garantias fundamentais que, juntamente com o direito à saúde, cujas bases estão no direito à vida, compõem o dilema de reconstrução da identidade do sujeito trabalhador e convergem para a proteção desse sujeito em face do assédio organizacional, destacam-se a dignidade da pessoa humana e o valor social do trabalho e da livre-iniciativa, bem como o direito fundamental ao trabalho digno, que, dada a sua dimensão socioambiental, realça a integração entre proteção à saúde e proteção ao meio ambiente de trabalho.

É possível identificar na Constituição Federal que todo sujeito possui o direito ao meio ambiente ecologicamente equilibrado, nele compreendido o meio ambiente do trabalho, cuja qualidade ambiental deve ser compatível com o direito à saúde e à vida, bem como com a redução de todos os riscos inerentes ao trabalho, por meio de normas de saúde, higiene e segurança (arts. 225, *caput,*[(160)]

---

(158) CARVALHO NETTO, Menelick. A hermenêutica constitucional sob o paradigma do estado democrático de direito. In: OLIVEIRA, Marcelo Andrade Cattoni de (coord.). *Jurisdição e hermenêutica constitucional no Estado Democrático de Direito*. Belo Horizonte: Mandamentos, 2004. p. 27.

(159) CARVALHO NETTO, Menelick de. A hermenêutica constitucional e os desafios postos aos direitos fundamentais. *Notícia do Direito Brasileiro*, Brasília: UnB, nova série, n. 6, p. 145, 2º semestre de 1998.

(160) CONSTITUIÇÃO DA REPÚBLICA FEDERATIVA DO BRASIL DE 1988. Art. 225. Todos têm direito ao meio ambiente ecologicamente equilibrado, bem de uso comum do povo e essencial à sadia qualidade de vida, impondo-se ao Poder Público e à coletividade o dever de defendê-lo e preservá-lo para as presentes e futuras gerações.

e 200, *caput* e VIII[(161)]; 196[(162)]; 5º, *caput*[(163)]; 7º, *caput* e inciso XXII[(164)], respectivamente).

Além disso, o valor social do trabalho humano, aliado à dignidade inerente a todo ser humano, revela a existência do dever fundamental constitucionalmente instituído de preservação do trabalho digno e sua afirmação como direito dos trabalhadores e dever fundamental dos tomadores de seus serviços (art. 1º, *caput* e incisos IV e III[(165)], respectivamente).

Por outro lado, identifica-se no Texto Constitucional e na Consolidação das Leis do Trabalho a liberdade de iniciativa, atribuindo ao empregador o poder de dirigir, controlar, regulamentar, disciplinar e organizar a produção e a gestão do trabalho humano e ao trabalhador o dever de subordinação jurídica própria do contrato de emprego, no qual se inclui a obrigação de acatar a direção laborativa do empregador (art. 1º, *caput* e inciso IV, da CF[(166)] e art. 2º, *caput*, da CLT[(167)]).

A tensão normativa produzida por essas normas/princípios elencadas cujo sentido aparentemente se mostra oposto, na verdade, é constitutiva na medida em que a conformação dessas normas em face do fato social em análise no caso concreto possibilita a delimitação do sentido constitucional de cada uma delas, de forma coerente e fundamentada na história institucional e na "sistematicidade do

---

(161) CONSTITUIÇÃO DA REPÚBLICA FEDERATIVA DO BRASIL DE 1988. Art. 200. Ao sistema único de saúde compete, além de outras atribuições, nos termos da lei: (...) VIII — colaborar na proteção do meio ambiente, nele compreendido o do trabalho.

(162) CONSTITUIÇÃO DA REPÚBLICA FEDERATIVA DO BRASIL DE 1988. Art. 196. A saúde é direito de todos e dever do Estado, garantido mediante políticas sociais e econômicas que visem à redução do risco de doença e de outros agravos e ao acesso universal e igualitário às ações e serviços para sua promoção, proteção e recuperação.

(163) CONSTITUIÇÃO DA REPÚBLICA FEDERATIVA DO BRASIL DE 1988. Art. 5º Todos são iguais perante a lei, sem distinção de qualquer natureza, garantindo-se aos brasileiros e aos estrangeiros residentes no País a inviolabilidade do direito à vida, à liberdade, à igualdade, à segurança e à propriedade, nos termos seguintes.

(164) CONSTITUIÇÃO DA REPÚBLICA FEDERATIVA DO BRASIL DE 1988. Art. 7º São direitos dos trabalhadores urbanos e rurais, além de outros que visem à melhoria de sua condição social: (...) XXII — redução dos riscos inerentes ao trabalho, por meio de normas de saúde, higiene e segurança.

(165) CONSTITUIÇÃO DA REPÚBLICA FEDERATIVA DO BRASIL DE 1988. Art. 170. A ordem econômica, fundada na valorização do trabalho humano e na livre-iniciativa, tem por fim assegurar a todos existência digna, conforme os ditames da justiça social, observados os seguintes princípios: (...); IV — livre concorrência.

(166) CONSTITUIÇÃO DA REPÚBLICA FEDERATIVA DO BRASIL DE 1988. Art. 1º A República Federativa do Brasil, formada pela união indissolúvel dos Estados e Municípios e do Distrito Federal, constitui-se em Estado Democrático de Direito e tem como fundamentos: (...) IV — os valores sociais do trabalho e da livre-iniciativa.

(167) CONSOLIDAÇÃO DAS LEIS DO TRABALHO. Art. 2º Considera-se empregador a empresa, individual ou coletiva, que, assumindo os riscos da atividade econômica, admite, assalaria e dirige a prestação pessoal de serviço.

conjunto de princípios reciprocamente vinculados do Direito"[168], o que confere integridade ao Direito.

Menelick de Carvalho Netto e Guilherme Scotti salientam que, para Ronald Dworkin, a integridade do Direito significa que os membros de uma comunidade devem se reconhecer como reciprocamente livres e iguais e como coautores das leis que regem a vida em comum, bem como, "em uma dimensão diacrônica, a leitura à melhor luz da sua história institucional como um processo de aprendizado em que cada geração busca, da melhor forma que pode, vivenciar esse ideal", como em um romance em cadeia[169].

Nessa linha deontológica de raciocínio, segundo a qual "os princípios devem ser entendidos como uma proteção contra os valores da maioria: os direitos são trunfos a serem utilizados na defesa dos cidadãos contra argumentos fundados em valores coletivos"[170] — no caso em estudo, identifica-se, entre outros, o discurso neoliberal voltado para a competitividade e o desenvolvimento econômico que naturaliza a violência do assédio organizacional nos espaços de trabalho —, constata-se que a livre-iniciativa e o poder empregatício encontram claros limites no próprio valor social característico da liberdade de iniciativa, conforme se atesta no próprio Texto Constitucional, ao condicionar a ordem econômica à finalidade de assegurar a todos existência digna, bem como à observância do princípio da defesa do meio ambiente do trabalho (art. 170, *caput* e inciso VI[171] c/c inciso VIII do art. 200[172]).

Assim, diante do mal-estar contemporâneo instituído pelo neoliberalismo e seus modelos de gestão do trabalho humano pautados na violência sob a forma de assédio organizacional, o *direito à saúde mental* ganha especial relevo no contexto laboral por se revestir da *qualidade de direito fundamental do trabalhador* a ser protegido de toda forma de degradação do ambiente do trabalho.

O direito à saúde mental no ambiente laboral integra a própria identidade constitucional, segundo a acepção do constituinte originário. Tal direito é corolário

---

(168) CARVALHO NETTO, Menelick de; SCOTTI, Guilherme. *Os direitos fundamentais e a (in)certeza do direito*: a produtividade das tensões principiológicas e a superação do sistema de regras. Belo Horizonte: Fórum, 2011. p. 24.

(169) *Ibidem*, p. 27 e 28.

(170) DWORKIN, Ronald. *Levando os direitos a sério*. Tradução de Nelson Boeira. São Paulo: Martins Fontes, 2002. p. XV *apud* ALMEIDA, Fábio Portela Lopes de. Os princípios constitucionais entre deontologia e axiologia: pressupostos para uma teoria hermenêutica democrática. *Revista Direito GV*, São Paulo, 4(2), p. 493-516. jul./dez. 2008.

(171) CONSTITUIÇÃO DA REPÚBLICA FEDERATIVA DO BRASIL DE 1988. Art. 170. A ordem econômica, fundada na valorização do trabalho humano e na livre-iniciativa, tem por fim assegurar a todos existência digna, conforme os ditames da justiça social, observados os seguintes princípios: (...); IV — livre concorrência.

(172) CONSTITUIÇÃO DA REPÚBLICA FEDERATIVA DO BRASIL DE 1988. Art. 200. Ao sistema único de saúde compete, além de outras atribuições, nos termos da lei: (...) VIII — colaborar na proteção do meio ambiente, nele compreendido o do trabalho.

do direito fundamental ao trabalho digno, considerada sua dimensão socioambiental, alicerçando-se, portanto, na dignidade da pessoa humana, no valor social do trabalho e da livre-iniciativa, nos direitos fundamentais à saúde e ao meio ambiente de trabalho ecologicamente equilibrado e saudável, que encontram suas bases no direito à vida.

2. Trabalho Humano e Saúde: uma Abordagem Dialógica e Interdisciplinar

A reestruturação produtiva pós-fordista fundada na acumulação flexível do capital foi impulsionada no Ocidente desenvolvido, na década de 1970, espraiando-se na realidade brasileira a partir dos anos 1990. Nesse contexto, a morfologia social do trabalho foi remodelada, transformando-se no lugar da precarização das condições de trabalho e das relações sociais, do adoecimento do trabalhador e do surgimento de novas patologias sociais.

Diante disso, os estudos acerca da relação existente entre trabalho e saúde ganham especial relevo para a ciência do Direito com a finalidade de lançar luz à efetiva tutela do direito à saúde no ambiente laboral e de investigar, segundo os objetivos desta pesquisa, qual é o padrão de regulação judicial de conflitos trabalhistas que apresentam como tema-chave a violência organizacional (juridicamente identificada como assédio organizacional) sofrida por trabalhadores do segmento bancário.

Inicialmente, neste capítulo, importa compreender as mudanças no mundo do trabalho decorrentes do desenvolvimento do capitalismo nas bases neoliberais e como os modelos de produção e de gestão do trabalho humano e da produção taylorista-fordista e toyotista, em especial, reproduzem e produzem formas de precarizar o trabalho e a saúde dos trabalhadores.

Estabelecer-se-á, em seguida, os pressupostos teóricos da relação entre trabalho e saúde, segundo a abordagem da psicodinâmica e da clínica analítica do trabalho, correlacionando os preceitos teóricos com o resultado de pesquisa empírica realizada pelo Grupo de Estudos e Práticas em Clínica, Saúde e Trabalho — GEPSAT do Instituto de Psicologia da Universidade de Brasília — UnB no projeto *"Clínica do Trabalho no Sindicato dos Bancários de Brasília"*.

2.1. *A reestruturação produtiva pós-fordista: antigas e novas formas de precarização do trabalho e da saúde*

2.1.1. O modelo taylorista-fordista de organização do trabalho e da produção

A administração científica do trabalho, segundo o modelo taylorista-fordista de produção, pautou a organização do trabalho na lógica da produção homogeneizada, verticalizada e eminentemente concentrada — a utilização de fornecedores de serviços externos, pelas empresas, era secundária — e na concepção de desenvolvimento voltada para a produção em série de mercadorias, consumo em massa e consequente acumulação do capital[(173)].

A organização do trabalho e da produção foi racionalizada de modo a tornar mais eficiente a produtividade fabril, cujos entraves consistiam, por exemplo, no fato de o trabalhador ser detentor do conhecimento de uma parte essencial do processo produtivo[(174)].

Diante disso, inferindo ser útil para o processo produtivo a gestão da subjetividade[(175)], inclusive para aplacar as estratégias de resistência operária pela reivindicação do direito à saúde no ambiente laboral[(176)], o modelo de gestão empresarial adotado orientava-se pela divisão minuciosa das tarefas, controle dos tempos e movimentos dos trabalhadores e transferência da dimensão intelectual do trabalho para a gerência científica com o objetivo de reduzir os tempos ociosos e, assim, intensificar, ao extremo, as formas de exploração e de controle dos trabalhadores.

Numa estrutura organizacional rígida, burocratizada e lastreada na vigilância permanente dos supervisores, o trabalhador tornou-se "apêndice da máquina ferramenta" e seu trabalho, mecânico, repetitivo, disciplinado e esvaziado de sentido[(177)].

---

(173) ANTUNES, Ricardo. *O sentido do trabalho:* ensaio sobre a afirmação e a negação do trabalho. 2. ed. 10. reimp. rev. e ampl. São Paulo: Boitempo, 2009. p. 38-39.

(174) LAPIS, Naira Lima; MERLO, Alvaro Roberto Crespo. A saúde e os processo de trabalho no capitalismo: reflexões na interface da psicodinâmica do trabalho e da sociologia do trabalho. *Psicologia & Sociedade*, Porto Alegre, 19 (1), p. 61-68, jan./abr. 2007.

(175) A gestão da subjetividade foi inferida pela administração científica do trabalho introduzida por Taylor e aprimorada por Henry Ford. O fordismo baseava-se na mecanização, nos princípios da administração científica desenvolvidos por Taylor, na maior intensificação da divisão do trabalho e na rigidez expressa em padrões de conduta impostos aos trabalhadores dentro e fora das fábricas. Para o fordismo, o bom trabalhador era caracterizado por uma vida regrada e destituída de "exaltação passional". LAPIS, Naira Lima; MERLO, Álvaro Roberto Crespo. A saúde e os processo de trabalho no capitalismo: reflexões na interface da psicodinâmica do trabalho e da sociologia do trabalho. *Psicologia & Sociedade,* Porto Alegre, 19 (1), p. 61-68, jan./abr. 2007.

(176) Christophe Dejours relata que, no final do século XIX e início do século XX, o movimento dos trabalhadores objetivava garantir mínimas condições de trabalho consubstanciadas, basicamente, na redução da jornada de trabalho. A luta dos trabalhadores não era apenas pela saúde no ambiente laboral, mas sobretudo pela sobrevivência. As extenuantes jornadas de trabalho, aliadas às precárias condições de trabalho e salários aviltantes, tinham como decorrência graves e numerosos acidentes de trabalho e alarmante índice de adoecimento profissional. DEJOURS, Christophe. *A loucura do trabalho*: estudo de psicopatologia do trabalho. 5. ed. ampl. São Paulo: Cortez-Oboré, 1992. p. 14-19. Além de aniquilar a saúde, as jornadas de trabalho demasiadamente prolongadas, conforme acentua Pierre Jaccard, aniquilam a dignidade humana ao impedir a emancipação cultural do trabalhador. JACCARD, Pierre. *História social do trabalho.* Colecção Movimento. Lisboa: Livros Horizonte, 1974. v. 1, p. 141.

(177) ANTUNES, Ricardo. *Loc. cit.*

O taylorismo-fordismo se dedicou à gestão da subjetividade no trabalho, na medida em que promoveu o esvaziamento do pensar criativo do trabalhador, tornando-o sujeito da produção, um ser homogeneizado e alienado, impedido de desenvolver sua identidade no trabalho[(178)].

A organização do trabalho de produção padronizado e ritmado reprime o desejo do sujeito e "o trabalhador é, de certa forma, despossuído de seu corpo físico e nervoso, domesticado e forçado a agir de acordo com a vontade de outro". Despersonalizado e reduzido a sujeito da produção, o resultado é sofrimento, alienação e somatização[(179)].

O esvaziamento do saber operário e a minuciosa divisão de tarefas, todavia, não impediram a expansão da solidariedade social e o fortalecimento da ideia de coletivo no ambiente laboral. Os trabalhadores se auto-organizaram para resistir adotando condutas como "absenteísmo, operações-padrão, recusa ao trabalho taylorizado, demissões voluntárias e greves" e as organizações sindicais se posicionaram contra "os ritmos, a pressão de tempo, a monotonia, a desqualificação e esvaziamento dos conteúdos do trabalho"[(180)].

A articulação do coletivo de trabalhadores buscou enfrentar o modelo de organização do trabalho rígido, despótico e altamente especializado[(181)] que se tornou a causa central de ofensa à saúde[(182)] e de sofrimento psíquico, expresso na forma de monotonia e medo[(183)].

A monotonia é resultado do ritmo intenso de trabalho na linha de produção, das tarefas fragmentadas, dos movimentos repetitivos e do controle rígido da execução do trabalho[(184)]. O trabalho intensificado em condições precárias contribuiu para a elevação do número de acidentes de trabalho com mutilações e lesões graves e de doenças profissionais e osteomusculares[(185)].

(178) DELGADO, Gabriela Neves. *Terceirização:* paradoxo do direito contemporâneo. São Paulo: LTr, 2003. p. 52.

(179) DEJOURS, Christophe. A carga psíquica do trabalho. In: DEJOURS, Christophe; ABDOUCHELI, Elisabeth; JAYET, Christian. *Psicodinâmica do trabalho*: contribuições da escola dejouriana à análise da relação prazer, sofrimento e trabalho. Coordenação Maria Irene Stocco Betiol. 1. ed. 15. reimpr. São Paulo: Atlas, 2014. p. 27.

(180) FRANCO, Tânia. Alienação do trabalho: despertencimento social e desenraizamento em relação à natureza. *Caderno CRH,* Salvador, v. 24, n. sp. 1, p. 169-189, 2011.

(181) ANTUNES, Ricardo. *O sentido do trabalho:* ensaio sobre a afirmação e a negação do trabalho. 2. ed. 10. reimpr. rev. e ampl. São Paulo: Boitempo, 2009. p. 31-44.

(182) LAPIS, Naira Lima; MERLO, Alvaro Roberto Crespo. A saúde e o processo de trabalho no capitalismo: reflexões na interface da psicodinâmica do trabalho e da sociologia do trabalho. *Psicologia & Sociedade*, Porto Alegre, 19 (1), p. 61-68, jan./abr. 2007.

(183) LAPIS, Naira Lima; MERLO, Alvaro Roberto Crespo. *Loc. cit.*

(184) *Ibidem,* p. 63-64.

(185) FRANCO, Tânia. *Op. cit.,* p. 170.

Nas relações de trabalho, o medo pode ser vivenciado em distintas dimensões. Há o medo relacionado ao desequilíbrio psicoafetivo originado pela desestruturação das relações sociais horizontais e verticais provocada pelo modo como o trabalho é organizado; há também o medo oriundo da autovigilância permanente para manter o comportamento condicionado para atender as prescrições laborais quantitativas e qualitativas impostas; e ainda existe o medo ocasionado pela consequente degradação da saúde física em face das condições precárias de trabalho[(186)].

Sebastião Geraldo de Oliveira relata que a Medicina do Trabalho surgiu em resposta à repercussão dos afastamentos e das indenizações por incapacidade decorrentes dos acidentes de trabalho e das doenças profissionais, com o objetivo prioritário de gerir, com o deslocamento do médico para a empresa, as doenças ocupacionais para reduzir o absenteísmo e manter o elevado padrão de produtividade[(187)].

No plano social, a gestão taylorista-fordista estabeleceu, material e ideologicamente, um novo modelo de desenvolvimento ancorado na produção em massa e, consequentemente, na sociedade do ter, do consumo em massa, forjando, assim, "um novo tipo de sociedade democrática, racionalizada, modernista e populista"[(188)], o que requereu do capitalismo um mercado de trabalho regulamentado e com níveis salariais crescentes de modo a viabilizar o mercado consumidor[(189)].

O Estado de Bem-Estar Social emerge, entre outras variáveis[(190)], também, para regular o funcionamento da econômica e sustentar o modelo de massas[(191)].

---

(186) LAPIS, Naira Lima; MERLO, Alvaro Roberto Crespo. A saúde e o processo de trabalho no capitalismo: reflexões na interface da psicodinâmica do trabalho e da sociologia do trabalho. *Psicologia & Sociedade,* Porto Alegre, 19 (1), p. 61-68, jan./abr. 2007.

(187) OLIVEIRA, Sebastião Geraldo de. *Proteção jurídica à saúde do trabalhador*. 6. ed. rev. e atual. São Paulo: LTr, 2011. p. 60-64.

(188) HARVEY, David. *Condição pós-moderna.* São Paulo: Loyola, 1992. p. 121.

(189) FRANCO, Tânia. Alienação do trabalho: despertencimento social e desenraizamento em relação à natureza. *Caderno CRH,* Salvador, v. 24, n. sp. 1. p. 169-189, 2011.

(190) Sobre as outras variáveis, consultar ANTUNES, Ricardo. *O sentido do trabalho*: ensaio sobre a afirmação e a negação do trabalho. 2. ed. 10. reimpr. rev. e ampl. São Paulo: Boitempo, 2009.

(191) No constitucionalismo clássico, sob a ótica do Estado de Direito, as relações de trabalho pautavam-se na igualdade jurídica entre trabalhadores e empregadores e eram reguladas pelo Direito Civil. No mercado capitalista de produção da época, predominava a lei da oferta e da procura e, diante dos escassos postos de trabalho e de um contingente crescente de trabalhadores à procura de meios de subsistência, a "propriedade juridicamente afirmada do trabalhador sobre a sua força de trabalho era, de fato, desapropriada" em face da exploração traduzida em salários ínfimos e em patente desigualdade social. CARVALHO NETTO, Menelick; SCOTTI, Guilherme. O direito do trabalho e o Estado Democrático de Direito: uma reflexão sobre o individual e o coletivo no exercício da autonomia do trabalhador. In: VIANA, Márcio Túlio; ROCHA, Cláudio Jannotti. *Como aplicar a CLT à luz da Constituição*: alternativas para os que militam no foro trabalhista. Obra em homenagem à Profa. Gabriela Neves Delgado. São Paulo: LTr, 2016. p. 65-66.

Assim, o Estado-providência se comprometeu — de forma ilusória, como salienta Ricardo Antunes(192) — com a Social Democracia, instituindo políticas públicas para viabilizar o crescimento econômico, o que representou "um capitalismo com face social mais includente, com um mercado de trabalho regulamentado, com a contratualização das relações de trabalho (generalização da negociação coletiva) e rede de proteção social (salários crescentes, benefícios direitos e indiretos)". O trabalho foi transformado em emprego e à legislação se incorporou "noções dos limites biopsicossociais nas relações de trabalho (duração de jornada de trabalho, horas extras, férias, seguro-saúde acidentário, aposentadoria etc.)"(193).

Ao final dos anos 1960 e início de 1970, a globalização, o deslocamento do capital para o setor financeiro, as pressões competitivas impostas pelo mercado, o esgotamento do progresso econômico e o desemprego estrutural decorrente da crise econômica mundial iniciaram o desmantelamento da hegemonia da matriz intervencionista do Estado-providência e cederam espaço para velhas-novas ideias de matriz ultraliberal(194), nos âmbitos da política internacional (neoconservadorismo) e da economia (neoliberalismo(195)), esta última objetivando a reestruturação do mercado capitalista de produção pautada na autorregulação(196) e, por consequência, no desmonte do seu feixe de proteção assentado na legislação social e do trabalho.

A reorganização do sistema ideológico e político do capital se respaldou na predominância dos sistemas produtivos flexibilizados e desregulados, entre os quais se destaca o *toyotismo*, cujas características principais são a divisão de mercados, o desemprego estrutural, a divisão global do trabalho, o capital volátil, a empresa

---

(192) ANTUNES, Ricardo. *O sentido do trabalho*: ensaio sobre a afirmação e a negação do trabalho. 2. ed. 10. reimpr. rev. e ampl. São Paulo: Boitempo, 2009. p. 47-52.

(193) FRANCO, Tânia. Alienação do trabalho: despertencimento social e desenraizamento em relação à natureza. *Caderno CRH,* Salvador, v. 24, n. spe. 1, p. 169-189, 2011.

(194) Mauricio Godinho Delgado explica que o ultraliberalismo foi hegemônico por mais de cem anos no sistema capitalista, antes da década de 1930. Desse período até o ano de 1970, a vertente liberal extremada encontrava-se relativamente isolada. Em razão da ausência de resposta rápida e eficiente para a crise deflagrada entre os anos de 1973 e 1974, deflagrou-se a ruptura com a matriz intervencionista e a reconstrução hegemônica do pensamento ultraliberal no âmbito cultural, social, político e econômico. DELGADO, Mauricio Godinho. *Capitalismo, trabalho e emprego*: entre o paradigma da destruição e os caminhos de reconstrução. 3. ed. São Paulo: LTr, 2017. p. 80-81.

(195) Cabe lembrar a crítica de Menelick Carvalho Netto e Guilherme Scotti no sentido de que o *neo*, na verdade, "equivale a um cinismo histórico, porque agora já se tem consciência daquilo que se está produzindo". CARVALHO NETTO, Menelick; SCOTTI, Guilherme. O Direito do Trabalho e o Estado Democrático de Direito: uma reflexão sobre o individual e o coletivo no exercício da autonomia do trabalhador. In: VIANA, Márcio Túlio; ROCHA, Cláudio Jannotti. *Como aplicar a CLT à luz da Constituição*: alternativas para os que militam no foro trabalhista. Obra em homenagem à Profa. Gabriela Neves Delgado. São Paulo: LTr, 2016. p. 70.

(196) SUPIOT, Alain. *O espírito de Filadélfia*: a justiça social diante do mercado atual. Traduzido por Tânia do Valle Tschiedel. Porto Alegre: Sulina, 2014. p. 27.

enxuta, a reorganização financeira e tecnológica[(197)] e o engajamento subjetivo dos trabalhadores para fins instrumentais.

É fato que as implicações dessa nova fase de reestruturação produtiva do capital afetaram diretamente a saúde psicofísica dos trabalhadores.

Para elucidar o patente agravamento da condição de saúde mental relacionada ao trabalho, no ano de 1970, os estudos psicossomáticos se propuseram a enfrentar a gênese e a dimensão do sofrimento psíquico no trabalho, em razão do fato de determinadas doenças somáticas originadas no funcionamento psíquico serem desencadeadas e/ou agravadas nos contextos laborais.

Na década de 1980, a Ergonomia se dedicou à percepção e descrição da lacuna e do vazio existentes entre a organização prescrita do trabalho e o inesperado do real do trabalho e do trabalho empreendido pelos sujeitos no trabalhar para construir o espaço do vazio[(198)].

No mesmo período, a Psicopatologia, partindo da premissa de que o trabalho é essencial para a emancipação humana, vislumbrou, na gestão do trabalho baseada em pressões e conflitos, a possibilidade de o trabalhador desenvolver transtornos psíquicos[(199)]. Seu objeto de investigação expandiu-se, abarcando a análise da organização do trabalho, do sofrimento decorrente da exploração do trabalhador, das defesas individual e coletivamente construídas frente a esse sofrimento, da importância do coletivo de trabalho e suas repercussões na saúde mental, com a finalidade de investigar as seguintes questões: "Como fazem os trabalhadores para resistir aos ataques ao seu funcionamento psíquico provocados pelo seu trabalho? O que fazem para não ficarem loucos?". Em suma, a finalidade era investigar: *o trabalho enlouquece?*[(200)]

A partir da década de 1990, com lastro nos estudos e pesquisas antecedentes, surge a Psicodinâmica do Trabalho com enfoque nos processos de subjetivação e no desencadear do engajamento no trabalho, que englobam a inteligência prática,

---

(197) ANTUNES, Ricardo. *O sentido do trabalho*: ensaio sobre a afirmação e a negação do trabalho. 2. ed. 10. reimpr. rev. e ampl. São Paulo: Boitempo, 2009. p. 47-52.

(198) OLIVEIRA, Sebastião Geraldo de. *Proteção jurídica à saúde do trabalhador*. 6. ed. rev. e atual. São Paulo: LTr, 2011. p. 60-64.

(199) CARRASQUEIRA, Flora Allain; BARBARINI, Neuzi. Psicodinâmica do trabalho: uma reflexão acerca do sofrimento mental nas organizações. *Jornada de Saúde Mental e Psicanálise da PUCPR*, v. 5, n. 1, p. 2-4, nov. 2010.

(200) Em 1980, Christophe Dejours lança, na França, a obra *Travail, Usure Mentale*. Com esteio na psicopatologia do trabalho, o autor tem por objeto de estudo, nessa obra, o sofrimento no trabalho, esse "estado de luta do sujeito contra forças que o estão empurrando em direção à doença mental". Essa obra, lançada no Brasil em 1987 sob o título *A Loucura do Trabalho*, marcou o aprofundamento de estudos e pesquisas acerca da saúde mental no trabalho em várias regiões do País. FERREIRA, Leda Leal. Apresentação. In: DEJOURS, Christophe. *A loucura do trabalho:* estudo de psicopatologia do trabalho. 5. ed. ampl. São Paulo: Cortez-Oboré, 1992. p. 9-10.

o espaço de deliberação, o coletivo de trabalhadores e a dinâmica do reconhecimento, bem como nas vivências de prazer-sofrimento no trabalho, nas defesas e nas patologias sociais decorrentes da organização do trabalho contemporâneo[(201)].

Os pressupostos teóricos da Psicodinâmica do Trabalho que elucidam a conexão entre o trabalho e os processos de saúde e adoecimento serão analisados ainda neste capítulo, na seção 2.2.

2.1.2. O sistema toyotista de gestão da produção e do trabalho humano: as consequências da acumulação flexível neoliberal

O sistema toyotista parte da redução do custo do trabalho para alavancar a competitividade e maximizar o lucro. Assenta-se no modelo de divisão do trabalho consolidado na rotatividade das tarefas e no trabalho em equipes — em contraposição ao trabalho individualizado e fragmentado que marca o modelo taylorista-fordista —, para o qual se exige um trabalhador polivalente, participativo, em constante processo de qualificação e multifuncional, para atender a um modelo de produção variado e heterogêneo vinculado à demanda (modelo *just in time*), horizontalizado e integrado com empresas terceirizadas[(202)].

A gestão do trabalho e da produção centra-se nos programas de qualidade total e na busca pela otimização da qualidade e da produtividade, num contexto de acumulação flexível, recorrendo à descentralização produtiva e à utilização em larga escala da terceirização de serviços.

Roberto Heloani pondera que os princípios de hierarquia, fiscalização e controle do trabalho próprios do taylorismo-fordismo foram incorporados ao sistema toyotista, com nova roupagem. Trata-se de uma "modernização conservadora", na medida em que, em acréscimo, foram introduzidos maior flexibilização e aproveitamento das potencialidades intelectuais e das habilidades dos trabalhadores em face das exigências de flexibilização neoliberal[(203)].

A hierarquia mais piramidal e explícita do sistema taylorista-fordista, na qual era oportunizada ao trabalhador a construção de uma carreira na organização, cede lugar ao sistema hierárquico horizontalizado e flexível, em que o desemprego paira no ar como uma constante ameaça[(204)].

---

(201) FERREIRA, Leda Leal. Apresentação. In: DEJOURS, Christophe. *A loucura do trabalho:* estudo de psicopatologia do trabalho. 5. ed. ampl. São Paulo: Cortez-Oboré, 1992. p. 10.

(202) ANTUNES, Ricardo. *O sentido do trabalho:* ensaio sobre a afirmação e a negação do trabalho. 2. ed. 10. reimpr. rev. e ampl. São Paulo: Boitempo, 2009. p. 54-56.

(203) HELOANI, Roberto. *Gestão e organização no capitalismo globalizado:* história da manipulação psicológica no mundo do trabalho. 1. ed. 4. reimp. São Paulo: Atlas, 2011. p. 125-131.

(204) HELOANI, Roberto; BARRETO, Margarida. Trabalhadores *transformers* e flexibilização. Onde entra o assédio moral? In: TOLFO, Suzana da Rosa; OLIVEIRA, Renato Tocchetto de (orgs.). *Assédio moral no trabalho:* características e intervenções. Florianópolis: Lagoa, 2015. p. 57 e 58.

Incorporou-se ao novo sistema a ideia de mobilização da subjetividade do trabalhador e da instrumentalização de suas potencialidades intelectuais, subordinando-as às metas e objetivos da organização, além da contínua avaliação de desempenho e da vinculação entre produtividade e ganhos salariais com a introdução de fórmulas de participação nos lucros e resultados empresariais.

A utilização de eufemismos pelas instituições é incorporada nas estratégias de gestão para cooptar o trabalhador. No lugar de afirmar a condição de empregado, as instituições enquadram os trabalhadores na condição de colaborador, parceiro ou associado. Tal estratégia objetiva alienar o empregado de sua real condição, a de subordinado, parte fragilizada e hipossuficiente da relação de emprego, que encontra no coletivo de trabalhadores a força para equalizar a exploração do trabalho. Ameniza-se a realidade da condição do trabalho estranhado e intensificado, por meio de um falacioso discurso de uma suposta igualdade de forças entre colaborador e empreendedor na relação de emprego, com o objetivo de potencializar os ganhos institucionais e colonizar a alma humana.

Ricardo Antunes e Giovanni Alves salientam que o controle do elemento subjetivo da produção capitalista é precondição ao desenvolvimento do capital no mundo digital e que a alienação, ou estranhamento, encontra-se essencialmente preservada. Apesar de o trabalhador ser envolvido nos círculos de controle de qualidade, o que aparentemente minimizaria a alienação, a subjetividade que emerge revela sua "existência inautêntica", na medida em que se promove a apropriação da dimensão intelectual do trabalhador flexibilizado e polivalente num contexto de crescente restrição de direitos e de instabilidade próprias de contextos precarizados de trabalho[(205)].

Com a "reapropriação e aperfeiçoamento da manipulação no mundo do trabalho"[(206)], aliada a contextos de trabalho cada vez mais precarizados, competitivos e com pouca (ou nenhuma) expectativa de contratos de trabalho de longo prazo, a nova morfologia social do trabalho se redefine numa forma de dominação social de difícil identificação e, assim, a gestão do trabalho humano vai ganhando contornos deletérios.

Ana Magnólia Mendes salienta que a precarização exacerbada das relações de trabalho impõe um sofrimento ético aos trabalhadores que culmina na banalização do mal e da injustiça[(207)] nos espaços de trabalho[(208)]. "A banalização do

---

(205) ANTUNES, Ricardo; ALVES, Giovanni. As mutações no mundo do trabalho na era da mundialização do capital. *Educação & Sociedade*, Campinas, v. 25, n. 87, p. 335-351, maio/ago. 2004.

(206) HELOANI, Roberto; BARRETO, Margarida. Trabalhadores "*transformers*" e flexibilização. Onde entra o assédio moral? In: TOLFO, Suzana da Rosa; OLIVEIRA, Renato Tocchetto de (orgs.). *Assédio moral no trabalho:* características e intervenções. Florianópolis: Lagoa, 2015. p. 66.

(207) O conceito de banalização do mal e da injustiça social foi desenvolvido por Christophe Dejours, inspirando-se nas reflexões de Hannah Arendt acerca da banalidade do mal. DEJOURS, Christophe. *A banalização da injustiça social*. 7. ed. ampl. Rio de Janeiro: FGV, 2007.

(208) MENDES, Ana Magnólia. Novas formas de organização do trabalho, ação dos trabalhadores e patologias sociais. In: MENDES, Ana Magnólia (org.). *Psicodinâmica do trabalho*: teoria, método e pesquisas. São Paulo: Casa do Psicólogo, 2007. p. 49-50.

mal não começa por impulsos psicológicos. Começa pela manipulação política da ameaça de precarização e exclusão social" e perpassa pela luta dos sujeitos contra o sofrimento decorrente do medo que sentem em face dessa ameaça, tida como elemento essencial para a eficácia da gestão toyotista neoliberal(209).

Vincent de Gaulejac afirma que o gerenciamento do trabalho humano não representa um mal em si, desde que se destine a melhorar as relações humanas e a vida social. Essa premissa, segundo o sociólogo clínico, não tem sido constatada na concepção gerencialista predominante nos atuais modelos de gestão em razão de suas consequências patogênicas sobre os trabalhadores e seus "efeitos deletérios sobre os próprios fundamentos daquilo que constitui sociedade"(210).

De acordo com o autor, a gestão, como tecnologia de poder e ideologia gerencialista, embasada na eficiência e rentabilidade, utiliza-se de critérios utilitaristas para o gerenciamento do ser humano como fator e recurso, naturalizando a reificação e a instrumentalização do trabalhador no sistema produtivo(211).

A ideologia gerencialista impõe um ideal de trabalhador comprometido com a excelência, cuja busca pelo ideal de perfeição acirra o individualismo e a competitividade entre os pares, e torna o sucesso uma obrigação. Se a organização fracassa — em razão das opções estratégicas, dos modos de organização e do contexto socioeconômico —, a responsabilidade, de acordo com o discurso gerencial baseado na cultura do alto desempenho e da qualidade total, é imputada ao trabalhador que não se comprometeu de forma satisfatória(212).

Nesse quadro, o controle do tempo de trabalho e da produção de forma sistematizada, associada a uma divisão minuciosa de tarefas, tal como proposto no sistema taylorista-fordista de gestão, não é tão relevante para o sistema toyotista. Importa para a gestão toyotista exercer esse controle por meio da mobilização subjetiva do trabalhador, a canalização de seu potencial criativo, sua inteligência, seu desejo para um "investimento ilimitado de si mesmo" com o intuito de realizar os objetivos organizacionais(213).

Esse modelo de gestão objetiva colonizar, progressivamente, o "espaço-tempo íntimo por preocupações profissionais", na medida em que propaga que a empresa é o "lugar de realização de si mesmo" e exige, de forma muitas vezes velada, a submissão dos trabalhadores. É a colonização da psique humana, necessariamente

(209) DEJOURS, Christophe. *A banalização da injustiça social.* 7. ed. ampl. Rio de Janeiro: FGV, 2007. p. 21 e 119.

(210) GAULEJAC, Vincent de. *Gestão como doença social:* ideologia, poder gerencialista e fragmentação social. São Paulo: Ideias e Letras, 2007. p. 33.

(211) *Ibidem,* p. 80.

(212) *Ibidem,* p. 87-91.

(213) *Ibidem,* p. 113-128.

útil, dócil e produtiva, a tônica do modelo de gestão toyotista ancorado na ideologia gerencialista[(214)].

Roberto Heloani corrobora tais assertivas ao destacar que as formas de gestão do trabalho humano implementadas com a ascensão do neoliberalismo possuem uma característica comum: "a tentativa de 'harmonizar' um maior grau de autonomia dos trabalhadores [...] com o desenvolvimento de controles mais sutis", cujo objetivo é a submissão do trabalhador a uma lógica abstrata de autocoação e autocontrole, reforçada pela constante avaliação de desempenho a que é submetido no ambiente de trabalho e pela perene ameaça de perda de *status* social, quer pelo rebaixamento da remuneração no trabalho, quer pelo desemprego[(215)].

É a gestão da alma humana, da dimensão psicológica, do inconsciente do trabalhador, para fins instrumentais. É a colonização dos afetos e das emoções[(216)]. É a instrumentalização do medo de ser considerado incompetente, da demissão iminente, alimentado no ambiente de trabalho; é o medo como ferramenta de manipulação e submissão. É a mobilização subjetiva como instrumento de captura do "sujeito no trabalho", transformando-o em "sujeito do trabalho", fundamentalmente colonizado e adoecido[(217)].

Nesse quadro em que a precarização tem se tornado a regra condutora das relações de trabalho e de emprego e das relações intersubjetivas no ambiente de trabalho, importante elucidar a relação existente entre trabalho e saúde no contexto laboral individual e coletivo para subsidiar a necessária regulação social do trabalho a ser promovida pelo Estado por meio do *Direito do Trabalho constitucionalizado*[(218)].

2.2. *Pressupostos teóricos da relação entre trabalho e saúde: a abordagem da Psicodinâmica do Trabalho e da Clínica Analítica do Trabalho*

A Psicodinâmica do Trabalho é uma disciplina clínica descritiva, desenvolvida por Christophe Dejours, que investiga a relação entre trabalho e saúde mental e,

(214) GAULEJAC, Vincent de. *Gestão como doença social:* ideologia, poder gerencialista e fragmentação social. São Paulo: Ideias e Letras, 2007. p. 113-128.

(215) HELOANI, Roberto. *Gestão e organização no capitalismo globalizado:* história da manipulação psicológica no mundo do trabalho. 1. ed. 4. reimp. São Paulo: Atlas, 2011. p. 102 e 108-109.

(216) HELOANI, Roberto. *Loc. cit.*

(217) MENDES, Ana Magnólia. Curso de Psicologia do Trabalho do Programa de pós-Graduação em Psicologia Social, do Trabalho e das Organizações do Instituto de Psicologia. Brasília: Curso de Pós-Graduação em Direito da Universidade de Brasília, 1º semestre de 2018. Notas de Debate.

(218) A presente obra é fruto da dissertação de mestrado da autora que se inseria na Linha de Pesquisa "Internacionalização, Trabalho e Sustentabilidade", Sublinha "Mundo do Trabalho, Constituição e Transformações na Ordem Social", do Programa da Pós-Graduação em Direito da Universidade de Brasília — UnB.

concomitantemente, uma disciplina teórica que se apoia numa teoria do sujeito[(219)] que envolve a Psicanálise e a Teoria Social[(220)].

Os estudos psicodinâmicos do trabalhar centram-se na análise da organização do trabalho e de seus efeitos na construção da identidade do trabalhador, na dinâmica do reconhecimento e nas vivências de prazer-sofrimento no trabalho, com ênfase nos processos de subjetivação — o que inclui as estratégias de ação para mediar contradições da organização do trabalho — e sua relação com a saúde, o adoecimento e as patologias sociais[(221)].

A investigação da relação entre trabalho e saúde mental, todavia, não se circunscreve apenas aos efeitos deletérios da organização do trabalho sobre a saúde; inclui também "compreender porque e como o mesmo trabalho, em função de sua organização, pode inscrever-se em uma dinâmica de destruição, ou, ao contrário, de construção da saúde"[(222)].

A Clínica Analítica do Trabalho, por sua vez, é um método de pesquisa e intervenção em Psicologia do Trabalho que se baseia na Psicodinâmica do Trabalho em diálogo com a perspectiva teórica da Psicanálise e da Teoria Social, além dos pressupostos e dispositivos da Clínica Psicanalítica. Seus objetos de estudo são a produção do sujeito no trabalhar e as práticas em clínicas nos diversos contextos de trabalho[(223)].

O sujeito, para a Clínica Analítica do Trabalho, "é o sujeito da luta contra a loucura do trabalho, as patologias e a doença mental. É o sujeito que luta pela sua

(219) Lacan explica que, "ao nascer, o homem é inserido em uma ordem humana que lhe é anterior, uma ordem social na qual ele adentra através da linguagem e da família". Assim, "o sujeito, para a psicanálise, é aquele que se constitui na relação com o Outro através da linguagem". TOREZAN, Zeila C. Facci; AGUIAR, Fernando. O sujeito da psicanálise: particularidades na contemporaneidade. *Revista Mal-Estar e Subjetividade*, Fortaleza, v. 11, n. 2, p. 525-554, 2011. "O sujeito da psicodinâmica é o sujeito do sofrimento, da falta, do desejo, da ação, do afeto", que se constitui no trabalho, "pelo espaço da palavra, na linguagem", ao realizar o encontro com o real, o que possibilita o questionamento da ordem institucional, social e do conhecimento. MENDES, Ana Magnólia; VIEIRA, Fernando de Oliveira. Diálogos entre a psicodinâmica e clínica do trabalho e os estudos sobre coletivos de trabalho e práticas organizacionais. *Farol — Revista de Estudos Organizacionais e Sociedade*, Belo Horizonte, v. 1, n. 1, p. 161-213, jun. 2014.

(220) DEJOURS, Christophe. Subjetividade, trabalho e ação. *Revista Produção*, v. 14, n. 3, p. 27-34, set./dez. 2004.

(221) DEJOURS, Christophe. A psicodinâmica do trabalho na pós-modernidade. In: MENDES, Ana Magnólia; LIMA, Suzana Canez da Cruz; FACAS, Emílio Peres (orgs.). *Diálogos em psicodinâmica do trabalho*. Brasília: Paralelo 15, 2007. p. 16.

(222) DEJOURS, Christophe. *Loc. cit.*

(223) MENDES, Ana Magnólia; VIEIRA, Fernando de Oliveira. Diálogos entre a psicodinâmica e clínica do trabalho e os estudos sobre coletivos de trabalho e práticas organizacionais. *Farol — Revista de Estudos Organizacionais e Sociedade*, Belo Horizonte, v. 1, n. 1, p. 161-213, jun. 2014.

saúde mental"; é o que sofre em face das adversidades da organização do trabalho e do trabalhar.(224) Todavia, "a clínica é do trabalho, não do sujeito"(225).

Assim, a escuta clínica do sofrimento desses sujeitos trabalhadores objetiva acessar a organização do trabalho "nas suas dimensões visíveis, invisíveis, formal, informal, técnica, social e, especialmente, intersubjetiva, que envolve a construção dos acordos coletivos" e seus efeitos sobre a saúde mental.(226)

Ademais, com o foco no trabalho e na articulação existente entre o trabalhar e a mobilização subjetiva — que envolve a inteligência prática (engenhosidade), a inteligência coletiva (cooperação) e o reconhecimento —, a escuta clínica pretende identificar os estilos de gestão, o real do trabalho e os ambientes de trabalho precários e sadios, bem como mobilizar os sujeitos para que nos espaços de trabalho haja uma mudança de sua subjetividade e um repensar dos modelos de gestão do trabalho(227).

Desse modo, tem-se que a Clínica Analítica do Trabalho tem por objetivo, também, "ao possibilitar ao sujeito pensar sobre o seu trabalho, tendo a fala e a escuta clínica qualificada como propulsores", ser espaço de reapropriação do sentido do trabalho e da ação coletiva na reorganização do trabalho, mediante a "construção de estratégias saudáveis para mediar o sofrimento e ressignificá-lo, transformando-o em vivências de prazer" (228).

A abordagem, estudos e pesquisas empíricas empreendidas nessas duas disciplinas teóricas e clínicas envolvendo o trabalhar refletem as consequências humanas da precarização das relações de trabalho impostas pelo sistema toyotista de gestão e pelo ideário neoliberal de autorregulação do mercado capitalista de produção.

2.2.1. A centralidade do trabalho na vida humana e na sociedade

Compreender o trabalho humano implica, inicialmente, reconhecer na pessoa trabalhadora a existência de um sujeito apto a sentir, desejar, decidir, se mobilizar,

(224) ARAÚJO, Luciane Kozics Reis. Clínica do trabalho. In: MENDES, Ana Magnólia; VIEIRA, Fernando de Oliveira; CRESPO, Álvaro Roberto. *Dicionário crítico de gestão e psicodinâmica do trabalho*. Curitiba: Juruá, 2013. p. 91.

(225) MENDES, Ana Magnólia; VIEIRA, Fernando de Oliveira. *Op. cit.*, p. 183.

(226) MENDES, Ana Magnólia; VIEIRA, Fernando de Oliveira. Diálogos entre a psicodinâmica e clínica do trabalho e os estudos sobre coletivos de trabalho e práticas organizacionais. *Farol — Revista de Estudos Organizacionais e Sociedade*, Belo Horizonte, v. 1, n. 1, p. 161-213, jun. 2014.

(227) *Ibidem*, p. 173 e 197.

(228) AMARAL, Graziele Alves. *Escuta clínica do trabalho e (re)significação do sofrimento de professoras readaptadas*. Tese (Doutorado em Psicologia Social e do Trabalho e das Organizações) — Instituto de Psicologia, Universidade de Brasília, Brasília, 2018.

se sujeitar, se constituir a partir do trabalho[(229)]. Implica, igualmente, ter ciência de que esse sujeito ocupa parte considerável do espaço e do tempo de desenvolvimento de sua vida humana com o trabalho, fundamentando sua existência no fato de trabalhar. Esse envolvimento subjetivo, espacial, temporal e eminentemente existencial do sujeito torna o trabalho inerente à essência humana e imprescindível para a realização do sujeito trabalhador no contexto social[(230)].

Isso porque trabalhar não é apenas produzir e ter a possibilidade de conquistar autonomia econômica individual e familiar. No campo subjetivo, trabalhar é envolver-se, transformar-se, na medida em que o fato de trabalhar abarca "gestos, o saber-fazer, um engajamento do corpo, a mobilização da inteligência, a capacidade de refletir, de interpretar e de reagir às situações; é o poder de sentir, de pensar e de inventar etc."[(231)]. No trabalhar, portanto, a subjetividade é mobilizada e transformada, vivificada ou, ao contrário, mortificada[(232)].

Nessa perspectiva, tem-se que o trabalho é vivo, individual e essencialmente subjetivo[(233)], desempenhando um papel fundamental para a constituição da identidade do sujeito no plano individual e social, além de possibilitar a emancipação coletiva do sujeito de direitos, conferindo-lhe cidadania[(234)].

Daí porque não existe neutralidade do trabalho em relação à saúde, inclusive à saúde mental; ao contrário, o trabalho é elemento central para a construção da saúde[(235)].

A própria concepção de saúde, aliás, como estado de bem-estar físico, psíquico e social, como defende a Organização Mundial de Saúde — OMS, é questionada por pesquisas empíricas e pela literatura científica embasadas na Psicodinâmica do Trabalho.

---

(229) SZNELWAR, Laerte Idal; UCHIDA, Seiji; LANCMAN, Selma. A subjetividade no trabalho em questão. *Tempo Social, Revista de Sociologia da USP*, v. 23, n. 1, p. 11-30.

(230) NAVARRO, Vera Lúcia; PADILHA, Valquíria. Dilemas do trabalho no capitalismo contemporâneo. *Psicologia & Sociedade*, 19, Edição Especial 1, p. 14-20, 2007.

(231) DEJOURS, Christophe; CARDOSO, Marta Rezende. Christophe Dejours: entrevista. *Agora*, 4(2), p. 89-9, 20014. Recuperado em 10 de abril de 2009. Disponível em: <http://www.scielo.br/pdf/agora/v4n2/v4n2a07.pdf>.

(232) DEJOURS, Christophe. Subjetividade, trabalho e ação. *Revista Produção*, v. 14, n. 3, p. 27-34, set./dez. 2004.

(233) DEJOURS, Christophe; BARROS, Juliana de Oliveira; LANCMAN, Selma. A centralidade do trabalho para a construção da saúde. *Revista de Terapia Ocupacional da Universidade de São Paulo*, v. 27, n. 2, p. 228-235, 17 ago. 2016.

(234) DELGADO, Gabriela Neves. *Direito fundamental ao trabalho digno*. 2. ed. São Paulo: LTr, 2015. p. 22.

(235) LANCMAN, Selma; UCHIDA, Seiji. Trabalho e subjetividade: o olhar da psicodinâmica do trabalho. *Caderno de Psicologia Social e do Trabalho*, São Paulo, v. 6, p. 79-90, 2003.

A Psicossomática, cujos estudos se iniciaram há cerca de 20 anos, indica a existência de uma relação direta entre o plano psíquico e o corpo humano, de modo que determinadas doenças são desencadeadas por uma vivência subjetiva, substancialmente afetiva e difícil. Esse fato, por si só, já possibilita questionar o que de fato é um estado de bem-estar psíquico e o que é saúde mental(236).

De acordo com a Psicossomática e com a Psiquiatria, "o que faz as pessoas viverem é, antes de tudo, o seu desejo". A Psicossomática estabelece que quando o sujeito se encontra numa situação em que não há mais desejo, ele se encontra "diante de uma situação perigosa", não apenas pela possibilidade de afetar sua saúde mental (depressão, tristeza), mas também para o corpo, pois permanecer no estado de ausência de desejo, de negação do desejo, alarga as possibilidades de o corpo adoecer mais facilmente(237).

Se, de um lado, somos potencialmente portadores de doenças crônicas e, de outro, as vivências subjetivas são potenciais gatilhos para o adoecimento da mente e do corpo, para a Psicodinâmica do Trabalho, a saúde torna-se um constructo, um ideal desejável, um ponto de partida a nortear condutas individuais e coletivas para a conquista dessa saúde(238).

Nesse processo dinâmico em busca de saúde, a organização do trabalho se destaca como elemento central, na medida em que permite que "o trabalhador possa adaptá-la a seus desejos, às necessidades de seu corpo e às variáveis de seu estado de espírito". Vale dizer, o bem-estar social relaciona-se à liberdade de o trabalhador agir de forma individual e coletiva "sobre o conteúdo do trabalho, a divisão das tarefas, dos homens e das relações que mantém entre si"(239), transformando-se em razão do sentido que o trabalho adquire, especialmente nas relações de troca com o outro(240).

Diante dessas conclusões, Christophe Dejours destaca a *centralidade do trabalho para a construção da saúde* como um dos alicerces da teoria psicodinâmica do trabalho, analisando-a sob três aspectos fundamentais: a centralidade do trabalho na construção da identidade do sujeito; a centralidade do trabalho no

---

(236) DEJOURS, Christophe. Por um novo conceito de saúde. *Revista Brasileira de Saúde Ocupacional*, 14 (54), p. 7-11, 1986.

(237) DEJOURS, Christophe. Por um novo conceito de saúde. *Revista Brasileira de Saúde Ocupacional*, 14 (54), p. 7-11, 1986.

(238) DEJOURS, Christophe. A psicodinâmica do trabalho na pós-modernidade. In: MENDES, Ana Magnólia; LIMA, Suzana Canez da Cruz; FACAS, Emílio Peres (orgs.). *Diálogos em psicodinâmica do trabalho*. Brasília: Paralelo 15, 2007. p. 16.

(239) DEJOURS, Christophe. Por um novo conceito de saúde. *Revista Brasileira de Saúde Ocupacional*, 14 (54), p. 9-10, 1986.

(240) DEJOURS, Christophe. A psicodinâmica do trabalho na pós-modernidade. In: MENDES, Ana Magnólia; LIMA, Suzana Canez da Cruz; FACAS, Emílio Peres (orgs.). *Diálogos em psicodinâmica do trabalho*. Brasília: Paralelo 15, 2007. p. 16.

plano psicológico ante as relações de gênero, especialmente no âmbito familiar; e a centralidade política do trabalho, com vistas à construção da identidade social do sujeito e da sociedade[241].

Em relação ao primeiro aspecto, tem-se que o trabalho é fundamental para a construção da identidade do sujeito, na medida em que é a partir das vivências de prazer e de sofrimento psíquico resultantes das relações dinâmicas entre a organização do trabalho e os processos de subjetivação decorrentes do trabalhar que a identidade é forjada. A identidade do sujeito, "concebida como essencialmente inacabada, à espera de confirmação e realização", é o suporte do equilíbrio psíquico e da saúde mental.[242]

Christophe Dejours afirma que "toda crise psicopatológica é centrada por uma crise de identidade" e o trabalho, nesse aspecto, jamais é neutro, pois se não for oportunizado o reconhecimento das potencialidades e feitos do trabalhador no contexto laboral pelo outro, haverá sofrimento e, paulatinamente, o sujeito será impulsionado para a descompensação psíquica e a somatização[243].

O segundo aspecto trata da centralidade do trabalho no plano psicológico. Nesse aspecto, destacam-se as relações de gênero. Isso porque as situações ansiogênicas no trabalho contribuem para que a maioria dos sujeitos construa estratégias defensivas. As estratégias defensivas, por sua vez, orientam o funcionamento psíquico do sujeito que se projeta para além do ambiente laboral, alcançando a vida de relações do sujeito trabalhador[244].

A consequência da natural ausência de divisão, no plano psicológico, entre trabalho e vida de relações fora do trabalho demonstra "que as próprias condições do amor num relacionamento de casal estão estruturadas, em profundidade, pela relação psicológica no trabalho". É imposta "uma espécie de cooperação psíquica aos membros da família, para permitir ao sujeito que trabalha conservar sua saúde mental", a exemplo de pesquisa que demonstrou a tolerância da esposa com o marido alcoólico e violento para que ele continuasse a trabalhar em ambiente ansiogênico por razões econômicas.[245]

O terceiro aspecto diz respeito à centralidade política do trabalho e se projeta na construção da identidade social do sujeito e na construção da própria sociedade,

(241) DEJOURS, Christophe; CARDOSO, Marta Rezende. Christophe Dejours: entrevista. *Agora*, 4(2), p. 89-94, 2001. Recuperado em 10 de abril de 2009. Disponível em: <http://www.scielo.br/pdf/agora/v4n2/v4n2a07.pdf>.

(242) *Ibidem,* p. 90.

(243) DEJOURS, Christophe; CARDOSO, Marta Rezende. Christophe Dejours: entrevista. *Agora*, 4(2), p. 89-94, 2001. Recuperado em 10 de abril de 2009. Disponível em: <http://www.scielo.br/pdf/agora/v4n2/v4n2a07.pdf>.

(244) DEJOURS, Christophe; CARDOSO, Marta Rezende. *Loc. cit.*

(245) *Ibidem,* p. 90.

pois, se, por um lado, o trabalho mobiliza a subjetividade e torna-se central na vida humana para além da esfera econômica, por outro, viabiliza os laços sociais e as relações de solidariedade dentro e fora do trabalho, destacando-se, do mesmo modo, como o lugar principal para o aprendizado da democracia[(246)].

O trabalhar implica o coletivo, cujo eixo central é a cooperação resultante da inteligência coletiva; envolve conviver e estabelecer relações complexas de troca, nas quais se pressupõe atenção, respeito[(247)] e reconhecimento do sujeito trabalhador, pelo outro e pela sociedade, como pessoa humana que, por meio do seu trabalho, contribui para o bem geral da sociedade[(248)].

O reconhecimento é a retribuição simbólica do trabalhar que, além de moldar a identidade do sujeito pelo olhar do outro, confere sentido ao trabalho, transforma sofrimento em prazer e fortalece a cooperação e as relações de solidariedade entre os sujeitos no campo social.

Gabriela Neves Delgado destaca que a autoestima do trabalhador, bem como a autopercepção do seu valor individual como pessoa revestida de dignidade, se relaciona à identidade construída no trabalhar, à manutenção do sentido ético no trabalho e à percepção da sociedade acerca da utilidade do trabalho[(249)].

A realização do sujeito no campo social se efetiva, desse modo, mediante o reconhecimento de sua contribuição à evolução da sociedade por meio do trabalho, o que remete ao *sentido qualitativo do trabalho como estruturante das relações de solidariedade na sociedade.*[(250)]

As relações de trabalho, como afirma Axel Honneth, ao adquirirem conteúdo significativo mediante a percepção da sociedade de que o trabalho realizado coopera para o bem de todos, se inserem numa dinâmica de reconhecimento recíproco capaz de despertar entre as pessoas sentimento de interdependência, de solidariedade e de pertinência social[(251)].

---

(246) DEJOURS, Christophe; CARDOSO, Marta Rezende. Christophe Dejours: entrevista. *Agora*, 4(2), p. 89-94, 2001. Recuperado em 10 de abril de 2009. Disponível em: <http://www.scielo.br/pdf/agora/v4n2/v4n2a07.pdf>.

(247) LANCMAN, Selma; SZNELWAR, Laerte Idal (orgs.). *Christophe Dejours:* da psicopatologia à psicodinâmica do trabalho. Tradução de Frank Soudant. Brasília: Paralelo 15; Rio de Janeiro: Fiocruz, 2011. p. 26.

(248) HONNETH, Axel. Trabalho e reconhecimento: tentativa de uma redefinição. *Civitas — Revista de Ciências Sociais*, v. 8, n. 1, p. 54, jan./abr. 2008.

(249) DELGADO, Gabriela Neves. Constitucionalização dos direitos trabalhistas e os reflexos no mercado de trabalho. *Revista LTr*, v. 72, n. 5, p. 565, maio 2008.

(250) HONNETH, Axel. Trabalho e reconhecimento: tentativa de uma redefinição. *Civitas — Revista de Ciências Sociais*, v. 8, n. 1, p. 54-55 e 60-61, jan./abr. 2008.

(251) HONNETH, Axel. *Loc. cit.*

Dessa maneira, o trabalho contribui significativamente para a inclusão e a integração sociais e, por conseguinte, para o fortalecimento do sentido de democracia no Estado constitucional[252], influindo sobre a organização e o modelo de sociedade que se pretende para o futuro.

Christophe Dejours alerta que o trabalhar pode despertar no sujeito o que nele tem de melhor ou de pior. No coletivo de trabalhadores, o trabalhar pode gerar harmonia, consolidando o viver junto de forma democrática, ou produzir desolação, desconfiança, medo, instrumentalização de seres humanos, induzindo muitos a não mais desejar viver[253].

Nessa perspectiva, reafirma-se a ausência de neutralidade do trabalho, pois se esfacelados os laços de solidariedade no ambiente laboral e "se na empresa não se aprende a democracia, aprender-se-ão os costumes mais destrutivos para o funcionamento da sociedade, o individualismo, os comportamentos desleais, as pequenas e grandes traições, a arte de infligir sofrimento e injustiça ao outro"[254], banalizando-se, assim, o mal e a injustiça social e inviabilizando o exercício concreto da cidadania.

Nas palavras de Christophe Dejours, "o trabalho é uma fonte inesgotável de paradoxos. Incontestavelmente, ele dá origem a terríveis processos de alienação, mas pode ser também um possante instrumento a serviço da emancipação, bem como do aprendizado e da experimentação da solidariedade e da democracia"[255].

Estabelecida, portanto, a *tese da centralidade do trabalho*, importa elucidar a relação existente entre a organização do trabalho e os processos de subjetivação dos trabalhadores e seus reflexos na saúde.

2.2.2. A organização do trabalho: contexto, condições e relações de trabalho

O processo de organização do trabalho envolve dimensões técnicas e sociais, de modo a abarcar a divisão formal do trabalho, o conteúdo da tarefa e as relações de poder que permeiam a gestão do trabalho humano e os processos de trabalho,

---

(252) DELGADO, Gabriela Neves; DIAS, Valéria de Oliveira. Reforma trabalhista e precarização do trabalho terceirizado: a incorporação do trabalho feminino nos estratos assalariados de serviços. In: PINTO, Roberto Parahyba de Arruda; CAMARANO, Alessandra; HAZAN, Ellen Mara Ferraz (coord.). *Feminismo, pluralismo e democracia*. São Paulo: LTr, 2018. p. 156-166. p. 157.

(253) DEJOURS, Christophe. Psicopatologia do trabalho — psicodinâmica do trabalho. *Laboreal*, 7, (1), p. 13-16, 2011.

(254) DEJOURS, Christophe; CARDOSO, Marta Rezende (2001). Christophe Dejours: entrevista. *Agora*, 4(2), p. 89-94, 2001. Recuperado em 10 de abril de 2009. Disponível em: <http://www.scielo.br/pdf/agora/v4n2/v4n2a07.pdf>.

(255) DEJOURS, Christophe. *A banalização da injustiça social*. 7. ed. ampl. Rio de Janeiro: FGV, 2007. p. 141.

bem como a repartição de responsabilidades, a divisão hierárquica e a forma de controle[(256)]. Trata-se do trabalho prescrito destinado a orientar a execução do trabalho e a nortear a relação do sujeito com o trabalhar.

Ana Magnólia Mendes e Kátia Barbosa Macedo esclarecem que o trabalho prescrito trata da divisão hierárquica, técnica e social do trabalho, além da estipulação de metas de produção e qualidade do trabalho, duração de jornada, prazos, tipo de controle, entre outros aspectos relacionados ao ritmo e conteúdo das tarefas.

Assim, para a Psicodinâmica do Trabalho, a organização do trabalho envolve, sinteticamente, a divisão de tarefas e a divisão dos trabalhadores estabelecidas no trabalho prescrito, o qual, em regra, não corresponde ao real do trabalho, àquele efetivamente executado pela ação do trabalhador. Desse modo, Christophe Dejours afirma que trabalhar é preencher essa lacuna existente entre o trabalho prescrito e o real do trabalho, o que não aniquila a importância da prescrição, mas revela a importância da ação do sujeito frente ao trabalho prescrito para dar conta da complexidade da realidade do trabalho com seus imprevistos, contradições e dificuldades[(257)].

A organização do trabalho foi conceituada de modo a contrastar com o conceito de condições de trabalho, de acordo com Christophe Dejours e Elisabeth Abdoucheli. Para os autores, as condições de trabalho referem-se às pressões físicas, mecânicas, químicas e biológicas presentes no ambiente laboral e se relacionam ao corpo dos trabalhadores na medida em que podem causar desgaste, envelhecimento e doenças somáticas[(258)].

A organização do trabalho, ao contrário, relaciona-se de modo mais direto com o funcionamento psíquico do trabalhador, conforme explica Christophe Dejours e Elisabeth Abdoucheli: "A divisão de tarefas e o modo operatório incitam o sentido e o interesse do trabalho para o sujeito, enquanto a divisão de homens solicita sobretudo as relações entre pessoas e mobiliza os investimentos afetivos, o amor e o ódio, a amizade, a solidariedade, a confiança etc."[(259)].

Christophe Dejours salienta, ainda, que o conteúdo das tarefas e as relações humanas estabelecidas na organização do trabalho podem afetar o funcionamento

---

(256) DEJOURS, Christophe. Subjetividade, trabalho e ação. *Revista Produção*, v. 14, n. 3, p. 27-34, set./dez. 2004.

(257) ANJOS, Felipe Burle dos. Organização do trabalho. In: MENDES, Ana Magnólia; VIEIRA, Fernando de Oliveira; CRESPO, Álvaro Roberto. *Dicionário crítico de gestão e psicodinâmica do trabalho*. Curitiba: Juruá, 2013. p. 271.

(258) DEJOURS, Christophe; ABDOUCHELI, Elisabeth. Itinerário teórico em psicopatologia do trabalho. In: DEJOURS, Christophe; ABDOUCHELI, Elisabeth; JAYET, Christian. *Psicodinâmica do trabalho*: contribuições da escola dejouriana à análise da relação prazer, sofrimento e trabalho. Coordenação Maria Irene Stocco Betiol. 1. ed. 15. reimpr. São Paulo: Atlas, 2014. p. 125.

(259) *Ibidem*, p. 126.

psíquico do trabalhador, causando sofrimento, quando impedem que se concretizem aspirações, ideias, desejos. Ao passo que, quando é possível escolher livremente o trabalho e influir na sua organização, possibilita-se a adaptação do desejo do trabalhador ao desejo da organização, que se efetiva nas relações sociais estabelecidas no trabalhar — com as chefias, colegas e público externo (clientes, fornecedores, fiscais etc.) —, o que torna o trabalho favorável à saúde mental e física do sujeito[(260)].

Selma Lancman e Seiji Uchida ressaltam, todavia, que, numa organização de hierarquia piramidal, quanto mais se desce na hierarquia da empresa, menor a possibilidade de expressão de desejo e pensamentos na realização das tarefas, e, quanto mais se sobe na estrutura da empresa, maiores as possibilidades de os trabalhadores expressarem e imporem seus desejos. Essa dinâmica revela que apenas à alta direção se possibilita expressar pensamentos e desejos; para os demais trabalhadores, essa possibilidade é reduzida para se evitar a criação de obstáculos e desvios na produção[(261)], especialmente quando se trata do trabalho precarizado[(262)].

Além da reduzida possibilidade de interação entre "desejo do sujeito" e "desejo da organização"[(263)] no trabalho precarizado, a organização do trabalho fundada no neoliberalismo e no produtivismo típico do toyotismo tem por princípio basilar a mobilização da subjetividade lastreada, especialmente, na avaliação quantitativa e objetiva do desempenho no trabalho e no incentivo à individualização e concorrência desmedidas entre as pessoas, as equipes e os serviços[(264)].

O essencial do trabalhar é revelar a subjetividade. Assim, a avaliação objetiva do desempenho no trabalho não é capaz de apreender o que, efetivamente, corresponde ao trabalho. Assim, "numerosas avaliações, por vezes bastante sofisticadas, se comparadas à contribuição real daqueles que trabalham, conduzem ao absurdo e a injustiças intoleráveis", funcionando, na verdade, "como um meio de intimidação e de dominação"[(265)].

---

(260) DEJOURS, Christophe. Por um novo conceito de saúde. *Revista Brasileira de Saúde Ocupacional*, 14 (54), p. 7-11, 1986.

(261) LANCMAN, Selma; UCHIDA, Seiji. Trabalho e subjetividade: o olhar da psicodinâmica do trabalho. *Cadernos de Psicologia Social do Trabalho*, v. 6, p. 79-90, 2003.

(262) Sobre trabalho precarizado, consultar ANTUNES, Ricardo. *O privilégio da servidão:* o novo proletariado de serviços na era digital. São Paulo: Boitempo, 2018.

(263) MENDES, Ana Magnólia. Curso de Psicologia do Trabalho do Programa de pós-Graduação em Psicologia Social, do Trabalho e das Organizações do Instituto de Psicologia. Brasília: Curso de Pós-Graduação em Direito da Universidade de Brasília, 1º semestre de 2018. Notas de Debate.

(264) DEJOURS, Christophe. Subjetividade, trabalho e ação. *Revista Produção*, v. 14, n. 3, p. 27-34, set./dez. 2004.

(265) *Ibidem*, p. 34.

Assim explica:

> Os contratos de objetivos, a avaliação individualizada do desempenho, a concorrência entre os agentes e a precarização das formas de emprego conduzem ao desenvolvimento de condutas desleais entre pares e à ruína das solidariedades. O resultado destas práticas gerenciais é o isolamento de cada indivíduo, a solidão e a desagregação do viver junto [...].[266]

O uso sistemático da avaliação quantitativa e objetiva do trabalho com base no desempenho, do estímulo à concorrência entre trabalhadores e a consequente individualização do sujeito no trabalhar orientam a forma de organização do trabalho e o modo de gestão toyotista, o que tem por consequência o crescimento vertiginoso da produtividade e da riqueza e a aniquilação do lugar destinado à subjetividade e ao sentido do trabalho[267].

Nesse contexto, emerge o agravamento das patologias associadas ao trabalho no mundo ocidental, o surgimento de novas patologias e do suicídio nos locais de trabalho, além do uso da violência no trabalho, a "agravação das patologias da sobrecarga" e a "explosão de patologias do assédio"[268].

O sofrimento inerente ao trabalhar, originado do embate inevitável entre o trabalho prescrito e o real do trabalho e aprofundado pelo conflito entre o desejo e a necessidade do sujeito no trabalho e as novas formas de organização do trabalho, pode se tornar patogênico quando esses embates e conflitos não são passíveis de negociação e ressignificação na organização empresarial.

Ao passo que, se há abertura dialógica e mediadora desses conflitos no ambiente laboral, mediante uma organização do trabalho cujas regras prescritas sejam negociáveis de modo a abarcar a criatividade e a dinâmica subjetiva inerente ao sujeito no trabalho, é possível a mobilização subjetiva em prol da ressignificação do sofrimento para vivências de prazer no trabalho.

2.2.3. Mobilização subjetiva: sofrimento-prazer no trabalho

A mobilização subjetiva no trabalho compreende-se pelo processo efetivo de engajamento do sujeito na construção da organização do trabalho. Conforme visto, a realidade imposta pela organização do trabalho, por meio do trabalho prescrito, nem sempre possibilita o alcance dos objetivos propostos com a qualidade requerida, de

(266) DEJOURS, Christophe. Subjetividade, trabalho e ação. *Revista Produção*, v. 14, n. 3, p. 27-34, set./dez. 2004.

(267) *Idem.*

(268) *Idem.*

modo que trabalhar, efetivamente, é preencher a lacuna existente entre o trabalho prescrito, quase sempre inatingível, e o real do trabalho(269).

A lacuna entre o trabalho prescrito e o real do trabalho aparece para o trabalhador quando há o confronto com o fracasso, o que gera sofrimento. Essa dinâmica denota o modo afetivo como o real do trabalho se apresenta para o sujeito, unindo, assim, a subjetividade ao trabalho(270).

O sofrimento é inerente à vida humana, e no trabalho não é diferente. Ana Magnólia Mendes ressalta que o trabalho é igualmente marcado pelo sofrimento, na medida em que o sujeito, ao se deparar com o real, marcadamente incerto e inesperado, experimenta o fracasso e a impotência, desencadeando reações afetivas(271).

Essas reações afetivas podem ser mobilizadas por *vivências de prazer*, quando o sofrimento é ressignificado e transformado nos espaços de coletivos de trabalho pela cooperação e reconhecimento dos pares e hierarquia, ou por *vivências paralisantes e patogênicas*, quando os ambientes de trabalho são precarizados e reprimem a expressão desse afeto na forma de sofrimento no coletivo de trabalho(272).

Sabe-se que o sofrimento, todavia, não é apenas resultado do confronto do trabalho prescrito com o real do trabalho a conectar a subjetividade ao trabalho; o sofrimento é, sobretudo, uma potência que mobiliza a inteligência prática ou do corpo(273), desvendando as potencialidades humanas para a transformação do mundo real. Esse "trabalho de si sobre si"(274) não apenas transforma a própria subjetividade, enriquecendo-a e revelando-a, como protege a saúde mental do trabalhador(275).

---

(269) DEJOURS, Christophe. Subjetividade, trabalho e ação. *Revista Produção*, v. 14, n. 3, p. 27-34, set./dez. 2004.

(270) DEJOURS, Christophe. *Loc. cit.*

(271) MENDES, Ana Magnólia; VIEIRA, Fernando de Oliveira. Diálogos entre a psicodinâmica e clínica do trabalho e os estudos sobre coletivos de trabalho e práticas organizacionais. *Farol — Revista de Estudos Organizacionais e Sociedade*, Belo Horizonte, v. 1, n. 1. p. 161-213, jun. 2014.

(272) MENDES, Ana Magnólia; VIEIRA, Fernando de Oliveira. *Loc. cit.*

(273) Christophe Dejours afirma que a inteligência prática ou do corpo "se forma no e pelo trabalho; ela não é inata, mas adquirida no exercício da atividade". Esse corpo não é, portanto, o corpo biológico, é um "corpo subjetivo que se constitui a partir do corpo biológico" e que é resultante "da experiência mais íntima de si e da relação com o outro que é convocado no trabalhar". DEJOURS, Christophe. Subjetividade, trabalho e ação. *Revista Produção*, v. 14, n. 3, p. 27-34, set./dez. 2004. Ana Magnólia acrescenta que a inteligência prática origina-se na percepção e na intuição dos trabalhadores e possui como fundamento a ruptura com regras e normas, pressupondo a transgressão do trabalho prescrito para atender, de forma mais eficaz, os próprios objetivos de produção traçados pela organização do trabalho. MENDES, Ana Magnólia. Novas formas de organização do trabalho, ação dos trabalhadores e patologias sociais. In: MENDES, Ana Magnólia (org.). *Psicodinâmica do trabalho*: teoria, método e pesquisas. São Paulo: Casa do Psicólogo, 2007. p. 51.

(274) DEJOURS, Christophe; BARROS, Juliana de Oliveira; LANCMAN, Selma. Christophe Dejours: entrevista. A centralidade do trabalho para a construção da saúde. *Revista de Terapia Ocupacional da Universidade de São Paulo*, 27(2), p. 228-35, p. 231, maio/ago. 2016.

(275) DEJOURS, Christophe. Subjetividade, trabalho e ação. *Revista Produção*, v. 14, n. 3, p. 27-34, set./dez. 2004.

As vivências de prazer no trabalho são possíveis quando a organização do trabalho é suficientemente flexível para permitir uma gestão coletiva que possibilite ao trabalhador, frente às contradições entre o trabalho prescrito e o real do trabalho, mobilizar sua inteligência prática para o alcance da produtividade e da qualidade almejadas[(276)].

A mobilização da inteligência prática para dar conta do real do trabalho requer um espaço público de discussão, especialmente acerca do sofrimento inerente ao trabalhar, que possibilite a cooperação no coletivo de trabalho destinada à construção de acordos para aprimorar o trabalho prescrito; e, também, o reconhecimento dos pares, da hierarquia e dos beneficiários da qualidade do serviço oportunizado nesse espaço público da fala e da cooperação[(277)].

O envolvimento no trabalho pressupõe, obviamente, uma retribuição material — salário, gratificações etc. —, mas a retribuição simbólica — o reconhecimento pela contribuição no trabalho, pelo engajamento da subjetividade e da inteligência prática — se reveste de maior importância para o sujeito trabalhador, na medida em que o reconhecimento no trabalho gera a realização do eu no campo social, tornando-se o espaço de construção da identidade e, por conseguinte, da saúde mental[(278)].

Leonardo Vieira Wandelli, com suporte na Psicanálise e na Psicodinâmica, explica que o prazer resultante do trabalhar e a possibilidade de construção da identidade e da saúde se efetivam pelos mecanismos da sublimação no trabalho, que se efetiva em três níveis:

> pelo desenvolver da inteligência, da habilidade corporal, conquistando novos registros de sensibilidade como resultado de um trabalho sobre si bem sucedido; pelo reconhecimento do fazer pelo julgamento qualitativo da utilidade e beleza do trabalho, essencial à construção da identidade; pelo julgamento ético pelo qual o agir no trabalho pode ser visto como moralmente justo, em termos de "honrar a vida", a cultura da cidade, pelo trabalho, aspecto essencial ao amor-próprio.[(279)]

Christophe Dejours afirma que para a maioria das pessoas a identidade não é construída a partir do eu, mas pelo olhar do outro, implicando um coletivo de trabalho. Isso porque

---

(276) MENDES, Ana Magnólia. Novas formas de organização do trabalho, ação dos trabalhadores e patologias sociais. In: MENDES, Ana Magnólia (org.). *Psicodinâmica do trabalho*: teoria, método e pesquisas. São Paulo: Casa do Psicólogo, 2007. p. 51-52.

(277) MENDES, Ana Magnólia. *Loc. cit.*

(278) MENDES, Ana Magnólia. Da psicodinâmica à psicopatologia do trabalho. In: MENDES, Ana Magnólia (org.). *Psicodinâmica do trabalho*: teoria, método e pesquisas. São Paulo: Casa do Psicólogo, 2007. p. 42.

(279) WANDELLI, Leonardo Vieira. Da psicodinâmica do trabalho ao direito fundamental ao conteúdo do próprio trabalho e ao meio ambiente organizacional saudável. *Revista Eletrônica do Curso de Direito da UFSM,* v. 10, n. 1, p. 198, 2015.

> a identidade precisa da confirmação do olhar do outro, ela se fortalece graças ao olhar do outro. Ninguém pode escapar completamente a essa questão da identidade, porque a identidade é a armadura da saúde mental. Toda descompensação psicopatológica é centrada por uma crise de identidade, e nossa identidade não é invulnerável. Qualquer um de nós pode um dia ter uma crise de identidade e ficar doente. É evidente que o reconhecimento de que podemos beneficiar-nos graças ao trabalho inscreve-se muito precisamente na dinâmica da construção e de estabilização da identidade. Graças ao reconhecimento, o trabalho pode inscrever-se na dinâmica da realização do eu (no campo social).(280)

O reconhecimento no trabalho passa por julgamentos éticos: o julgamento da utilidade, proferido por todos os envolvidos no trabalhar (pares e hierarquia) e pelos destinatários do serviço prestado; e o julgamento da beleza, emanado pelos pares. O "julgamento da utilidade" perpassa pela utilidade econômica, social ou técnica da contribuição do sujeito na organização, sendo fundamental por conferir prestígio ao sujeito. O "julgamento da beleza", por sua vez, afere a conformidade com as regras da profissão e a originalidade. Refere-se à qualidade do trabalho realizado. É o mais severo dos julgamentos, porque proferido por quem conhece o ofício, a profissão, o trabalhar, e o que causa mais impacto na identidade, por conferir sentido de pertencimento, evitando a solidão(281).

Assim, o reconhecimento da qualidade da contribuição individual frente ao inesperado do trabalho real é essencial para suportar o sofrimento inerente às contradições entre o trabalho prescrito e o real do trabalho. A dinâmica do reconhecimento permite que os sujeitos compartilhem espaço e ideias no coletivo de trabalho, bem como as estratégias utilizadas para gerir o sofrimento, ressignificá-lo e transformá-lo em prazer, para então mobilizar a potência criativa do sofrer na transformação da organização do trabalho(282). Essa dinâmica — a transformação do sofrimento pela mobilização subjetiva — resgata o sentido do trabalho.

Desse modo, a ação direcionada para a melhoria da organização prescrita do trabalho fonte de sofrimento confere aos trabalhadores prazer e realização pessoal, além de sentimento de pertencimento, tornando o ato de cooperar e o coletivo de trabalho essenciais à sociabilização e à integração à comunidade, bem como constitui a base das relações de solidariedade(283).

---

(280) DEJOURS, Christophe. A psicodinâmica do trabalho na pós-modernidade. In*:* MENDES, Ana Magnólia; LIMA, Suzana Canez da Cruz; FACAS, Emílio Peres (orgs.). *Diálogos em psicodinâmica do trabalho*. Brasília: Paralelo 15, 2007. p. 20.

(281) DEJOURS, Christophe. A sublimação, entre sofrimento e prazer no trabalho. *Revista Portuguesa de Psicanálise*, n. 33 [2], p. 9-28.

(282) MENDES, Ana Magnólia; VIEIRA, Fernando de Oliveira. Diálogos entre a psicodinâmica e clínica do trabalho e os estudos sobre coletivos de trabalho e práticas organizacionais. *Farol — Revista de Estudos Organizacionais e Sociedade*, Belo Horizonte, v. 1, n. 1, p. 161-213, jun. 2014.

(283) DEJOURS, Christophe. Subjetividade, trabalho e ação. *Revista Produção*, v. 14, n. 3, p. 27-34, set./dez. 2004.

Ana Magnólia Mendes acentua que "o reconhecimento implica uma mobilização política e as condições para construir e modificar a realidade, resultado da negociação diante da multiplicidade de divergências e interesses inerentes ao trabalho"(284). A dinâmica do reconhecimento, por consequência, relaciona-se de modo direto com a possibilidade de o trabalhador poder negociar e influir na gestão da organização do trabalho, com a existência de um coletivo de trabalho e com a possibilidade de resgate do sentido do trabalho humano.

Para tanto, reafirma-se, são os *modos de gestão do trabalho que devem propiciar condições sociais que facilitem a mobilização subjetiva frente ao real do trabalho, a utilização da inteligência prática, a cooperação e, por conseguinte, a dinâmica do reconhecimento — essenciais para a proteção da saúde mental do trabalhador*. Sabe-se que é por meio do reconhecimento que o sofrimento inerente ao trabalhar pode ser transformado em prazer, conferindo sentido ao trabalho, favorecendo a construção da saúde(285).

Vale dizer, quando é possível a adaptação da organização do trabalho mediante o uso pelo trabalhador de sua inteligência prática e o coletivo de trabalhadores o reconhece por isso, o sofrimento é ressignificado, o sentido do trabalho é resgatado e a saúde é construída. Ao passo que, sempre que a gestão do trabalho humano e da produção se enrijece e se utiliza de mecanismos que não permitem ao sujeito trabalhador se imiscuir no processo de organização do trabalho em suas dimensões técnicas e sociais, inviabilizando a utilização de sua inteligência prática no coletivo de trabalho para a superação do sofrimento decorrente da distorção entre o prescrito e o real do trabalho, esse sofrimento deixa de ser mobilizado como potência criativa e fonte de prazer, tornando-se potencialmente patológico.(286)

Na organização do trabalho predominantemente taylorista-fordista, por exemplo, predominam as "vivências de sofrimento expressas em sintomas como frustração, tédio e impotência", em razão da fragmentação e especialização de tarefas repetidas e pouco significativas e do controle excessivo das relações intersubjetivas no trabalho(287).

Segundo Eugene Enriquez, a empresa atual, considerando as circunstâncias voláteis que a cercam e as condutas dos parceiros e adversários, deparou-se

(284) MENDES, Ana Magnólia. Da psicodinâmica à psicopatologia do trabalho. In: MENDES, Ana Magnólia (org.). *Psicodinâmica do trabalho*: teoria, método e pesquisas. São Paulo: Casa do Psicólogo, 2007. p. 44.

(285) MENDES, Ana Magnólia; LIMA, Suzana Canez da Cruz; FACAS, Emílio Peres (orgs.). *Op. cit.*, p. 21.

(286) MENDES, Ana Magnólia. Da psicodinâmica à psicopatologia do trabalho. In: MENDES, Ana Magnólia (org.). *Psicodinâmica do trabalho*: teoria, método e pesquisas. São Paulo: Casa do Psicólogo, 2007. p. 37.

(287) MENDES, Ana Magnólia; ARAUJO, Luciane Kozicz Reis. *Clínica psicodinâmica do trabalho*: o sujeito em ação. Curitiba: Juruá, 2012. p. 113-114.

com a impossibilidade de um único modelo de funcionamento, desenvolvendo, a partir de então, modelos evolutivos de organização do trabalho, cujo objetivo é "aparecer triunfante, mobilizar a força combativa dos indivíduos, suscitar a idealização do seu ser e de suas práticas e, assim, favorecer a emergência de condutas performáticas"[(288)].

Assim, a nova organização do trabalho, especialmente a centrada no modelo toyotista, encontra lastro no culto da performance e da excelência que, enraizada numa concepção estratégica, insere a gestão da subjetividade humana para o alcance de seus objetivos organizacionais.

Para o autor, a organização do trabalho toyotista, utilizando-se da "direção pelo afetivo" e a "gestão da paixão", pretende controlar o inconsciente do sujeito trabalhador, o que, na verdade, o impede de aflorar[(289)].

Essa dinâmica de gestão da subjetividade constrói sujeitos que se evitam mutuamente, reforçando neles o sentimento de culpa e de vergonha, oriundo da angústia diante do "*ideal do eu*" — confundido com o ideal da organização: o colaborador triunfante que alcança a excelência de forma incansável — impossível de ser alcançado[(290)].

Ana Magnólia Mendes, na mesma linha, pontua que o "poder do capital forja formas de vida" ao pretender "fabricar sujeitos do trabalho", os quais devem cultuar o ativismo e o produtivismo e valorizar o "'super' — o superior a tudo e a todos". Nesses espaços de trabalho são diminuídas as possibilidades de expressão da afetividade; afinal, o "super" não sofre[(291)].

Assim, o sofrimento não ressignificado e transformado torna-se patogênico quando se inviabiliza qualquer relação subjetiva com a organização, impossibilitando o ajuste entre organização do trabalho e desejo dos sujeitos. Alienado da estrutura organizacional pela negativa da expressão do sofrimento e impossibilitado de expressar sua criatividade, o sujeito impotente diante do real do trabalho, vivenciando persistentemente o fracasso, e ainda sendo pressionado para alcançar crescentes resultados, fica mais suscetível ao adoecimento[(292)].

A experiência de lidar de forma recorrente com o sofrimento do fracasso no ambiente laboral pode resultar em uma desestabilização psíquica e, por conseguinte,

---

(288) ENRIQUEZ, Eugene. Vida psíquica e organização. *Organizações e Sociedade*, v. 3, n. 4, p. 86-88, 1995.

(289) *Ibidem*, p. 75.

(290) *Ibidem*, p. 89-90.

(291) MENDES, Ana Magnólia. *Desejar, falar, trabalhar*. Porto Alegre: Editora Fi, 2018. p. 35.

(292) MENDES, Ana Magnólia; ARAUJO, Luciane Kozicz Reis. *Clínica psicodinâmica do trabalho*: o sujeito em ação. Curitiba: Juruá, 2012. p. 113-114.

em uma crise de identidade, dado que o trabalhador começa a questionar suas capacidades e competências. Esse processo favorece a ocorrência de patologias psíquicas e somáticas, caracterizando o sofrimento como patogênico[(293)].

Para lidar com o sofrimento, evitar o sofrimento patogênico, ou mascará-lo, e preservar a saúde mental, especialmente no contexto contemporâneo de crescente precarização das condições materiais e sociais das relações humanas no ambiente laboral, o sujeito e o coletivo de trabalhadores constroem estratégias defensivas.

2.2.4. Estratégias defensivas e mediação do sofrimento e do adoecimento

Ana Magnólia Mendes, com amparo na Psicanálise, salienta que "o sofrimento permanece ou é mascarado pelos comportamentos defensivos", os quais se relacionam com as defesas que, por sua vez, "assumem função integrativa ou construtiva na vida psíquica"[(294)].

Os mecanismos de defesa utilizados pelo sujeito, por um lado, "são automáticos, inconscientes e encontram-se na dependência de processos primários" — variando, portanto, "de acordo com a percepção do sujeito, sua história de vida e personalidade" — e, por outro, "são regidos pelos processos secundários, e visam arranjos das condições internas do indivíduo em função de uma flexível adaptação às condutas externas buscando integração e controle"[(295)].

Tem-se, então, que o funcionamento das defesas relacionadas ao trabalho é inconsciente e é regido por processos secundários que objetivam adaptar o sujeito às condições que geram sofrimento no trabalho, interferem no equilíbrio psíquico e ameaçam sua integridade[(296)].

Christophe Dejours constatou que os trabalhadores, diante das pressões e exigências da organização do trabalho, construíam estratégias de mediação do sofrimento, também denominadas estratégias defensivas, cuja utilização estabelecia um estado de normalidade, no qual as doenças se estabilizavam e os sofrimentos eram compensados. Assim, as estratégias defensivas são recursos construídos pelos sujeitos, individualmente e no coletivo de trabalho, para minimizar a percepção da realidade que faz sofrer, na tentativa de controlá-la e negar o sofrimento, e assim

(293) DEJOURS, Christophe. A psicodinâmica do trabalho na pós-modernidade. In: MENDES, Ana Magnólia; LIMA, Suzana Canez da Cruz; FACAS, Emílio Peres (orgs.). *Diálogos em psicodinâmica do trabalho*. Brasília: Paralelo 15, 2007. p. 18.

(294) MENDES, Ana Magnólia. Comportamento defensivo: uma estratégia para suportar o sofrimento no trabalho. *Revista de Psicologia*, Fortaleza, v. 13(1/2), v. 14(1/2), p. 27-32. jan./dez. 1995/1996.

(295) MENDES, Ana Magnólia. *Loc. cit.*

(296) MENDES, Ana Magnólia. Comportamento defensivo: uma estratégia para suportar o sofrimento no trabalho. *Revista de Psicologia*, Fortaleza, v. 13(1/2), v. 14(1/2), p. 27-32. jan./dez. 1995/1996.

proteger a saúde, sem promover, todavia, qualquer mudança na organização do trabalho, fonte do sofrimento[(297)].

Nessa medida, o autor destaca os papéis contraditórios que as estratégias defensivas assumem: "de adaptação às pressões para evitar a loucura" e "de estabilização da relação subjetiva e da organização do trabalho, alimentando uma resistência à mudança", o que leva à alienação dos trabalhadores[(298)].

Negar o sofrimento e alienar-se em relação à percepção da realidade é, portanto, o cerne de todas as estratégias defensivas. Sem a construção de defesas, seria difícil, ou quase impossível, prosseguir na prestação de serviços e manter a identidade profissional. Além disso, as defesas, num primeiro momento, são importantes para evitar o adoecimento, mas seu uso contínuo torna-se prejudicial ao sujeito, na medida em que se tornam armadilhas psicológicas que validam a aceitação e a tolerância do sofrimento, ensejando a servidão voluntária e a reprodução da dominação no mundo do trabalho[(299)].

As estratégias de defesa desenvolvidas pelo coletivo de trabalhadores são fruto de um consenso ou acordo compartilhado pelos seus membros e variam conforme a categoria profissional — e até mesmo dentro da mesma categoria profissional. A estabilidade desse coletivo para permanecer desenvolvendo as atividades laborais, por sua vez, depende da adesão de todos os trabalhadores às estratégias defensivas. Assim, não aderir é arriscar-se a ser excluído.

As estratégias defensivas identificadas por Christophe Dejours se estruturam em três eixos: defesas de proteção, de adaptação e de exploração. Inicialmente, diante do sofrimento, a defesa se estrutura como proteção, em seguida, torna-se adaptativa e, por fim, é explorada[(300)].

As *defesas de proteção* se estabelecem quando o trabalhador consegue racionalizar as situações que geram sofrimento, alienando-se pelo pensar, sentir e agir de modo compensatório. Essa estratégia pode perdurar no tempo, mas tende a esvaziar-se diante do aumento da precarização das condições materiais e sociais no trabalho, intensificando o sofrimento e a possibilidade de adoecimento[(301)].

Já as *defesas de adaptação e de exploração* têm como base a negação do sofrimento — muitas vezes inconsciente — e a submissão do trabalhador aos objetivos

---

(297) MENDES, Ana Magnólia. Da psicodinâmica à psicopatologia do trabalho. In: MENDES, Ana Magnólia (org.). *Psicodinâmica do trabalho*: teoria, método e pesquisas. São Paulo: Casa do Psicólogo, 2007. p. 29-38.

(298) MENDES, Ana Magnólia. *Op. cit.*, p. 29.

(299) MENDES, Ana Magnólia; MEDEIROS, Solene Nobre de; MARTINS, Soraya Rodrigues. Sofrimento e defesa: análise psicodinâmica do trabalho de monitoramento aéreo de trânsito. *Trivum*, v. 9, n. 1, p. 74-90, 2017.

(300) MENDES, Ana Magnólia. Da psicodinâmica à psicopatologia do trabalho. In: MENDES, Ana Magnólia (org.). *Psicodinâmica do trabalho*: teoria, método e pesquisas. São Paulo: Casa do Psicólogo, 2007. p. 38.

(301) MENDES, Ana Magnólia. *Loc. cit.*

da organização do trabalho[302]. Percebe-se a passagem da defesa protetora para a defesa de adaptação e, em seguida, para a de exploração, quando as metas da organização passam a ser confundidas com o próprio desejo do trabalhador, conduzindo-o à alienação. Nesse passo, "o sofrimento e a defesa passam a ser explorados em prol do aumento da produção"[303].

Para ilustrar o uso de defesas, Ana Magnólia Mendes aponta pesquisa empírica conduzida com bancários na qual identificou que o sofrimento resultava do descontentamento com a sobrecarga e o estresse gerados pelo trabalho e que as estratégias defensivas construídas eram "de proteção, como a racionalização, e de adaptação, como o controle excessivo"[304].

No tocante às defesas exploradas, tem-se como exemplo o aumento do ritmo de trabalho com a *prática da autoaceleração*, muito presente no trabalho bancário. Em estudo realizado com pessoas que adoeceram com Dort, constatou-se que essa defesa é explorada pela organização do trabalho e está relacionada à "violência moral e à captura do sujeito neurótico", bem como ao contexto perverso da organização do trabalho centrada na lógica da competição, do enfraquecimento dos laços sociais e da desestabilização da dinâmica do reconhecimento[305].

Em suma, ao mesmo tempo que o sofrimento e as estratégias defensivas são importantes para a construção do coletivo de trabalho e a proteção da saúde, quando as defesas são utilizadas de forma exagerada — em face do aumento da precarização do ambiente laboral —, elas podem se esgotar e conduzir ao adoecimento. Diante do fracasso das defesas e de sua exploração e instrumentalização pela organização do trabalho, surgem as ideologias defensivas[306].

Essa dinâmica torna a banalização das injustiças sociais[307] e a vivência do sofrimento ético a tônica desses contextos de trabalho[308], bem como os transformam em campo fértil para o surgimento das patologias sociais.

---

(302) MENDES, Ana Magnólia. *Loc. cit.*

(303) MENDES, Ana Magnólia; MEDEIROS, Solene Nobre de; MARTINS, Soraya Rodrigues. Sofrimento e defesa: análise psicodinâmica do trabalho de monitoramento aéreo de trânsito. *Trivum*, v. 9, n. 1, p. 74-90, 2017.

(304) MENDES, Ana Magnólia. *Op. cit.*, p. 40-41.

(305) MENDES, Ana Magnólia; MEDEIROS, Solene Nobre de; MARTINS, Soraya Rodrigues. *Op. cit.*, p. 80-81.

(306) MENDES, Ana Magnólia. Da psicodinâmica à psicopatologia do trabalho. In: MENDES, Ana Magnólia (org.). *Psicodinâmica do trabalho*: teoria, método e pesquisas. São Paulo: Casa do Psicólogo, 2007. p. 41-42 e 54.

(307) A banalização da injustiça social se instaura nesses contextos laborais, porque, segundo Christophe Dejours, "pessoas de bem, em sua maioria" aceitam, "apesar de seu senso moral, 'colaborar' com o mal". Todavia, quando as metas não são alcançadas, apesar de toda contribuição empenhada, o trabalhador, além de ser excluído da dinâmica do reconhecimento, estará exposto à possibilidade de sofrer violência no trabalho, mediante assédio, ou de ser dispensado. DEJOURS, Christophe. *A loucura do trabalho*: estudo de psicopatologia do trabalho. 5. ed. ampl. São Paulo: Cortez-Oboré, 1992. p. 138.

(308) MENDES, Ana Magnólia. Novas formas de organização do trabalho, ação dos trabalhadores e patologias sociais. In: MENDES, Ana Magnólia (org.). *Psicodinâmica do trabalho*: teoria, método e pesquisas. São Paulo: Casa do Psicólogo, 2007. p. 54.

2.2.5. Ideologias defensivas e patologias sociais

As ideologias defensivas surgem no coletivo de trabalhadores quando as estratégias de defesa anteriormente adotadas se tornam impotentes frente ao sofrimento no trabalho. As ideologias defensivas se destinam à proteção da própria estratégia defensiva ou, ainda, ao ocultamento de uma ansiedade grave desencadeada pelos riscos reais para a saúde psicofísica e acidentes fatais existentes no ambiente de trabalho.[(309)]

A ideologia defensiva está aliada a comportamentos valorizados pelo coletivo de trabalhadores que se tornam inegociáveis e, portanto, sua eficácia depende da adesão de todos os trabalhadores, de modo que não aderir implica marginalização e/ou exclusão[(310)].

Nesse passo, Ana Magnólia Mendes sustenta que as defesas, ao serem transformadas em ideologias defensivas[(311)], tornam-se armadilhas que geram alienação das causas do sofrimento e podem transmudar em comportamentos patológicos (sintomas), inviabilizando quaisquer mudanças nas relações deletérias de trabalho[(312)].

> Essa alienação serve à ideologia dominante, visto que ela não tem interesse nas mudanças das relações de trabalho e, desse modo, explora e usa o paradoxo próprio das defesas para evitar discussões sobre a organização

---

(309) ARAÚJO, Luciane Kozics Reis. Clínica do trabalho. In: MENDES, Ana Magnólia; VIEIRA, Fernando de Oliveira; CRESPO, Álvaro Roberto. *Dicionário crítico de gestão e psicodinâmica do trabalho*. Curitiba: Juruá, 2013. p. 156.

(310) MENDES, Ana Magnólia. Da psicodinâmica à psicopatologia do trabalho. In: MENDES, Ana Magnólia (org.). *Psicodinâmica do trabalho*: teoria, método e pesquisas. São Paulo: Casa do Psicólogo, 2007. p. 41-42 e 54.

(311) Christophe Dejours identificou, por exemplo, a utilização da ideologia defensiva de ignorar os riscos no trabalho na construção civil. Esses trabalhadores adotam atitudes viris, "acrescentando ao risco do trabalho o risco das performances pessoais", como se o risco do trabalho fosse por eles criado, com a finalidade de controlar o medo real de acidentes fatais. Revela o autor que essa dinâmica tem "um valor simbólico que afirma a iniciativa e o domínio dos trabalhadores sobre o perigo, não o inverso", o que se torna fundamental para a garantia da produtividade — daí o valor funcional da ideologia defensiva. DEJOURS, Christophe. *A loucura do trabalho:* estudo de psicopatologia do trabalho. 5. ed. ampl. São Paulo: Cortez-Oboré, 1992. p. 70-71. Ana Magnólia Mendes confirma a utilização da virilidade como ideologia defensiva entre trabalhadores da construção civil no Brasil. Ressalta a autora que o perigo existente é de que essa ideologia deixe de ser defesa e se torne o objetivo dos trabalhadores nos diversos contextos de trabalho, surgindo o risco de alienação de suas verdadeiras causas e sua instrumentalização pela organização do trabalho. MENDES, Ana Magnólia. Da psicodinâmica à psicopatologia do trabalho. In: MENDES, Ana Magnólia (org.). *Psicodinâmica do trabalho*: teoria, método e pesquisas. São Paulo: Casa do Psicólogo, 2007. p. 41.

(312) MENDES, Ana Magnólia. Da psicodinâmica à psicopatologia do trabalho. In: MENDES, Ana Magnólia (org.). *Psicodinâmica do trabalho*: teoria, método e pesquisas. São Paulo: Casa do Psicólogo, 2007. p. 41-42 e 54.

do trabalho e manter os trabalhadores produtivos, desconhecendo as causas de seu sofrimento e fazendo a manutenção de seu emprego.[(313)]

A autora afirma, com suporte na experiência clínica brasileira de escuta analítica de trabalhadores em sofrimento, que os sintomas que mais se destacam, em diversas categorias profissionais, é a virilidade, a servidão e a aceleração. Esses sintomas sociais "se articulam ao *ideal do eu* capturado pelo *ideal do capital*". O ideal do capital, por sua vez, se correlaciona aos modelos de gestão toyotista embasados no "produtivismo, individualismo, controle, ameaça, ausência de culpa e de vergonha, agressividade, medo e distorção comunicacional" e, em vista disso, tais sintomas sociais fundamentam a maioria das patologias sociais relacionadas ao trabalho[(314)].

Nesses contextos de trabalho marcadamente precários, Christophe Dejours assinala que a tônica é o isolamento do trabalhador, de modo que as patologias da solidão se tornam a base de todas as demais patologias sociais relacionadas ao trabalho.

Nessa mesma linha, conclui os estudos embasados na Clínica Analítica do Trabalho:

> As novas patologias do trabalho decorrem da solidão uma vez que a instabilidade no emprego, os altos níveis de desemprego, a precarização das condições de trabalho, a acentuação das desigualdades sociais, entre outros elementos, juntos ao discurso dos novos modelos de gestão que articulam contraditoriamente participação, competição e individualismo, tendem a indicar a solidão como condição predominante nos espaços de trabalho, empobrecendo as possibilidades de troca coletiva.[(315)]

Ana Magnólia Mendes afirma que as patologias que mais se destacam nos estudos clínicos analíticos são as patologias da sobrecarga, a servidão voluntária, as patologias da violência[(316)] e a patologia da indiferença[(317)].

As *patologias da sobrecarga* referem-se à exigência de produção além da capacidade do trabalhador. Relacionam-se ao trabalho prescrito pela organização

---

(313) MENDES, Ana Magnólia. Da psicodinâmica à psicopatologia do trabalho. In: MENDES, Ana Magnólia (org.). *Psicodinâmica do trabalho*: teoria, método e pesquisas. São Paulo: Casa do Psicólogo, 2007. p. 42.

(314) MENDES, Ana Magnólia. *Desejar, falar, trabalhar*. Porto Alegre: Editora Fi, 2018. p. 56.

(315) FACAS, Emilio Peres; DUARTE, Fernanda Sousa; MENDES, Ana Magnólia; ARAUJO, Luciane Kozicz Reis. Sofrimento ético e (in)dignidade no trabalho bancário: análise clínica e dos riscos psicossociais. In: MENDES, Ana Magnólia; MONTEIRO, Janine Kieling; VIEIRA, Fernando de Oliveira (org.). *Trabalho & prazer* — teoria, pesquisas e práticas. Curitiba: Juruá, 2015. p. 249.

(316) MENDES, Ana Magnólia. Da psicodinâmica à psicopatologia do trabalho. In: MENDES, Ana Magnólia (org.). *Psicodinâmica do trabalho*: teoria, método e pesquisas. São Paulo: Casa do Psicólogo, 2007. p. 50 e 55.

(317) MENDES, Ana Magnólia. *Desejar, falar, trabalhar*. Porto Alegre: Editora Fi, 2018. p. 27.

do trabalho e se articula com o sentido do trabalho para o sujeito. Quando o sentido do trabalho é a subsistência, num contexto de precarização dos contratos de emprego e desemprego estrutural ligado à manutenção de reserva de desempregados, o trabalhador pode desenvolver essa patologia com a finalidade de manter seu emprego(318).

Noutro viés, a necessidade do trabalhador de reconhecimento, articulada com as ideologias da excelência e do desempenho, pode levá-lo à condição de anuência da exploração do seu trabalho para além de suas condições psicofísicas e sociais. Essas patologias referem-se às lesões de hipersolicitação, como as LER-Dort, e as doenças psicossomáticas(319), constatadas frequentemente em pesquisas efetuadas no contexto de trabalho bancário(320).

A *servidão voluntária*, por sua vez, relaciona-se ao projeto neoliberal, pois se vincula "às necessidades de emprego e conforto na vida. Pode ocorrer, por exemplo, com trabalhadores que têm um *status* social modesto e começam a trabalhar em uma organização como 'colaborador', passando a fazer parte daquela empresa", bem como em organizações do trabalho pautadas na exploração da vulnerabilidade do trabalhador, na cultura do desempenho e do produtivismo e na instrumentalização do outro para a ascensão profissional, o que desmantela os laços de solidariedade, a confiança e o coletivo de trabalho(321).

Ricardo Antunes salienta que a flexibilização e sua expressão multifacetada na nova morfologia do trabalho têm como consequência a precarização estrutural do trabalho e, paradoxalmente, leva o trabalhador a transitar entre "as incertezas do mercado e a necessidade do engajamento como saída para se manter empregado", impondo o que denomina de o "privilégio da servidão"(322).

Nesse contexto, segundo o autor, a utilização do domínio do tempo, da gestão por metas e da crescente mensuração de resultados fomenta um discurso ideológico organizacional baseado na excelência, na qualidade, na competitividade e na rapidez, que esgarçam os vínculos de solidariedade entre os trabalhadores e transformam o ambiente laboral em lugar de assédio, isolamento, adoecimento e exclusão(323).

---

(318) MENDES, Ana Magnólia. Da psicodinâmica à psicopatologia do trabalho. In: MENDES, Ana Magnólia (org.). *Psicodinâmica do trabalho*: teoria, método e pesquisas. São Paulo: Casa do Psicólogo, 2007. p. 55.

(319) MENDES, Ana Magnólia. *Loc. cit.*

(320) FACAS, Emilio Peres; DUARTE, Fernanda Sousa; MENDES, Ana Magnólia; ARAUJO, Luciane Kozicz Reis. Sofrimento ético e (in)dignidade no trabalho bancário: análise clínica e dos riscos psicossociais. In: MENDES, Ana Magnólia; MONTEIRO, Janine Kieling; VIEIRA, Fernando de Oliveira (org.). *Trabalho & prazer* — teoria, pesquisas e práticas. Curitiba: Juruá, 2015. p. 235.

(321) MENDES, Ana Magnólia. *Op. cit.*, p. 56.

(322) ANTUNES, Ricardo. *O privilégio da servidão:* o novo proletariado de serviços na era digital. São Paulo: Boitempo, 2018. p. 142-149.

(323) ANTUNES, Ricardo. *O privilégio da servidão:* o novo proletariado de serviços na era digital. São Paulo: Boitempo, 2018. p. 142-149.

A servidão voluntária é uma patologia que, de acordo com Ana Magnólia Mendes,

> demonstra a radicalização dos modos de organização do trabalho, baseado nos princípios da racionalidade econômica, da flexibilização do capital, o que pressupõe a *submissão consentida e legitimada pela naturalização e banalização do sofrimento, das injustiças e do mal, como modo de garantir a produtividade da organização do trabalho.*[324]

Para a Sociologia Clínica, a servidão voluntária articula-se entre o medo do desamparo e a necessidade de pertencer a um grupo (a empresa), considerada potencialmente capaz de realizar a expectativa imaginária do trabalhador. Por essa razão, o sujeito submete a sua subjetividade à organização do trabalho, entregando-se as exigências empresariais e acatando os valores organizacionais em posição de servidão, em detrimento do direito à palavra e à autonomia, "uma vez que o medo da perda é maior que o gozo da liberdade"[325].

Assim, a identidade pessoal é capturada pelo discurso organizacional falacioso e ameaçador que sugere ao trabalhador o envolvimento com os objetivos da organização como próprios e a identidade funcional emerge baseada na subserviência como estratégia de defesa contra o sofrimento decorrente da violência velada no discurso empresarial e na servidão voluntária como patologia social[326].

As *patologias da violência* ocorrem com a perda do sentido do trabalho e consequente exacerbação do sofrimento ocasionado pelo desfazimento dos laços de solidariedade e imposição de situações estressoras no trabalho; têm suas bases na solidão afetiva, no abandono e na desolação provocados pela desestruturação dos coletivos de trabalho; e caracterizam-se pelo uso da violência contra si, contra o outro e contra o patrimônio, expressando-se pelo uso de práticas desleais no trabalho, além de vandalismo, sabotagem, assédio moral e tentativas e/ou suicídios[327].

A violência no contexto laboral aprofunda o isolamento afetivo do trabalhador, que, ao se utilizar de defesas focadas no individualismo e nas condutas destituídas de ética no trabalho, intensifica seu sofrimento e, paradoxalmente, a insensibilidade frente ao próprio sofrimento e dos demais trabalhadores, aprofundando a solidão.

(324) MENDES, Ana Magnólia. Novas formas de organização do trabalho, ação dos trabalhadores e patologias sociais. In: MENDES, Ana Magnólia (org.). *Psicodinâmica do trabalho*: teoria, método e pesquisas. São Paulo: Casa do Psicólogo, 2007. p. 56 (grifo nosso).

(325) CALGARO, José Claudio Caldas. Servidão voluntária. In: MENDES, Ana Magnólia; VIEIRA, Fernando de Oliveira; CRESPO, Álvaro Roberto. *Dicionário crítico de gestão e psicodinâmica do trabalho*. Curitiba: Juruá, 2013. p. 391-393.

(326) *Ibidem*, p. 393-394.

(327) MENDES, Ana Magnólia. *Op. cit.*, p. 56 e 57.

Ana Magnólia Mendes, com fundamento na escuta clínica de trabalhadores em sofrimento e adoecimento, desde 2015, e a partir da premissa de que "o mundo do trabalho vem sendo dominado pelo discurso capitalista colonial", destaca a importância da *patologia da indiferença* na manutenção do sistema de colonização do trabalhador e em relação às demais patologias sociais[(328)].

O discurso capitalista colonial nega as diferenças e as contradições entre capital e trabalho, o que se traduz, nos espaços de trabalho, na colonização por meio de homogeneidade dos sujeitos, fundamental para a captura da subjetividade e o esfacelamento do laço social, e da subalternidade necessária para a manutenção do próprio sistema de exploração[(329)].

Defende a autora que a patologia da indiferença encontra suas raízes nos imperativos "'Trabalhe e Cale-se', como 'Se você pode, você deve', 'Você deve ultrapassar todos os limites'", que se sustentam no ideal de perfeição ínsito ao culto da excelência inerente ao modelo de gestão toyotista. Em busca desse ideal, o sujeito é colonizado pelo discurso capitalista que, com artifícios de poder, o seduz com o "'canto da sereia', chamado que mortifica o desejo, o trabalho vivo e a existência ético-política", e silencia o sujeito, tornando-o indiferente ao outro e naturalizando essas práticas gerenciais[(330)].

Todas as patologias sociais mencionadas negam a dimensão do sujeito, culminam na degradação dos laços de solidariedade e minam as relações entre os trabalhadores, enfraquecendo as relações de alteridade e possibilitando a banalização da violência psicológica no contexto laboral, que essencialmente se manifesta na forma de assédio organizacional.

2.3. *O trabalho bancário entre as reestruturações produtivas e a precarização*

A alteração do padrão de acumulação capitalista repercutiu no sistema financeiro global e, em face da intensificada concorrência e da evolução tecnológica, as instituições financeiras brasileiras sofreram paradigmática reestruturação, tanto em face dos processos de automação quanto da reestruturação dos mercados, da natureza dos produtos e do trabalho bancário, o que repercutiu na vida, no trabalhar e na saúde dos trabalhadores desse setor.

Antes da crise do capital na década de 1970, a estrutura produtiva nos bancos era organizada nos moldes taylorista-fordista, as atividades comerciais eram restritas à intermediação e gestão financeira, com portifólio de produtos limitado, e a estrutura de funcionamento se restringia, basicamente, às agências bancárias

(328) MENDES, Ana Magnólia. *Desejar, falar, trabalhar*. Porto Alegre: Editora Fi, 2018. p. 27.

(329) MENDES, Ana Magnólia. *Loc. cit.*

(330) *Ibidem*, p. 57.

independentes; a atividade bancária era tipicamente hierarquizada, burocrática e manual, eminentemente cansativa, rotineira, repetitiva e empobrecida de conteúdo, ocupando, todavia, espaço privilegiado em termos de relações salariais;(331) e o empregado era avaliado e promovido com base na valoração do tempo de serviço na instituição e nas experiências profissionais adquiridas(332).

A partir da década de 1990, o mercado financeiro brasileiro foi intensamente desregulamentado, de modo que instituições não bancárias foram autorizadas a operar no mercado de capitais, o que acirrou a competição no setor. Assim, para manter as altas margens de lucro, os bancos brasileiros intensificaram os processos de racionalização de processos e de serviços, o investimento tecnológico e a reorganização do trabalho bancário(333).

Investiu-se na informatização das agências bancárias e nas ferramentas de autoatendimento, entre elas as plataformas de *internet banking*, bem como na criação de centrais de atendimento remoto e do serviço de correspondente bancário, o que possibilitou aos clientes a realização de seus negócios à distancia e fora do horário de expediente bancário, diminuindo a demanda nas agências.

Em 1995, para evitar uma crise bancária sistêmica e alinhado aos preceitos neoliberais, o governo brasileiro iniciou um conjunto de reformas, entre as quais se destaca a implementação do Programa de Incentivo à Redução do Setor Público Estadual na Atividade Bancária — PROES, que financiou as despesas relacionadas à privatização ou transformação de bancos em instituições não bancárias. Entre as 35 instituições bancárias estaduais existentes, apenas três não aderiram ao programa, cinco foram reestruturadas, 13 foram privatizadas e 10 foram extintas(334).

Nos bancos estatais não privatizados, foi efetivado o processo de "privatização da cultura organizacional". Tais bancos se submeteram às mesmas pressões e exigências de competitividade do mercado, em razão do esvaziamento paulatino de sua função social de apoio ao desenvolvimento econômico e social do País e transformação em bancos comerciais, priorizando a venda de produtos e serviços aos clientes, a intermediação financeira e o investimento no mercado(335).

---

(331) JINKINGS, Nise. Os bancários e seu mister no mundo do capital em crise. *Seminário Nacional de Saúde Mental e Trabalho,* São Paulo, Oficina 3, p. 3, 28 e 29 de novembro de 2008. Disponível em: <http://www.fundacentro.gov.br/Arquivos/sis/EventoPortal/AnexoPalestraEvento/Oficina%20 3%20-%20Nise%20Jinkings%20_texto_.pdf>. Acesso em: 28 out. 2018.

(332) LARANGEIRA, Sônia M. G. Reestruturação produtiva no setor bancário: a realidade dos anos 90. *Educação & Sociedade*, ano XVIII, n. 61, p. 111, dez. 1997.

(333) JINKINGS, Nise. *Loc. cit.*

(334) CAMARGO, Patrícia Olga. *A evolução recente do setor bancário no Brasil.* São Paulo: UNESP; São Paulo: Cultura Acadêmica, 2009. p. 41-42.

(335) DRUCK, Graça *et al.* Bancário: um emprego de múltiplos riscos. *Caderno CRH*, Salvador, n. 37, p. 217-233, jul./dez. 2002.

Desse modo, a reorganização do trabalho bancário foi pautada na automação e no modelo toyotista, utilizando-se de programas de reengenharia — para minimização dos custos — e de programas e círculos de qualidade total — para intensificação do trabalho e maximização dos resultados. Essa reorganização aliada ao processo de privatização e intensificação da terceirização — inclusive de serviços bancários, tais como análise de crédito, compensação de cheques e centrais de atendimento — culminaram em dispensas em massa, precarização e intensificação do trabalho[(336)].

O número de bancários nos períodos de 1989 a 2000 foi reduzido de aproximadamente 821.424 para 394.500, o que representa um decréscimo de 48% dos profissionais que se ativavam no setor naquele período[(337)]. Por outro lado, os processos de terceirização resultaram na contratação de bancários desempregados pelas empresas terceiras. Uma empresa terceira de compensação de cheques, entre seus quatro mil funcionários, 95% eram antigos empregados de bancos, que recebiam 33% da remuneração de um empregado em banco estatal e 70% de empregado em banco privado estrangeiro, considerando-se a mesma função, com uma jornada de trabalho frequentemente mais longa[(338)], intensificando o processo de precarização do trabalho bancário, reduzindo sensivelmente a remuneração e implementando uma alta rotatividade no setor.

O trabalhador bancário passou a oscilar entre a vivência em contextos precários de trabalho e a vivência do desemprego, marcas características das formas produtivas flexibilizadas e desregulamentadas da acumulação flexível presentes no modelo toyotista.

A reestruturação do trabalho desencadeou uma ruptura na identidade profissional do bancário, além de introduzir estratégia de controle e disciplina do trabalho por meio da captura da subjetividade. As esferas gerenciais nas agências foram reduzidas e a organização horizontal teve por consequência a exigência de polivalência do bancário e sua integração ao trabalho em equipe. Forjou-se um novo perfil de bancário, no qual se exige constante qualificação profissional voltada para a operacionalização de sistemas informatizados, o mercado e a capacitação negocial para desempenhar nova função de bancário-vendedor de produtos e serviços financeiros.

O desempenho passou a ser avaliado pelo cumprimento de metas preestabelecidas, conjugado ao controle burocrático ostensivo e pressão constante das

(336) SEGNINI, Liliana Rolfsen Petrilli. Reestruturação nos bancos no Brasil: desemprego, subcontratação e intensificação do trabalho. *Educação e Sociedade*, v. 20, n. 67, p. 183-209, 1999.

(337) SANTOS, Marcelo Augusto Finazzi. *Patologia da solidão*: o suicídio de bancários no contexto da nova organização do trabalho. Dissertação (Mestrado em Administração) — Faculdade de Economia, Administração, Contabilidade e Ciência da Informação e Documentação — FACE, Universidade de Brasília, Brasília, 2009.

(338) SEGNINI, Liliana Rolfsen Petrilli. *Op. cit.*, p. 194.

chefias típicos do modelo taylorista-fordista. O cumprimento das metas tornou-se pré-requisito para promoções e manutenção do emprego, transferindo-se, assim, para o empregado a responsabilidade por sua empregabilidade, o que se traduziu em maior pressão por produtividade e jornadas de trabalho mais extensas. Entre as consequências principais citam-se "a instabilidade no emprego, a desvalorização das trajetórias dos profissionais na empresa, os relacionamentos de curto prazo, o nomadismo involuntário e o sofrimento psíquico"[(339)].

Ricardo Antunes denuncia que o padecimento e o sofrimento no ambiente de trabalho emergem da precarização presente na intensificação da atividade laboral, "no aumento do esforço, nas responsabilizações, nas individualizações, na cobrança de um trabalho segundo os preceitos 'metas', 'competências', onde a lógica humano-societal é substituída por um produtivismo típico da era privatista, por uma lógica movida pela (des)razão instrumental"[(340)].

O crescente sofrimento frente às reestruturações do trabalho bancário culminou em alto índice de suicídios.

Marcelo Finazzi aponta que, entre 1993 a 2005, pelo menos um bancário cometeu suicídio a cada 20 dias, estimando-se a ocorrência de uma tentativa diária não consumada durante todo esse período; em 2006, um estudo revelou que 4,37% da categoria apresentava ideações suicidas, o que representou um universo de cerca de 18.500 bancários com propensão ao suicídio. O autor salienta o problema da subnotificação de casos de suicídio e pondera que, mesmo existindo fatores extraorganizacionais atuantes sobre o indivíduo, a pesquisa empreendida evidenciou que a organização do trabalho pautada na violência típica do novo modelo de organização do trabalho toyotista apresenta elementos suicidogênicos[(341)].

Christophe Dejours afirma que suicídios nos locais de trabalho são mensagens ostensivamente dirigidas a outra pessoa, "como qualquer conduta humana", que traduzem o surgimento de um tipo novo de sofrimento no trabalho decorrente da solidão afetiva que se torna insuportável nos espaços coletivos de trabalho. A convivência é estratégica e instrumentalizada, destituída de solidariedade, pois a concorrência por promoções e gratificações é generalizada. Tudo isso é resultado das novas práticas de dominação que exigem não apenas a dedicação ao trabalho,

(339) JAQUES, Anderson Gonsalves; ZILIOTTO, Denise Macedo. As contingências do trabalho bancário: um estudo sobre os mecanismos de mediação e defesa do sofrimento. *Interação em Psicologia*, v. 21, n. 1, p. 20, 2017.

(340) ANTUNES, Ricardo. As formas de padecimento no trabalho. *Saúde e Sociedade*, São Paulo, v. 17, n. 4, dez. 2008.

(341) SANTOS, Marcelo Augusto Finazzi. *Patologia da solidão*: o suicídio de bancários no contexto da nova organização do trabalho. Dissertação (Mestrado em Administração) — Faculdade de Economia, Administração, Contabilidade e Ciência da Informação e Documentação. Universidade de Brasília, Brasília, 2009.

mas uma cultura do desempenho acompanhada de um tipo de "servidão que vai até a submissão como questão central da organização do trabalho"[342].

Liliana Segnini relata que as metas são previamente definidas de modo a atender ao critério de eficiência econômica que submete o bancário diretamente à lógica ofensiva do capital, pois o sistema de controle da produtividade se relaciona com o conteúdo da função de cada empregado e é efetivado em cadeia. As metas são apuradas de acordo com a produção individual e a produção do coletivo de empregados da agência. Tanto a produção do bancário considerado individualmente quanto a do coletivo impacta os ganhos do gerente, pois cada gerente de agência tem seu desempenho comparado numa espécie de *ranking* com os demais gerentes de outras agências da instituição. Há também uma comparação de desempenho entre agências, de modo que o desempenho da agência repercute também sobre os ganhos de cada empregado[343].

A ideia de cumprimento de metas é introjetado no bancário por meio de programas de qualidade total e a remuneração variável agregada — participação nos lucros e resultados e pagamento de prêmios e incentivos vinculados ao alcance de metas de desempenho — é uma forma sofisticada de controle e aceleração da força de trabalho e sedução do trabalhador para aderir acriticamente à ideologia empresarial[344]. É a captura da subjetividade para o engajamento do trabalhador às políticas e objetivos da instituição.

Esse modelo de gestão potencializa o estresse e o desgaste emocional, especialmente por instrumentalizar o medo em face da ameaça permanente de descomissionamento ou de dispensa, evidenciando um sistema que gera pressão do indivíduo sobre si mesmo, dos colegas de trabalho entre si e do gerente sobre o coletivo, o que potencializa conflitos e intolerância entre bancários. Por consequência, o perfil do profissional bancário é forjado no individualismo, na competitividade, com foco nos resultados e objetivos do banco, e no pensar homogeneizado de modo a minar os laços sociais e a resistência coletiva por um ambiente equilibrado e saudável com melhores condições socioeconômicas de trabalho.

O modelo produtivo toyotista impede a afirmação da identidade social e profissional do trabalhador bancário, na medida em que, em face das incertezas e do potencial adoecimento, tanto impossibilita a construção de um projeto de futuro quanto impõe a troca do engajamento pessoal por promessa frágil, porque

(342) DEJOURS, Christophe. *Psicodinâmica do trabalho:* casos clínicos. Porto Alegre: Dublinense, 2017. p. 120-142.

(343) SIGNINI, Liliana Rolfsen Petrilli. *Mulheres no trabalho bancário:* difusão tecnológica, qualificação e relações de gênero. São Paulo: Edusp, 1998. p. 166-167.

(344) JINKINGS, Nice. *Trabalho e resistência na "fonte misteriosa":* os bancários no mundo da eletrônica e do dinheiro. Campinas: Unicamp, 2002. p. 93.

condicionada à incorporação da identidade e objetivos empresariais, de que o banco é o lugar de realização pessoal e de ascensão profissional.

No trabalho bancário taylorizado e repetitivo predominavam as doenças físicas, tais como as sérias Lesões por Esforço Repetitivo e os Distúrbios Osteomusculares Relacionados ao Trabalho (LER/Dort[345]). No trabalho toyotista, a aceleração do ritmo de trabalho sob pressão de produtividade acentuou os casos de LER/Dort, bem como de doenças psicossomáticas e de transtornos mentais, como depressão, síndrome do pânico etc. em razão do esvaziamento da dinâmica do reconhecimento e da violência psicológica no ambiente laboral como instrumento institucional de gestão do trabalho humano.

Como visto, a autoaceleração é uma estratégia de defesa comumente utilizada por trabalhadores bancários, pois o aumento da produtividade leva ao cumprimento da meta e, por conseguinte, ao revelar a contribuição do sujeito para a instituição, gera-se prazer mediado pela dinâmica do reconhecimento. Todavia, acelerar exige maior resistência física e desrespeito aos limites do corpo, o que gera o sofrimento suportável pelo bloqueio do pensamento. A subjetividade reprimida desloca-se para o corpo que adoece, o que pode resultar em LER/Dort[346].

Além disso, se, apesar dos esforços, a meta é descumprida, frustra-se a dinâmica do reconhecimento, o sofrimento psíquico se intensifica pelo sentimento de culpa, da humilhação causada pelo preconceito no ambiente de trabalho e pela potencial perda do emprego, tudo isso em decorrência do adoecimento físico[347].

Em 2017, a reestruturação bancária se centrou na introdução acelerada de novas tecnologias relacionadas às plataformas digitais de atendimento visando a migração de clientes para os canais digitais (*mobile banking*) e, principalmente, no enxugamento de estruturas físicas e de pessoal. Assim, entre os cinco maiores bancos múltiplos, com carteira comercial, tem-se que Bradesco, Banco do Brasil, Itaú e Caixa fecharam 1.315 agências; apenas o Santander ficou com saldo positivo de abertura de uma agência, de acordo com o relatório que retrata o Desempenho dos

---

(345) A adoção da nomenclatura LER/Dort objetiva contemplar as diferentes concepções presentes na patologia, que não possui etiologia definida, mas supõe múltipla causalidade. Entre as patologias descritas pela clínica médica encontram-se tenossinovite de De Quervain, tenossinovite dos extensores dos dedos, tendinite do supraespinhoso, epicondilite, tendinite do biceptal, síndrome do túnel do carpo, cistos sinoviais, bursite, dedo em gatilho, entre outras. ROSSI, Elisabeth Zulmira. As consequências psíquicas do adoecimento por LER/Dort: o fracasso do processo de reabilitação e a volta ao trabalho. In: SZNELWAR, Laerte Idal. (org.). *Saúde dos bancários*. São Paulo: Publisher Brasil, 2011. p. 264-265.

(346) ROSSI, Elisabeth Zulmira. Análise clínica da organização do trabalho bancário e o processo de adoecimento por LER/Dort. In: MENDES, Ana Magnólia; MERLO, Álvaro Roberto Crespo; MORRONE, Carla Faria; FACAS, Emílio Peres (orgs.). *Psicodinâmica e clínica do trabalho*: temas, interfaces e casos brasileiros. 1. ed. 3 reimp. Curitiba: Juruá, 2014. p. 386 e 387.

(347) ROSSI, Elisabeth Zulmira. *Loc. cit.*

Bancos — 2017 elaborado pelo Departamento Intersindical de Estatística e Estudos Socioeconômicos — Dieese(348).

Entre dezembro de 2016 e dezembro de 2017, o total de empregados nas instituições financeiras mencionadas passou de 432.644 para 418.564, resultando em 14.080 postos de trabalho extintos entre dispensas efetivadas e incentivadas por meio de planos de desligamento voluntários e de aposentadorias incentivadas implementados após a aprovação da lei da reforma trabalhista em julho de 2017 (Lei n. 13.467/2017), embora o lucro líquido apurado pelas mesmas instituições no período tenha alcançado a marca histórica de R$ 77,4 bilhões, montante 33,5% superior ao registrado em 2016(349).

Além disso, o Dieese informa que as despesas de pessoal, que compreendem folha de pagamento, treinamento e processos trabalhistas, são cobertas, com folga, por fontes secundárias de arrecadação dos bancos, sem que precisem recorrer às suas próprias receitas, pois "a arrecadação dos bancos apenas com serviços e tarifas é superior — entre 5% e 72% — aos gastos com funcionários"(350).

Outro dado relevante, extraído do Relatório Desempenho dos Bancos — 2018, aponta para um maior número de contratações do que de dispensas, embora os salários pactuados para os novos empregados sejam inferiores aos pagos para os bancários dispensados. Os novos contratados pelo Banco do Brasil, Bradesco, Itaú e Santander recebem 65,1% a menos que os bancários demitidos; na Caixa, a diferença entre o salário do bancário recém-contratado é 45,5% inferior ao salário do empregado dispensado(351).

Esses dados demonstram que o investimento em tecnologias, no lugar de aliviar a carga de trabalho ou melhorar as condições em que é realizado, traduz-se em sobrecarga, esgotamento, expansão das LER/Dort e adoecimento psíquico. Sinalizam ainda que a precarização do trabalho bancário se aprofunda em um contexto de maximização histórica dos lucros e que o trabalhador é reificado e instrumentalizado por opção política e institucional que nada se relaciona com os

(348) BRASIL. Departamento Intersindical de Estatísticas e Estudos Socioeconômicos (Dieese). Desempenho dos Bancos em 2017. Disponível em: <https://www.dieese.org.br/desempenhodosbancos/2018/desemprenhoDosBancos2017.html>. Acesso em: 3 dez. 2018.

(349) BRASIL. Departamento Intersindical de Estatísticas e Estudos Socioeconômicos (Dieese). Desempenho dos Bancos em 2017. Disponível em: <https://www.dieese.org.br/desempenhodosbancos/2018/desemprenhoDosBancos2017.html>. Acesso em: 3 dez. 2018.

(350) BRASIL. Departamento Intersindical de Estatísticas e Estudos Socioeconômicos (Dieese). Desempenho dos Bancos em 2017. Disponível em: <https://www.dieese.org.br/desempenhodosbancos/2018/desemprenhoDosBancos2017.html>. Acesso em: 3 dez. 2018.

(351) BRASIL. Confederação Nacional dos Trabalhadores do Ramo Financeiro. Bancos demitiram quase 25 mil de janeiro a setembro. Disponível em: <http://www.contrafcut.org.br/noticias/bancos-demitiram-quase-25-mil-de-janeiro-a-setembro-4fa7>. Acesso em: 9 nov. 2018.

custos da produção ou, em última análise, com a sobrevivência do empreendimento. É o trabalho bancário tratado como mercadoria.

Capturado em sua subjetividade, individualizado no trabalhar e estimulado à competição desmedida em face de seus colegas, os laços sociais, a solidariedade e a cooperação, essenciais para a saúde mental, se desvanecem. Nesse ambiente laboral marcadamente tenso e ansiogênico, no qual não há separação entre tempo de trabalho e não trabalho, o adoecimento se torna, praticamente, inevitável para o trabalhador bancário.

Com o objetivo de retratar a organização e gestão do trabalho e os riscos psicossociais inerentes ao trabalho prestado em bancos públicos e privados no Distrito Federal e suas repercussões na saúde mental dos trabalhadores, descrever-se-á, a seguir, o resultado de pesquisa empírica realizada, entre os anos de 2013 e 2017, pelo Grupo de Estudos e Práticas em Clínica, Saúde e Trabalho (GEPSAT) do Instituto de Psicologia da Universidade de Brasília (UnB), no projeto *"Clínica do Trabalho no Sindicato dos Bancários de Brasília"*.

2.3.1. O trabalho bancário sob a perspectiva da Psicodinâmica do Trabalho e da Clínica Analítica do Trabalho: os resultados das atividades realizadas no projeto *"Clínica do Trabalho no Sindicato dos Bancários de Brasília"*

O estudo a seguir descrito se refere aos resultados das atividades realizadas pela equipe do Grupo de Estudos e Práticas em Clínica, Saúde e Trabalho — GEPSAT do Instituto de Psicologia da Universidade de Brasília — UnB, no projeto *"Clínica do Trabalho no Sindicato dos Bancários de Brasília"*, entre os anos de 2013 e 2017, sob a coordenação da pesquisadora e docente Ana Magnólia Mendes. Tais resultados estão descritos no relatório "Equipe de Psicologia 2017"[352] e as atividades utilizaram como referencial teórico-metodológico a Psicodinâmica do Trabalho e os pressupostos da Clínica Analítica do Trabalho.[353]

(352) O projeto *"Clínica do Trabalho no Sindicato dos Bancários de Brasília"*, nos anos de 2013 a 2017, se efetivou em duas etapas. Na primeira etapa, foi feito o mapeamento dos riscos psicossociais relacionados ao trabalho bancário. Os resultados dessa primeira etapa foram publicados em artigo científico. FACAS, Emilio Peres; DUARTE, Fernanda Sousa; MENDES, Ana Magnólia; ARAUJO, Luciane Kozicz Reis. Sofrimento ético e (in)dignidade no trabalho bancário: análise clínica e dos riscos psicossociais. In: MENDES, Ana Magnólia; MONTEIRO, Janine Kieling; VIEIRA, Fernando de Oliveira (org.). *Trabalho & prazer* — teoria, pesquisas e práticas. Curitiba: Juruá, 2015. Já os resultados da segunda etapa do projeto constam do relatório "Equipe de Psicologia 2017". MENDES, Ana Magnólia; DUARTE, Fernanda; TEIXEIRA, Carolina Vieira Batista. *Relatório equipe de psicologia.* Brasília: 2017. No prelo.

(353) Segundo Ana Magnólia Mendes, a Clínica do Trabalho "tem por objetivo desenvolver teoria, método e práticas em clínica do trabalho. Os dados são coletados por meio do atendimento individual e de grupos na Clínica Psicológica da Universidade de Brasília (CAEP) no Projeto Práticas em Clínica do Trabalho. O atendimento é destinado a qualquer trabalhador que busque livremente o serviço por se sentirem nas seguintes situações: insatisfação com os modos de organização do seu trabalho, a

A Clínica do Trabalho é um espaço coletivo e individual de fala e de escuta do sofrimento dos trabalhadores bancários vinculado ao real do trabalho, cujo atendimento é prestado por equipe de psicólogos composta por pesquisadores do Laboratório de Psicodinâmica e Clínica do Trabalho — LPCT da UnB.

Desde 2013, a clínica analítica do trabalho atende trabalhadores bancários que buscam atendimento psicológico no Sindicato dos Bancários de Brasília. As atividades desenvolvidas na clínica se fundamentam nos conceitos utilizados pelo referencial teórico-metodológico da Psicodinâmica do Trabalho e nas atividades desenvolvidas pelo Laboratório de Psicodinâmica e Clínica do Trabalho (LPCT/UnB) e objetiva, por meio da escuta do sofrimento, em linhas gerais, levar o trabalhador à articulação do pensar e do agir, mobilizando-o para as mudanças na organização do trabalho.

Nos primeiros seis meses do projeto — novembro de 2013 a abril de 2014 —, foi realizada pesquisa quantitativa e qualitativa utilizando-se o instrumento Protocolo de Avaliação dos Riscos Psicossociais Relacionados ao Trabalho (PROART)[(354)], com o objetivo de caracterizar a organização do trabalho bancário e a lógica de gestão adotada pelos bancos públicos e privados, bem como suas implicações para a relação trabalhador-trabalho e o mapeamento dos riscos psicossociais que podem levar a vivências de sofrimento patológico e, consequente, adoecimento[(355)].

Essa pesquisa envolveu 2.011 trabalhadores bancários do Distrito Federal e foram validados 1.489 questionários. O perfil do bancário pesquisado pode ser sintetizado nos seguintes dados: média de 38 anos de idade e 13 anos de trabalho bancário, entre os quais 60,4% eram vinculados a instituições de economia mista, 29% a bancos públicos e 10% a banco privados, ocupando cargos de assistente, gerente, assessor pleno, escriturário e assessor sênior. Quanto à lotação, 35,6%

---

divisão das tarefas, o excesso de controles e prescrições, a falta de autonomia, a opressão, o estilo de gestão e suas escolhas profissionais; sofrimento pela falta de reconhecimento, de sentido do trabalho, esgotamento emocional (*burnout*) e estresse, e pelos sentimentos de inutilidade, de aprisionamento, de injustiça e de desânimo; e danos psicossociais relacionados a sobrecarga, violência e assédio moral, estresse pós-traumático, acidente de trabalho, processo de readaptação funcional, transtornos psicossomáticos e psíquicos relacionados ao trabalho". Disponível em: <http://buscatextual.cnpq.br/buscatextual/visualizacv.do?id=K4795066D6>. Acesso em: 12 fev. 2019.

(354) O Protocolo de Avaliação dos Riscos Psicossociais Relacionados ao Trabalho (PROART) foi desenvolvido por Emílio Perez Facas e fundamenta-se em abordagens críticas e clínicas do trabalho. Sua aplicação destina-se a mapear os riscos psicossociais no trabalho, investigando as seguintes dimensões: a organização prescrita do trabalho; os estilos de gestão; sofrimento patogênico; e danos psicossociais, além de explorar qualitativamente as dificuldades vivenciadas pelos trabalhadores e seu enfrentamento no contexto de trabalho. FACAS, Emílio Perez. *Protocolo de avaliação de riscos psicossociais no trabalho* — contribuições da psicodinâmica do trabalho. Tese (Doutorado em Psicologia Social e do Trabalho e das Organizações) — Instituto de Psicologia, Universidade de Brasília, Brasília, 2013.

(355) FACAS, Emilio Peres; DUARTE, Fernanda Sousa; MENDES, Ana Magnólia; ARAUJO, Luciane Kozicz Reis. Sofrimento ético e (in)dignidade no trabalho bancário: análise clínica e dos riscos psicossociais. In: MENDES, Ana Magnólia; MONTEIRO, Janine Kieling; VIEIRA, Fernando de Oliveira (org.). *Trabalho & prazer* — teoria, pesquisas e práticas. Curitiba: Juruá, 2015. p. 249.

eram lotados em diretorias; 27,6% em agências; 17,4% em departamentos; e a remuneração variava de R$ 1.999,99 a mais de R$ 10.000,00[356].

Ressalte-se que a pesquisa empreendida revelou "que não foram encontradas diferenças estatisticamente significativas entre os sujeitos de diferentes bancos, indicando que uma possível homogeneidade na exposição dos riscos psicossociais no trabalho independe da bandeira do banco".[357]

Importante ressaltar, inicialmente, que 78,2% dos pesquisados pensaram em não trabalhar mais no banco e 58,5% desejavam mudar de emprego[358].

Foram objeto de investigação, por meio do instrumento PROART, quatro dimensões da relação trabalhador/organização do trabalho: organização prescrita do trabalho, estilos de gestão, sofrimento patogênico e danos psicossociais. Os fatores de risco identificados referem-se à ameaça à saúde do trabalhador bancário e o resultado da pesquisa a seguir transcrito foi sintetizado na cartilha "100% não é mais o limite: Riscos Psicossociais do Trabalho Bancário"[359] elaborada e publicada pelo Sindicato dos Bancários de Brasília.

Na análise da *organização prescrita do trabalho* constatou-se que: a) quanto à divisão de tarefas, em que se avaliaram o ritmo, prazos e condições oferecidas para a execução da tarefa, 72,5% dos entrevistados atribuíram a esse fator risco médio a alto; b) quanto à divisão social do trabalho, cuja análise centrou-se em normas, comunicação, avaliação, autonomia e participação relativas ao trabalho, 79,9% da amostra indicou risco médio a alto; e c) quanto ao estilo de gestão, 43,7% indicaram presença moderada do estilo de gestão gerencialista, enquanto 42,8% apontaram para sua predominância, especialmente quanto ao aspecto individualista e normativo.

Rememore-se que o estilo de gestão gerencialista é voltado para o alcance de metas, objetivos e resultados e suas práticas voltam-se para a qualidade total e excelência, tomada de decisões centralizadas, sistema disciplinar rígido e alto controle do trabalho, da perfeição e do produto.

No que tange ao *sofrimento patogênico*, constatou-se que: a) 45,9% dos entrevistados apontam riscos médios para a falta de sentido do trabalho, que é caracterizada por sentimentos de inutilidade em razão do trabalho destituído de

---

(356) FACAS, Emilio Peres; DUARTE, Fernanda Sousa; MENDES, Ana Magnólia; ARAUJO, Luciane Kozicz Reis. Sofrimento ético e (in)dignidade no trabalho bancário: análise clínica e dos riscos psicossociais. In: MENDES, Ana Magnólia; MONTEIRO, Janine Kieling; VIEIRA, Fernando de Oliveira (org.). *Trabalho & prazer* — teoria, pesquisas e práticas. Curitiba: Juruá, 2015. p. 249.

(357) *Ibidem*, p. 250.

(358) *Idem*, *Loc. cit.*

(359) BRASIL. Sindicato dos Bancários de Brasília. *100% não é mais o limite:* riscos psicossociais do trabalho bancário. Disponível em: <http://bancariosbraganca.org/publicacoes/100DF.pdf>. Acesso em: 31 maio 2018.

sentido e significado para o Banco, os clientes e/ou a sociedade; b) 72,9% apontaram riscos médios a altos quanto ao esgotamento mental, caracterizado pelo sentimento de injustiça, indignidade, desânimo, insatisfação e/ou desgaste com o trabalho; c) 49,7% apontaram riscos médios a altos quanto à falta de reconhecimento, caracterizada por sentimentos de desvalorização, não aceitação e/ou admiração pelos colegas e superiores hierárquicos, bem como pela falta de liberdade de expressão quanto aos sentimentos relacionados ao trabalho.

Por fim, foram avaliados os *danos relacionados ao trabalho* em suas três dimensões: danos psicológicos, danos sociais e danos físicos. Os danos mencionados são provocados pelo confronto com a organização do trabalho e seus estilos de gestão, bem como pela vivência de sofrimento pelo trabalhador.

Quanto aos danos psicológicos, aqueles relacionados a sentimentos negativos em relação a si mesmo e à vida em geral — que se tornam mais críticos em razão de mau humor, tristeza, vontade de desistir de tudo, perda da autoconfiança, amargura e solidão causados potencialmente por sentidos de indignidade, desvalorização e inutilidade no trabalho —, 53,6% dos entrevistados indicaram riscos médios a altos.

Já em relação aos danos sociais, aqueles relacionados a comportamentos de isolamento e a dificuldades nas relações familiares e sociais — que se tornam críticos quando se instala a impaciência para lidar com os outros e o aumento da agressividade e da necessidade de isolamento, normalmente causados por sentimento de indignidade e desvalorização no trabalho —, 44,1% dos entrevistaram indicaram riscos médios a altos para esse fator.

No que tange aos danos físicos — dores no corpo e distúrbios biológicos —, 67,6% da amostra apontou para riscos médios a altos para o adoecimento.

Entre as *principais dificuldades no trabalho*, 40% dos entrevistados apontaram, em primeiro lugar, a gestão do trabalho permeada por desvalorização, cobrança e pressão, o relacionamento precário com os gestores, a falta de reconhecimento e o assédio moral. A segunda maior dificuldade no trabalho bancário relatada por 33% da amostra relaciona-se a rotina, carga horária, prazos, metas, falta de pessoal e sobrecarga. A terceira, quarta e quinta dificuldades relatadas pelos entrevistados referem-se, respectivamente, à carreira, ao ambiente de trabalho e aos danos físicos e psicológicos.

Constatou-se, ainda, que os bancários avaliaram o trabalho "como cansativo, desgastante e fonte de sobrecarga". Por outro lado, apesar de os bancos serem normativos, a norma pode ser flexibilizada quando há interesse, o que desencadeia sentimento de injustiça e de mais indignidade. Acresça-se:

> os bancários veem seu trabalho como desumano e irracional, em que o aumento de tarefas e metas vem acompanhado da redução de pessoal e da possibilidade de convivência com colegas, isso sem contar o aumento

> de pressão por parte dos gestores. Diante de uma organização do trabalho inflexível, a categoria clama por melhorias nas relações dentro do trabalho como meio de promover a dignidade e resgatar o sentido social do trabalho e as possibilidades de reconhecimento e de valorização. O custo de bater a famigerada meta, tão mencionada pelos bancários, é a saúde do trabalhador, cada dia mais em risco.[360]

Diante desse quadro, as principais *estratégias defensivas* adotadas foram: a) resignação, por 60% dos entrevistados que afirmaram aceitar as dificuldades, bem como desacreditar na mudança na organização do trabalho, adotando como estratégias rezar, se omitir, ter paciência, estudar, se adaptar e ignorar; b) fuga, por 15%, que relataram lidar com as dificuldades no trabalho fora dele, bebendo, com a busca de atividades de lazer, de atividades físicas, outro emprego, apoio familiar e de amigos etc.; c) apelo ao coletivo, por 13%, que relataram entrar em contato com o sindicato, negociar e dialogar com chefia e colegas, buscando apoio nos pares; d) medicalização, por 9%, os quais relataram a busca por tratamentos médicos e psicológicos; e e) indignação, por 6% dos entrevistados.

Em suma, a pesquisa realizada constatou que a organização do trabalho bancário é

> inflexível, extremamente normativa, com pouco espaço para a participação dos funcionários na tomada de decisão ou negociação de prazos e normas, além de indicar maiores riscos de adoecimento para bancários que relataram a vivência de assédio moral, o afastamento do trabalho e o desejo de sair do banco ou mudar de emprego.[361]

Destacou-se, ainda, nos resultados que os temas relativos à saúde mental são de difícil trato no ambiente de trabalho e trabalhadores afastados são alvo de preconceito e resistência por parte dos gestores e de seus pares, bem como há represálias em caso de vínculo com o sindicato, especialmente para requerer auxílio.

Os resultados dessa primeira pesquisa empreendida na primeira parte do projeto "*Clínica do Trabalho no Sindicato dos Bancário de Brasília*" embasaram os trabalhos de escuta clínica do sofrimento de trabalhadores, entre os anos de 2014 e 2017, que analisou clinicamente a organização do trabalho, o sofrimento e a saúde mental no contexto do trabalho bancário.

---

(360) BRASIL. Sindicato dos Bancários de Brasília. *100% não é mais o limite:* riscos psicossociais do trabalho bancário. Disponível em: <http://bancariosbraganca.org/publicacoes/100DF.pdf>. Acesso em: 31 maio 2018.

(361) FACAS, Emilio Peres; DUARTE, Fernanda Sousa; MENDES, Ana Magnólia; ARAUJO, Luciane Kozicz Reis. Sofrimento ético e (in)dignidade no trabalho bancário: análise clínica e dos riscos psicossociais. In: MENDES, Ana Magnólia; MONTEIRO, Janine Kieling; VIEIRA, Fernando de Oliveira (org.). *Trabalho & prazer* — teoria, pesquisas e práticas. Curitiba: Juruá, 2015. p. 250.

Nesta segunda pesquisa, resultante do processo da fala e da escuta clínica do sofrimento de 155 bancários que fizeram parte da triagem, entre os quais 67,9% eram do sexo feminino e 32,1% do sexo masculino, prestando serviços em bancos públicos (13,2%), privados (54,6%) e sociedade de economia mista (32,2%), com idade média de 38,84 anos e tempo médio de 13,5 anos de trabalho bancário, constatou-se que o principal motivo para buscar atendimento clínico está relacionado à *gestão do trabalho e às relações socioprofissionais conflituosas entre pares e chefia, com relatos de assédio moral vivenciado por 80,8% dos trabalhadores.*

Na tabela a seguir, relacionam-se os sintomas investigados em cada entrevista de triagem. Observe-se que os cinco sintomas mais frequentes (destacados em cinza), foram relatados por, pelo menos, 80% dos bancários em atendimento. Ressalte-se, ainda, que quando perguntados se os sintomas atuais eram causados pelo trabalho e/ou por ele agravados, em uma escala de zero a cinco — onde zero indica que não há relação com o trabalho e cinco representa completa relação com o trabalho —, a média foi de 4,5 e 4,7, respectivamente.

Importante frisar que foram destacados em *itálico* alguns sintomas relacionados à ideação suicida causada pelo trabalho, a indicar a gravidade com a qual o modelo de gestão do trabalho bancário tem impactado a saúde mental dos trabalhadores.

Tabela 1 — Sintomas investigados

Sintoma investigado	% de bancários que relataram o sintoma
Sentimento de tensão	88,2%
Incapacidade de relaxar	83,7%
Irritabilidade	83,0%
Inquietação	80,4%
Tristeza	79,7%
Dificuldade para me concentrar	77,8%
Pensamentos obsessivos	75,8%
Indecisão	73,2%
Fadiga	72,5%
Desatenção	71,9%
Falta de prazer em passatempos	71,2%
Perda de interesse	71,2%
Agitação	70,6%
Dificuldade para dormir	70,6%
Memória fraca	68,0%
Desesperança	68,0%
Dores no corpo	68,0%
Choro com facilidade	66,7%
Sinto-me isolado	66,0%
Sinto que não consigo trabalhar em função do quadro atual	66,0%
Sentimento de inutilidade	65,4%
Sensação de fraqueza	64,1%
Sono fragmentado	62,7%

Dificuldade de sentir intimidade e proximidade	62,7%
Desamparo	61,4%
Boca seca	60,1%
Taquicardia/palpitações	58,8%
Dores de cabeça	58,8%
Vontade de desistir de tudo	*57,5%*
Tremores	56,9%
Sensação de formigamento	54,9%
Insônia	53,6%
Apatia	52,9%
Tontura	52,9%
Perda da libido	51,6%
Sentimento de culpa	48,4%
Tendência a suar	48,4%
Despertar precoce	47,7%
Dores no peito	47,1%
Sensação de asfixia	47,1%
Ganho de peso	44,4%
Sinto que não vou mais conseguir trabalhar	38,6%
Sinto que não vale a pena viver	*37,9%*
Zumbido nos ouvidos	37,3%
Calores	37,3%
Compulsão alimentar	37,3%
Dificuldade em manter cuidados pessoais	36,6%
Perda de apetite	36,6%
Perturbação da visão	35,3%
Sensação de desmaio	35,3%
Calafrios	34,6%
Perda exagerada de peso	34,0%
Dificuldade para comer	34,0%
Sentimentos de irrealidade	34,0%
Penso em morrer	*32,7%*
Frigidez	29,4%
Desejo estar morto	*28,8%*
Ganho de apetite	25,5%
Distúrbios menstruais*	24,8%
Sentimento de incapacidade de trabalhar	24,2%
Penso em me ferir	*22,9%*
Dificuldade em manter cuidados de higiene	17,6%
Penso em ferir os outros	16,3%
Tentativa de suicídio	*13,7%*
Ejaculação precoce**	11,1%
Ouço vozes	11,1%
Enxergo formas ou pessoas que não estão presentes	10,5%
Sinto cheiros	9,8%
Impotência**	9,2%

*Dados somente para as mulheres da amostra.

**Dados somente para os homens da amostra.

Fonte: Relatório "Equipe de Psicologia 2017".

O panorama descrito na pesquisa clínica revelou que os trabalhadores bancários afastados do trabalho predominaram no estudo. Revelou ainda que tais trabalhadores se encontram em quadros de intensidade moderada a grave de adoecimento mental, com reduzidas possibilidades de intervenção preventiva.

O medo da dispensa, a pressão por produtividade, o atual cenário econômico e as crescentes reestruturações no serviço bancário prevaleceram nas justificativas concernentes à busca tardia por assistência, o que revelou a utilização da *servidão voluntária* como estratégia de defesa frente ao sofrimento.

O medo da dispensa se alia ao preconceito relacionado ao adoecimento no trabalho e ao receio de ser visto pelos pares como incompetente, incapaz, inadequado para o trabalhar no banco, além de o preconceito ligar-se ao medo do desamparo por parte dos pares, da instituição bancária, da família e da sociedade em caso de descumprimento do papel social de trabalhador incansável e altamente motivado que lhe foi imposto.

Nos casos de afastamento do trabalho superior a 15 dias, constatou-se piora no quadro clínico do trabalhador adoecido quando da aproximação da perícia do INSS. O comportamento hostil e descrente dos peritos frente ao reconhecimento do transtorno mental decorrente de abusos de poder e assédio moral no contexto laboral como doença ocupacional, bem como as situações de constrangimento e discriminação enfrentadas por esses trabalhadores em situação de vulnerabilidade na ocasião da perícia foram os principais motivos da piora do trabalhador.

Os casos de melhor prognóstico elencados no estudo referem-se àqueles em que a instituição bancária, mediante ações institucionais e apoio da chefia e dos pares, ofereceu suporte aos trabalhadores em sofrimento no trabalho. Essa rede de apoio revela para o trabalhador a possibilidade de mudança na organização do trabalho e confere a segurança necessária para o retorno ao trabalho.

Tais práticas inclusivas e de apoio ao trabalhador adoecido foram esparsas, o que denota o descaso da grande maioria dos bancos em relação à construção da saúde mental do trabalhador, em que a violência sob a forma de práticas abusivas de gestão e assédio organizacional encontram legitimidade e incentivo.

3. A Violência Como Estratégia de Gestão do Trabalho Humano

> *Posso contar, por exemplo, o caso de um estágio de formação na França em que, no início, cada um dos 15 participantes, todos eles quadros superiores, recebeu um gatinho. O estágio durou uma semana e, durante essa semana, cada participante tinha de tomar conta do seu gatinho. Como é óbvio, as pessoas afeiçoaram-se ao seu gato, cada um falava do seu gato durante as reuniões etc. E, no fim do estágio, o diretor do estágio deu a todos a ordem de... matar o seu gato. [...] O estágio era para aprender a ser impiedoso, uma aprendizagem do assédio.*(362)

O ideário neoliberal, o desemprego estrutural, o subemprego, a flexibilização de direitos trabalhistas, a potencial redução do patamar civilizatório humanístico presente na Constituição de 1988 e a instrumentalização do sofrimento e das defesas construídas pelos trabalhadores no ambiente de trabalho criaram o cenário ideal para que se aprofundasse uma dinâmica de exploração do trabalho humano fundada na violência no ambiente de trabalho.

Para a Organização Mundial de Saúde (OMS), a violência é um problema global de saúde pública que pode ser definida como "o uso da força física ou poder, em ameaça ou na prática, contra si próprio, outra pessoa ou contra um grupo ou comunidade que resulte em sofrimento, morte, dano psicológico, desenvolvimento prejudicado ou privação"(363).

---

(362) DEJOURS, Cristophe. Um suicídio no trabalho é uma mensagem brutal. Entrevista cedida a Ana Gerschenfeld. *Jornal Público 2*, 1º fev. 2010. Disponível em: <https://www.publico.pt/2010/02/01/sociedade/noticia/um-suicidio-no-trabalho-e-uma-mensagem-brutal-1420732#gs.THX6azF9>. Acesso em: 18 fev. 2019.

(363) DAHLBERG, Linda L.; KRUG, Etienne G. *Violência:* um problema global de saúde pública, p. 1165. Capítulo extraído com autorização do autor do Relatório Mundial sobre Violência e Saúde. OMS — Organização Mundial de Saúde. Genebra: OMS; 2002. Version of the Introduction to the World

Note-se que o conceito de violência da OMS inclui as relações de poder e as agressões psicológicas, como intimidações, humilhações e ameaças, que, no ambiente de trabalho, podem se apresentar na forma de assédio moral, assédio organizacional, perseguições, entre outras práticas. Esse conceito abrangente envolve um amplo espectro de resultados, o que denota o reconhecimento de que a violência pode causar problemas psicológicos e sociais imediatos ou latentes e repercutir por anos após o ato abusivo inicial[(364)].

Para a OIT, a violência no ambiente de trabalho abarca qualquer tipo desarrazoado de ação, incidente ou comportamento agressivo ou insultuoso que pode causar danos ou desconforto físico ou psicológico às suas vítimas, sejam elas alvos intencionais ou testemunhas envolvidas de forma impessoal ou acidental nesses eventos[(365)].

A violência no ambiente de trabalho ganhou atenção máxima em nível global, no ano de 2015, com a adoção do documento *Transformando Nosso Mundo: a Agenda 2030 para o Desenvolvimento Sustentável,* no qual a Assembleia Geral da ONU estabeleceu, entre os objetivos para um desenvolvimento sustentável, a concretização do pleno emprego e do trabalho decente para homens e mulheres, vinculando, explicitamente, trabalho decente e crescimento econômico para a construção de um futuro baseado no desenvolvimento sustentável (objetivo 8, meta 8.5), com garantia de uma vida saudável e que promova o bem-estar para todos (objetivo 3), a igualdade de gênero e o empoderamento de todas as mulheres e crianças do sexo feminino (objetivo 5)[(366)].

No mesmo ano, a OIT decidiu inscrever na agenda da 107ª Sessão da Conferência Internacional do Trabalho um ponto sobre *violência contra mulheres e homens no mundo do trabalho.*

Em relatório preliminar — Relatório V(1)[(367)] —, a Comissão Tripartite de Peritos da OIT descreveu a legislação e a prática em diferentes países acerca da violência

---

Report on Violence and Health (WHO). Geneve: WHO, 2002, authorized by the authors. Disponível em: <www.scielo.br/pdf/csc/v11s0/a07v11s0>. Acesso em: 30 nov. 2018.

(364) DAHLBERG, Linda L.; KRUG, Etienne G. *Loc. cit.*

(365) WARSHAW, Leon J. La violencia en el lugar de trabajo. *Enciclopédia de Salud y Seguridade en el Trabajo*, p. 51.2-51.8. Disponível em: <http://www.insht.es/InshtWeb/Contenidos/Documentacion/TextosOnline/EnciclopediaOIT/tomo2/51.pdf>. Acesso em: 30 nov. 2018.

(366) ORGANIZAÇÃO DAS NAÇÕES UNIDAS. *Transformando Nosso Mundo:* a Agenda 2030 para o Desenvolvimento Sustentável. Disponível em: <https://nacoesunidas.org/pos2015/agenda2030/>. Acesso em: 4 dez. 2018.

(367) ORGANIZAÇÃO INTERNACIONAL DO TRABALHO. *Acabar com a violência e o assédio contra mulheres e homens no mundo do trabalho.* Conferência Internacional do Trabalho, 107ª Sessão, Relatório V(1), 2018. Disponível em: <https://www.ilo.org/ilc/ILCSessions/107/reports/reports-to-the-conference/WCMS_630695/lang--en/index.htm>.

no mundo do trabalho, além de ter elaborado um questionário para os Estados-Membros, após a consulta tripartite obrigatória para aqueles que ratificaram a Convenção n. 144 manifestassem sua opinião acerca do âmbito de aplicação e o conteúdo do instrumento ou instrumentos propostos sobre o tema.

Com base no relatório preliminar e nos questionários respondidos pelos governos, o *Bureau* Internacional da OIT elaborou um segundo relatório intitulado *Acabar com a violência e o assédio contra mulheres e homens no mundo do trabalho* — Relatório V(2)[(368)] — no qual constam as respostas e os comentários dos governos e das organizações de empregadores e trabalhadores, acrescidos dos comentários do *Bureau* sobre cada um dos itens do questionário, bem como as conclusões propostas pelo *Bureau* para subsidiar os debates e eventual adoção de instrumentos pela Conferência Internacional do Trabalho.

Findos os trabalhos da mencionada Conferência Internacional, em junho de 2018, os representantes dos governos, empregadores e trabalhadores de 187 Estados-Membros da OIT definiram que a violência e o assédio incluem a violência física, psicológica, sexual e de gênero e o assédio com base no sexo e no gênero, bem como o assédio moral e o sexual, no ambiente de trabalho.

Diante da premência da luta contra esses comportamentos e práticas inaceitáveis, os membros da OIT decidiram ainda adotar uma resolução instando a agência da ONU a formular uma regulamentação internacional (na forma de Convenção, complementada por uma Recomendação), a ser aprovada em junho de 2019 no centenário da OIT, sobre *a violência e o assédio no mundo do trabalho*[(369)], em que se proíba "qualquer forma de violência e assédio", incluindo a aplicação de sanções pelos países e a garantia de que haja meios de inspeção[(370)].

Nesse quadro, tem-se que tanto o relatório preliminar produzido pela Comissão Tripartite de Peritos da OIT quanto o relatório elaborado pelo *Bureau* são de suma relevância para a compreensão da violência instrumentalizada como estratégia de gestão nos contextos de trabalho brasileiro, porque retratam a violência e o assédio no mundo do trabalho contemporâneo, com suporte na "análise jurídica sistemática do tratamento da violência e do assédio no mundo do trabalho no

---

(368) ORGANIZAÇÃO INTERNACIONAL DO TRABALHO. *Loc. cit.*

(369) A referência "homens e mulheres" no título não se mostrou inclusiva para as pessoas que não se identificam com a sua identidade de gênero. Por essa razão, essa referência foi retirada a pedido de alguns Estados-Membros inquiridos e o título dos instrumentos a serem elaborados será *Violência e Assédio no Mundo do Trabalho*. ORGANIZAÇÃO INTERNACIONAL DO TRABALHO. *Acabar com a violência e o assédio no mundo do trabalho*. Conferência Internacional do Trabalho, 107ª Sessão, Relatório V(2), 2018. Disponível em: <https://www.ilo.org/wcmsp5/groups/public/—ed_norm/—relconf/documents/meetingdocument/wcms_630697.pdf>. Acesso em: 4 dez. 2018.

(370) REVISTA EXAME. AFP. ONU elaborará tratado internacional contra assédio no trabalho. Publicado em 8 jun. 2018. Disponível em: <https://exame.abril.com.br/economia/onu-elaborara-tratado-internacional-contra-assedio-no-trabalho/>. Acesso em: 4 dez. 2018.

quadro regulamentar de 80 países", excluindo-se apenas as normas não atinentes aos contextos de trabalho, como as de natureza penal.

Desse modo, para elucidar as interfaces entre a violência psicológica, o assédio moral e a organização e gestão do trabalho humano contemporâneo, retratar-se-á, inicialmente, os principais achados e conclusões da OIT registrados nos Relatórios V(1) e V(2) elaborados por ocasião da 107ª Sessão da Conferência Internacional do Trabalho, ressaltando-se, naturalmente, os que têm relevância com a temática proposta na presente pesquisa: *a violência psicológica na forma de assédio organizacional no ambiente de trabalho*.

Em seguida, em face da correlação entre violência e poder, importa traçar as interfaces e os limites da subordinação jurídica e do poder empregatício no contrato de emprego e, após, com esteio na literatura e nas pesquisas brasileiras, elucidar as perspectivas tradicional e psicossocial do assédio moral no mundo do trabalho, a fim de demonstrar a *predominância do assédio organizacional como estratégia de difusão da violência no meio ambiente de trabalho com a finalidade de aumentar a acumulação de capital.*

3.1. A violência psicológica e o assédio moral no mundo do trabalho: a visão da Organização Internacional do Trabalho

Com a finalidade de compreender a violência e o assédio no mundo do trabalho e subsidiar os trabalhos da OIT na 107ª Sessão da Conferência Internacional do Trabalho, a Comissão Tripartite de Peritos elaborou relatório preliminar intitulado *Acabar com a violência e o assédio contra mulheres e homens no mundo do trabalho.*

Após amplos e exaustivos debates amparados por provas que indicavam a persistência da violência e do assédio no mundo do trabalho — apesar de ressalvarem a necessidade de se analisar quais elementos os Estados consideravam constituir violência e assédio segundo as especificidades nacionais —, os peritos concluíram que, diante do aprofundamento da violência e do assédio nos espaços de trabalho e seus efeitos devastadores nas pessoas, nas empresas, nas economias e na sociedade, essas questões deveriam ser abordadas com "caráter de urgência"(371).

A urgência do aprofundamento dos estudos relacionados ao tema se justificou por ser inaceitável e indiscutivelmente incompatível com o trabalho digno(372)

---

(371) ORGANIZAÇÃO INTERNACIONAL DO TRABALHO. *Acabar com a violência e o assédio contra mulheres e homens no mundo do trabalho*. Conferência Internacional do Trabalho, 107ª Sessão, Relatório V(1), 2018. Disponível em: <https://www.ilo.org/ilc/ILCSessions/107/reports/reports-to-the-conference/WCMS_630695/lang--en/index.htm>. Acesso em: 4 dez. 2018.

(372) Os Relatórios (V1) e (V2) foram traduzidos pelo escritório da OIT em Portugal e a expressão *decent work* foi traduzida como trabalho digno. Cinara L. Rosenfield e Jandir Pauli argumentam que o trabalho decente remete à ideia de cidadania e à concepção operacional, segundo a agenda da OIT.

e os direitos humanos a prática de violência e assédio no trabalho, uma vez que suas consequências afetam "as relações no local de trabalho, o compromisso dos trabalhadores e das trabalhadoras, a saúde, a produtividade, a qualidade dos serviços públicos e privados e a reputação das empresas", debilitando ainda "a tomada democrática de decisões e o Estado de Direito"(373).

Importa ressaltar que, inicialmente, os estudos foram propostos circunscrevendo-se à violência contra mulheres e homens no mundo trabalho. Todavia, os peritos recomendaram o acréscimo do termo *assédio* junto ao termo *violência* "com o objetivo de assegurar que se compreendam e abordem adequadamente os diferentes comportamentos inaceitáveis", enfatizando a importância da distinção entre as diferentes formas de violência e assédio e o contexto de trabalho em que ocorrem, uma vez que podem demandar diferentes respostas interventivas(374).

Os peritos ressaltaram ainda que, "por vezes, a experiência da violência e do assédio transcende os limites das categorias e das definições estabelecidas" nos diversos países estudados e, em razão disso, concluíram que "a violência e o assédio no mundo do trabalho deveriam ser abordados como parte de um contínuo de comportamentos e práticas inaceitáveis que podem ser traduzidos em sofrimento ou danos físicos, psicológicos ou sexuais"(375).

Após a análise das respostas e sugestões elaboradas pelos Estados-Membros, o *Bureau* concluiu que a Convenção deve incluir no preâmbulo que o termo *violência*

O trabalho digno, por sua vez, depende de um feixe de direitos para sua concretização, remetendo à Declaração Universal dos Direitos Humanos (DUDH). Apesar de no Brasil a mesma expressão ser traduzida como trabalho decente, optou-se por manter, nesta pesquisa, a expressão trabalho digno, pois, tanto trabalho decente quanto trabalho digno, segundo as mesmas autoras, se insere "na interdependência inerente ao conjunto de direitos humanos", o que torna a expressão trabalho digno mais apropriada, especialmente se considerada a perspectiva delineada por Gabriela Neves Delgado ao direito fundamental ao trabalho digno. DELGADO, Gabriela Neves. *Direito fundamental ao trabalho digno.* São Paulo: LTr, 2006; ROSENFIELD, Cinara L.; PAULI, Jandir. Para além da dicotomia entre trabalho decente e trabalho digno: reconhecimento de direitos humanos. *Caderno CRH*, Salvador, v. 25, n. 65, p. 319-329, maio/ago. 2012.

(373) ORGANIZAÇÃO INTERNACIONAL DO TRABALHO. *Acabar com a violência e o assédio contra mulheres e homens no mundo do trabalho.* Conferência Internacional do Trabalho, 107ª Sessão, Relatório V(1), p. 1, 2018. Disponível em: <https://www.ilo.org/gender/Informationresources/Publications/WCMS_546305/lang--es/index.htm>. Acesso em: 4 dez. 2018.

(374) ORGANIZAÇÃO INTERNACIONAL DO TRABALHO. *Acabar com a violência e o assédio contra mulheres e homens no mundo do trabalho.* Conferência Internacional do Trabalho, 107ª Sessão. Relatório V(1), p. 2, 2018. Disponível em: <https://www.ilo.org/gender/Informationresources/Publications/WCMS_546305/lang--es/index.htm>. Acesso em: 4 dez. 2018.

(375) ORGANIZAÇÃO INTERNACIONAL DO TRABALHO. *Acabar com a violência e o assédio contra mulheres e homens no mundo do trabalho.* Conferência Internacional do Trabalho, 107ª Sessão. Relatório V(1), p. 2-3, 2018. Disponível em: <https://www.ilo.org/gender/Informationresources/Publications/WCMS_546305/lang--es/index.htm>. Acesso em: 4 dez. 2018.

e assédio abarcam também a violência de gênero[376], incluindo assédio sexual e perseguição, e reconheceu como necessária "uma abordagem inclusiva, integrada e sensível às questões de gênero, que abordem as causas subjacentes e os fatores de risco, incluindo estereótipos de gênero", por ser essencial para eliminar a violência e o assédio no mundo do trabalho[377].

Entre os possíveis objetivos ou efeitos da violência e do assédio, o *Bureau* ponderou que devem constar os danos econômicos. Desse modo, a proposta final foi a de que os termos *violência e assédio* devem ser entendidos "como um contínuo de comportamentos e práticas inaceitáveis, ou ameaças, que se manifestam de forma pontual ou recorrente, com o objetivo ou efeito de causar danos físicos, psicológicos, sexuais ou econômicos, e inclui a violência de gênero"[378].

Entre os países estudados, embora se tenha constatado que não há definições universais de violência e assédio e que as terminologias violência, assédio e *bullying* são utilizadas como sinônimos ou para designar diferentes ações, as definições das diversas formas de violência e de assédio abarcam, predominantemente, a conduta física e a conduta psicológica e centram-se nos resultados ou efeitos da conduta (dano ou sofrimento, ambiente hostil ou perda da dignidade), sem descrever a natureza exata da conduta em si, seja ela pontual ou recorrente[379].

Observou-se que a ausência de descrição da conduta que configura ato de violência ou de assédio no trabalho permite abarcar a multiplicidade de ações que podem acarretar danos físicos, psicológicos ou sexuais, incluindo práticas novas de violência e de assédio inerentes aos riscos e desafios que surgem em face da evolução das modalidades de trabalho e da tecnologia[380].

---

(376) Acerca das intersecções entre o assédio organizacional e a discriminação de gênero, facetas da violência e do assédio presentes na realidade brasileira, ver BORGES, Lara Parreira de Faria. *Espiando por trás da persiana:* um olhar sobre a discriminação traduzida em assédio moral organizacional contra mulheres. São Paulo: LTr, 2015.

(377) ORGANIZAÇÃO INTERNACIONAL DO TRABALHO. *Acabar com a violência e o assédio no mundo do trabalho*. Conferência Internacional do Trabalho, 107ª Sessão, Relatório V(2), p. 98, 2018. Disponível em: <https://www.ilo.org/wcmsp5/groups/public/---ed_norm/---relconf/documents/meetingdocument/wcms_630697.pdf>.

(378) ORGANIZAÇÃO INTERNACIONAL DO TRABALHO. *Acabar com a violência e o assédio no mundo do trabalho*. Conferência Internacional do Trabalho, 107ª Sessão. Relatório V(2), p. 97, 2018. Disponível em: <https://www.ilo.org/wcmsp5/groups/public/---ed_norm/---relconf/documents/meetingdocument/wcms_630697.pdf>.

(379) ORGANIZAÇÃO INTERNACIONAL DO TRABALHO. *Acabar com a violência e o assédio contra mulheres e homens no mundo do trabalho*. Conferência Internacional do Trabalho, 107ª Sessão, Relatório V(1), p. 6-17, 2018. Disponível em: <https://www.ilo.org/gender/Informationresources/Publications/WCMS_546305/lang--es/index.htm>. Acesso em: 4 dez. 2018.

(380) ORGANIZAÇÃO INTERNACIONAL DO TRABALHO. *Acabar com a violência e o assédio contra mulheres e homens no mundo do trabalho*. Conferência Internacional do Trabalho, 107ª Sessão. Relatório V(1), p. 6-8, 2018. Disponível em: <https://www.ilo.org/gender/Informationresources/Publications/WCMS_546305/lang--es/index.htm>. Acesso em: 4 dez. 2018.

Constatou-se que a violência psicológica e o assédio moral estão entre as formas de violência e assédio mais denunciadas no mundo do trabalho. A inclusão do termo "psicológica" associada à violência faz alusão aos efeitos prejudiciais da conduta sobre a integridade psíquica da vítima e as condutas caracterizadoras do assédio moral "podem também incluir a manipulação da reputação da pessoa, o seu isolamento, a retenção de informação e a atribuição de tarefas que não estão de acordo com as capacidades da pessoa, ou metas e prazos impossíveis de cumprir"(381).

Constatou-se, ainda, uma crescente aceitação, entre os países estudados, de que alguns riscos psicossociais relacionados à organização do trabalho "podem ser tão prejudiciais que, quando afetam a dignidade, a segurança, a saúde e o bem-estar da vítima, se transformam em formas de violência e assédio"(382).

Embora não haja menção da terminologia assédio organizacional, a Comissão Tripartite de Peritos reconheceu que, entre os riscos psicossociais vinculados à organização do trabalho estão aqueles que se relacionam "às cargas de trabalho excessivas, à falta de autonomia para a tomada de decisões, à baixa consideração pelo trabalho das pessoas, à rigidez dos procedimentos rotineiros do trabalho e à atenção insuficiente à manutenção de boas relações interpessoais" e que esses riscos, em algumas circunstâncias, podem ser considerados "formas de *violência estrutural*"(383).

A título de exemplo de *violência estrutural* nas organizações, mencionou-se a legislação da Nova Zelândia que prevê a existência de "*bullying* institucional". Naquele país, esse tipo de violência estrutural e assédio institucional se configura quando

> as normas, a cultura e a prática de uma organização *permitem* comportamentos que se revelam insultuosos ou que *provocam* um *stress* indevido, ou quando as *estruturas, práticas, políticas ou requisitos do trabalho se traduzem num peso avassalador sobre o pessoal* e *o seu bem-estar é negligenciado*. Entre os exemplos de normas aplicadas pelas organizações que constituem práticas injustas incluem-se o estabelecimento de

---

(381) ORGANIZAÇÃO INTERNACIONAL DO TRABALHO. *Acabar com a violência e o assédio contra mulheres e homens no mundo do trabalho*. Conferência Internacional do Trabalho, 107ª Sessão. Relatório V(1), p. 15, 2018. Disponível em: <https://www.ilo.org/gender/Informationresources/Publications/WCMS_546305/lang–es/index.htm>. Acesso em: 4 dez. 2018.

(382) ORGANIZAÇÃO INTERNACIONAL DO TRABALHO. *Acabar com a violência e o assédio contra mulheres e homens no mundo do trabalho*. Conferência Internacional do Trabalho, 107ª Sessão. Relatório V(1), p. 17, 2018. Disponível em: <https://www.ilo.org/gender/Informationresources/Publications/WCMS_546305/lang–es/index.htm>. Acesso em: 4 dez. 2018.

(383) ORGANIZAÇÃO INTERNACIONAL DO TRABALHO. *Acabar com a violência e o assédio contra mulheres e homens no mundo do trabalho*. Conferência Internacional do Trabalho, 107ª Sessão. Relatório V(1), p. 17, 2018. Disponível em: <https://www.ilo.org/gender/Informationresources/Publications/WCMS_546305/lang–es/index.htm>. Acesso em: 4 dez. 2018 (grifo nosso).

objetivos impossíveis e a imposição de um volume de trabalho inviável ou com prazos pouco realistas.[384]

Desse modo, para compreender a violência e o assédio no mundo do trabalho, importa considerar o contexto e as forças que operam no ambiente de trabalho, assim como a dinâmica do poder e a cultura predominante nesses espaços. Nessa perspectiva, verificou-se que, dentro de certos contextos culturais e sociais, a violência e o assédio foram considerados normais e inquestionáveis no trabalho diário, o que foi considerado inadmissível pela Comissão[385].

Apurou-se, além do mais, que o assédio moral (também denominado *bullying* em alguns países ou abuso de poder no Japão) é a forma mais denunciada de violência psicológica e assédio em 28 países da Europa (5% do total de trabalhadores no ano de 2016). Nos Estados Unidos, um estudo de 2014 estimou que cerca de 27% de trabalhadores norte-americanos foram objeto de "conduta abusiva" no trabalho durante a vida laboral. Na Bélgica, entre os anos de 2000 e 2010, entre 10% e 15% dos trabalhadores denunciaram a vivência de assédio moral. Na França, em 2005, 8% de mulheres e 7% de homens declararam ter sofrido assédio moral no trabalho. "Um inquérito representativo de 4.580 empresas do Japão, realizado em 2012, revelou a magnitude do problema, uma vez que 45,2 por cento dos trabalhadores informaram que tinham sofrido do denominado 'abuso de poder'". Por fim, na Austrália estima-se que o *bullying* no trabalho se situa entre 22% e 33%[386].

Sobre os fatores de risco relativos à violência e ao assédio no mundo do trabalho, os peritos identificaram que as circunstâncias e condições de trabalho, por si só ou de forma combinada, bem como as condições psicossociais, podem expor os trabalhadores tanto à violência e ao assédio quanto comprometer a capacidade desses trabalhadores de obter meios de reparação. As circunstâncias destacadas pelos peritos podem ser verificadas na tabela a seguir:

---

(384) ORGANIZAÇÃO INTERNACIONAL DO TRABALHO. *Acabar com a violência e o assédio contra mulheres e homens no mundo do trabalho*. Conferência Internacional do Trabalho, 107ª Sessão. Relatório V(1), p. 18, 2018. Disponível em: <https://www.ilo.org/gender/Informationresources/Publications/WCMS_546305/lang--es/index.htm>. Acesso em: 4 dez. 2018 (grifo nosso).

(385) ORGANIZAÇÃO INTERNACIONAL DO TRABALHO. *Acabar com a violência e o assédio contra mulheres e homens no mundo do trabalho*. Conferência Internacional do Trabalho, 107ª Sessão. Relatório V(1), p. 18, 2018. Disponível em: <https://www.ilo.org/gender/Informationresources/Publications/WCMS_546305/lang--es/index.htm>. Acesso em: 4 dez. 2018.

(386) ORGANIZAÇÃO INTERNACIONAL DO TRABALHO. *Acabar com a violência e o assédio contra mulheres e homens no mundo do trabalho*. Conferência Internacional do Trabalho, 107ª Sessão. Relatório V(1), p. 28, 2018. Disponível em: <https://www.ilo.org/gender/Informationresources/Publications/WCMS_546305/lang--es/index.htm>. Acesso em: 4 dez. 2018.

Tabela 2 — Circunstâncias que podem expor os trabalhadores à violência e ao assédio

(por si sós ou combinadas)

• Trabalhar em contato com o público;
• Trabalhar com pessoas numa situação difícil;
• Trabalhar com objetos de valor;
• Trabalhar em situações em que as trabalhadoras e os trabalhadores não estão cobertos ou protegidos de uma forma adequada, pela legislação laboral e proteção social;
• Trabalhar em ambientes com recursos limitados (o equipamento insuficiente das instalações ou a falta de pessoal pode resultar em longas esperas e frustração);
• Trabalhar em horários de difícil conciliação com a vida social (por exemplo, trabalho vespertino ou noturno);
• Trabalhar só ou num isolamento relativo, ou em locais remotos;
• Trabalhar em espaços íntimos ou em domicílios privados;
• Ter poder para negar a prestação de serviços, o que aumenta o risco de violência e assédio por parte de quem pretende os ditos serviços;
• Trabalhar em zonas de conflito, particularmente na prestação de serviços públicos e de emergência; e
• Existência de taxas elevadas de desemprego.

Fonte: OIT: 2016a, Anexo I, parágrafo 9(387).

Além de apontarem essas circunstâncias de risco, os peritos indicaram a organização do trabalho humano como um fator de risco que acentua a possibilidade da utilização da violência e do assédio nos espaços de trabalho. Entre os fatores de riscos relacionados diretamente com a organização do trabalho, a Comissão de Peritos destacou:

> a gestão inadequada dos recursos humanos: a má organização do trabalho, incluindo a falta de normas e de responsabilidades claras; a atribuição inadequada de tarefas; o estabelecimento de objetivos de produção pouco realistas; uma comunicação deficiente; as más relações de trabalho e as

(387) ORGANIZAÇÃO INTERNACIONAL DO TRABALHO. Relatório do Diretor-Geral. Quinto relatório complementar: Resultado da Reunião de Peritos sobre a violência contra as mulheres e os homens no mundo do trabalho, documento GB.328/INS n. 17/5 (Genebra), 2016 *apud* ORGANIZAÇÃO INTERNACIONAL DO TRABALHO. Acabar com a violência e o assédio contra mulheres e homens no mundo do trabalho. *Conferência Internacional do Trabalho,* 107ª Sessão, Relatório V(1), p. 32, 2018. Disponível em: <https://www.ilo.org/gender/Informationresources/Publications/WCMS_546305/lang–es/index.htm>. Acesso em: 4 dez. 2018.

práticas discriminatórias também são considerados fatores que podem aumentar o risco de violência e de assédio.[388]

Os estudos indicaram que todos os trabalhadores, independente de suas características pessoais e do trabalho realizado, se expostos a certas circunstâncias ou a fatores de risco, podem ser submetidos a situações de violência e de assédio que consequentemente afetarão sua saúde psicológica, física e sexual e sua dignidade. Em decorrência desses impactos negativos, as relações interpessoais no ambiente de trabalho, a motivação, a reputação das empresas e a produtividade são igualmente afetadas, comprometendo a qualidade dos serviços públicos e privados oferecidos e o ambiente social e familiar em que vivem os trabalhadores vítimas dessas práticas deletérias.[389]

Por essa razão, concluiu-se que a violência e o assédio no mundo do trabalho devem abranger situações que ocorram no ambiente de trabalho, no local destinado às pausas e refeições dos trabalhadores, no trajeto residência-trabalho-residência, nas viagens ou quaisquer outras atividades vinculadas ao trabalho e, inclusive, no âmbito das comunicações profissionais realizadas por meio de tecnologias de informação e de comunicação.[390]

Entre as conclusões e propostas para fins de proposição de convenção[391], destacou-se ser relevante que haja o acesso a vias de reparação e o apoio às vítimas, bem como a adoção de legislação nacional que proíba todas as formas de violência e assédio, assim como o incentivo a medidas de prevenção, nas quais se inclui a identificação dos setores, profissões e modalidade de trabalho "nos quais os trabalhadores estão mais expostos à violência e ao assédio".[392]

---

(388) ORGANIZAÇÃO INTERNACIONAL DO TRABALHO. Acabar com a violência e o assédio contra mulheres e homens no mundo do trabalho. *Conferência Internacional do Trabalho*, 107ª Sessão, Relatório V(1), p. 32, 2018. Disponível em: <https://www.ilo.org/gender/Informationresources/Publications/WCMS_546305/lang--es/index.htm>. Acesso em: 4 dez. 2018.

(389) ORGANIZAÇÃO INTERNACIONAL DO TRABALHO. Acabar com a violência e o assédio no mundo do trabalho. *Conferência Internacional do Trabalho*, 107ª Sessão. Relatório V(2), p. 98, 2018. Disponível em: <https://www.ilo.org/wcmsp5/groups/public/---ed_norm/---relconf/documents/meetingdocument/wcms_630697.pdf>. Acesso em: 4 dez. 2018.

(390) ORGANIZAÇÃO INTERNACIONAL DO TRABALHO. Acabar com a violência e o assédio no mundo do trabalho. *Conferência Internacional do Trabalho*, 107ª Sessão. Relatório V(2), p. 97-98, 2018. Disponível em: <https://www.ilo.org/wcmsp5/groups/public/---ed_norm/---relconf/documents/meetingdocument/wcms_630697.pdf>. Acesso em: 4 dez. 2018.

(391) A 108ª sessão da Conferência Internacional do Trabalho em Genebra, no mês de junho de 2019, adotou, no seu último dia de trabalhos, a primeira Convenção sobre Violência e Assédio no Mundo do Trabalho (Convenção n. 190), e respectiva Recomendação. A Convenção n. 190 entrará em vigor 12 meses após a ratificação de, ao menos, dois Estados. Seu teor, bem como o teor de sua respectiva Recomendação, pode ser consultado em: <https://www.ilo.org/wcmsp5/groups/public/---ed_norm/---relconf/documents/meetingdocument/wcms_711242.pdf>. Acesso em: 4 dez. 2018.

(392) ORGANIZAÇÃO INTERNACIONAL DO TRABALHO. Acabar com a violência e o assédio no mundo do trabalho. *Conferência Internacional do Trabalho*, 107ª Sessão, Relatório V(2), p. 99, 2018. Disponível em: <https://www.ilo.org/wcmsp5/groups/public/---ed_norm/---relconf/documents/meetingdocument/wcms_630697.pdf>. Acesso em: 4 dez. 2018.

3.2. *Violência e mundo do trabalho: as interfaces e os limites da subordinação jurídica e do poder empregatício no contrato de emprego brasileiro*

Violência e poder estão intrinsecamente relacionados. Segundo Norberto Bobbio, Nicola Metteucci e Gianfranco Pasquino, o poder, no sentido especificamente social, é "a capacidade do homem em determinar o comportamento do homem: Poder do homem sobre o homem. O homem é não só o sujeito, mas também o objeto do poder social".[393]

O poder é um fenômeno social presente em praticamente todas as dimensões da vida em sociedade, na qual se inclui, sob o ponto de vista do sistema capitalista, o poder exercido pelo proprietário dos meios de produção sobre aqueles que não os possuem. Nessa perspectiva, as manifestações de poder, em regra, evidenciam uma patente desigualdade de recursos[394], de modo que se tornam ainda mais visíveis e explícitas nas relações de emprego[395].

Lorena Vasconcelos Porto salienta que, desde o início, o mercado capitalista de produção impunha rígida disciplina para obter tanto o aumento da acumulação de capital quanto a submissão do trabalhador. O exercício do poder na forma de disciplina propõe-se a transformar o comportamento dos trabalhadores, o que "implica o trabalho dos corpos, do físico e da mente, para torná-los úteis, produtivos, mas submissos, incapazes de perceber que estão sendo subjugados; pensam que são livres e que agem voluntariamente, quando, na verdade, são instrumentos manipulados para a realização dos interesses alheios"[396].

> Dessa forma, o poder alcança os objetivos desejados, sem precisar se utilizar da força física, o que o torna mais sutil, menos visível e mais aceito socialmente, conferindo-lhe maior legitimidade e eficiência. Criou-se, portanto, sob a égide da Razão iluminista, uma nova forma de dominação, mais inteligente, econômica e eficaz. Em vez da submissão pela violência direta (como ocorria com o escravo), o que acarreta maiores custos e causa maior impacto, maior resistência, impõe-se a *disciplina, violência indireta, aceita sem ser percebida.*[397]

A relação empregatícia é firmada por meio de contrato típico, no qual se estabelece "uma relação de poder própria a uma realidade socioeconômica e jurídica específica".[398] Assim, tem-se .ue a relação de emprego é uma relação contratual

(393) BOBBIO, Norberto; METTEUCCI, Nicola; PASQUINO, Gianfranco. *Dicionário de política.* 13. ed. 4. reimp. Brasília: Universidade de Brasília, 2010. v. 2. p. 933.

(394) *Ibidem*, p. 938-939.

(395) PORTO, Lorena Vasconcelos. *A subordinação no contrato de emprego:* uma releitura necessária. São Paulo: LTr, 2009. p. 39.

(396) *Ibidem*, p. 40.

(397) *Idem, loc. cit.* (grifo nosso).

(398) DELGADO, Mauricio Godinho. *O poder empregatício.* São Paulo: LTr, 1996. p. 56.

e de poder legitimada pelo Direito que se estabelece entre o empregador e o empregado, quando o trabalho é prestado por pessoa física, com pessoalidade, onerosidade, não eventualidade e subordinação jurídica (art. 3º, *caput*, da CLT[(399)]).

Evidentemente que cada um dos cinco elementos fático-jurídicos deve ser analisado com igual relevância para fins de caracterização de uma relação empregatícia. No entanto, é predominante o entendimento de que a subordinação jurídica é o elemento fático-jurídico essencial para sua configuração. Aliás, a subordinação jurídica apresenta-se no contexto das relações laborais como a contraface necessária do exercício do poder empregatício, sem a qual sequer é possível afirmar a existência de uma relação de emprego.

O empregador, segundo definição inserta no art. 2º, *caput*, da CLT[(400)], é aquele que assume os riscos da atividade econômica e dirige a prestação de serviços. Por essa razão, a teoria justrabalhista afirma que, inegavelmente, o empregador é o legítimo detentor dos poderes de gestão e direção de seu empreendimento, o denominado poder empregatício.

Mauricio Godinho Delgado salienta que, entre as dimensões do poder empregatício destacam-se os poderes diretivo e disciplinar como modalidades específicas, dadas a amplitude, consistência e identidade próprias de que se revestem no contrato de emprego. Os poderes regulamentar e fiscalizatório (ou poder de controle), por sua vez, segundo a análise dominante, são tidos como manifestações conexas ao poder de direção e ao poder disciplinar, respectivamente, de modo a não se enquadrarem especificamente como dimensão própria do poder empregatício[(401)].

O poder diretivo consubstancia-se no conjunto de prerrogativas destinadas ao processo de organização do trabalho de modo a atender, da melhor forma, aos objetivos e metas empresariais. Esse processo de organização envolve, portanto, dimensões técnicas e sociais, nas quais se inclui o conteúdo da tarefa, as relações de poder, a repartição de responsabilidades, a divisão hierárquica e a forma de controle no espaço institucional. Segundo a Psicodinâmica do Trabalho, trata-se do trabalho prescrito que norteia a prestação de serviços e a relação do sujeito com o trabalhar, relacionando-se, portanto, diretamente com o funcionamento psíquico do trabalhador[(402)].

(399) CONSOLIDAÇÃO DAS LEIS DO TRABALHO. Art. 3º Considera-se empregado toda pessoa física que prestar serviços de natureza não eventual a empregador, sob a dependência deste e mediante salário.

(400) CONSOLIDAÇÃO DAS LEIS DO TRABALHO. Art. 2º Considera-se empregador a empresa, individual ou coletiva, que, assumindo os riscos da atividade econômica, admite, assalaria e dirige a prestação pessoal de serviço.

(401) DELGADO, Mauricio Godinho. *Curso de direito do trabalho.* 17. ed. rev. atual. e ampl. São Paulo: LTr, 2018. p. 786-788.

(402) DEJOURS, Christophe; ABDOUCHELI, Elisabeth. Itinerário teórico em psicopatologia do trabalho. In: DEJOURS, Christophe; ABDOUCHELI, Elisabeth; JAYET, Christian. *Psicodinâmica do trabalho:* contribuições da escola dejouriana à análise da relação prazer, sofrimento e trabalho. Coordenação Maria Irene Stocco Betiol. 1. ed. 15. reimpr. São Paulo: Atlas, 2014. p. 126.

Já o poder disciplinar, de acordo com Mauricio Godinho Delgado, "é o conjunto de prerrogativas concentradas no empregador dirigidas a propiciar a imposição de sanções aos empregados em face do descumprimento por esses de suas obrigações contratuais"[(403)].

Evidentemente que a prerrogativa de exercício de poder disciplinar no âmbito das relações empregatícias, assim como as inerentes ao poder diretivo, não é irrestrita, tampouco promove a sujeição pessoal do empregado ao empregador. O exercício do poder se subordina às regras, princípios e institutos próprios do Direito do Trabalho que se volta para a democratização do poder empregatício por causa dos princípios e regras humanistas e sociais estabelecidos na Constituição Federal de 1988[(404)].

Todavia, não se descuida da possibilidade concreta de o empregador, utilizando-se do poder inerente à superioridade econômica que possui em contraponto à desigualdade material daquele que vende sua força de trabalho e da ausência de proteção jurídica no tocante à estabilidade no emprego[(405)], se exceder em suas prerrogativas legais e agir, no meio ambiente de trabalho, com abuso de poder.

A dimensão política da violência manifesta-se exatamente mediante o abuso do poder empregatício. Adriane Reis de Araújo salienta que é no limiar existente entre o poder empregatício e a subordinação jurídica do empregado que o assédio moral se concretiza[(406)], tornando-se uma das formas mais emblemáticas de violência no ambiente de trabalho.

Atualmente, a violência no trabalho apresenta-se de forma sutil e suas manifestações encontram-se profundamente enraizadas na organização do trabalho fundada no modelo toyotista de gestão que expõe trabalhadores a situações de assédio entranhadas, naturalizadas e justificadas em seus valores ideológicos e *modus operandi*.

O poder nas relações laborais, embebido no ideal de perfeição ínsito ao culto da excelência e na competitividade entre pares desse modelo gerencial, promove, por meio do exercício revestido de aparente legalidade e legitimidade dos poderes diretivo e disciplinar, a quebra da solidariedade, aprofundando o sofrimento e a solidão no ambiente de trabalho, em prol do produtivismo.

---

(403) DELGADO, Mauricio Godinho. *Curso de direito do trabalho*. 17. ed. rev. atual. e ampl. São Paulo: LTr, 2018. p. 793.

(404) DELGADO, Mauricio Godinho. *Curso de direito do trabalho*. 17. ed. rev. atual. e ampl. São Paulo: LTr, 2018. p. 816 e 832.

(405) O art. 7º, inciso I, da Constituição Federal de 1988 estabelece que é direito do trabalhador a relação de emprego protegida contra despedida arbitrária ou sem justa causa. Todavia, até o momento, não foi editada lei complementar para a regulamentação desse direito. Convém ressaltar a existência de tal direito na Convenção n. 158 da OIT relativa ao Término da Relação de Trabalho por Iniciativa do Empregador, que foi ratificada, pelo Brasil, em 11.4.1996 e denunciada em 20.11.1996.

(406) ARAUJO, Adriane Reis de. *O assédio moral organizacional*. São Paulo: LTr, 2012. p. 127.

O poder disciplinar, em especial, manifesta-se pela apropriação de elementos motivacionais para incutir no empregado os valores organizacionais e os imperativos do ideário neoliberal, transformando o empregado em "colaborador". A pretensão é homogeneizar os indivíduos, de forma que incorporem os objetivos e metas empresariais como se fossem seus próprios objetivos. A disciplina, nesse contexto, tem por objetivo uniformizar comportamentos e procedimentos, no interesse do empregador, e punir aqueles que, de alguma forma, não se adequem à ética do *super*, do excelente.

A estratégia desse sistema pós-fordista de gestão do trabalho humano é negar as diferenças e contradições inerentes ao mercado capitalista de produção e incentivar a desagregação do coletivo, homogeneizando os trabalhadores para torná-los dóceis, negando a dimensão de sujeito inerente a todo ser humano e banalizando a injustiça, de modo a obter a submissão do trabalhador por meio da exposição "aos atos que humilham e constrangem, mesmo quando a manifestação prática revela-se individualizada"[(407)].

O sujeito trabalhador, para permanecer no emprego, constrói como estratégia de defesa a negação do sofrimento e, alienando-se da realidade, se utiliza da aceleração e da servidão voluntária para manter-se produtivo, reproduzindo, por consequência, a dominação no mundo do trabalho.

Essa dinâmica vivenciada nas relações empregatícias pode ser constatada, na atualidade, pelo fato de o trabalhador, muitas vezes, em detrimento da própria saúde, adotar o comportamento incentivado pelo empregador, de praticar longas jornadas num ritmo intenso, exaustivo e estressante de trabalho, comportamento esse ainda reforçado pelo desemprego estrutural e pela precarização da legislação social e do trabalho impostos pelo ideário neoliberal[(408)].

O Direito do Trabalho constitucionalizado emerge, nesse contexto, para regular as relações de poder no âmbito das relações de emprego, de modo que os estudos acerca do exercício da subordinação jurídica e do poder empregatício e dos limites a eles inerentes tornam-se imprescindíveis para compreender a relação entre violência e estratégia toyotista de gestão do trabalho humano.

3.2.1. A subordinação jurídica no contrato de emprego brasileiro

Como já salientado, a relação de emprego, firmada por meio de contrato típico, traz em seu bojo a subordinação jurídica como elemento fático-jurídico essencial para sua configuração. Desse modo, de acordo com a dimensão clássica

(407) HELOANI, Roberto; BARRETO, Margarida. Violência, saúde e trabalho: a intolerância e o assédio moral nas relações laborais. *Serv. Soc. Soc.*, São Paulo, n. 123, p. 544-561, jul./set. 2015.

(408) PORTO, Lorena Vasconcelos. *A subordinação no contrato de emprego:* uma releitura necessária. São Paulo: LTr, 2009. p. 45.

ou tradicional da teoria justrabalhista, a subordinação jurídica consubstancia-se na obrigação contratual assumida pelo empregado de efetivar a prestação de serviços sob a coordenação do titular do poder de direção — o empregador.

Nas palavras de Mauricio Godinho Delgado, a subordinação

> corresponde *ao polo antitético e combinado do poder de direção existente no contexto da relação de emprego*. Consiste, assim, na *situação jurídica derivada do contrato de trabalho, pela qual o empregado compromete-se a acolher o poder de direção empresarial no modo de realização de sua prestação de serviços*. Traduz-se, em suma, na "situação em que se encontra o trabalhador, decorrente da limitação contratual da autonomia de sua vontade, para o fim de transferir ao empregador o poder de direção sobre a atividade que desempenhará".[(409)]

Todavia, a autonomia de vontade do empregado mitigada pelo contrato de emprego não estabelece um estado de sujeição pessoal do trabalhador ao poder de outrem, pois a subordinação é "enfocada pela ordem jurídica sob um prisma estritamente objetivo, atuando sobre o *modo* de realização da prestação pactuada. Não gera um estado de sujeição pessoal (prisma subjetivo) do prestador de serviços — razão por que supõe e preserva a liberdade do prestador"[(410)].

Mauricio Godinho Delgado destaca que, embora a expressão dependência utilizada no *caput* do art. 3º da CLT se refira à subordinação e, de certa forma, pareça evidenciar um vínculo subjetivo entre os contratantes, essa interpretação não se coaduna com a teoria justrabalhista hegemônica que trata a subordinação sob o prisma objetivo, ou seja, como fenômeno essencialmente jurídico que emerge do contrato de emprego, do mesmo modo que o poder empregatício[(411)].

Ocorre que na já superada teoria justrabalhista, a subordinação era considerada sob duas perspectivas: a perspectiva da dependência econômica, pautada na assimetria econômica entre empregado e empregador e na hierarquia rígida e simétrica dela decorrente; e na perspectiva da dependência técnica que, ao atribuir ao empregador o monopólio do conhecimento do processo produtivo, desconsiderava a impossibilidade de controle individual do saber do empregado pelo empregador[(412)].

Tais perspectivas foram superadas porque se mostraram inaptas para abarcar as situações em que, muito embora o empregado possua condição econômica superior (tenha recebido uma herança, por exemplo) ou tenha maior especialização técnica do que o empregador, a prestação de serviços se efetivava sob o manto da

(409) DELGADO, Mauricio Godinho. *Curso de direito do trabalho.* 17. ed. rev. atual. e ampl. São Paulo: LTr, 2018. p. 349. (grifo do autor)

(410) *Ibidem,* p. 97.

(411) *Ibidem,* p. 350.

(412) *Idem.*

subordinação jurídica e do poder empregatício, fato que, por si mesmo, demanda a proteção jurídica do Direito do Trabalho[413].

Lorena Vasconcelos Porto, ao tratar da noção de empresa, enfatiza que essa unidade técnico-econômica de produção ou troca de bens e serviços, externamente, realiza fins e, internamente, organiza-se por meio de uma "soma de atividades distribuídas em um sistema racional e organizado de desenvolvimento", onde se busca, "em última análise, (...) a regularidade, a continuidade e a segurança dessa atividade". Assim, a direção da atividade empresarial, articulada por meio da previsão, organização, comando, coordenação e controle exercidos sobre a prestação de serviços, revela uma relação de poder na qual o empregador depende da continuidade e regularidade da prestação de serviços para o alcance dos fins empresariais[414].

> No sentido objetivo, há subordinação quando se dá o "acoplamento da atividade do prestador na atividade da empresa", revelado por "recíprocas expectativas que se reiteram", pois que "à atividade da empresa é imprescindível a atividade do trabalhador e este se vincula àquela em razão da integração de atividades, o que redunda em uma situação de dependência". Por ser a atividade do prestador "indispensável à atividade da empresa e sempre expectada, passa esta a depender daquela". Há, portanto, uma dependência recíproca.[415]

Essa relação de dependência recíproca entre empregador e empregado evidencia a existência de expectativas também recíprocas, em que, de um lado, há o credor do trabalho e, de outro, o prestador de serviços, que se integram à organização do trabalho dirigida à obtenção de determinado fim. Esse processo de integração "acarreta a submissão às regras que exprimem o poder de organização do empresário" e define, como essência da subordinação jurídica, a integração da prestação de serviços do empregado no conjunto da atividade da organização[416].

O descortinar dessa dimensão do fenômeno da subordinação jurídica possibilitou o surgimento do conceito de subordinação objetiva. Segundo Paulo Emílio Ribeiro de Vilhena, a subordinação objetiva se configura essencialmente pela "relação de coordenação ou de participação integrativa ou colaborativa, através da qual a atividade do trabalhador como que segue, em linhas harmônicas, a atividade da empresa, dela recebendo o influxo próximo ou remoto de seus movimentos"[417]. Vale dizer, a subordinação jurídica se evidencia quando as atividades exercidas pelo

(413) PORTO, Lorena Vasconcelos. *A subordinação no contrato de emprego:* uma releitura necessária. São Paulo: LTr, 2009. p. 63-64.

(414) PORTO, Lorena Vasconcelos. *A subordinação no contrato de emprego:* uma releitura necessária. São Paulo: LTr, 2009. p. 66-67.

(415) *Ibidem,* p. 69.

(416) *Ibidem,* p. 69-70.

(417) VILHENA *apud* DELGADO, Mauricio Godinho. *Curso de direito do trabalho.* 17. ed. rev. atual. e ampl. São Paulo: LTr, 2018. p. 352.

empregado, ainda que de forma mais autônoma, são essenciais para a consecução dos objetivos empresariais, sejam eles econômicos, técnicos, operacionais ou administrativos[(418)].

O critério da subordinação objetiva, por sua amplitude, mostrou-se mais apto para abarcar hipóteses não contempladas pelas perspectivas da dependência econômica e da dependência técnica inerentes à superada teoria justrabalhista, mas não se mostrou suficiente para acompanhar as mudanças crescentes no mundo do trabalho, especialmente aquelas que implicaram maior precarização das relações trabalhistas.

O conceito de subordinação estrutural propõe que a subordinação estrutural "se manifesta pela inserção do trabalhador na dinâmica do tomador de seus serviços, independentemente de receber (ou não) suas ordens diretas, mas acolhendo, estruturalmente, sua dinâmica de organização e funcionamento"[(419)].

Vale dizer, independente de o trabalhador se harmonizar (ou não) aos objetivos organizacionais e, ainda, receber (ou não) ordens diretas e específicas durante a prestação de serviços realizada em atividade-fim ou atividade-meio, se ele estiver vinculado à organização do trabalho da entidade tomadora de seus serviços, "absorvendo sua cultura e sua lógica empresariais durante o ciclo de prestação de seu labor e, na medida dessa aculturação, seu poder direcionador e dirigente", está configurada a subordinação jurídica em sua dimensão estrutural[(420)].

Assim, alargando o campo de incidência do Direito do Trabalho e oferecendo resposta normativa aos crescentes instrumentos desregulamentadores do trabalho humano que exigem a expansão do direito fundamental ao trabalho digno, Mauricio Godinho Delgado conclui que,

> Na essência, é trabalhador subordinado desde o humilde e tradicional obreiro que se submete à intensa pletora de ordens do tomador ao longo de sua prestação de serviços (subordinação clássica ou tradicional), como também aquele que realiza, ainda que sem incessantes ordens diretas, no plano manual ou intelectual, os objetivos empresariais (subordinação objetiva), a par do prestador laborativo que, sem receber ordens diretas das chefias do tomador de serviços e até mesmo nem realizar os objetivos do empreendimento (atividades-meio, por exemplo), acopla-se, estruturalmente, à organização e dinâmica operacional da empresa tomadora, qualquer que seja sua função ou especialização, incorporando, necessariamente, a cultura cotidiana empresarial ao longo da prestação de serviços realizada (subordinação estrutural).[(421)]

---

(418) PORTO, Lorena Vasconcelos. *A subordinação no contrato de emprego:* uma releitura necessária. São Paulo: LTr, 2009. p. 69-70.

(419) PORTO, Lorena Vasconcelos. *Loc. cit.*

(420) DELGADO, Mauricio Godinho. *Curso de direito do trabalho.* 17. ed. rev. atual. e ampl. São Paulo: LTr, 2018. p. 353.

(421) *Idem.*

3.2.2. O poder empregatício no contrato de emprego brasileiro

Não há no ordenamento jurídico brasileiro norma que trate, de forma direta, acerca do poder empregatício. Contudo, identifica-se, no Texto Constitucional e na CLT, a liberdade de iniciativa atribuindo ao empregador o poder de dirigir, controlar, regulamentar, disciplinar e organizar a produção e a gestão do trabalho humano e ao trabalhador o dever de subordinação jurídica, no qual se inclui a obrigação de acatar a direção laborativa do empregador (art. 1º, *caput* e inciso IV, da CF[422] e art. 2º, *caput*, da CLT[423]).

Exatamente por assumir os riscos do empreendimento no livre exercício da liberdade de iniciativa, o poder empregatício emerge como atividade destinada a regular a prestação de serviços nas organizações para o alcance dos resultados pretendidos.

Assim, tem-se que o poder empregatício encontra fundamento constitucional na liberdade de iniciativa e fundamento legal na CLT. Além desse fundamento jurídico, de acordo com a teoria justrabalhista prevalecente, o poder empregatício igualmente encontra fundamento jurídico no próprio contrato de emprego, de modo que o poder empregatício emerge do acordo de vontades entre as partes contratantes — empregador e empregado.

Mauricio Godinho Delgado salienta que a concepção contratualista do poder empregatício é a mais consentânea com os princípios democráticos que norteiam a autonomia privada do coletivo de trabalhadores. Isso porque a relação contratual estabelecida, em razão de sua possível dinamicidade, pode ser permeada, mesmo após o pacto inicial celebrado, pela "vontade coletiva obreira, visando garantir o alcance de um processo mais democrático de gestão de poder no contexto empresarial interno"[424]. Alcançado esse patamar nas relações contratuais de emprego, a autonomia privada coletiva não apenas confere fundamento político ao poder empregatício, como também "atua na configuração do conteúdo jurídico desse poder em exercício"[425], que não pode se consumar "a não ser nos limites e procedimentos coletivamente assentados"[426].

De acordo com Norberto Bobbio, Nicola Metteucci e Gianfranco Pasquino, o exercício do poder se manifesta de múltiplas formas, desde a "persuasão à manipulação, da ameaça de uma punição à promessa de recompensa". A coerção também

---

(422) CONSTITUIÇÃO DA REPÚBLICA FEDERATIVA DO BRASIL DE 1988. Art. 1º A República Federativa do Brasil, formada pela união indissolúvel dos Estados e Municípios e do Distrito Federal, constitui-se em Estado Democrático de Direito e tem como fundamentos: (...) IV — os valores sociais do trabalho e da livre-iniciativa.

(423) CONSOLIDAÇÃO DAS LEIS DO TRABALHO. Art. 2º Considera-se empregador a empresa, individual ou coletiva, que, assumindo os riscos da atividade econômica, admite, assalaria e dirige a prestação pessoal de serviço.

(424) DELGADO, Mauricio Godinho. *Op. cit.*, p. 800.

(425) DELGADO, Mauricio Godinho. *O poder empregatício.* São Paulo: LTr, 1996. p. 175.

(426) DELGADO, Mauricio Godinho. O poder no contrato de trabalho – diretivo, regulamentar, fiscalizatório, disciplinar. *Síntese Trabalhista,* ano VIII, n. 95, p. 7, maio 1997.

é um modo de exercício do poder que supõe alto grau de constrangimento ou ameaça de privação[(427)].

A relação de emprego, segundo destaca Mauricio Godinho Delgado, não se assemelha às relações servis e escravas predominantes nos séculos anteriores, pois se fundamenta no trabalho livre e assalariado, caracterizado por "uma fórmula de funcionamento que organicamente dispensa a coerção como instrumento de existência e dinamismo do sistema produtivo", na medida em que, por meio de relação contratual, o trabalhador se obriga a prestar trabalho e, em contrapartida, recebe um pagamento em pecúnia[(428)].

O sistema de contrapartidas próprio da relação contratual de emprego, todavia, não retira do empregador o poder de controle e vigilância no tocante ao modo como o trabalho é realizado. Tampouco, considerando-se o plano fático e o viés econômico, o empregado torna-se efetivamente livre, em razão de sua hipossuficiência e da patente assimetria existente entre empregado e empregador. É justamente nesse contexto paradoxal que emerge o poder empregatício como um "conjunto de prerrogativas asseguradas pela ordem jurídica concentradas na figura do empregador, para exercício no contexto da relação de emprego"[(429)].

Acerca da natureza jurídica do poder empregatício, destacam-se as vertentes tradicionais justrabalhista que concebem o poder do empregador como direito potestativo, direito subjetivo, fenômeno de caráter hierárquico e, ainda, direito-função (concepção prevalecente na atualidade); e a vertente progressista de Mauricio Godinho Delgado, que o concebe como relação jurídica contratual complexa[(430)].

A concepção de poder empregatício como direito potestativo do empregador prevaleceu no século XIX e na primeira metade do século XX e seu pressuposto era a existência de um dever, assegurado pela ordem jurídica, que se revelava um verdadeiro "despotismo de fábrica". Essa concepção foi suplantada em face de suas deficiências teóricas e de sua patente inadequação diante da importância da participação democrática dos trabalhadores nos espaços de trabalho[(431)].

O poder empregatício enquanto direito subjetivo, ou seja, compreendido como prerrogativa conferida pela ordem jurídica ao empregador para agir com o objetivo de satisfazer seus interesses estipulados em contrato, representa um avanço limitado em relação à concepção de poder potestativo, porque o viés autoritário e distante de uma concepção democrática e cidadã de organização do trabalho ainda prevalece nessa vertente[(432)].

---

(427) BOBBIO, Norberto; METTEUCCI, Nicola; PASQUINO, Gianfranco. *Dicionário de política*. 13. ed. 4. reimp. Brasília: Universidade de Brasília, 2010. v. 2, p. 938-939.

(428) DELGADO, Mauricio Godinho. *O poder empregatício.* São Paulo: LTr, 1996. p. 141.

(429) DELGADO, Mauricio Godinho. *Curso de direito do trabalho*. 17. ed. rev. atual. e ampl. São Paulo: LTr, 2018. p. 786-787.

(430) *Ibidem,* p. 787.

(431) *Ibidem,* p. 805-806.

(432) DELGADO, Mauricio Godinho. *Loc. cit.*

A concepção de poder empregatício como fenômeno de natureza hierárquica, por sua vez, é abordada pelas vertentes do institucionalismo e do corporativismo, pautadas, respectivamente, pela ideia de que os interesses da instituição são representados pelo empregador e, portanto, os empregados possuem o dever contratual de se submeter aos seus comandos, e a de que o poder do empregador se reveste de tal força jurídica que potencialmente suprime qualquer interferência da parte contratante hipossuficiente. Segundo essa vertente, o empregado se submete à prestação de serviços em estado de marcante subordinação hierárquica[(433)].

As concepções do poder empregatício como direito potestativo, direito subjetivo e fenômeno de caráter hierárquico têm por consequência comum o aprofundamento da assimetria do poder na relação de emprego, por atribuírem o exercício de um poder quase absoluto ao empregador. Desse modo, as referidas concepções demonstraram sua inaptidão em "assimilar e responder ao processo de conquista democrática da empresa vivenciado ao longo do século XX"[(434)].

Mauricio Godinho Delgado salienta que, na perspectiva do âmbito político global das relações de poder, quanto mais democracias forem essas relações, "mais propícias serão as condições para que a dimensão consensual e construtiva do poder se desenvolva no âmbito interno à empresa". Por outro lado, "quanto mais autoritárias as relações de poder no âmbito político global, menor o espaço à emergência de questionamentos democratizantes à relação de poder empresarial interna"[(435)].

Assim, a partir da falta de acolhimento ao processo democrático nos ambientes laborais presente nas vertentes tradicionais que abordam a natureza jurídica do poder empregatício, surge a vertente teórica que aponta para o poder empregatício como direito-função.

O exercício do poder empregatício compreendido como direito-função é atribuído ao seu titular para agir em tutela do interesse alheio, ou seja, o exercício do poder se efetiva objetivando "o interesse da comunidade dos trabalhadores contratados" e não os interesses pessoais do administrador, de modo que, ao lado de um poder, há um dever de tutela a ele atribuído[(436)].

Os avanços propostos por essa vertente teórica pautam-se na possibilidade de participação dos trabalhadores representados pelo ser coletivo obreiro — "protagonista decisivo do processo de conquista democrática"[(437)] — no contexto organizacional, limitando a vontade do administrador.

---

(433) *Ibidem*, p. 807-808.

(434) *Ibidem*, p. 808.

(435) DELGADO, Mauricio Godinho. *O poder empregatício*. São Paulo: LTr, 1996. p. 133.

(436) DELGADO, Mauricio Godinho. *Curso de direito do trabalho*. 17. ed. rev. atual. e ampl. São Paulo: LTr, 2018. p. 808.

(437) DELGADO, Mauricio Godinho. O poder no contrato de trabalho — diretivo, regulamentar, fiscalizatório, disciplinar. *Síntese Trabalhista*, ano VIII, n. 95, p. 13, maio 1997.

Todavia, esses avanços foram limitados e acabaram por ser interpretados igualmente de forma limitada. O conceito de poder empregatício enquanto direito-função surgiu e se fundamentou na interpretação do marco teórico assentado na vertente autoritária tradicional que concebeu o poder como direito potestativo, direito subjetivo ou fenômeno de caráter hierárquico[438] a partir do pressuposto de que o poder nas relações laborais é caracterizado pela rigidez, assimetria e unilateralidade de manifestação[439].

Desse modo, ainda que aparente certo avanço se consideradas as concepções anteriormente descritas, na verdade, a concepção do poder empregatício como direito-função possibilita apenas ao empregador o exercício da cidadania nos espaços empresariais, pois os trabalhadores e o sindicato são lançados a uma "passividade reflexa", o que compromete o sentido de democracia e de cidadania nos espaços intramuros nas empresas e no mundo do trabalho como um todo[440].

O poder disciplinar evidencia claramente essa contradição. De acordo com a teoria justrabalhista dominante, o exercício do poder disciplinar no setor privado compete ao empregador, que o faz com ampla liberdade, em face da ausência de previsão legal acerca de procedimento para apuração das faltas funcionais e aplicação de penalidades no contexto intraempresarial, exceto quando se trata de empregado estável[441].

Vale dizer que ao empregador compete, unilateralmente, avaliar a conduta do empregado e atribuir-lhe penalidade, sem ter que observar quaisquer procedimentos que permitam o exercício da ampla defesa e do contraditório, tampouco submeter-se à consulta de órgão coletivo interno composto por empregados, por exemplo. O poder disciplinar no setor privado, em regra, é exercido de forma unilateral, amplo e quase ilimitado, sem que haja mecanismos de coparticipação e corresponsabilização obreira atuantes no momento de aplicação de penalidades[442].

Evidentemente que pensar o poder empregatício como expressão plena da autoridade da organização representada pelo administrador da prestação de serviços, desconsiderando práticas democráticas e inclusivas e de expressão de cidadania nos espaços laborais, vai de encontro com a arquitetura principiológica humanística e social da ordem constitucional vigente.

---

(438) DELGADO, Mauricio Godinho. *Curso de direito do trabalho*. 17. ed. rev. atual. e ampl. São Paulo: LTr, 2018. p. 808-810.

(439) DELGADO, Mauricio Godinho. O poder no contrato de trabalho — diretivo, regulamentar, fiscalizatório, disciplinar. *Síntese Trabalhista,* ano VIII, n. 95, p. 13, maio 1997.

(440) DELGADO, Mauricio Godinho. *Curso de direito do trabalho*. 17. ed. rev. atual. e ampl. São Paulo: LTr, 2018. p. 808-810.

(441) *Ibidem,* p. 1414.

(442) *Idem.*

A par disso, Mauricio Godinho Delgado propõe que a natureza jurídica do fenômeno do poder empregatício seja concebida de forma relacional, como relação jurídica contratual complexa e plástica, cuja assimetria entre empregador e empregado, "considerados em sua projeção individual e coletiva", seja variável, na medida em que se "preveem, alcançam ou sancionam condutas no plano do estabelecimento e da empresa"[(443)].

O jurista explica que a complexidade envolta à relação jurídica contratual que respalda o poder empregatício se aprofunda na proporção em que os processos de democratização no ambiente de trabalho vão se efetivando por meio de diversos mecanismos que possibilitam a manifestação da vontade individual e coletiva obreira na estrutura e dinâmica intraempresarial (a exemplo das comissões paritárias, delegados sindicais etc.)[(444)].

Assim, as manifestações práticas do poder empregatício devem ser balizadas pela democratização do poder no ambiente de trabalho, de modo a incorporar a intervenção do ser coletivo obreiro no instante de exercício desse poder, intervenção essa a configurar uma assimetria de poder móvel e de intensidade variável entre os sujeitos contratantes[(445)].

O poder empregatício, na verdade, "é uma relação de poder própria a uma realidade socioeconômica e jurídica específica, a relação de emprego. É, assim, um poder empregatício, um poder específico à relação e contrato empregatícios e não a um único de seus sujeitos". Por ser um poder derivado de um acordo de vontades e, portanto, pertencer a ambos os contratantes — empregado e empregador —, a relação de poder nos espaços de trabalho "assume intensidade e sincronia distintas quanto à participação dos sujeitos envolvidos e conteúdo distinto quanto aos direitos e obrigações resultantes da respectiva relação jurídica contratual de poder"[(446)].

Não obstante a proposta progressista de Mauricio Godinho Delgado[(447)] realçando a concepção relacional da natureza jurídica do poder empregatício (uma vez que o exercício do poder decorre de relação jurídica contratual complexa e plástica) seja efetivamente a que se mostra em consonância com os pilares do Estado Democrático de Direito, conforme concebido na Constituição Federal de 1988, predomina, na execução dos contratos de emprego, a concepção de poder empregatício como direito-função, cujas prerrogativas do empregador concentram-se de forma expressiva no poder disciplinar manifesto de forma unilateral e no poder diretivo manifesto na forma de fiscalização e controle da prestação de serviços, ainda percebidos sob um viés autoritário.

---

(443) *Ibidem*, p. 811.

(444) DELGADO, Mauricio Godinho. O poder no contrato de trabalho — diretivo, regulamentar, fiscalizatório, disciplinar. *Síntese Trabalhista*, ano VIII, n. 95, p. 12, maio 1997.

(445) *Ibidem*, p. 13.

(446) *Idem*.

(447) DELGADO, Mauricio Godinho. *Loc. cit.*

Indubitavelmente, não há espaço no Estado Democrático de Direito para a prevalência da concepção de que o contrato de trabalho possibilita o exercício do poder empregatício de modo a configurar um estado de sujeição pessoal do empregado ao empregador. Além de o exercício do poder empregatício ter de observar o plexo de direitos humanos e fundamentais inerentes a pessoa trabalhadora, é válido e juridicamente protegido o direito de resistência a ser exercido individualmente ou pelo coletivo de empregados contra os excessos e abusos perpetrados pelo empregador no exercício desse poder.

Assim, tem-se que o direito de resistência apresenta-se como parte integrante do poder empregatício, evidenciando, por si mesmo, o "caráter dialético e não exclusivamente unilateral do fenômeno do poder no âmbito da relação de emprego"[(448)].

No entanto, a prática do direito de resistência com a recusa do atendimento de diretrizes violadoras de direitos fundamentais emanadas no ambiente de trabalho, especialmente no atual contexto precarizado das relações de emprego, encontra limitações reforçadas pela ausência de proteção jurídica no tocante à despedida arbitrária ou sem justa causa. Não obstante isso, há limites jurídicos inerentes à própria relação contratual estabelecida a serem observados pelo empregador no exercício do poder empregatício.

3.2.3. Limites jurídicos às manifestações do poder nas relações de emprego

Como visto, o poder empregatício manifesta-se pela prerrogativa do empregador de dirigir, fiscalizar, controlar e disciplinar a atividade do empregado. O exercício desse poder pressupõe a existência de um contrato de emprego, no qual é designada uma função ao empregado, de modo que, juridicamente, pode–se afirmar a existência de manifestação de vontade das partes contratantes[(449)], embora a adesão contratual, pelo empregado, se concretize de forma tácita na maioria dos casos[(450)].

Ocorre que, na relação laboral, o exercício do poder se efetiva pelo preenchimento dos espaços existentes entre o contrato pactuado e a execução cotidiana do trabalho prescrito na organização (denominada *real do trabalho* pela Psicodinâmica do Trabalho e pela Clínica Analítica do Trabalho), que, por sua vez, não contou com a manifestação de vontade do trabalhador no momento da contratação[(451)].

Utilizando-se da analogia de Márcio Túlio Viana, é exatamente nesses "espaços vazios entre as cláusulas"[(452)] contratuais, nos quais não há manifestação de

(448) *Ibidem,* p. 20.

(449) VIANA, Márcio Túlio. *Direito de resistência:* possibilidades de autodefesa do empregado em face do empregador. São Paulo: LTr, 1996. p. 81.

(450) SANSEVERINO *apud* MOUÇOUÇAH, Renato de Almeida Oliveira. *Assédio moral coletivo nas relações de trabalho.* 2. ed. São Paulo: LTr, 2014. p. 76.

(451) VIANA, Márcio Túlio. *Loc. cit.*

(452) VIANA, Márcio Túlio. *Loc. cit.*

vontade expressa do trabalhador no ato da pactuação, que surge a possibilidade de ocorrência de situações que configuram abuso de direito.

Evidentemente que o abuso de direito pode ser realizado tanto pelo empregado quanto pelo empregador. Todavia, em face da hipossuficiência do empregado e da possibilidade de o empregador aplicar sanções e até mesmo dispensar o empregado diante de eventuais abusos, a prática de atos abusivos ocorre com mais frequência pelo empregador[(453)].

Por outras palavras, o empregador, utilizando-se do poder inerente à superioridade que apresenta em contraponto à desigualdade material daquele que vende sua força de trabalho numa relação de emprego em que é possível a dispensa imotivada, pode se exceder em suas prerrogativas legais e contratuais e agir de modo a configurar abuso de direito.

Entretanto, o contrato de emprego, relido sob a ótica da nova teoria contratual embasada na solidariedade social, traz em seu bojo que o exercício do poder empregatício deve ser compatível com a função social do contrato[(454)], "em respeito aos legítimos interesses dos trabalhadores"[(455)].

Nessa linha de raciocínio, tem-se que o abuso de direito, segundo Márcio Túlio Viana, é "o direito exercido em descompasso com sua missão social; nada tem a ver com o descumprimento direto da lei"[(456)].

O abuso de direito se materializa, de acordo com Heloisa Carpena, quando "o sujeito com sua conduta desatende aos valores que informam o sistema, se desvia da finalidade da norma, impedindo a concretização de seus objetivos". Vale dizer que o ato abusivo "não é o comportamento lícito que se transforma em conduta contrária ao direito, apenas há uma aparência inicial de conformidade que o exercício da prerrogativa subjetiva vai revelar em dissonância com princípios, com a boa-fé objetiva, com os bons costumes, como dispõe o art. 187 do CC"[(457)].

---

(453) RENTERÍA, Pablo. Função social do contrato e abuso de prerrogativas contratuais por parte de empregadores e empregados. In: TEPEDINO, Gustavo *et al.* (coord.). *Diálogos entre o direito do trabalho e o direito civil.* São Paulo: Revista dos Tribunais, 2013. p. 261.

(454) O Código Civil brasileiro dispõe em seu art. 421 que a liberdade de contratar será exercida em razão e nos limites da função social do contrato, o que evidencia a limitação de poderes nos contratos de emprego em perfeita sintonia com a valorização do trabalho humano e ser humano trabalhador e sua dignidade, conforme estabelecido na Constituição Federal de 1988 (arts. 1º, III e IV, e 170, *caput*).

(455) RENTERÍA, Pablo. Função social do contrato e abuso de prerrogativas contratuais por parte de empregadores e empregados. In: TEPEDINO, Gustavo *et al.* (coord.). *Diálogos entre o direito do trabalho e o direito civil.* São Paulo: Revista dos Tribunais, 2013. p. 260.

(456) VIANA, Márcio Túlio. *Direito de resistência:* possibilidades de autodefesa do empregado em face do empregador. São Paulo: LTr, 1996. p. 197.

(457) CARPENA, Heloisa. Exercício abusivo de direitos e suas manifestações no direito civil e no direito do trabalho. In: TEPEDINO, Gustavo *et al.* (coord.). *Diálogos entre o direito do trabalho e o direito civil.* São Paulo: Revista dos Tribunais, 2013. p. 624-626.

A boa-fé objetiva, portanto, é um dos princípios norteadores para regular a realidade do contrato de emprego e as expectativas legítimas dos contratantes, sem descurar de seus importantes desdobramentos, entre os quais se destaca "o de que a interpretação deve se dar de forma mais benéfica à parte vulnerável", que na relação de emprego, de modo evidente, é o trabalhador[(458)].

A proteção da parte mais vulnerável vai ao encontro do princípio da proteção, cujos desdobramentos interpretativos na seara justrabalhista encontram-se nos princípios do *in dubio pro operario*, da aplicação da norma mais favorável ao empregado e da prevalência da condição mais benéfica ao empregado[(459)].

A boa-fé objetiva exige, todavia, um padrão objetivo de comportamento que abarca ambas as partes contratantes, o empregador e o empregado, e cria deveres instrumentais, além de limitar o exercício de direitos e faculdades contratuais[(460)].

Os deveres instrumentais decorrentes da boa-fé objetiva estão relacionados às obrigações assumidas por ambas as partes contratantes e possuem como fio condutor a confiança, segundo a qual a colaboração e a cooperação entre empregado e empregador devem pautar a prestação de serviços. Em seus desdobramentos, o dever de colaboração e de cooperação exige ainda o devido respeito e consideração às partes contratantes concretizados em relações baseadas nos deveres de proteção, cuidado e segurança, deveres instrumentais fortemente vinculados a direitos fundamentais de proteção à saúde e integridade psicofísica do trabalhador, bem como à dignidade da pessoa humana e ao meio ambiente de trabalho ecologicamente saudável e equilibrado[(461)].

Assim, tem-se que a boa-fé objetiva é parâmetro que limita a manifestação do poder empregatício que venha a revelar padrão desproporcional de exercício de suas faculdades contratuais, tornando-se verdadeiro abuso de direito por violar deveres instrumentais, especialmente os relacionados à cooperação e à proteção do trabalhador cujos efeitos podem alcançam os direitos da personalidade e a saúde psicofísica do trabalhador[(462)].

---

(458) FRAZÃO, Ana. A boa-fé objetiva e o contrato de trabalho: as funções hermenêutico-integrativa e reequibradora. In: TEPEDINO, Gustavo *et al.* (coord.). *Diálogos entre o direito do trabalho e o direito civil.* São Paulo: Revista dos Tribunais, 2013. p. 285.

(459) FRAZÃO, Ana. *Loc. cit.*

(460) FRAZÃO, Ana. A boa-fé objetiva e o contrato de trabalho: as funções de criação de deveres instrumentais e de limitação ao exercício de direitos e faculdades contratuais. In: TEPEDINO, Gustavo *et al.* (coord.). *Diálogos entre o direito do trabalho e o direito civil.* São Paulo: Revista dos Tribunais, 2013. p. 296.

(461) *Ibidem,* p. 297-303.

(462) *Ibidem,* p. 311-312.

Naturalmente que o retrato contemporâneo do mundo do trabalho permeado pelo discurso e práticas neoliberais, pelo desemprego estrutural, pela flexibilização e desregulação da legislação social e do trabalho evidencia cenário que, em certa medida, coage o trabalhador a se submeter a situações que configuram o abuso de poder, diante da possibilidade de dispensa e do consequente comprometimento de sua subsistência e de sua família.

Todavia, a assimetria de poder na relação de emprego se aprofunda mediante o abuso do poder empregatício, violando a ordem jurídica, na medida em que a hipossuficiência do empregado e a condição precária de que se reveste o emprego são instrumentalizadas pelo empregador, fazendo com que, potencialmente, de um lado, impere, nos espaços de trabalho, a disciplina da fome[(463)] diante da imprescindibilidade do salário e, por outro, a disciplina do medo[(464)] em face da incerteza do emprego. Esse cenário perverso é campo fértil para que a violência psicológica seja utilizada como instrumento de expropriação máxima da força de trabalho humana.

No universo que compõe a violência no trabalho, a violência psicológica se destaca por ser considerada mais nociva que a violência física, "uma vez que prejudica ao mesmo tempo o desenvolvimento físico, mental, espiritual, psicológico e social da vítima"[(465)].

3.3. *A violência psicológica como estratégia de gestão do trabalho humano*

A violência psicológica está entre as formas de violência mais praticadas nos espaços de trabalho e tem no assédio moral a sua forma mais emblemática de concretização, em razão dos potenciais danos à saúde psicofísica dos trabalhadores e dos reflexos danosos no ambiente de trabalho que extravasam alcançando a família, a sociedade e o próprio Estado Democrático de Direito.

Conforme já salientado, a OIT, diante da crescente prática de violência e de assédio no mundo do trabalho, destacou a importância de se distinguir, entre outras formas de manifestação de violência e de assédio, as distintas formas de

(463) Disciplina da fome, de acordo com Christophe Dejours, é uma ansiedade ocasionada pela ciência do empregado da falta de higidez do trabalho relacionada à necessidade de se sujeitar a tal condição em razão da ameaça de desemprego e, em última análise, o medo da fome. Apesar da disciplina da fome não ser parte da relação de emprego de forma direta, paira sobre ela. DEJOURS, Christophe. *A loucura do trabalho:* estudo de psicopatologia do trabalho. São Paulo: Cortez/Oboré, 1992.

(464) Christophe Dejours assinala que o medo é utilizado, especialmente no setor terciário, como instrumento de controle e disciplina dos trabalhadores. O medo de perder o posto de trabalho, aliado ao estimulo à competitividade entre os pares, é instrumentalizado de forma que os trabalhadores permanecem em estado de autossupervisão com o objetivo de trabalhar mais e melhor e, assim, manter o emprego, o que aumenta consideravelmente os níveis de exploração do trabalho humano. DEJOURS, Christophe. *A loucura do trabalho:* estudo de psicopatologia do trabalho. São Paulo: Cortez/Oboré, 1992.

(465) SOBOLL, Lis Andrea Pereira. *Assédio moral/organizacional:* uma análise da organização do trabalho. São Paulo: Casa do Psicólogo, 2008. p. 137.

manifestação de assédio moral no contexto de trabalho, por demandarem diferentes respostas interventivas, a depender da conduta caracterizadora do assédio moral e dos riscos psicossociais relacionados à organização do trabalho enredados nas situações de assédio[466].

Por certo que o assédio moral no trabalho não é uma manifestação de violência recente. Todavia, os estudos sobre o assédio moral intensificaram-se apenas a partir do final do século XX com os trabalhos de Heinz Leymann[467], na Suécia, e de Marie-France Hirigoyen[468], na França.

No Brasil, no início do ano 2000, a tradução das obras da psiquiatra francesa Marie-France Hirigoyen, *Assédio moral: a violência perversa no cotidiano*[469] e *Mal-estar no trabalho: redefinindo o assédio moral*[470], e a publicação de pesquisa pioneira empreendida por Margarida Barreto, *Uma jornada de humilhações*[471], bem como as pesquisas de Maria Ester de Freitas e Roberto Heloani[472], desencadearam os debates e a produção científica brasileira sobre o assunto.

Na atualidade, há consenso na literatura brasileira de que o assédio moral é uma forma de violência de natureza simbólica, repetida de forma sistematizada no contexto de trabalho, que repercute seriamente na saúde mental dos trabalhadores. Todavia, não há consenso quanto aos fatores determinantes das situações de assédio moral no trabalho[473].

Pesquisas apontam que situações estressoras no trabalho, tais como pressão por produção, gerenciamento por metas de produtividade e outras relacionadas às reestruturações e modelos de gestão que se vinculam à cultura organizacional, são precursoras do assédio moral.

---

(466) ORGANIZAÇÃO INTERNACIONAL DO TRABALHO. Acabar com a violência e o assédio contra mulheres e homens no mundo do trabalho. *Conferência Internacional do Trabalho,* 107ª Sessão, Relatório V(1), p. 2, 2018. Disponível em: <https://www.ilo.org/gender/Informationresources/Publications/WCMS_546305/lang--es/index.htm>. Acesso em: 4 dez. 2018.

(467) LEYMANN, Heinz. *Mobbing:* la persécution au travail. Paris: Seuil, 1996.

(468) HIRIGOYEN, Marie-France. *Le harcèlement moral:* la violence perverse au quotidien. Paris: Syros, 1998.

(469) HIRIGOYEN, Marie-France. *Assédio moral:* a violência perversa no cotidiano. Rio de Janeiro: Bertrand Brasil, 2000.

(470) HIRIGOYEN, Marie-France. *Mal-estar no trabalho:* redefinindo o assédio moral. Rio de Janeiro: Bertrand Brasil, 2002.

(471) BARRETO, Margarida Maria Silveira. Uma jornada de humilhações. Dissertação (Mestrado em Psicologia Social) — Programa de Estudos Pós-Graduados em Psicologia Social. Pontifícia Universidade Católica de São Paulo, São Paulo, 2000.

(472) FREITAS, Maria Ester de; BARRETO, Margarida Maria Silveira; HELOANI, Roberto. *Assédio moral no trabalho.* São Paulo: Cengage Learning, 2008.

(473) VIEIRA, Carlos Eduardo Carrusca; LIMA, Francisco de Paula Antunes; LIMA, Maria Elizabeth Antunes. E se o assédio não fosse moral? Perspectivas de análise de conflitos interpessoais em situações de trabalho. *Revista Brasileira de Saúde Ocupacional,* São Paulo, 37 (126), p. 256-268, 2012.

Essas conclusões convergem com os estudos da OIT que indicaram que entre as condutas caracterizadoras do assédio moral estão as cargas de trabalho excessivas e a atribuição de metas e prazos impossíveis de cumprir(474), incluindo-os entre os riscos psicossociais vinculados à organização do trabalho(475).

Em razão do impacto da organização do trabalho humano na saúde dos trabalhadores, alguns pesquisadores apontam a existência de duas perspectivas de análise dos conflitos interpessoais no ambiente de trabalho, especialmente do assédio moral: a perspectiva tradicional, vinculada ao perfil assediado-assediador e à dinâmica vítima-agressor; e a perspectiva psicossocial, vinculada diretamente ao modo como o trabalho é organizado e gerido nas instituições e como ele repercute sobre o coletivo de trabalhadores(476).

Pesquisas específicas acerca do assédio moral na perspectiva psicossocial iniciaram-se, no Brasil, em 2006, a partir da tipologia denominada assédio moral organizacional, assédio moral coletivo, assédio moral institucional ou *assédio organizacional* — tipologia adotada na presente pesquisa. As autoras pioneiras na abordagem da temática foram Adriane Reis de Araújo(477) e Thereza Cristina Gosdal(478), no âmbito do Direito, e Lis Soboll(479), no âmbito da Psicologia e da Medicina Preventiva.

A distinção conceitual do assédio moral nas duas perspectivas mencionadas, o interpessoal e o organizacional, não é necessária apenas por questões semânticas ou relativas à teorização dos fenômenos sociais em questão(480). Ao contrário, a distinção conceitual torna-se imprescindível para retratar a realidade existente no ambiente de trabalho, especialmente, diante dos efeitos danosos da violência do assédio

(474) ORGANIZAÇÃO INTERNACIONAL DO TRABALHO. Acabar com a violência e o assédio contra mulheres e homens no mundo do trabalho. *Conferência Internacional do Trabalho,* 107ª Sessão, Relatório V(1), p. 15, 2018. Disponível em: <https://www.ilo.org/gender/Informationresources/Publications/WCMS_546305/lang--es/index.htm>. Acesso em: 4 dez. 2018.

(475) ORGANIZAÇÃO INTERNACIONAL DO TRABALHO. Acabar com a violência e o assédio contra mulheres e homens no mundo do trabalho. *Conferência Internacional do Trabalho,* 107ª Sessão, Relatório V(1), p. 17, 2018. Disponível em: <https://www.ilo.org/gender/Informationresources/Publications/WCMS_546305/lang--es/index.htm>. Acesso em: 4 dez. 2018.

(476) A título exemplificativo mencionam-se os seguintes pesquisadores: Adriane Reis de Araújo, Thereza Cristina Gosdal, Lis Andrea Pereira Soboll, Carlos Eduardo Carrusca Vieira, Francisco de Paula Antunes Lima, Maria Elizabeth Antunes Lima, Roberto Heloani e Maria Ester de Freitas.

(477) ARAUJO, Adriane Reis. *O assédio moral organizacional.* Dissertação (Mestrado em Direito). Programa de Estudos Pós-Graduados em Direito. Pontifícia Universidade Católica de São Paulo, São Paulo, 2006.

(478) GOSDAL, Thereza Cristina; SOBOLL, Lis Andrea Pereira (org.). *Assédio moral interpessoal e organizacional:* um enforque interdisciplinar. São Paulo: LTr, 2009.

(479) SOBOLL, Lis Andrea Pereira. *Violência psicológica e assédio moral no trabalho bancário.* Tese (Doutorado em Medicina Preventiva). Faculdade de Medicina, Universidade de São Paulo, São Paulo, 2006.

(480) SOBOLL, Lis Andrea Pereira; HELOANI, Roberto. A origem das discussões sobre assédio moral no Brasil e os limites conceituais. In: SOBOLL, Lis Andrea Pereira. *Assédio moral/organizacional:* uma análise da organização do trabalho. São Paulo: Casa do Psicólogo, 2008. p. 22.

instrumentalizado como estratégia gerencial sobre o coletivo de trabalhadores, bem como pelo fato de o assédio organizacional demandar ações interventivas diferentes.

Por essa razão, as perspectivas tradicional e psicossocial referentes, respectivamente, ao denominado assédio moral interpessoal e assédio organizacional serão objeto de estudo teórico nas próximas subseções deste capítulo, mediante revisão da literatura nacional e apresentação de resultados de pesquisas empíricas desenvolvidas no período de 2008 a 2018, que retratam o modelo de gestão do trabalho utilizado nas instituições bancárias e seus reflexos na saúde psicofísica dos trabalhadores que se ativam nesse setor.

3.3.1. Assédio moral interpessoal: da perspectiva tradicional à psicossocial

Heinz Leymann foi o precursor dos estudos acerca do que denominou *mobbing* no ambiente de trabalho. De acordo com esse pesquisador, *mobbing* refere-se a uma prática sistemática, de uma ou mais pessoas, de "psicoterror na vida laboral" de um trabalhador específico, embasada em uma "comunicação hostil e desprovida de ética", cuja consequência é o isolamento e a solidão desse trabalhador[(481)].

Para esse autor, a existência do *mobbing* vincula-se à periodicidade mínima de ocorrências semanais ao longo de seis meses e ao adoecimento físico ou psíquico do trabalhador alvo da situação hostil. Todavia, Adriane Reis de Araújo esclarece, com base em estudos posteriores, que submeter a caracterização do *mobbing* à subjetividade da vítima, além de ignorar "os casos em que ela seja mais resistente à agressão ou aqueles em que seus problemas físicos ou psíquicos transparecem apenas após o término da violência", possibilita perscrutar a sua vida privada, com o fito de afastar ou minimizar os efeitos da agressão sofrida no trabalho[(482)].

Marie-France Hirigoyen, em estudos posteriores aos de Heinz Leymann, na França, utilizou-se da expressão assédio moral, em que a palavra assédio representa "pequenos ataques" e moral designa a dimensão psicológica das agressões e "as noções de bem e mal, definidas culturalmente"[(483)]. Essa expressão consolidou-se na doutrina brasileira, especialmente, em razão da influência das obras da referida autora no País.

(481) HELOANI, Roberto; BARRETO, Margarida. Assédio moral nas relações sociais no âmbito das instituições públicas. In: GEDIEL, José Antônio Peres; SILVA, Eduardo Faria; ZANIN, Fernanda; MELLO, Lawrence Estivalet de (orgs.). *Estado, poder e assédio:* relações de trabalho na administração pública. Curitiba: Kairós, 2015. p. 145-146.

(482) ARAUJO, Adriane Reis de. Assédio moral organizacional. *Revista do TST,* Brasília, v. 73, n. 2, p. 206-207, abr./jun. 2007.

(483) HELOANI, Roberto; BARRETO, Margarida. Assédio moral nas relações sociais no âmbito das instituições públicas. In: GEDIEL, José Antônio Peres; SILVA, Eduardo Faria; ZANIN, Fernanda; MELLO, Lawrence Estivalet de (orgs.). Estado, poder e assédio: relações de trabalho na administração pública. Curitiba: Kairós, 2015. p. 145-146.

A autora francesa define assédio moral como "qualquer conduta abusiva (gesto, palavra, comportamento, atitude...) que atente, por sua repetição ou sistematização, contra a dignidade ou integridade psíquica ou física de uma pessoa, ameaçando seu emprego ou degradando o clima de trabalho"[(484)].

Em seus estudos, Marie-France Hirigoyen destaca o perfil psicológico da vítima e do agressor e, apesar de reconhecer que a violência perversa do assédio moral encontra na empresa o seu palco principal, não atribui diretamente à organização e gestão do trabalho, aos processos de reestruturação na empresa ou a qualquer outro fator organizacional a responsabilidade pela ação deliberada e intencional do assédio[(485)]. O enfoque está na manipulação perversa e no abuso de poder presentes nas "pessoas com sede de poder que se aproveitarão de qualquer modificação ou de qualquer reorganização para subir na empresa" e no objetivo que possuem de controlar e dominar o outro, sem qualquer relação com o estresse ou condições adversas de trabalho, desconsiderando-se, assim, os fatores psicossociais[(486)] relacionados ao trabalho[(487)].

Carlos Eduardo Carrusca Vieira, Francisco de Paula Antunes Lima e Maria Elizabeth Antunes Lima, ao analisarem as obras de Marie-France Hirigoyen em face dos resultados de pesquisa empírica empreendida em situação de assédio moral junto à categoria dos vigilantes, ponderam que

> o mundo do trabalho é "cada vez mais implacável" e, assim, os perversos, "por serem frios, calculistas e desprovidos de crises de consciência", seriam os indivíduos mais convenientes às empresas, em especial nos cargos estratégicos, pois "saberão privilegiar os elementos racionais sem se deixar comover com as suscetibilidades alheias" (p. 281). Ou seja, no fim das contas, não se trata fundamentalmente de uma reestruturação do mundo do trabalho que transforma as relações de trabalho e induz comportamentos ditos de "assédio" — ao criar situações de conflitos

(484) HIRIGOYEN, Marie-France. *Mal-estar no trabalho:* redefinindo o assédio moral. São Paulo: Bertrand Brasil, 2002. p. 17.

(485) VIEIRA, Carlos Eduardo Carrusca; LIMA, Francisco de Paula Antunes; LIMA, Maria Elizabeth Antunes. E se o assédio não fosse moral? Perspectivas de análise de conflitos interpessoais em situações de trabalho. *Revista Brasileira de Saúde Ocupacional,* São Paulo, 37 (126), p. 256-268, 2012.

(486) A OIT afirma que os fatores psicossociais estão entre os fatores de riscos profissionais resultantes das condições de trabalho, como o conteúdo das tarefas, carga e ritmo de trabalho, horários de trabalho, bem como o modo de organização do trabalho e de desenvolvimento das relações laborais que envolvem "o estilo de liderança e gestão, o papel na organização, as oportunidades de desenvolvimento de carreira, o poder e o controle da tomada de decisões, o equilíbrio entre o trabalho e a vida pessoal e as relações interpessoais no trabalho (incluindo a violência e o assédio no local de trabalho)", os quais podem causar danos psicológicos ou mentais, tais como estresse, síndrome de *burnout*, depressão, etc., e físicos, como doenças cardiovasculares, lesões musculoesqueléticas, entre outras. ORGANIZAÇÃO de dos/as Trabalhadores/as Jovens, 2018. Disponível em: <https://www.ilo.org/safework/events/safeday/WCMS_626351/lang–en/index.ht>. Acesso em: 27 nov. 2018.

(487) HIRIGOYEN, Marie-France. *Mal-estar no trabalho:* redefinindo o assédio moral. São Paulo: Bertrand Brasil, 2002. p. 65.

interpessoais e dramas profissionais —, mas sim de uma ocupação dos postos estratégicos por indivíduos que já são perversos antes mesmo de viverem essas situações.[(488)]

Por certo que a perversão existe na sociedade e nos espaços de trabalho. Eventualmente, a origem do assédio moral no trabalho pode ser explicada pela personalidade individual e por comportamentos deliberadamente perversos. A crítica dos autores refere-se à análise adstrita aos relacionamentos e conflitos interpessoais no ambiente de trabalho como fator preponderante de desencadeamento das situações de assédio moral, desconsiderando ou fazendo mera menção aos modelos organizacionais e às práticas de gestão[(489)].

O assédio moral, nessa perspectiva focada essencialmente na questão psicológica, pode ser praticado pelo empregador ou superior hierárquico, pelo colega de trabalho ou pelo subordinado, caracterizando, respectivamente, os denominados assédios vertical, horizontal e ascendente. A intensão do assediante é discriminar e perseguir; é sujeitar a vítima ou o grupo assediado, de modo que oculte o sofrimento, os problemas de saúde ou se afaste do trabalho, mudando de atribuição, função ou demitindo-se[(490)].

Importante ressaltar que o assédio moral se diferencia dos meros conflitos interpessoais decorrentes, por exemplo, de transferência de posto de trabalho, cargo ou função em razão de prioridades institucionais, essencialmente, pela impossibilidade de diálogo, discussão, confronto ou mudança. Distingue-se também de outras condutas inoportunas e inadequadas no ambiente de trabalho, como a discriminação, as agressões pontuais, o vandalismo, as sabotagens, as tentativas e suicídios consumados e o assédio sexual.

Margarida Barreto afirma que a forma sutil de violência inerente ao assédio moral é caracterizada pela "repetição do ato que viola intencionalmente os direitos do outro, atingindo sua integridade biológica e causando transtorno à saúde psíquica e física", e repercute na dimensão moral do assediado[(491)].

Lis Soboll e Roberto Heloani avaliam que o assédio moral é uma situação permeada por extrema agressividade no ambiente de trabalho e por comportamentos ou omissões, repetitivos e duradouros[(492)]. Ponderam ainda que o assédio moral

---

(488) VIEIRA, Carlos Eduardo Carrusca; LIMA, Francisco de Paula Antunes; LIMA, Maria Elizabeth Antunes. E se o assédio não fosse moral? Perspectivas de análise de conflitos interpessoais em situações de trabalho. *Revista Brasileira de Saúde Ocupacional,* São Paulo, 37 (126), p. 256-268, 2012.

(489) *Ibidem,* p. 258-259.

(490) ALKIMIN, Maria Aparecida. *Assédio moral na relação de trabalho.* 3. ed. Curitiba: Juruá, 2013. p. 36-37.

(491) BARRETO, Margarida. *Assédio moral:* a violência sutil. São Paulo: Tese (Doutorado em Psicologia Social). Pontifícia Universidade Católica de São Paulo, 2005. p. 49.

(492) SOBOLL, Lis Andrea Pereira; HELOANI, Roberto. A origem das discussões sobre assédio moral no Brasil e os limites conceituais. In: SOBOLL, Lis Andrea Pereira. *Assédio moral/organizacional:* uma análise da organização do trabalho. São Paulo: Casa do Psicólogo, 2008. p. 21.

> tem como propósito destruir, prejudicar, anular ou excluir e é direcionado a alvos escolhidos (uma ou mais pessoas em especial). Caracteriza-se por sua natureza agressiva, processual, pessoal e mal-intencionada. Pode ter efeito de gestão disciplinar sobre o coletivo, como um resultado secundário e não como propósito final do processo de hostilização[(493)].

Sobre os efeitos da gestão do assédio moral interpessoal, Lis Soboll e Rossana Jost enfatizam que, apesar de o assédio estabelecer como alvo uma pessoa ou um pequeno grupo, seus efeitos de gestão se consolidam como controle e disciplina direcionados ao coletivo dos trabalhadores, o que gera uma cultura organizacional baseada no medo e na desconfiança[(494)].

O assédio moral interpessoal, como dito alhures, tem como característica-chave a *intencionalidade* e se destina ao domínio e sujeição do indivíduo ou do grupo, inclusive por razões discriminatórias; objetiva que o assediado oculte o sofrimento no trabalho ou dele se afaste, quer por mudança de função ou dispensa[(495)]; por vezes é velado, apesar de contar com a cumplicidade ou negligência da instituição[(496)].

Nessa mesma linha, Maria Ester de Freitas, Roberto Heloani e Margarida Barreto conceituam o assédio moral como

> uma conduta abusiva, intencional, frequente e repetida, que ocorre no ambiente de trabalho e que visa diminuir, humilhar, vexar, constranger, desqualificar e demolir psiquicamente um indivíduo ou um grupo, degradando as suas condições de trabalho, atingindo a sua dignidade e colocando em risco a sua integridade pessoal e profissional.[(497)]

Em suma, segundo a perspectiva tradicional, focada na dinâmica vítima-agressor, constata-se que o assédio moral interpessoal apresenta característica específica, que é a *intencionalidade.* Essa tipologia de assédio apresenta, ainda, como elementos objetivo e subjetivo, respectivamente, o *caráter sistemático, processual e repetitivo* dos atos hostis concretizados por ação ou omissão e a *ofensa à dignidade* dos sujeitos trabalhadores assediados.

---

(493) SOBOLL, Lis Andrea Pereira; HELOANI, Roberto. *Loc. cit.*

(494) SOBOLL, Lis Andrea Pereira; JOST, Rossana C. Floriano. Assédio moral no trabalho: uma patologia da solidão usada como estratégia de gestão organizacional. In: SZNELWAR, Laerte Idal (org.). *Saúde dos bancários.* São Paulo: Publisher Brasil, 2011. p. 251.

(495) BARRETO, Margarida; HELOANI, Roberto. Da violência moral no trabalho à rota das doenças e morte por suicídio. In: MOTA, Daniel Pestana; ALVES, Giovanni Alves; VIZZACCARO-AMARAL, André Luís (org.). *Trabalho e saúde:* a precarização do trabalho e a saúde do trabalhador no século XXI. São Paulo: LTr, 2011. p. 176.

(496) SOBOLL, Lis Andrea Pereira. *Assédio moral/organizacional:* uma análise da organização do trabalho. São Paulo: Casa do Psicólogo, 2008. p. 79.

(497) FREITAS, Maria Ester; HELOANI, Roberto; BARRETO, Margarida. *Assédio moral no trabalho.* São Paulo: Cengage Learning, 2008. p. 37.

São exatamente essas características que o distinguem de outros tipos de violência praticadas no ambiente de trabalho, geralmente agressões pontuais, esporádicas e decorrentes de ato específico que, apesar de configurarem constrangimento moral ou dano físico e/ou psíquico, não representam assédio moral propriamente dito.

Margarida Barreto assevera que o assédio moral gera consequências psicofísicas e pode levar à morte por suicídio. Inicialmente, a repercussão na saúde pode se manifestar na forma de presenteísmos(498), ansiedade, insônia, entre outras "manifestações subjetivas e invisíveis"(499), como falta de concentração, apatia, depressão, suscetibilidade para uso abusivo de álcool e drogas, síndrome de *burnout*, estresse pós-traumático, síndrome do pânico, além de ocasionar ou desencadear outras patologias, como doenças psicossomáticas, hipertensão, gastrites, diarreias nervosas, lesões musculoesqueléticas etc.

Maria Ester de Freitas pondera que, embora o assédio moral seja uma "conduta abusiva, intencional, frequente e repetida, que visa a diminuir, humilhar, vexar, constranger, desqualificar e demolir psiquicamente um indivíduo ou grupo, degradando suas condições de trabalho", o fato de ocorrer no ambiente de trabalho, "a partir de prerrogativas delegadas pelas organizações, sob condições organizacionais e entre atores organizacionais", demonstra que se trata de "uma questão organizacional e não meramente individual"(500).

Lis Soboll, ao efetivar uma análise da organização do trabalho bancário, constatou que a atividade se desenvolve entre demandas de clientes, cobrança de supervisores e metas impostas pela instituição, num contexto de ritmo de trabalho intenso, em que o objetivo primordial da avaliação de desempenho é a venda de produtos bancários parametrizada por metas abusivas(501).

No contexto estudado pela autora, sobressaiu a agressividade gerencial como recurso utilizado com frequência para pressionar os bancários a alcançar metas.

---

(498) O presenteísmo é a presença no trabalho de pessoas adoecidas. Essa situação ocorre por excesso de trabalho; pela submissão a vários tipos de violência psicológica; pela sobrecarga de trabalho sob pressão de metas de produtividade que, em razão do acúmulo de cansaço e tensão, pode gerar síndrome de *burnout*. O trabalhador adoecido não revela a doença por medo da demissão, o que tem como consequência o agravamento da patologia e o desenvolvimento de complicações de ordem psicossomática ou transtornos mentais. Apenas quando não suporta mais, o trabalhador se afasta do trabalho e faz uso de benefício social (auxílio-doença, por exemplo), o que torna o custo dessa dinâmica muito elevado para o Estado. SELIGMANN-SILVA, Edith. O assédio moral no trabalho. In: LIMA, Cristiane Queiroz Barbeiro; OLIVEIRA, Juliana Andrade; MAENO, Maria (coord.). *Seminário Compreendendo o Assédio Moral no Ambiente de Trabalho*, São Paulo: Fundacentro, 2013. p. 52-53.

(499) BARRETO, Margarida. Assédio moral: trabalho, doença e morte. In: LIMA, Cristiane Queiroz Barbeiro; OLIVEIRA, Juliana Andrade; MAENO, Maria (coord.). *Seminário Compreendendo o Assédio Moral no Ambiente de Trabalho,* São Paulo: Fundacentro, 2013. p. 13.

(500) FREITAS, Maria Ester de. Quem paga a conta do assédio moral no trabalho? *RAE-eletrônica,* v. 6, n. 1, art. 5º, p. 2, jan./jun. 2007.

(501) SOBOLL, Lis Andrea Pereira. *Assédio moral/organizacional:* uma análise da organização do trabalho. São Paulo: Casa do Psicólogo, 2008. p. 46.

Verificou-se que os melhores vendedores eram promovidos, "muitas vezes sem preparo ou perfil para a função, utilizando estratégias desumanas ou inadequadas de gerenciamento do grupo". Os métodos violentos de gestão também eram utilizados em toda a cadeia hierárquica e as humilhações, constrangimentos, ameaças diretas e veladas se tornaram parte do cotidiano, pois "'vencer sempre' é a única maneira de ser tratado dignamente e de garantir temporariamente sua existência na organização"(502).

O estudo empreendido demonstrou, ainda, que o meio ambiente de trabalho, no qual a violência era utilizada como estratégia de gestão, era marcado pela competitividade exagerada entre os pares diante da necessidade de o bancário superar a si mesmo e ao outro, pois, naquele contexto, "ser vencedor significa impor ao outro o papel de fracassado e perdedor, digno de ser excluído e humilhado". O isolamento era a estratégia central para a efetividade do sistema de controle, cujo objetivo era destacar "os valores organizacionais como único código válido"(503).

Após esse retrato da organização do trabalho bancário, Lis Soboll apresentou e analisou quatro casos de assédio moral em instituições bancárias públicas e privadas, nos quais os atos hostis continuados contaram com a conivência dos superiores hierárquicos e resultaram em afastamentos prolongados pelo adoecimento físico e psíquico dos assediados, dispensas e aposentadorias precoces. Na conclusão do estudo se registrou que "a organização do trabalho oferece as condições para a prática prolongada da violência", especialmente quando se estrutura "com base em metas de produtividade que subestimam os processos e supervalorizam os resultados, com parâmetros extremamente exigentes e irrealistas", que desconsideram a dimensão real do trabalho(504).

A autora avaliou ainda que a competição entre os pares resulta no enfraquecimento dos vínculos de solidariedade e individualização dos trabalhadores bancários, o que estimula a utilização da violência "como defesa psíquica ou um recurso nas relações", restringindo a dinâmica do reconhecimento e esvaziando o trabalho de sentido(505). Assim explica:

> A forma de organização do trabalho que favorece a ocorrência do assédio moral é aquela que individualiza, instala a competição entre os pares, estimula as humilhações mútuas. Dessa forma, o trabalhador fica sem

(502) *Ibidem*, p. 47.

(503) *Idem, Loc. cit.*

(504) SOBOLL, Lis Andrea Pereira. *Assédio moral/organizacional:* uma análise da organização do trabalho. São Paulo: Casa do Psicólogo, 2008. p. 77.

(505) SOBOLL, Lis Andrea Pereira. *Assédio moral/organizacional:* uma análise da organização do trabalho. São Paulo: Casa do Psicólogo, 2008. p. 78.

> referencial na organização para romper com o ciclo da violência. [...] Ao banalizar a violência e legitimar a prática de políticas da violência, o assédio moral fica diluído e é incorporado apenas como mais uma expressão da violência já natural. Conclui-se, dessa forma, que a organização do trabalho também favorece a ocorrência do assédio moral ao aceitar a prática do assédio organizacional como recurso de gestão.(506)

Maria Ester de Freitas, Roberto Heloani e Margarida Barreto entendem que se a violência e o assédio moral têm como palco o ambiente de trabalho, a análise desses fenômenos sociais deve partir do estudo da organização do trabalho, na medida em que a forma como a instituição se estrutura e regulamenta o trabalho pode incentivar, reduzir ou eliminar as manifestações de toda forma de violência e de assédio moral nos seus espaços internos.(507)

Carlos Eduardo Carrusca Vieira, Francisco de Paula Antunes Lima e Maria Elizabeth Antunes Lima, com base em evidências empíricas e análise de caso concreto, sustentam que o assédio moral apresenta amplas dimensões que não se circunscrevem à esfera subjetiva. Afirmam que o assédio moral é uma manifestação do "trabalho assediado", ou seja, "uma manifestação particular das relações de poder e da violência entranhadas na economia e nos processos de produção", em que os atos individuais se articulam à organização do trabalho, às políticas empresariais e aos modelos de gestão, embasados nas contradições e paradoxos do mercado capitalista de produção que favorece ou se torna responsável pelo assédio moral como instrumento gerencial.(508)

Nesse contexto, "o tecido social é constituído por relações instrumentais, em que o outro não é um fim, mas um simples meio para objetivos estranhos aos próprios indivíduos: a produção se torna um fim em si mesmo". Desse modo, o trabalhador deve ser capaz de se manter como importante fonte de eficiência, com desempenho continuamente ascendente, sob pena de, na hipótese de sua serventia cessar, surgirem as situações de assédio moral(509).

> Sem querer isentar os que praticam o assédio moral da responsabilidade pelos seus atos, não podemos negligenciar que tais atos ocorrem em um

(506) *Ibidem*, p. 78-79.

(507) FREITAS, Maria Ester; HELOANI, Roberto; BARRETO, Margarida. *Assédio moral no trabalho.* São Paulo: Cengage Learning, 2008. p. 37-38.

(508) VIEIRA, Carlos Eduardo Carrusca; LIMA, Francisco de Paula Antunes; LIMA, Maria Elizabeth Antunes. E se o assédio não fosse moral? Perspectivas de análise de conflitos interpessoais em situações de trabalho. *Revista Brasileira de Saúde Ocupacional,* São Paulo, 37 (126), p. 256-268, 2012.

(509) VIEIRA, Carlos Eduardo Carrusca; LIMA, Francisco de Paula Antunes; LIMA, Maria Elizabeth Antunes. E se o assédio não fosse moral? Perspectivas de análise de conflitos interpessoais em situações de trabalho. *Revista Brasileira de Saúde Ocupacional,* São Paulo, 37 (126), p. 256-268, 2012.

> contexto no qual são valorizados, incentivados e até mesmo exigidos. Isso significa que *a empresa, suas políticas e a forma pela qual o trabalho é organizado não compõem apenas um "cenário" no qual se desenrola o drama do assédio moral, mas são partes constitutivas do problema, na verdade, seus determinantes essenciais.*(510)

Para Ângelo Soares, "o assédio moral é uma patologia organizacional corrosiva que degrada as condições de trabalho, a saúde mental dos indivíduos e envenena as relações sociais no ambiente de trabalho. É um problema organizacional que tem tomado proporções alarmantes nas organizações contemporâneas"(511).

Rememore-se que a OIT registrou, entre as conclusões do estudo sobre a violência e o assédio no mundo do trabalho, que a violência e o assédio são considerados riscos psicossociais relacionados à organização do trabalho na legislação de vários países e que, na literatura especializada, esses perigos psicossociais denominam-se *violência estrutural*, "conceito que engloba as formas de organização ou de estrutura do trabalho que expõe os trabalhadores e as trabalhadoras a situações de violência" que afetam a dignidade, a segurança, a saúde e o bem-estar da vítima(512).

Ressaltou ainda a OIT que, em certas circunstâncias, "as cargas de trabalho excessivas, a falta de autonomia para a tomada de decisões, a baixa consideração pelo trabalho das pessoas, a rigidez dos procedimentos rotineiros do trabalho e a atenção insuficiente à manutenção de boas relações interpessoais" podem ser consideradas formas de violência estrutural. E arrematou que, na Nova Zelândia, adotou-se a figura do *bullying* institucional que se manifesta "quando as normas, a cultura e a prática de uma organização *permitem* comportamentos que se revelam insultuosos" ou, igualmente, "*provocam* um stress indevido", ou, ainda, "quando as estruturas, práticas, políticas ou requisitos do trabalho se *traduzem* num peso avassalador sobre o pessoal e o seu bem-estar é *negligenciado*". Naquele país, "o estabelecimento de objetivos impossíveis e a imposição de um volume de trabalho inviável ou com prazos pouco realistas" são considerados práticas organizacionais injustas que configuram o uso da violência estrutural como instrumento de organização e de estruturação do trabalho humano(513).

---

(510) *Ibidem*, p. 267 (grifo nosso).

(511) SOARES, Ângelo. Assédio moral: o estresse das vítimas e das testemunhas. In: LIMA, Cristiane Queiroz Barbeiro; OLIVEIRA, Juliana Andrade; MAENO, Maria (coord.). *Seminário Compreendendo o Assédio Moral no Ambiente de Trabalho*. São Paulo: Fundacentro, 2013. p. 35.

(512) ORGANIZAÇÃO INTERNACIONAL DO TRABALHO. Acabar com a violência e o assédio contra mulheres e homens no mundo do trabalho. *Conferência Internacional do Trabalho*, 107ª Sessão, Relatório V(1), p. 17, 2018. Disponível em: <https://www.ilo.org/gender/Informationresources/Publications/WCMS_546305/lang--es/index.htm>. Acesso em: 4 dez. 2018.

(513) ORGANIZAÇÃO INTERNACIONAL DO TRABALHO. Acabar com a violência e o assédio contra mulheres e homens no mundo do trabalho. *Conferência Internacional do Trabalho*, 107ª Sessão,

Nessa linha de raciocínio, é possível concluir que a análise do assédio moral na perspectiva tradicional, enfatizando relações interpessoais e tomando a organização apenas como parte do contexto, desconsiderando, assim, a repercussão da organização e da gestão da produção e do trabalho humano na vida psíquica dos sujeitos, favorece a multiplicação de ambientes laborais que incentivam ou instrumentalizam a violência psicológica como estratégia gerencial.

Por conseguinte, em razão do risco eminente à saúde psicofísica dos trabalhadores por deteriorar o meio ambiente laboral, o tratamento do fenômeno com ênfase nas relações interpessoais desarticula eventuais estratégias de enfrentamento e a possibilidade de responsabilização da organização pelos atos lesivos ao meio ambiente de trabalho, à coletividade de trabalhadores e à sociedade.

3.3.2. Assédio organizacional: a violência institucionalizada como estratégia de gestão

O uso da violência como estratégia de gestão do trabalho humano tem especial relevo nesse cenário de dominação social no trabalho proposto pelos mecanismos neoliberais de esvaziamento do caráter protetivo do Direito do Trabalho, de flexibilização dos postos de trabalho e de precarização dos vínculos de emprego.

Ana Magnólia Mendes adverte que, ao mesmo tempo que "o reconhecimento é um dos modos de fortalecimento da estruturação psíquica e da saúde, pode ser modo de captura dos trabalhadores nas armadilhas da dominação"[(514)].

Significa dizer que a condição de centralidade do trabalho, como promessa de autorrealização, pode ser utilizada pela organização do trabalho com a *captura da subjetividade*[(515)] para o engajamento do corpo e da alma do trabalhador nas políticas e metas gerenciais, condição necessária para que os métodos contemporâneos de gestão da produção e do trabalho humano, entre os quais se destaca o sistema toyotista, alcancem os resultados almejados.

Nos modelos de gestão da produção e do trabalho humano baseados especialmente no toyotismo, a estratégia gerencial para a mobilização do coletivo de trabalho se pauta na violência no plano subjetivo, a qual se concretiza em exigências paradoxais. Proporciona-se autonomia, com intensa cobrança de resultados. O acesso a novas tecnologias amplia o tempo de trabalho em vez de otimizá-lo.

Relatório V(1), p. 18, 2018. Disponível em: <https://www.ilo.org/gender/Informationresources/Publications/WCMS_546305/lang-es/index.htm>. Acesso em: 4 dez. 2018. (grifo nosso).

(514) MENDES, Ana Magnólia. Da psicodinâmica à psicopatologia do trabalho. In. MENDES, Ana Magnólia (org.). *Psicodinâmica do trabalho:* teoria, método e pesquisas. São Paulo: Casa do Psicólogo, 2007. p. 45.

(515) A expressão é de Giovanni Alves.

Exige-se a adesão voluntária a um compromisso ilimitado que tem, em contrapartida, o compromisso parcial da empresa, uma vez que a manutenção do emprego está relacionada ao desempenho. Impõe-se veladamente a ideologia do "realize-se a si mesmo" atrelada ao discurso da excelência, pautada no individualismo e na competição, ao passo que a cooperação é fundamental nos espaços de trabalho para a realização pessoal, coletiva e dos resultados. Normatiza-se um ideal sem limites — "zero de atraso, zero de falha, zero de papel, qualidade total etc." —, em contraponto a tudo o que caracteriza o humano — "a fraqueza, o erro, o contratempo, a imperfeição, a dúvida"(516).

Exige-se que o trabalhador se engaje às políticas e metas gerenciais, como se fosse o responsável pelo sucesso do empreendimento; seja qualificado e competitivo, adotando posturas individualistas no trabalhar; tenha vigor para atingir metas, ainda que inalcançáveis; estimule e controle a produtividade de seus pares(517); e, acima de tudo, não demonstre descontentamento, cansaço, estresse e, sobretudo, sofrimento(518), tampouco reconheça o sofrimento do outro, num crescente processo de indiferença social no trabalho, campo fértil para as patologias da indiferença e da solidão, bases das demais patologias sociais relacionadas ao trabalho, como demonstrado no capítulo anterior.

O controle, a submissão dos empregados e, consequentemente, o aumento da produtividade e a redução dos custos do trabalho, além da exclusão de trabalhadores indesejados, podem ser obtidos mediante a *instrumentalização do medo* em face da despedida injusta ou da perda do cargo e da comissão, manifesta por ameaças, às vezes implícitas na política organizacional; pelo *estímulo à competitividade sem limites*, cobranças frequentes, prazos inadequados para as metas estabelecidas; e pelo *uso do autoritarismo e desrespeito* que constrange e humilha. Esses métodos de gestão, conhecidos, nessa ordem, como gestão por medo, por estresse e por injúria, desarticulam os laços de solidariedade e a mobilização coletiva diante das injustiças e do sofrimento do outro, degradam o clima organizacional, estimulam práticas assediantes entre os indivíduos — "transformando todo integrante da organização em potencial agressor e vítima"(519) — e acarretam sofrimento psíquico no ambiente de trabalho(520).

---

(516) GAULEJAC, Vincent de. *Gestão como doença social:* ideologia, poder gerencialista e fragmentação social. São Paulo: Ideias e Letras, 2007. p. 111-128 e 161-163.

(517) DRUCK, Graça; FRANCO, Tânia; SELIGMANN-SILVA, Edith. As novas relações de trabalho, o desgaste mental do trabalhador e os transtornos mentais no trabalho precarizado. *Revista Brasileira de Saúde Ocupacional,* p. 237-238, 2010.

(518) ALKIMIN, Maria Aparecida. *Assédio moral na relação de trabalho.* 3. ed. Curitiba: Juruá, 2013. p. 68-70.

(519) ARAÚJO, Adriane Reis de. *O assédio moral organizacional.* São Paulo: LTr, 2012. p. 57.

(520) CREMASCO, M. V. F.; EBERLE, A. D.; SOBOLL, Lis A. P. Compreensões sobre o assédio moral no trabalho a partir da psicodinâmica do trabalho. In: SOBOLL, Lis Andrea Pereira; GOSDAL, Thereza Cristina (org.). *Assédio moral interpessoal e organizacional:* um enfoque multidisciplinar. São Paulo: LTr, 2009. p. 115.

É exatamente nesse contexto de gestão do trabalho embasado na ideologia gerencialista, cujas limitações humanas dos sujeitos no trabalhar são desconsideradas, que a violência na forma de assédio organizacional se adere à política e cultura institucionais e se torna estratégia gerencial e ferramenta de gestão, controle e coerção.

Adriane Reis de Araújo foi pioneira na proposta de conceituação do assédio organizacional. Utilizando-se como referencial teórico Michel Foucault(521) e Gilles Deleuze(522), a autora parte da premissa de que a naturalização da humilhação e do constrangimento no ambiente de trabalho decorre da "longa tradição dessa prática nas sociedades disciplinares [...], por meio da sanção normalizadora". Enfatiza, todavia, que tais práticas abusivas se apresentam no modelo de gestão toyotista com "novas roupagens na sociedade de controle"(523), intensificando a violência psicológica com a utilização de novas formas de gestão que instrumentalizam o medo para obter o engajamento subjetivo do coletivo de trabalhadores visando o incremento da produção e dos lucros.

Desse modo, ainda segundo a autora, a desigualdade de poder nas relações de emprego se evidencia no poder empregatício, em suas expressões como poder diretivo e disciplinar, especialmente, introduzindo na organização do trabalho e na gestão do trabalho humano instrumentos de controle e disciplina dos trabalhadores com o objetivo finalístico de reduzir custos com mão de obra e aumentar a produtividade(524), moldando o trabalhador aos ideais neoliberais e desconsiderando a dimensão humana do sujeito no trabalhar.

Com base nessas premissas, Adriane Reis de Araújo afirma ser imprescindível romper com o tratamento psicológico do assédio moral e enfocar o estudo do tema nas condições de trabalho e nos modelos de gestão do trabalho humano. De acordo com a autora, o assédio organizacional se configura pelo

> conjunto de condutas abusivas, de qualquer natureza, exercido de forma sistemática durante certo tempo, em decorrência de uma relação de trabalho, e que resulte no vexame, humilhação ou constrangimento de uma ou mais vítimas com a finalidade de se obter engajamento subjetivo de todo o grupo às políticas e metas da administração, por meio da ofensa a seus direitos fundamentais, podendo resultar em danos morais, físicos e psíquicos.(525)

No conceito proposto, a autora destaca que a violação está direcionada aos direitos fundamentais de liberdade e igualdade do trabalhador, que assediado pela

(521) FOUCAULT, Michel. *Microfísica do poder.* 10. ed. Rio de Janeiro: Graal, 1979.

(522) DELEUZE, Gilles. *Foucault.* 2. ed. São Paulo: Brasiliense, 1991.

(523) ARAUJO, Adriane Reis de. *Op. cit.,* p. 8.

(524) *Ibidem,* p. 122-126.

(525) ARAÚJO, Adriane Reis de. *O assédio moral organizacional.* São Paulo: LTr, 2012. p. 76.

organização, é ofendido em sua dignidade, integridade física e psicológica, liberdade de ir e vir, liberdade de expressão, não discriminação, entre outros. Assim, a concretização de danos físicos ou psíquicos não é critério identificador do assédio organizacional. A constatação de danos de natureza psicofísica, todavia, deve ser sopesada no caso concreto como circunstância agravante para fins de arbitramento da indenização pelo julgador(526).

O assédio organizacional, segundo a mesma autora, abrange inclusive o trabalhador que apenas testemunha a conduta abusiva praticada, pois, apesar de não ser submetido diretamente às situações vexatórias, é por elas alcançado, ainda que por via oblíqua, pela "mesma cobrança de engajamento e é acuado na vivência do medo e sofrimento de seu colega"(527).

Adriane Reis de Araújo destaca, ainda, que a intencionalidade, característica definidora do assédio moral interpessoal, não se encontra entre os critérios identificadores do assédio organizacional. A conduta abusiva e assediadora destinada ao engajamento subjetivo do coletivo de trabalhadores e à assimilação das regras implícitas e explícitas da instituição pelo trabalhador para fins de controle e disciplina não almeja, necessariamente, a "degradação das condições de trabalho" ou o "comprometimento do futuro profissional do trabalhador"(528).

Thereza Cristina Gosdal, Liz Soboll, Mariana Schatzmamm e André Eberle, embora reconheçam a importância do conceito de assédio organizacional proposto por Adriane Reis de Araújo, ponderam que, dada a sua amplitude, não há uma distinção adequada em relação ao conceito de assédio moral interpessoal, o que pode resultar em eventual ineficiência, tanto do combate à prática, que é inerente à gestão empresarial, quanto da tutela jurisdicional, uma vez que essa forma de violência tem implicações mais extensas do que as do assédio interpessoal(529).

Com base nessa ponderação e adotando como pressuposto o conceito de assédio moral interpessoal, a saber, o assédio moral como o conjunto de ações e/ou omissões de chefes ou colegas perversos que se constituem em processos sistemáticos de hostilização, direcionados a um ou mais indivíduos, cujo efeito ou resultado é um ambiente de trabalho hostil que resulte em desconforto físico ou emocional ou um prejuízo profissional, afastamento ou pedido de demissão, os autores propõem o seguinte conceito de *assédio organizacional*:

> conjunto sistemático de práticas reiteradas, inseridas nas estratégias e métodos de gestão, por meio de pressões, humilhações e constrangimentos,

(526) *Ibidem*, p. 77.

(527) *Idem, loc. cit.*

(528) *Ibidem*, p. 85.

(529) GOSDAL, Thereza Cristina *et al.* Assédio moral organizacional: esclarecimentos conceituais e repercussões. In: SOBOLL, Lis Andrea Pereira; GOSDAL, Thereza Cristina (org.). *Assédio moral interpessoal e organizacional:* um enfoque multidisciplinar. São Paulo: LTr, 2009. p. 34-35.

para que sejam alcançados determinados objetivos empresariais ou institucionais, relativos ao controle do trabalhador (incluindo-se o corpo, o comportamento e o tempo de trabalho), ao custo do trabalho, ou ao aumento de produtividade e resultados, ou à exclusão de indivíduos ou grupos com fundamentos discriminatórios.[(530)]

No que concerne à intencionalidade, os mencionados autores convergem com a proposta conceitual de Adriane Reis de Araújo no sentido de que não é necessária a prova da intencionalidade para que se identifique a ocorrência de assédio organizacional[(531)].

Os autores, do mesmo modo, justificam que o assédio organizacional "independe da intenção deliberada do agente de degradar as condições de trabalho ou atingir o empregado", orientando-se a alvos inespecíficos, embora sejam determináveis. Enfatizam ainda que se trata de uma opção da organização do trabalho por uma estratégia baseada na violência e/ou pressão para exercer domínio e sujeição; tem por objetivo imediato alcançar determinados resultados ou metas institucionais[(532)].

Os mesmos autores, igualmente, convergem com as conclusões de Adriane Reis de Araújo no sentido de que o assédio organizacional se configura, essencialmente, como *abuso do poder diretivo do empregador*, na medida em que evidenciam que a violência continuada se encontra estruturada na política organizacional e no modelo de gestão do trabalho humano e o objetivo é o incremento da produção e dos resultados institucionais[(533)].

Lis Soboll enfatiza a importância do rigor conceitual, pois o assédio moral não deve ser confundido com assédio sexual, doenças do trabalho, outros conflitos ou agressões pontuais, estresse e discriminação no ambiente de trabalho, tampouco com estratégias gerenciais legítimas e coerentes[(534)]. A autora sinaliza que o assédio organizacional "precisa ser um termo restrito a descrever a violência organizacional sistematizada no abuso do poder diretivo do empregador, evidenciado por estratégias de gestão abusivas por estresse, por medo, por humilhação, com cobrança exagerada, uso de ameaças e constrangimentos"[(535)].

---

(530) GOSDAL, Thereza Cristina *et al.* Assédio moral organizacional: esclarecimentos conceituais e repercussões. In: SOBOLL, Lis Andrea Pereira; GOSDAL, Thereza Cristina (org.). *Assédio moral interpessoal e organizacional:* um enfoque multidisciplinar. São Paulo: LTr, 2009. p. 37.

(531) *Ibidem,* p. 48.

(532) *Ibidem,* p. 30-38.

(533) *Ibidem,* p. 41 e 49.

(534) SOBOLL, Lis Andrea Pereira. Assédio moral no trabalho. In: CATTANI, Antonio David; HOLZMANN, Lorena (org.). *Dicionário de trabalho e tecnologia.* 3. ed. *E-book.* Porto Alegre: Zouk, 2012. p. 46.

(535) SOBOLL, Lis Andrea Pereira. Assédio moral e organizacional na perspectiva psicossocial: critérios obrigatórios e complementares. In: SOBOLL, Lis Andrea Pereira (org.). *Intervenções em assédio moral e organizacional.* São Paulo: LTr, 2017. p. 21.

Entender que a dinâmica do assédio se centra no agressor personalizado e identificável é desnaturar a essência do assédio organizacional como abuso do poder pelo empregador e estratégia de gerenciamento do trabalho humano.

O assédio organizacional, de acordo com Lis Soboll, contempla "interações entre o indivíduo e a organização ou a administração da empresa, as quais utilizam da violência e da hostilização, de forma continuada e crônica, na formulação de procedimentos e políticas organizacionais, na forma de mecanismos de gestão abusivos sem necessariamente existir um agressor personalizado"[(536)].

Nessa toada, os *atos hostis* insertos nas práticas gerencias — em que o agente agressor é a própria gestão e, por conseguinte, a instituição — e a *ofensa à dignidade* dos sujeitos trabalhadores que vivenciam essa situação são *critérios obrigatórios* de caracterização do assédio organizacional.

A intencionalidade, a dificuldade de se defender e os danos à saúde são características consideradas complementares e não determinantes para a configuração do assédio organizacional. Essas características, segundo Lis Soboll, podem servir de critério auxiliar na identificação do assédio organizacional, embora não seja necessária a prova da intencionalidade do agente agressor, a dificuldade de defesa do coletivo de trabalhadores frente às práticas sistemáticas de assédio e os danos à saúde para que se reconheça o assédio na modalidade psicossocial[(537)].

No que concerne à intencionalidade, a mesma autora enfatiza que, na perspectiva psicossocial, os atos hostis e o dano perpetrado podem ser deliberados, escolhidos, planejados ou inconscientes, não planejados e não escolhidos, de modo que se mostra insustentável considerá-la um dos critérios de identificação do assédio organizacional. Além disso, o viés subjetivo que a cerca é de difícil comprovação, o que acaba por expor a análise à perspectiva tradicional. De todo modo, analisar a presença ou não da intencionalidade tem relevância na mensuração das repercussões do assédio na saúde mental, pois a percepção de que os atos hostis ou o dano foram intencionais agrava o sofrimento ou o adoecimento psíquico, e pode implicar no agravamento dos valores arbitrados à condenação no âmbito da Justiça do Trabalho[(538)].

Efetivamente, na perspectiva do Direito do Trabalho, a intenção do empregador torna-se irrelevante para fins de reconhecimento da prática do assédio moral, tendo

(536) SOBOLL, Lis Andrea Pereira. Assédio moral no trabalho. In: CATTANI, Antonio David; HOLZMANN, Lorena (org.). *Dicionário de trabalho e tecnologia.* 3. ed. *E-book.* Porto Alegre: Zouk, 2012. p. 42.

(537) SOBOLL, Lis Andrea Pereira. Assédio moral e organizacional na perspectiva psicossocial: critérios obrigatórios e complementares. In: SOBOLL, Lis Andrea Pereira (org.). *Intervenções em assédio moral e organizacional.* São Paulo: LTr, 2017. p. 16.

(538) SOBOLL, Lis Andrea Pereira. Assédio moral e organizacional na perspectiva psicossocial: critérios obrigatórios e complementares. In: SOBOLL, Lis Andrea Pereira (org.). *Intervenções em assédio moral e organizacional.* São Paulo: LTr, 2017. p. 18.

em vista a obrigação imposta pela ordem constitucional vigente de o empregador zelar pela manutenção do meio ambiente de trabalho equilibrado e saudável, bem como de se responsabilizar por eventuais danos à personalidade do trabalhador provocados por seus prepostos (teoria da responsabilidade objetiva).

Quanto à dificuldade de a vítima se defender das situações de assédio, observa-se que se trata de resultado ou efeito do assédio pelo fato de o empregado ter sido colocado numa posição desvantajosa ou inferior. Por outro lado, se torna viável o enfrentamento das situações de assédio quando o coletivo dos trabalhadores se estrutura pela via da cooperação e da solidariedade. Assim, ainda segundo a autora, esse critério não se mostra obrigatório para a configuração do assédio organizacional[(539)].

Muito embora os estudos demonstrem que as doenças psicossomáticas e as de natureza psíquica sejam mais frequentes nos trabalhadores que vivenciam o assédio moral, o processo de adoecimento físico e mental dos afetados não se desenvolve de maneira semelhante, pois "há pessoas com estruturas psíquicas e rede de apoio social que favorecem seus processos defensivos, de enfrentamento, de resistência e de resiliência, capazes de evitar ou adiar o aparecimento de doenças". Por essa razão, a autora defende que as situações de assédio ofendem a dignidade humana e os direitos da personalidade e, portanto, a caracterização do assédio organizacional independe da comprovação do dano à saúde[(540)].

Em suma, dadas as considerações conceituais propostas pelas autoras-referência[(541)], tem-se que o assédio organizacional é expressão do *abuso do poder diretivo* do empregador e para identificar sua ocorrência é obrigatória a presença de dois elementos. O primeiro consiste no elemento objetivo consubstanciado nos *atos hostis continuados, prolongados no tempo, repetitivos,* e o segundo, no elemento subjetivo que se manifesta pela *ofensa à dignidade do sujeito trabalhador*. Esses elementos são verificáveis por meio da análise da organização do trabalho e das estratégias gerenciais do trabalho humano com foco nos fatores de risco psicossociais relacionados ao trabalho.

Em relação aos demais elementos, como intencionalidade, dificuldade para se defender e danos à saúde, conforme o exposto, eles podem ou não estar presentes nas dinâmicas de assédio organizacional, de modo que devem ser considerados elementos complementares para fins de mensuração da extensão do dano ao patrimônio imaterial do sujeito trabalhador.

---

(539) *Ibidem,* p. 19.

(540) SOBOLL, Lis Andrea Pereira. *Loc. cit.*

(541) Não se desconhece que a temática do assédio organizacional é abordada por outros autores brasileiros. Todavia, optou-se, nesta pesquisa, pela utilização da abordagem desenvolvida pelas autoras que, de forma pioneira, introduziram o estudo no Brasil há mais de dez anos: Adriane Reis de Araújo e Thereza Cristina Gosdal, no âmbito do Direito, e Lis Andrea Pereira Soboll, no âmbito da Psicologia e da Medicina Preventiva.

O assédio organizacional é, portanto, a violência institucionalizada e naturalizada na estratégia de gestão, cuja função é advertir o trabalhador acerca da necessidade de dedicação ilimitada e de sujeição pessoal à organização empresarial, sob pena de exclusão. As práticas inerentes à violência institucionalizada ofendem a dignidade do trabalhador e podem causar sofrimento e comprometer sua integridade psicofísica.

A violência como instrumento de gerenciamento do trabalho e de controle se estrutura de tal modo nas políticas e práticas organizacionais, ainda que de modo implícito, que os trabalhadores a percebem como inerente à estratégia empresarial ou à própria organização e os gestores a justificam como prática necessária à sobrevivência da empresa(542). A naturalização do assédio e a justificação da violência interferem na dimensão subjetiva da prática pelos assediados, levando o sujeito exposto à apatia, à submissão ou até mesmo à reprodução da violência(543).

É o imperativo "Trabalhe e Cale-se" revelado por Ana Magnólia Mendes nos estudos clínicos desenvolvidos na Clínica Analítica do Trabalho, que retrata a violência vivenciada pelo trabalhador assediado que, isolado pelo sofrimento decorrente da vergonha e da ausência de confiança em si mesmo e pela posição de subalternidade que ocupa nas relações laborais, encontra-se impossibilitado de reagir de forma eficaz(544).

O medo e a angústia contínuos do desemprego — e "da exclusão social, da rejeição e da desestruturação da identidade" dele decorrentes —, desencadeados por práticas gerenciais assediantes permeadas, muitas vezes, de ameaças explícitas ou veladas de dispensa, criam um ciclo de medo, instrumentalizado por práticas de violência psicológica e assédio moral que se retroalimentam no ambiente laboral, gerando ainda mais sofrimento(545).

Importa destacar que o sofrimento psíquico provocado pelo assédio organizacional também é vivenciado pelos gestores ante o medo de fracassarem e de serem considerados incompetentes pela instituição. Em face desse medo, são desenvolvidas estratégias defensivas, muitas vezes na forma de "virilidade defensiva", que se expressa por meio de hostilidade e práticas de violência psicológica no contexto de

---

(542) GOSDAL, Thereza Cristina *et al.* Assédio moral organizacional: esclarecimentos conceituais e repercussões. In: SOBOLL, Lis Andrea Pereira; GOSDAL, Thereza Cristina (org.). *Assédio moral interpessoal e organizacional:* um enfoque multidisciplinar. São Paulo: LTr, 2009. p. 21-22.

(543) SOBOLL, Lis Andrea Pereira; JOST, Rossana C.Floriano. Assédio moral no trabalho: uma patologia da solidão usada como estratégia de gestão organizacional. In: SZNELWAR, Laerte Idal (org.). *Saúde dos bancários.* São Paulo: Publisher Brasil, 2011. p. 257.

(544) VIVÈS, Jean-Michel. Nota introdutória: pulsão invocante e violência do supereu. In: MENDES, Ana Magnólia. *Desejar, falar, trabalhar*. Porto Alegre: Editora Fi, 2018. p. 18-19.

(545) CREMASCO, Maria Virgínia Filomena; EBERLE, André Davi; SOBOLL, Lis Andrea Pereira. Compreensões sobre o assédio moral no trabalho a partir da psicodinâmica do trabalho. In: SOBOLL, Lis Andrea Pereira; GOSDAL, Thereza Cristina (org.). *Assédio moral interpessoal e organizacional:* um enfoque multidisciplinar. São Paulo: LTr, 2009. p. 115.

trabalho. Além disso, há o mal-estar psicológico decorrente do sofrimento ético, fruto da responsabilidade percebida pela maioria dos gestores pelas consequências danosas dos assédios praticados aos subordinados[(546)].

É certo, repita-se, que a exposição do trabalhador à violência e ao assédio moral no contexto laboral sempre existiu. Todavia, a instrumentalização da violência como prática gerencial é fenômeno mais recente e em ampla expansão, cujas consequências têm sido as mais perversas para a saúde dos sujeitos trabalhadores, especialmente pelo esfacelamento dos vínculos de solidariedade.

A violência da ideologia da excelência e da docilidade psíquica esvazia o sujeito no trabalho e o sentido do trabalho para o sujeito leva à fragmentação do coletivo de trabalho e ao abandono do trabalhador a si mesmo. Instalados o individualismo e a patologia da solidão, o trabalhador atrai para si a culpa pelo seu insucesso inevitável, e o reflexo disso é sentido no corpo e na alma.

Os danos à integridade psicofísica do trabalhador inserido na organização do trabalho pautada na violência do assédio organizacional se manifestam por doenças psicossomáticas, quadros depressivos, transtornos de estresse pós-traumático, transtornos de ansiedade, distúrbios do sono, problemas digestórios e circulatórios, além de esgotamento profissional (síndrome de *burnout*), dependência de bebidas alcoólicas e drogas, risco de suicídio e suicídios consumados[(547)].

Nesses contextos, as práticas de assédio moral interpessoal encontram lastro no discurso organizacional velado de que tudo é válido em nome da competitividade e do alcance de resultados, de modo que o assédio moral horizontal (entre pares) e/ou vertical (contra chefes ou subordinados) conta com a aquiescência da instituição e se torna mera manifestação do assédio organizacional que se institucionalizou no modelo de gestão do trabalho humano.

Edith Seligmann-Silva enfatiza que o assédio organizacional é uma estratégia para a submissão à sobrecarga de trabalho voltada para o alcance de resultados; é um imperativo para a aceleração. Nesse passo, o assédio percorre a hierarquia funcional das instituições de modo que os gerentes assediam em face do assédio que sofrem de seus superiores, estabelecendo uma espécie de assédio em cadeia, de efeito dominó[(548)].

Vale ressaltar que os estudos empreendidos no Brasil vão ao encontro dos estudos promovidos pela OIT acerca da violência e do assédio no mundo do trabalho. De acordo com a OIT, o assédio moral pode se manifestar na forma de violência

(546) *Ibidem*, p. 125-126.

(547) DRUCK, Graça; FRANCO, Tânia; SELIGMANN-SILVA, Edith. As novas relações de trabalho, o desgaste mental do trabalhador e os transtornos mentais no trabalho precarizado. *Revista Brasileira de Saúde Ocupacional*, p. 237-238, 2010.

(548) SELIGMANN-SILVA, Edith. *Trabalho e desgaste mental:* o direito de ser dono de si mesmo. São Paulo: Cortez, 2011. p. 503.

estrutural, originada a partir dos riscos psicossociais vinculados à organização do trabalho, especialmente, aqueles concernentes "às cargas de trabalho excessivas, à falta de autonomia para a tomada de decisões, à baixa consideração pelo trabalho das pessoas, à rigidez dos procedimentos rotineiros do trabalho e à atenção insuficiente à manutenção de boas relações interpessoais"[(549)].

Desse modo, tem-se que o *assédio organizacional é a prática da violência psicológica naturalizada como estratégia de gestão do trabalho humano*.

Por se tratar de processo organizacional oriundo de interações humanas, não é possível especificar todos os comportamentos que ensejam a prática de assédio organizacional. Todavia, os estudos empreendidos em nível nacional e internacional apontam que essa tipologia de assédio pode se configurar pela *adoção de políticas e práticas organizacionais que impõem volume e ritmo de trabalho que desconsideram os limites psicofísicos dos trabalhadores, utilizando-se da instrumentalização do medo da dispensa ou perda de gratificação de função, com o intuito de controlar os trabalhadores e maximizar a exploração do trabalho humano*.

As consequências danosas desse tipo de violência no trabalho, além de alcançarem a saúde mental e física do trabalhador, repercutem em suas relações sociais, especialmente na família, na própria instituição e na sociedade.

No âmbito individual, o assédio organizacional atinge a identidade do trabalhador, por reduzir a expectativa de reconhecimento. Os julgamentos negativos e os comportamentos hostis se destinam precisamente para o não reconhecimento do sujeito como pessoa digna — o trabalhador passa a duvidar de suas potencialidades e de sua identidade —, o que gera desmotivação para o trabalho e alienação social, acentuando a solidão e a quebra dos laços de solidariedade[(550)].

Nessa dinâmica, a identidade, que é a proteção da saúde mental, acaba corroída pelo assédio moral. A violência do assédio, geralmente, é descarregada na vida pessoal do trabalhador e nas suas relações familiares, no consumo excessivo de bebidas alcoólicas e medicamentos psiquiátricos. Os prejuízos à vida psíquica, social, profissional, familiar e afetiva se instalam provocando o adoecimento psicofísico do trabalhador[(551)]. Assim, afetada a capacidade de concentração, aumentam os erros no trabalho, o que coloca em risco o emprego e a própria vida do trabalhador,

(549) ORGANIZAÇÃO INTERNACIONAL DO TRABALHO. Acabar com a violência e o assédio contra mulheres e homens no mundo do trabalho. *Conferência Internacional do Trabalho,* 107ª Sessão, Relatório V(1), p. 17, 2018. Disponível em: <https://www.ilo.org/gender/Informationresources/Publications/WCMS_546305/lang--es/index.htm>. Acesso em: 4 dez. 2018.

(550) CREMASCO, Maria Virgínia Filomena; EBERLE, André Davi; SOBOLL, Lis Andrea Pereira. Compreensões sobre o assédio moral no trabalho a partir da psicodinâmica do trabalho. In: SOBOLL, Lis Andrea Pereira; GOSDAL, Thereza Cristina (org.). *Assédio moral interpessoal e organizacional:* um enfoque multidisciplinar. São Paulo: LTr, 2009. p. 131-135.

(551) FREITAS, Maria Ester. Quem paga a conta do assédio moral no trabalho? *RAE-eletrônica,* v. 6, n. 1, art. 5º, p. 5, jan./jun. 2007.

em razão dos problemas relacionados à depressão, pensamentos autodestrutivos e tentativas de suicídio, além daqueles relativos ao adoecimento psicossomático e desencadeamento ou agravamento de outras doenças incapacitantes, como as musculoesqueléticas[(552)].

No âmbito da instituição, a repercussão dos efeitos nocivos do assédio organizacional se consolida pela redução dos índices de produtividade e da qualidade do trabalho, deterioração do clima organizacional, elevação do absenteísmo e da rotatividade, desmotivação para o trabalho, afastamento por doenças e acidentes de trabalho, bem como pelos custos judiciais com o pagamento de indenizações e pela eventual repercussão negativa vinculada ao nome da instituição[(553)].

No âmbito social, as repercussões do assédio organizacional alcançam as despesas públicas com benefícios previdenciários, aposentadorias precoces e custos dos processos judiciais; a elevação do número de suicídios na sociedade; a desestruturação familiar e social do trabalhador assediado; e o repasse do custo econômico das ações judiciais suportado pelas instituições aos consumidores, "visto que as empresas não têm o hábito de sacrificar margens de lucro para acomodar custos jurídicos ou financeiros"[(554)].

3.4. *Assédio organizacional e saúde no trabalho bancário: o retrato do período de 2008 a 2018*

Os estudos clínicos têm demonstrado que distúrbios psíquicos relacionados ao trabalho são desencadeados em ambientes nos quais as agressões deliberadas se repetem sistematicamente e a imposição de métodos e metas se distanciam do real do trabalho, dos limites psicofísicos do trabalhador e de princípios e valores éticos do sujeito, esvaziando o sentido do trabalho.

Esse ambiente laboral, aliado às vivências de injustiças e impotência em confrontá-las e à ausência de apoio social dos pares levam o sujeito trabalhador ao isolamento e ao individualismo, aprofundando o sofrimento e correlacionando, de forma inconteste, adoecimento e precarização do meio ambiente do trabalho[(555)].

Em face dessa constatação, objetiva-se destacar, nesta seção, o resultado de pesquisas empíricas desenvolvidas no contexto bancário, nos últimos dez anos, que reforçam a tese defendida nesta pesquisa de que *a violência do assédio organizacional é adotada como estratégia de gestão do trabalho humano e, por essa*

(552) SOBOLL, Lis Andrea Pereira. *Assédio moral/organizacional:* uma análise da organização do trabalho. São Paulo: Casa do Psicólogo, 2008. p. 180-187.

(553) FREITAS, Maria Ester. *Op. cit.*, p. 6-7.

(554) FREITAS, Maria Ester. Quem paga a conta do assédio moral no trabalho? *RAE-eletrônica,* v. 6, n. 1, art. 5º, p. 7, jan./jun. 2007.

(555) SELIGMANN-SILVA, Edith. *Trabalho e desgaste mental:* o direito de ser dono de si mesmo. São Paulo: Cortez, 2011. p. 527-531.

razão, se tornou fator determinante para o adoecimento e a violação de direitos humanos e fundamentais de trabalhadores bancários.

Inicialmente, destaca-se pesquisa empírica, estruturada por meio de entrevistas clínicas individuais, sobre as consequências psíquicas do adoecimento por LER/Dort elaborada por Elisabeth Zulmira Rossi, em 2008, no Estado de Goiás, abrangendo trabalhadores de bancos públicos e privados afastados do trabalho e suas implicações no fracasso do processo de reabilitação e de retorno ao trabalho. Acerca da categoria empírica que aborda as estratégias de defesa, as análises indicaram que:

> os bancários, antes de adoecerem, adotavam a autoaceleração dos movimentos como estratégias de defesas, que se configurou como uma via de evasão dos conflitos e pressões engendrados pela organização do trabalho, expressa pela forma de gestão marcada pela intensificação das demandas por produtividade em menor tempo; pela exigência do modo operário prescrito que não permitia ajustes e, portanto, o exercício da subjetividade para a realização das tarefas. (...) Os bancários relataram ainda que não havia espaço para expressar descontentamento por causa da ansiedade provocada pela pressão dos clientes (interno ou externo) e das cobranças diárias vindas do gerente.[(556)]

Os resultados desse estudo demonstraram a complexidade das fontes geradoras de adoecimento de bancários por enfrentarem uma organização do trabalho que adota mecanismos de pressão e opressão expressos pelo clima de competição entre os pares e a relação conflituosa com os gestores que se utilizam de ameaças vinculadas à demanda por produtividade[(557)].

No que concerne ao retorno ao trabalho, constatou-se que os bancos adotam uma "política velada de exclusão". Os gerentes, responsáveis diretos pelo cumprimento das metas, recusam bancários acometidos por LER/Dort, porque não são capazes de se submeter ao ritmo intenso de trabalho necessário para a obtenção dos resultados exigidos. Assim, esses trabalhadores dificilmente encontraram um posto de trabalho compatível com as limitações funcionais impostas pela patologia, o que agrava o sofrimento[(558)].

Em pesquisa empreendida entre os anos de 2010 e 2011, no Estado de São Paulo, com bancários de seis das maiores instituições financeiras do País (Bradesco, Itaú/Unibanco, HSBC, Santander, Caixa Econômica Federal e Banco do Brasil),

---

(556) ROSSI, Elisabeth Zulmira. As consequências psíquicas do adoecimento por LER/DORT: o fracasso do processo de reabilitação e a volta ao trabalho. In: SZNELWAR, Laerte Idal (org.). *Saúde dos bancários.* São Paulo: Publisher Brasil, 2011. p. 276.

(557) *Ibidem,* p. 278.

(558) ROSSI, Elisabeth Zulmira. As consequências psíquicas do adoecimento por LER/DORT: o fracasso do processo de reabilitação e a volta ao trabalho. In: SZNELWAR, Laerte Idal (org.). *Saúde dos bancários.* São Paulo: Publisher Brasil, 2011. p. 281

a tese de violação sistemática de direitos fundamentais humanos e trabalhistas é do mesmo modo reforçada pelos resultados que demonstram a vinculação entre violência, precarização do trabalho e adoecimento nessas relações de emprego.

Na mencionada pesquisa, constatou-se que a organização do trabalho bancário é marcada pelo estresse decorrente do medo e dos sentimentos de humilhação, impotência e frustração desencadeados pelos seguintes fatores: baixa tolerância ao erro; cobranças públicas; sobrecarga de trabalho caracterizada pelo acúmulo de tarefas e jornadas extraordinárias frequentes; ausência de cursos de capacitação; pressão cotidiana por cumprimento de metas abusivas; incompreensão dos processos produtivos e impossibilidade de intervenção dos trabalhadores no trabalho prescrito(559).

A pressão para o cumprimento de metas que não se coadunam com o real do trabalho — e, portanto, consideradas "abusivas" por 65% dos funcionários de agências e 52% dos complexos administrativos — e as práticas de assédio moral dela decorrentes foram consideradas as principais causas de adoecimento, tanto pelo esforço repetitivo quanto pelo desgaste mental. Não é por outra razão que as LER/Dort são a principal causa de afastamento na categoria — geralmente, com reconhecimento do nexo de causalidade com o trabalho — e os transtornos mentais, a segunda, muito embora sejam atribuídos, na maioria dos casos, a questões pessoais, sem vinculação com o trabalho(560).

Ainda de acordo com a mencionada pesquisa, seis a cada dez caixas, 45% dos gerentes e, no geral, 40% dos bancários relataram a vivência de sofrimento ético em razão do uso da mentira, humilhação e desrespeito a convicções pessoais para a venda de produtos a clientes objetivando atingir os resultados impostos(561).

Nesse ponto, importa ressaltar que a avaliação de desempenho e a mensuração da produtividade não reflete o real do trabalho bancário, mas apenas indicadores numéricos reducionistas e parciais, sem considerar, por exemplo, o atendimento a clientes, o que se mostra paradoxal, porque no plano gerencial discursivo são incentivados os trabalhos em equipe(562).

Nos anos de 2013 e 2014, foi realizado um estudo qualitativo, descritivo e transversal com trabalhadores bancários prestadores de serviços em bancos públicos e privados do estado do Rio Grande do Norte para compreender a percepção dos bancários sobre a organização das metas de produção e a sua repercussão

(559) BRUNO, Walcir Previtale. Bancários não são máquinas. In: SZNELWAR, Laerte Idal (org.). *Saúde dos bancários.* São Paulo: Publisher Brasil, 2011. p. 23.

(560) *Ibidem,* p. 25.

(561) BRUNO, Walcir Previtale. *Loc. cit.*

(562) SOBOLL, Lis Andrea Pereira; JOST, Rossana C. Floriano. Assédio moral no trabalho: uma patologia da solidão usada como estratégia de gestão organizacional. In: SZNELWAR, Laerte Idal (org.). *Saúde dos bancários.* São Paulo: Publisher Brasil, 2011. p. 256-257.

na vida desses empregados. Utilizando-se da técnica de coleta de dados por meio de entrevistas semiestruturadas, cujas respostas foram submetidas à análise de conteúdo, o estudo concluiu que as metas são estabelecidas de forma a transformar o bancário em vendedor de produtos e serviços, o que resulta numa crise de identidade profissional(563).

A maioria dos bancários considerou que as metas são inatingíveis e são determinadas além dos limites físicos e psicológicos, sendo o individualismo, incentivado pelo banco, a tônica do ambiente de trabalho. A definição das metas é feita anualmente e os pesquisados não sabem quem as determina, quem as controla e cobra — o acompanhamento é efetivado pelo correio eletrônico —, o que demonstra que o poder nos bancos está disseminado e não é facilmente localizado. No final de cada mês, é feita reunião com todos os empregados que não alcançaram a meta e não há negociação ou justificativa para o descumprimento daquilo que é considerado obrigação do bancário(564).

Constatou-se, ainda, que a necessidade de cumprir metas crescentes, reduzir custos e aumentar lucros recai principalmente sobre os empregados que ocupam cargos de direção e chefia. Por outro lado, parte dos entrevistados atribuíram à política de metas uma visão positiva na medida em que mantém o empregado comprometido com a produtividade, a denotar a sedução do discurso gerencial para incorporação dos objetivos do banco e a utilização da estratégia defensiva de negação da realidade para suportar o sofrimento no trabalho(565).

Em conclusão, o estudo verificou que a política de metas está naturalizada no contexto bancário, de modo que não há qualquer oposição a esse sistema de gerenciamento produtivista. Além disso, o fato de não alcançar as metas é tido, pelo empregado, como uma falha pessoal, gerando sentimento de incapacidade reforçado pelo banco, que transfere para o bancário a responsabilidade pelo alcance dos resultados estabelecidos e reflete as possibilidades de punição nas avaliações de desempenho individual, dinâmica essa que gera medo e sofrimento e pode desencadear adoecimento psicofísico(566).

Esse medo e sofrimento instrumentalizado faz parte do cotidiano do bancário prestador de serviços em banco públicos e privados. Nos bancos públicos pende, como perigo e ameaça constantes, a possibilidade de transferência de setor e perda da função comissionada; nos bancos privados, a possibilidade de perda do

---

(563) PERRONE, Claudia Maria; SANTOS, Anelise Schaurich dos; DIAS, Ana Cristina Garcia. "As cobranças são pesadas, a gente sofre muita pressão": as metas na vida de bancários. *Revista Trabalho (En)Cena*, 3(2), p. 44-64, 2018.

(564) *Idem*.

(565) *Ibidem*, p. 55.

(566) PERRONE, Claudia Maria; SANTOS, Anelise Schaurich dos; DIAS, Ana Cristina Garcia. "As cobranças são pesadas, a gente sofre muita pressão": as metas na vida de bancários. *Revista Trabalho (En)Cena*, 3(2), p. 57, 2018.

emprego. Muito embora os efeitos concretos da perda do emprego e da perda da função comissionada sejam distintos, especialmente no que tange à subsistência dos sujeitos e de seus familiares, constatou-se que "o medo de não ter êxito, de não estar à altura, de ser pego em desacordo com a qualidade, de desrespeito aos prazos e de insuficiência de resultados é constante na vida tanto de funcionários de instituições privadas quanto públicas"(567).

Outra pesquisa fundada na revisão da literatura nacional vinculada às vivências de sofrimento e/ou estratégias de intervenção e/ou serviços de apoio oferecidos aos bancários em sofrimento, realizada na Biblioteca Virtual em Saúde — Psicologia Brasil (BVS-Psi Brasil), entre os anos de 2005 e 2015, detectou, após análise qualitativa de conteúdo, 27 resultados.

Os referidos resultados revelaram que as principais vivências de intenso sofrimento de trabalhadores bancários no Brasil estão associadas diretamente à organização do trabalho, ao estímulo à competitividade, à sobrecarga de atividades, à exigência de perfeição, ao excesso de responsabilidades, às incertezas quanto à carreira e permanência no emprego e às pressões para o cumprimento de metas preestabelecidas.

As principais vivências de sofrimento entre bancários relatadas na pesquisa foram:

> (a) a precarização do trabalho, quando os bancários são induzidos ao individualismo e à solidão; (b) o assédio moral, que ocorre com muita frequência, torna o ambiente de trabalho destrutivo e desgasta psiquicamente o trabalhador; (c) o sentimento de perda de identidade, quando o trabalhador perde sua capacidade de fala e não pode manifestar seus desejos, que o leva a agir contra seus princípios éticos e morais; (d) as doenças de ordem física por esforço repetitivo, apontadas como causa de muitos problemas da saúde no trabalho; (e) a discriminação e o sofrimento dos trabalhadores adoecidos, especialmente daqueles diagnosticados com LER ou DORT; (f) a escassez de direitos civis aos homossexuais; (g) a presença de depressão e risco de suicídio; e (h) os sentimentos constantes de insegurança, frustração, pressão psicológica, ansiedade, medo e angústia.(568)

O sofrimento ético vivenciado por bancários igualmente sobressaiu nos resultados encontrados, na medida em que, para alcançar a meta de produtividade, exige-se a superação de valores pessoais, o agir contra princípios éticos e morais

(567) *Ibidem*, p. 56.

(568) MARQUES, Gabriela da Silva; GIONGO, Carmem Regina. Trabalhadores bancários em sofrimento: uma análise da literatura nacional. *Revista Psicologia: Organizações e Trabalho*, 16(3), p. 220-235, jul./set. 2016.

e a renúncia de desejos próprios em favor dos desejos da instituição, o que leva à depressão[569].

Os relatos de atos de humilhação e de assédio moral também foram apontados como comuns e os assediantes, geralmente os superiores hierárquicos, justificavam o assédio pela necessidade de cumprimento das metas e alcance de resultados financeiros propostos pela instituição[570]. Os estudos relataram, ainda, que as condutas assediantes aliadas à ausência de diálogo desencadearam, como mecanismo de defesa, o isolamento do bancário diante da vergonha, frustração e sentimento de culpa pelo não cumprimento das metas, o que potencializou a possibilidade de desenvolver depressão[571].

Os dados das pesquisas demonstrados até então convergem com os resultados da análise clínica da organização do trabalho, do sofrimento e da saúde mental de trabalhadores bancários empreendida entre os anos de 2013 e 2017 pelo Instituto de Psicologia da Universidade de Brasília[572].

Essa pesquisa, denominada projeto *"Clínica do Trabalho no Sindicato dos Bancários de Brasília"*, adotada como referencial empírico da presente obra e descrita no Capítulo 2, demonstrou a utilização do assédio organizacional como estratégia de gestão, de precarização do ambiente de trabalho e de adoecimento dos trabalhadores.

Rememore-se que a análise clínica do trabalho revelou que a principal razão relatada pelos entrevistados para a busca de atendimento relacionava-se à gestão do trabalho e às relações socioprofissionais conflituosas entre pares e chefia.

Entre os sintomas ocasionados ou agravados pelo trabalho objeto de investigação constatou-se que o sentimento de tensão, a incapacidade de relaxar, a irritabilidade, a inquietação e a tristeza foram relatados por, pelo menos, 80% dos bancários entrevistados.

Verificou-se, ainda, que a ideação suicida apareceu igualmente na fala dos bancários analisados, que reportaram os seguintes sintomas: "vontade de desistir

---

(569) *Ibidem*, p. 227.

(570) *Idem, Loc. cit.*

(571) *Idem, Loc. cit.*

(572) Lembre-se que o projeto *"Clínica do Trabalho no Sindicato dos Bancários de Brasília"*, considerando os anos de 2013 a 2017, se efetivou em duas etapas. Na primeira etapa, foi feito o mapeamento dos riscos psicossociais relacionados ao trabalho bancário. Os resultados dessa primeira etapa foram publicados em artigo científico. FACAS, Emilio Peres; DUARTE, Fernanda Sousa; MENDES, Ana Magnólia; ARAUJO, Luciane Kozicz Reis. Sofrimento ético e (in)dignidade no trabalho bancário: análise clínica e dos riscos psicossociais. In: MENDES, Ana Magnólia; MONTEIRO, Janine Kieling; VIEIRA, Fernando de Oliveira (org.). *Trabalho & prazer* — teoria, pesquisas e práticas. Curitiba: Juruá, 2015. Já os resultados da segunda etapa do projeto constam do relatório "Equipe de Psicologia 2017". MENDES, Ana Magnólia; DUARTE, Fernanda; TEIXEIRA, Carolina Vieira Batista. *Relatório Equipe de Psicologia*. Brasília, 2017. No prelo.

de tudo", afirmado por 57,5% dos bancários; "sinto que não vale a pena viver", por 37,9%; "penso em morrer", por 32,7%; "desejo estar morto", por 28,8%; "penso em me ferir", por 22,9%; "tentativa de suicídio", por 13,7% dos trabalhadores. Tais sintomas demonstram a gravidade com a qual o modelo de gestão do trabalho humano tem impactado a saúde mental dos bancários.

O medo da dispensa aliado ao preconceito em relação ao próprio adoecimento incutido pela ideologia gerencialista, a pressão por produtividade, o cenário econômico atual e as reestruturações consecutivas no serviço bancário levaram os trabalhadores ao presenteísmo e à utilização da servidão voluntária como estratégia de defesa. A consequência da busca tardia por assistência resultou em quadros de intensidade moderada a grave de adoecimento mental entre os entrevistados, com reduzida possibilidade de intervenção preventiva.

Os maiores riscos de adoecimento foram detectados entre aqueles trabalhadores que relataram a vivência de assédio moral, se afastaram por motivo de doença do trabalho e/ou manifestaram o desejo de sair do banco ou mudar de emprego.

Recorde-se, ainda, que os resultados do estudo clínico apontaram que 80,8% dos bancários que procuraram atendimento psicológico relataram a vivência de assédio moral no trabalho. Além disso, os bancários entrevistados perceberem seu trabalho como desumano e irracional, porque pautado no aumento das metas de produtividade, na redução de pessoal e na pressão dos gestores por resultados crescentes, em um contexto sem reconhecimento, permeado pelo individualismo e competitividade e destituído de solidariedade, no qual o custo do alcance das metas recai sobre a saúde.

Os resultados das pesquisas mencionadas nesta seção, sobretudo os resultados da pesquisa empírica utilizada como referencial teórico desta pesquisa, sinalizam para a *ampla prática de assédio organizacional como recurso de exploração do trabalho humano pelos bancos públicos e privados, na medida em que a organização do trabalho se utiliza da violência estrutural inserta na cultura organizacional para maximizar os resultados institucionais.*

4. A Regulação Judicial do Assédio Organizacional no Trabalho Bancário no Distrito Federal: uma Análise da Jurisprudência Trabalhista sob a Perspectiva Constitucional

O Poder Judiciário trabalhista, além de solucionar controvérsias no âmbito de sua competência inserta no art. 114 da Constituição Federal de 1988 e interpretar a ordem jurídica no tratamento jurídico de conflitos nas relações de trabalho, integra um sistema institucional amplo que objetiva garantir a efetivação dos direitos fundamentais sociais, a desmercantilização do trabalho humano e a democratização das relações trabalhistas no Brasil[(573)].

Mauricio Godinho Delgado e Gabriela Neves Delgado salientam que a Constituição de 1988 fortalece o sentido fundado e ancorado no valor da justiça social atribuído à Justiça do Trabalho[(574)], por ser esse o ramo do Poder Judiciário brasileiro apto a concretizar a dignidade da pessoa humana trabalhadora e os direitos humanos fundamentais na pacificação dos conflitos de interesse inerentes às relações de trabalho. Para tanto, o sentido de proteção ao trabalho humano e o compromisso com a arquitetura principiológica humanística e social e com os direitos fundamentais devem vincular a interpretação e aplicação do Direito do Trabalho no marco do Estado Democrático de Direito.

Nesse quadro, ganha especial relevo o papel do *Direito do Trabalho constitucionalizado* como instrumento de regulação de condutas e interesses nas relações de trabalho e de emprego, bem como de estruturação da convivência social e da cidadania da pessoa trabalhadora[(575)].

---

(573) DELGADO, Mauricio Godinho; DELGADO, Gabriela Neves. O papel da Justiça do Trabalho. In: *Constituição da República e direitos fundamentais:* dignidade da pessoa humana, justiça social e direito do trabalho. 4. ed. São Paulo: LTr, 2017. p. 167-168.

(574) *Ibidem,* p. 168.

(575) DELGADO, Mauricio Godinho. Funções do direito do trabalho no capitalismo e na democracia. In: DELGADO, Mauricio Godinho; DELGADO, Gabriela Neves. *Constituição da República e direitos fundamentais:* dignidade da pessoa humana, justiça social e direito do trabalho. São Paulo: LTr, 2012. p. 76.

Mauricio Godinho Delgado e Gabriela Neves Delgado realçam as funções específicas do Direito do Trabalho, quais sejam:

> a) buscar a melhoria das condições de pactuação e gestão do trabalho na vida econômica e social; b) garantir uma evolução econômica do tipo progressista no plano do capitalismo; c) assegurar uma influência civilizatória e democrática no contexto da sociedade civil e da sociedade política (...); d) função conservadora, resultante de seu papel de cimentar as fases de continuidade das próprias sociedade e economia capitalistas.(576)

O Direito do Trabalho constitucionalizado em 1988 revela-se, nessa medida, como instrumento de limitação do poder empregatício no que concerne à contratação e gestão do trabalho humano. Historicamente, o Direito do Trabalho possibilitou aos trabalhadores muitas conquistas no campo da proteção à saúde e segurança no trabalho e no atendimento de demandas que resultaram na promoção de bem-estar aos estratos sociais populares. Tais conquistas destacam o relevante papel econômico progressista e a função civilizatória e democrática com forte realização de justiça social ínsito a esse ramo especializado do Direito(577).

A função econômica progressista e modernizante do Direito do Trabalho apresenta grande relevância no sistema socioeconômico e jurídico. A legislação trabalhista, regra geral, revela um processo precursor de generalização das conquistas resultantes das lutas por reconhecimento e inclusão dos trabalhadores. Além disso, esse ramo jurídico racionaliza o funcionamento do mercado capitalista, evitando práticas inerentes à concorrência desleal e, ainda, incentiva a adoção de práticas de gestão trabalhista "mais eficientes e respeitosas [...], eclipsando modalidades obscurantistas de gerência e gestão de pessoas no universo empresarial"(578).

Ademais, o Direito do Trabalho constitucionalizado revela sua "função civilizatória e democrática", própria dos direitos sociais, e, ao mesmo tempo, sua função conservadora de "preservação do sistema capitalista"(579), a equilibrar a tensão entre os postulados do valor social do trabalho e do valor social da livre-iniciativa. O aparente confronto entre trabalho humano e livre-iniciativa evidencia o relevante papel do Poder Judiciário Trabalhista na regulação judicial do trabalho humano a partir do discurso constitucional centrado no direito fundamental ao trabalho digno.

---

(576) DELGADO, Mauricio Godinho. Funções do direito do trabalho no capitalismo e na democracia. In: DELGADO, Mauricio Godinho; DELGADO, Gabriela Neves. *Constituição da República e direitos fundamentais:* dignidade da pessoa humana, justiça social e direito do trabalho. São Paulo: LTr, 2012. p. 77.

(577) *Ibidem,* p. 77-84.

(578) *Ibidem,* p. 84.

(579) *Ibidem,* p. 85.

Lembre-se de que o conceito de direito fundamental ao trabalho digno engloba a fruição de direitos fundamentais que asseguram o patamar civilizatório mínimo destinado à proteção da dignidade do trabalhador[(580)].

Partindo dessa premissa, tem-se que a efetiva tutela jurídica ao direito fundamental ao trabalho digno, considerada sua dimensão socioambiental, se concretiza mediante a proteção jurídica simultânea do sujeito trabalhador, do valor social do trabalho e do meio ambiente do trabalho, porque indissociáveis.

Importa salientar que a Justiça do Trabalho tem por missão "realizar Justiça no âmbito das relações de trabalho, contribuindo para a paz social e o fortalecimento da cidadania". Ademais, pretende ser "reconhecida perante a sociedade como instrumento efetivo de justiça célere e comprometida com a garantia dos direitos decorrentes das relações de trabalho", bem como assegurar efetividade à prestação jurisdicional e garantir, no plano concreto, os direitos de cidadania (art. 1º, II, da Constituição Federal)[(581)].

Nessa linha de raciocínio, apesar de os estudos sobre a violência psicológica e o assédio organizacional serem relativamente recentes e não haver no ordenamento jurídico brasileiro norma específica em relação à matéria, ainda assim, o Poder Judiciário Trabalhista é instado a se manifestar. Esse quadro reforça o papel da Justiça do Trabalho de construção e reconstrução do discurso constitucional trabalhista a fim de exercer seu papel regulatório, de modo a elucidar a proteção a ser conferida ao trabalhador em face do uso da violência psicológica como instrumento de gestão do trabalho humano no meio ambiente laboral.

Assim, na perspectiva de realização da competência do Poder Judiciário Trabalhista dirigida à efetividade do Direito do Trabalho constitucionalizado e de seu compromisso com o Estado Democrático de Direito, é que a presente pesquisa objetivou investigar qual é o padrão de regulação promovido pela Justiça do Trabalho nos conflitos de interesse relacionados ao assédio organizacional nos bancos públicos e privados situados no Distrito Federal.

Pretendeu-se averiguar se, por meio de decisões judiciais, foram garantidos os meios concretos de fruição de direitos fundamentais individuais e sociais relacionados à saúde do trabalhador e ao meio ambiente de trabalho humano, sob a perspectiva da *dimensão socioambiental do direito fundamental ao trabalho digno.*

Para alcançar esse objetivo, analisou-se as decisões judiciais proferidas no âmbito do Tribunal Regional do Trabalho da 10ª Região, em primeiro e segundo

(580) DELGADO, Gabriela Neves. *Direito fundamental ao trabalho digno*. São Paulo: LTr, 2006. p. 182-184.

(581) BRASIL. CONSELHO SUPERIOR DA JUSTIÇA DO TRABALHO. Plano Estratégico da Justiça do Trabalho, 2015-2020. Disponível em: <http://www.csjt.jus.br/c/document_library/get_file?uuid=f525e749-2197-438c-91ae-d31acfe4cbdf&groupId=955023>. Acesso em: 25 jan. 2019.

graus de jurisdição, e, entre essas, as que foram objeto de recurso de revista para o Tribunal Superior do Trabalho, referentes às ações propostas por bancários no período de 1º de novembro de 2013 a 10 de novembro de 2017.

4.1. *Pressupostos metodológicos*

A presente pesquisa objetivou aferir, a partir dos parâmetros constitucionais de proteção à pessoa humana, à sua saúde e à qualidade do meio ambiente do trabalho, na perspectiva do direito fundamental ao trabalho digno, o padrão de regulação conferido pelo Poder Judiciário Trabalhista da 10ª Região, em primeira e segunda instâncias, e pelo Tribunal Superior do Trabalho em casos de assédio organizacional praticado contra trabalhadores bancários do Distrito Federal, em razão da utilização de práticas gerenciais pautadas na violência psicológica, quanto à integridade psicofísica de trabalhadores bancários do Distrito Federal em face da utilização de práticas gerenciais pautadas na violência institucionalizada na forma de assédio organizacional. Para tanto, utilizou-se como parâmetro de pesquisa as ações propostas no período de *1º de novembro de 2013 a 10 de novembro de 2017*.

O marco temporal da pesquisa empírica empreendida coincide com o utilizado pelas pesquisas e análises clínicas do trabalho desenvolvidas pelo Grupo de Estudos e Práticas em Clínica, Saúde e Trabalho (GEPSAT) do Instituto de Psicologia da Universidade de Brasília (UnB), no projeto *"Clínica do Trabalho no Sindicato dos Bancários de Brasília"*, referentes ao período de novembro de 2013 a dezembro de 2017, cujo relatório se encontra descrito na subseção 2.3.1 do Capítulo 2.

Ressalte-se, ainda, que o marco temporal final foi estabelecido em razão da entrada em vigor da Lei n. 13.467/2017 (Lei da Reforma Trabalhista), em 11 de novembro de 2017. Essa delimitação temporal justifica-se pelo fato de a denominada Lei da Reforma Trabalhista ter promovido uma acentuada restrição de acesso à justiça trabalhista manifesta pela descaracterização do instituto da justiça gratuita (art. 790, §§ 3º e 4º, da CLT); pela responsabilização da parte sucumbente na pretensão objeto da perícia pelo pagamento dos honorários periciais, ainda que beneficiária da justiça gratuita (art. 790-B, § 4º, da CLT); e pela adoção do sistema de sucumbência recíproca no tocante aos honorários advocatícios (art. 791-A da CLT).

Essas restrições de caráter processual impuseram grande risco econômico para os trabalhadores na busca da tutela jurisdicional em face dos danos de natureza patrimonial e extrapatrominal ocasionados pelos empregadores no curso do contrato de emprego, o que provocou uma redução considerável do número de ações trabalhistas, segundo revela estudo promovido pelo Tribunal Superior do Trabalho[582].

(582) "Segundo a Coordenadoria de Estatística do TST, entre janeiro e setembro de 2017, as Varas do Trabalho receberam 2.013.241 reclamações trabalhistas. No mesmo período de 2018, o número

Recorde-se que a pesquisa empreendida pelo Grupo de Estudos e Práticas em Clínica, Saúde e Trabalho (GEPSAT) do Instituto de Psicologia da Universidade de Brasília (UnB) foi efetivada em duas etapas. A primeira pesquisa, de natureza quantitativa e qualitativa, objetivou a caracterização da organização do trabalho bancário e o mapeamento dos riscos psicossociais; envolveu 2.011 trabalhadores bancários do Distrito Federal, empregados de bancos públicos e privados, e foram validados 1.489 questionários. Essa primeira pesquisa revelou "que não foram encontradas diferenças estatisticamente significativas entre os sujeitos de diferentes bancos, indicando uma possível homogeneidade na exposição dos riscos psicossociais no trabalho independe da bandeira do banco"[(583)].

Essa primeira etapa, desenvolvida entre os meses de novembro de 2013 a abril de 2014, resultou em campanha de conscientização promovida pelo Sindicato dos Bancários de Brasília, na qual foi produzida cartilha com o objetivo de alertar acerca dos riscos psicossociais associados ao trabalho bancário e mobilizar a categoria para o enfrentamento das situações desencadeadoras de sofrimento e adoecimento. Por essa razão, o marco inicial adotado nesta pesquisa foi o dia 1º de novembro de 2013.

Os resultados dessa primeira etapa subsidiaram igualmente a análise clínica da organização do trabalho, do sofrimento e da saúde mental efetivada, entre os anos de 2014 e 2017, mediante a escuta clínica do sofrimento no trabalho de 155 bancários, com o seguinte perfil: 67,9% eram do sexo feminino e 32,1% do sexo masculino, prestando serviços em bancos públicos (13,2%), privados (54,6%) e sociedade de economia mista (32,2%), com idade média de 38,84 anos e tempo médio de 13,5 anos de trabalho bancário.

Os achados nessa segunda etapa da pesquisa empírica resultante da escuta clínica de trabalhadores revelaram que: a) o principal motivo para a busca de assistência psicológica estava relacionado à gestão do trabalho e às relações socioprofissionais conflituosas entre pares e chefia, com relatos de assédio moral vivenciado por 80,8% dos trabalhadores; b) os bancários em gozo de benefício previdenciário preponderaram no estudo e apresentaram quadro de intensidade moderada a grave de adoecimento mental; c) a busca tardia por assistência foi justificada pelo medo de dispensa, preconceito relacionado ao adoecimento no trabalho e pressão por produtividade, aliados ao atual cenário econômico e às crescentes reestruturações no serviço bancário; d) os casos de melhor prognóstico foram aqueles em que os trabalhadores encontraram uma rede de apoio e suporte entre os pares na instituição

caiu para 1.287.208 reclamações trabalhistas." BRASIL. Tribunal Superior do Trabalho. *Primeiro ano da reforma trabalhista*: efeitos. Disponível em: <http://www.tst.jus.br/noticia-destaque/-/asset_publisher/NGo1/content/id/24724445>. Acesso em: 18 fev. 2019.

(583) FACAS, Emilio Peres; DUARTE, Fernanda Sousa; MENDES, Ana Magnólia; ARAUJO, Luciane Kozicz Reis. Sofrimento ético e (in)dignidade no trabalho bancário: análise clínica e dos riscos psicossociais. In: MENDES, Ana Magnólia; MONTEIRO, Janine Kieling; VIEIRA, Fernando de Oliveira (org.). *Trabalho & prazer* — teoria, pesquisas e práticas. Curitiba: Juruá, 2015. p. 249.

bancária, o que praticamente inexistiu em relação aos trabalhadores bancários que participaram do estudo clínico.

Traçadas tais premissas, importa ressaltar que a presente pesquisa de análise jurisprudencial encontra suporte no arcabouço teórico desenvolvido nos capítulos antecedentes, bem como nos resultados da pesquisa empírica acima relatada adotada como fonte primária para elucidar a realidade social do trabalho bancário no Distrito Federal, no período em estudo.

A pesquisa empreendida consistiu, inicialmente, na análise quantitativa de ações trabalhistas propostas no período de 1º de novembro de 2013 a 10 de novembro de 2017, no Distrito Federal[(584)]. Identificada a numeração de cada um dos processos, efetivou-se a consulta processual no sítio eletrônico do Tribunal Regional do Trabalho da 10ª Região e do Tribunal Superior do Trabalho, a fim de selecionar as sentenças e os acórdãos proferidos em sede de recurso ordinário e de recurso de revista referentes aos processos identificados.

A seguir, identificadas as referidas ações trabalhistas propostas e julgadas pelo Tribunal Regional do Trabalho da 10ª Região, em primeiro e segundo graus de jurisdição, especificamente nas Varas do Trabalho do DF, e pelo Tribunal Superior do Trabalho, consolidou-se a análise da jurisprudência na perspectiva quantitativa e qualitativa, com o objetivo de verificar se a realidade do adoecimento mental do trabalhador bancário (constatada nos resultados da pesquisa referida) foi apreendida pelo Poder Judiciário trabalhista no julgamento dos casos concretos.

Nesse sentido, *procurou-se avaliar se a Justiça do Trabalho reconhece a existência de assédio organizacional como instrumento de gestão do trabalho bancário e quais os fundamentos constitucionais eventualmente articulados para o enfrentamento das situações de assédio moral e adoecimento psíquico.*

Para subsidiar os objetivos propostos, buscou-se responder aos questionamentos formulados a seguir e os resultados encontrados foram compilados em tabela elaborada no programa Excel. A descrição dos resultados, por sua vez, será apresentada na seção subsequente. Eis as questões formuladas:

> 1. Quantas ações que tratam de assédio moral ou assédio organizacional em bancos múltiplos, com carteira comercial, foram propostas no período de 1º de novembro de 2013 a 10 de novembro de 2017 no Distrito Federal? Qual o gênero da parte autora? A ação foi proposta em face de banco público, privado ou sociedade de economia mista? O contrato de trabalho estava extinto, vigente ou suspenso?

(584) Esta pesquisa se ateve às ações propostas no Distrito Federal, pois, tanto o mapeamento dos riscos psicossociais no trabalho bancário quanto o projeto *"Clínica do Trabalho no Sindicato dos Bancários de Brasília"* realizado pelo Grupo de Estudos e Práticas em Clínica, Saúde e Trabalho (GEPSAT) do Instituto de Psicologia da Universidade de Brasília (UnB) se circunscreveram aos trabalhadores bancários do Distrito Federal.

2. Qual a conduta descrita como assédio pela parte autora? Qual a conduta praticada no ambiente de trabalho que ficou comprovada nos autos? Qual tipologia de assédio — assédio moral interpessoal ou assédio organizacional — foi reconhecida pelo juiz de primeiro grau?

3. Qual a doença ocupacional comprovada nos autos? Foi reconhecido o nexo de causalidade entre o assédio e a doença? Houve condenação por dano moral e dano material? Quais os valores arbitrados para as indenizações? Quais parâmetros constitucionais foram articulados na sentença?

4. Foram interpostos recursos ordinários? O Tribunal Regional do Trabalho da 10ª Região reformou a sentença? No acórdão, foi reconhecida a prática do assédio moral interpessoal ou assédio organizacional? Houve alteração dos valores arbitrados para as indenizações decorrentes dos danos morais e materiais? Quais parâmetros constitucionais foram articulados no acórdão?

5. Foram interpostos recursos de revista? Os recursos de revista foram admitidos? No julgamento do recurso, foi proferida decisão unipessoal ou acórdão? O Tribunal Superior do Trabalho reformou o acórdão do Tribunal Regional do Trabalho da 10ª Região? O Tribunal Superior do Trabalho emitiu tese acerca da prática de assédio interpessoal ou assédio organizacional? Quais parâmetros constitucionais foram articulados na decisão ou acórdão do Tribunal Superior do Trabalho?

Após responder as questões acima formuladas, objetivou-se analisar qualitativamente as decisões judiciais proferidas no âmbito do Poder Judiciário Trabalhista da 10ª Região, em primeiro e segundo graus de jurisdição, e do Tribunal Superior do Trabalho à luz dos pressupostos teóricos interdisciplinares da Psicodinâmica do Trabalho, da Clínica Analítica do Trabalho, da Sociologia do Trabalho e da pesquisa empírica apresentada no Capítulo 2, bem como no arcabouço teórico delineado no Capítulo 3, com a pretensão de observar se a jurisprudência trabalhista reconhece:

1. O assédio organizacional como instrumento de gestão do trabalho bancário;

2. Os fundamentos constitucionais de proteção à saúde dos bancários e ao meio ambiente de trabalho para o enfrentamento das situações de assédio moral e adoecimento psíquico.

Em síntese, as análises quantitativa e qualitativa propostas pretenderam revelar em que medida a Justiça do Trabalho apreende a realidade do trabalho bancário traduzida em violência na forma de assédio organizacional e o adoecimento resultante e, também, como o Direito do Trabalho constitucionalizado é (ou não) articulado para efetivar a tutela da integridade psicofísica de trabalhadores bancários, de modo a dar concretude aos direitos à saúde mental e à qualidade do meio ambiente de trabalho, como meio de afirmação do direito fundamental ao trabalho digno e do Estado Democrático de Direito.

4.2. *Análise jurisprudencial*

4.2.1. A regulação do assédio organizacional no trabalho bancário pelo Tribunal Regional do Trabalho da 10ª Região

No caminho da pesquisa, efetivou-se, inicialmente, consulta jurisprudencial no sítio do Tribunal Regional do Trabalho da 10ª Região utilizando-se, na aba "Consulta Simples", no campo "Todas as palavras (e)", os termos "assédio", "doença", "ocupacional" e "banco"; e no campo "Qualquer das palavras (ou)", os termos "banco", "caixa", "econômica", "federal", "instituição" e "bancária"; na aba "Consulta Avançada", no campo "Numeração Única", "ano", os termos "2013", "2014", "2015", "2016" e "2017", com o objetivo de selecionar as ações propostas em cada um dos anos referidos e as sentenças relativas a esses processos, independente da data em que tenham sido proferidas; e, por fim, selecionou-se o campo "sentença".

A consulta jurisprudencial revelou a propositura de um total de 239 ações trabalhistas: 21 ações no ano de 2013; 40, no ano de 2014; 74, no ano de 2015; 73, no ano de 2016; e 31, no ano de 2017. Em face da diversidade de empresas e instituições não financeiras encontradas, da publicação de decisões em duplicidade (devido à interposição de recursos diversos relacionados ao mesmo processo — embargos de declaração, por exemplo), e de sentenças proferidas nas Varas do Trabalho de Tocantins[585], efetivou-se revisão minuciosa das partes que compunham a relação processual de cada uma das 239 sentenças proferidas. Nessa medida, constatou-se que foram propostas, apenas, 60 ações trabalhistas no âmbito do Distrito Federal que tratavam da temática em estudo, cuja parte ré, efetivamente, era banco múltiplo, com carteira comercial.

Ressalte-se que, no ano de 2013, todas as ações trabalhistas identificadas foram propostas antes de 1º de novembro de 2013. Assim, não se identificou ação proposta no ano de 2013 que atendesse aos pressupostos teóricos desta pesquisa.

Em suma, a consulta jurisprudencial no sítio do Tribunal Regional do Trabalho da 10ª Região revelou 60 ações trabalhistas propostas contra bancos múltiplos, com carteira comercial, *protocolizadas* nas Varas do Trabalho do Distrito Federal que trataram dos temas assédio moral e doença ocupacional, no período de 1º de novembro de 2013 a 10 de novembro de 2017. No ano de 2014, identificou-se a propositura de 11 ações; em 2015, 21 ações; em 2016, 22 ações; e, em 2017, seis ações trabalhistas.

(585) Recorde-se que as sentenças proferidas em Tocantins não foram agrupadas para análise.

Considerando-se como data limite de pesquisa do *andamento processual* das ações trabalhistas identificadas o dia 22.1.2019[(586)], constatou-se que todas as 60 ações propostas foram julgadas em 1ª instância, o que significa que foram analisadas nesta pesquisa 60 sentenças trabalhistas.

Entre as 60 sentenças proferidas pelos Juízes do Trabalho do Distrito Federal, 46 foram objeto de recurso ordinário. Entre os 46 recursos ordinários interpostos, apenas 26 tinham sido julgados pelas Turmas do Tribunal Regional do Trabalho da 10ª Região até o dia 22.1.2019. Cabe ressaltar que uma das ações trabalhistas passou a tramitar em segredo de justiça a partir do 2º grau de jurisdição, de modo que não foi possível a análise do acórdão proferido naqueles autos.

Entre as 60 ações propostas, considerando-se os 26 recursos ordinários julgados em 2ª instância de jurisdição trabalhista até o dia 22.1.2019, tinham sido interpostos 16 recursos de revista destinados a julgamento a ser proferido pelo Tribunal Superior do Trabalho. Considerando a mesma data limite de pesquisa do andamento processual, entre os 16 recursos de revista interpostos, foram julgados em instância extraordinária oito recursos.

Todas as sentenças, acórdãos e embargos de declaração foram analisados a fim de constatar se houve alteração do julgado e os eventuais fundamentos de natureza constitucional articulados. Todas as informações coletadas foram compiladas em tabela elaborada no programa Excel (Anexo 1) e os dados extraídos constam dos gráficos a seguir, acompanhados de nota explicativa relativa aos principais achados da pesquisa jurisprudencial.

O **Gráfico 1** retrata o gênero da parte reclamante do total de ações judiciais analisadas (60 ações trabalhistas). Ressalte-se que o gênero da parte reclamante foi extraído a partir do nome da parte indicado na autuação do processo no Tribunal Regional do Trabalho da 10ª Região.

Gráfico 1 — Gênero da parte reclamante

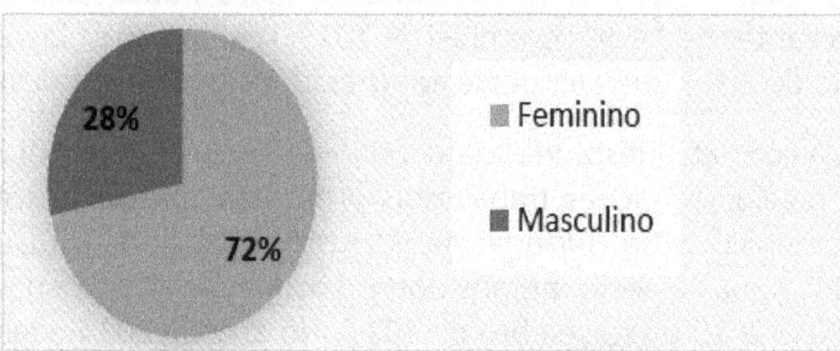

(586) O dia 22.1.2019 foi adotado como data limite de consulta ao andamento processual das ações propostas no intervalo de 1º de novembro de 2013 a 10 de novembro de 2018 com o objetivo de possibilitar a análise do maior número possível de acórdãos do Tribunal Regional do Trabalho da 10ª Região e do Tribunal Superior do Trabalho, haja vista os limites temporais inerentes a esta obra.

O Gráfico 1 retrata que as mulheres propuseram mais ações trabalhistas em razão da alegada prática de assédio moral e adoecimento ocupacional contra os bancos empregadores do que os homens. Os achados na análise da jurisprudência coincidem com os resultados encontrados na pesquisa realizada pelo Grupo de Estudos e Práticas em Clínica, Saúde e Trabalho (GEPSAT) do Instituto de Psicologia da Universidade de Brasília (UnB), no projeto *"Clínica do Trabalho no Sindicato do Trabalho"*, pois, entre os 155 bancários que buscaram o serviço de escuta clínica, 67,9% eram do sexo feminino e 32,1% do sexo masculino.

Embora a presente pesquisa não tenha se detido ao recorte de gênero, em razão dos objetivos traçados e dos próprios limites da pesquisa empreendida, os resultados sugerem a possibilidade de o assédio organizacional nos bancos ter viés discriminatório por questão de gênero.

Muito embora concluir nesse sentido careça efetivamente de estudos mais aprofundados envolvendo o contexto bancário, a possibilidade de existência de viés discriminatório por gênero no assédio organizacional se fortalece na medida em que a OIT, em razão dos estudos empreendidos para o debate sobre violência e assédio no mundo do trabalho para a Conferência Internacional de 2018, concluiu que o termo *violência e assédio* engloba a violência de gênero e que esse fato deve constar no preâmbulo da Convenção a ser elaborada, enfatizando ainda que a eliminação do assédio deve se amparar em uma abordagem sensível às questões de gênero e estereótipos de gênero.

O **Gráfico 2** trata da parte reclamada — os bancos múltiplos, com carteira comercial, situados no Distrito Federal e que mais foram processados sob a alegação de assédio moral. Utilizou-se a seguinte classificação: banco privado, banco público e sociedade de economia mista.

Gráfico 2 — Bancos Reclamados

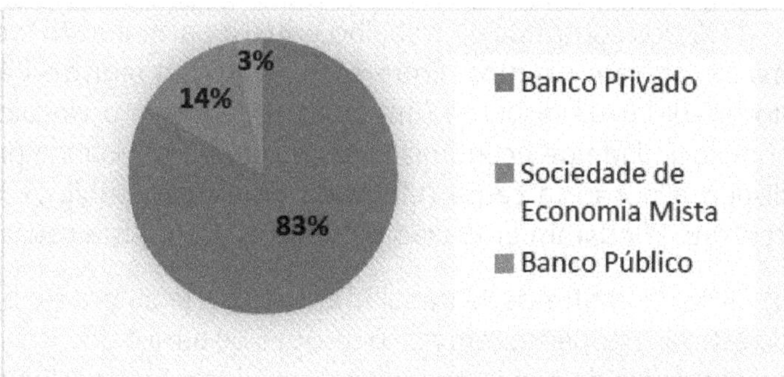

O Gráfico 2 informa que, considerando-se o número de ações propostas no período pesquisado, os bancos privados ocupam o primeiro lugar entre os empregadores bancários mais processados (83%), seguido por sociedade de econômica mista (14%) e banco público (3%).

A pesquisa desenvolvida pelo LPCT/UnB revelou que a busca pelo serviço de escuta clínica foi empreendida por 155 trabalhadores bancários, entre os quais 54,6% prestavam serviços em bancos privados; 32,2% em sociedade de economia mista; e 13,2% em bancos públicos. O principal motivo apontado por esses trabalhadores para busca de atendimento clínico estava relacionado à gestão do trabalho e às relações socioprofissionais conflituosas entre pares e chefia, com relatos de assédio moral vivenciado por 80,8% dos trabalhadores.

O **Gráfico 3** demonstra a quantidade de contratos de trabalho extintos, vigentes e suspensos em razão do gozo de auxílio-doença comum ou acidentário ou de aposentadoria por invalidez. Tais dados foram extraídos das sentenças proferidas pelos juízes do Tribunal Regional do Trabalho da 10ª Região no âmbito das Varas do Trabalho do Distrito Federal.

Gráfico 3 — Contratos de trabalho extintos, vigentes e suspensos

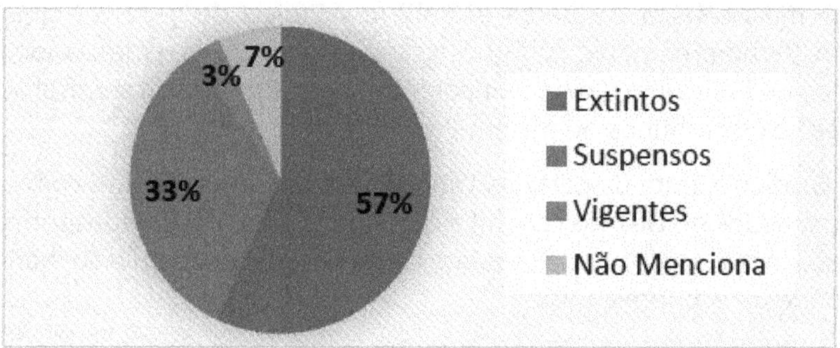

A partir da análise das sentenças, constatou-se que:

a) 47% dos contratos de trabalho entre a parte autora e o banco reclamado estavam extintos. Entre esses, houve o registro na sentença de dois pedidos de dispensa (um deles encerrando o vínculo de emprego com sociedade de economia mista e outro, com banco privado) e uma dispensa por justa causa (efetivada por banco público); os demais 25 contratos findaram em razão de dispensa sem justa causa;

b) 43% dos contratos de trabalho entre a parte autora e o banco reclamado estavam suspensos em razão de gozo de auxílio-doença, auxílio-doença acidentário e de aposentadoria por invalidez. Esse percentual equivale a 26 ações trabalhistas, entre as quais se constatou que 11 auxílios-doença possuíam natureza acidentária reconhecida e que seis contratos de emprego estavam suspensos em razão de aposentadoria por invalidez;

c) 3% dos contratos de trabalho entre a parte autora e o banco reclamado ainda estavam em curso, o que equivale a duas ações trabalhistas propostas, uma contra banco privado e outra contra sociedade de economia mista.

Importa destacar que, considerado o universo de contratos extintos, apurou-se que os bancos privados foram responsáveis por 23 rescisões contratuais (22 dispensas sem justa causa e um pedido de dispensa), entre as 28 rescisões registradas nas sentenças analisadas; e os bancos públicos e sociedades de economia mista por cinco rescisões contratuais, uma motivada por pedido de dispensa, uma por dispensa com justa causa e as demais não há registro na sentença da razão pela qual se findou o contrato de trabalho.

A partir desses dados, infere-se que a principal estratégia do empregador para solucionar o potencial problema do adoecimento mental em razão do modelo de gestão embasado na violência psicológica e dos afastamentos previdenciários dele decorrentes, especialmente nos bancos privados, é a dispensa sem justa causa. Aliás, a dispensa sem justa causa de empregados adoecidos parece ser a opção mais econômica, sob o ponto de vista do banco.

Ademais, os dados coletados instigam outros questionamentos: como a trajetória de adoecimento do trabalhador bancário é concluída nos bancos privados e nos bancos públicos ou nas sociedades de economia mista? Os empregados públicos celetistas fazem mais uso de afastamentos previdenciários do que os empregados de bancos privados? Como esses sujeitos submetidos a regime de dispensa diferenciado são reintegrados ao serviço após o retorno do gozo de auxílio-doença, comum ou acidentário?

Em relação ao tempo de trabalho bancário, os achados revelaram que, nos bancos privados, no momento da propositura da ação trabalhista, a média era de 10,29 anos de trabalho bancário. Importa consignar que o tempo mínimo de contrato foi de oito meses e o máximo registrado, 33 anos.

Já nos bancos públicos e sociedades de economia mista, o tempo médio de trabalho bancário foi de 22,2 anos de trabalho bancário, com tempo mínimo de contrato de 6 anos e máximo de 38 anos.

Observa-se que o tempo médio de trabalho bancário em bancos públicos e sociedades de economia mista foi pouco maior que o dobro do que o tempo médio de trabalho registrado nos bancos privados. Esse dado sugere que o empregado público celetista, em face da estabilidade de que se reveste o vínculo de emprego a impossibilitar a dispensa imotivada, teria melhores condições de se afastar do trabalho para tratamento de saúde.

A pesquisa empreendida pelo LPCT/UnB revelou que, entre os 155 bancários que buscaram o serviço de escuta clínica, 54,6% prestavam serviços em bancos privados e 45,4%, em bancos públicos e sociedades de economia mista. O tempo médio de trabalho bancário apurado foi de 13,5 anos, e entre os pesquisados predominaram aqueles cujo contrato de emprego estava suspenso em razão de gozo de benefício previdenciário.

O **Gráfico 4** retrata as condutas alegadas pelas partes reclamantes caracterizadoras do assédio moral. Tais informações, igualmente, foram extraídas das sentenças analisadas e em cada ação trabalhista pode ter sido alegada mais de uma conduta praticada no banco reclamado, enquadradas pela parte reclamante como assédio moral.

Gráfico 4 — Condutas caracterizadoras de assédio moral alegadas pela parte reclamante

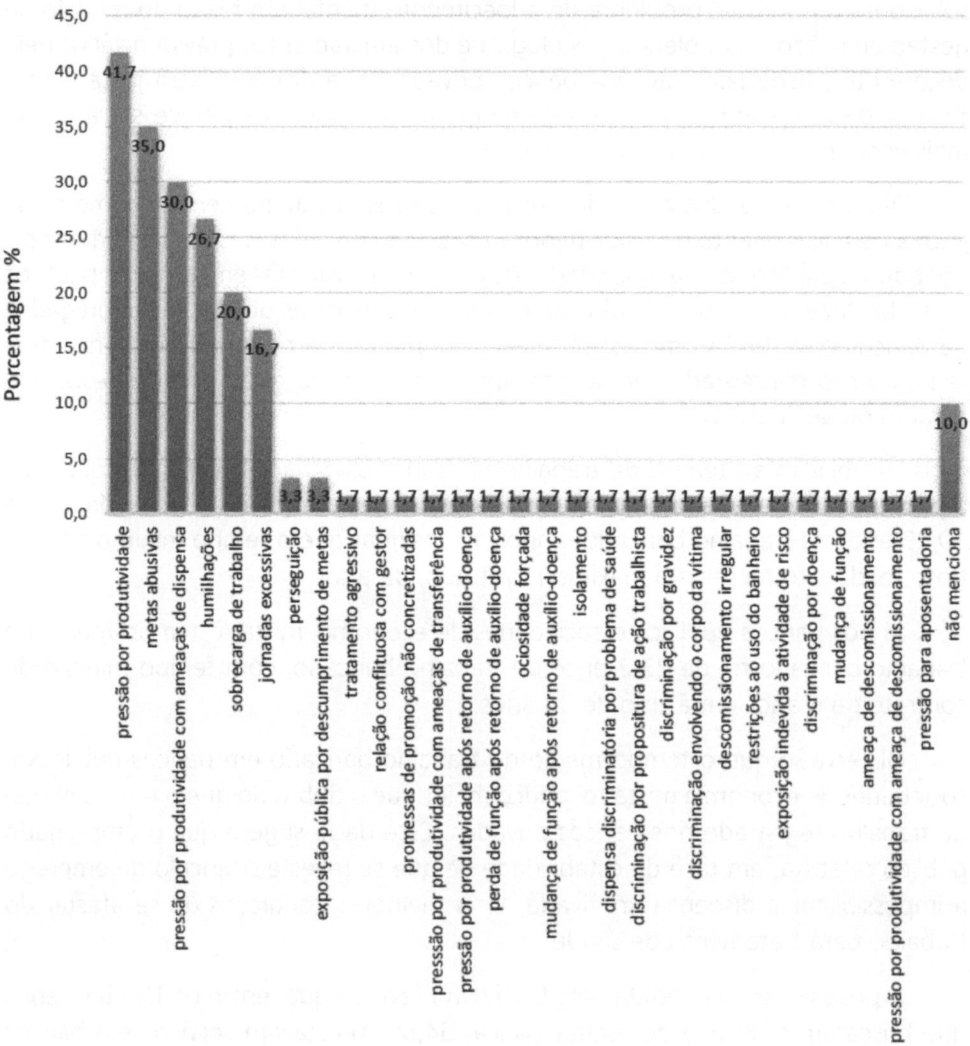

Os dados compilados retratam que, no serviço bancário do Distrito Federal, as condutas caracterizadoras de assédio moral mais recorrentes praticadas pelos bancos reclamados, segundo a alegação das partes autoras, foram: pressão por produtividade (41,7%), estipulação de metas abusivas (35%), pressão por produtividade com ameaça de dispensa (30%), humilhações (26,7%), sobrecarga de trabalho (20%) e jornadas excessivas (16,7%).

Tais dados vão ao encontro dos achados da pesquisa concernente à escuta clínica de trabalhadores bancários adoecidos realizada pelo LPCT/UnB. Relembre-se de que, na referida pesquisa, o objeto de estudo imediato era a organização do trabalho e os seus resultados apontaram que o medo da dispensa e a pressão por produtividade, juntamente com o atual cenário econômico e as crescentes reestruturações nos bancos, foram as justificativas que prevaleceram na fala de bancários pela busca tardia por assistência para tratar o adoecimento psíquico.

Considerando-se a primeira etapa da pesquisa empreendida pelo LPCT/UnB, concernente ao mapeamento dos riscos psicossociais no trabalho bancário do Distrito Federal, a análise da organização prescrita do trabalho, referente à avaliação do ritmo, prazo e condições oferecidas para a realização das tarefas, apontou risco de médio a alto, a reforçar a possibilidade de que as metas são estipuladas sem levar em consideração a realidade do trabalho bancário.

Note-se que, na referida pesquisa, considerado o desvio-padrão, os parâmetros para a avaliação de média e frequências da Escala da Organização Prescrita do Trabalho foram de 1,00 a 5,00. Nessa medida, 1,00 a 2,29 representa risco alto ("Resultado Negativo, representa altos riscos psicossociais; demanda intervenções imediatas nas causas, visando eliminá-las e/ou atenuá-las); 2,30 a 3,69 representa risco médio ("Resultado mediano, representa um estado de alerta/situação limite para os riscos psicossociais no trabalho; demanda intervenções a curto e médio prazos"); e 3,70 a 5,00 representa risco baixo ("Resultado positivo, representa baixos riscos psicossociais; aspectos a serem mantidos, consolidados e potencializados na Organização do Trabalho")[(587)].

A evidenciar a insatisfação com o trabalho bancário em face do universo de riscos psicossociais, essa mesma pesquisa evidenciou, ainda, que 78,2% dos trabalhadores bancários pesquisados manifestaram desejo de não trabalhar mais no serviço bancário e 58,5% desejavam mudar de emprego.

O **Gráfico 5** retrata as condutas praticadas no ambiente laboral que foram reconhecidas judicialmente, com fundamento no conjunto probatório apresentado pelas partes e de acordo com o livre convencimento motivado do Juiz do Trabalho.

(587) FACAS, Emílio Perez. *Protocolo de avaliação de riscos psicossociais no trabalho* – contribuições da psicodinâmica do trabalho. Tese (Doutorado em Psicologia Social e do Trabalho e das Organizações) – Instituto de Psicologia, Universidade de Brasília, Brasília, 2013. p. 120-122.

Os dados abaixo sintetizados foram extraídos das sentenças analisadas e objetivam demonstrar quais condutas praticadas no contexto bancário do Distrito Federal foram mais recorrentes, entre aquelas reconhecidas pela Justiça do Trabalho da 10ª Região.

Gráfico 5 — Condutas caracterizadoras do assédio moral reconhecidas na sentença

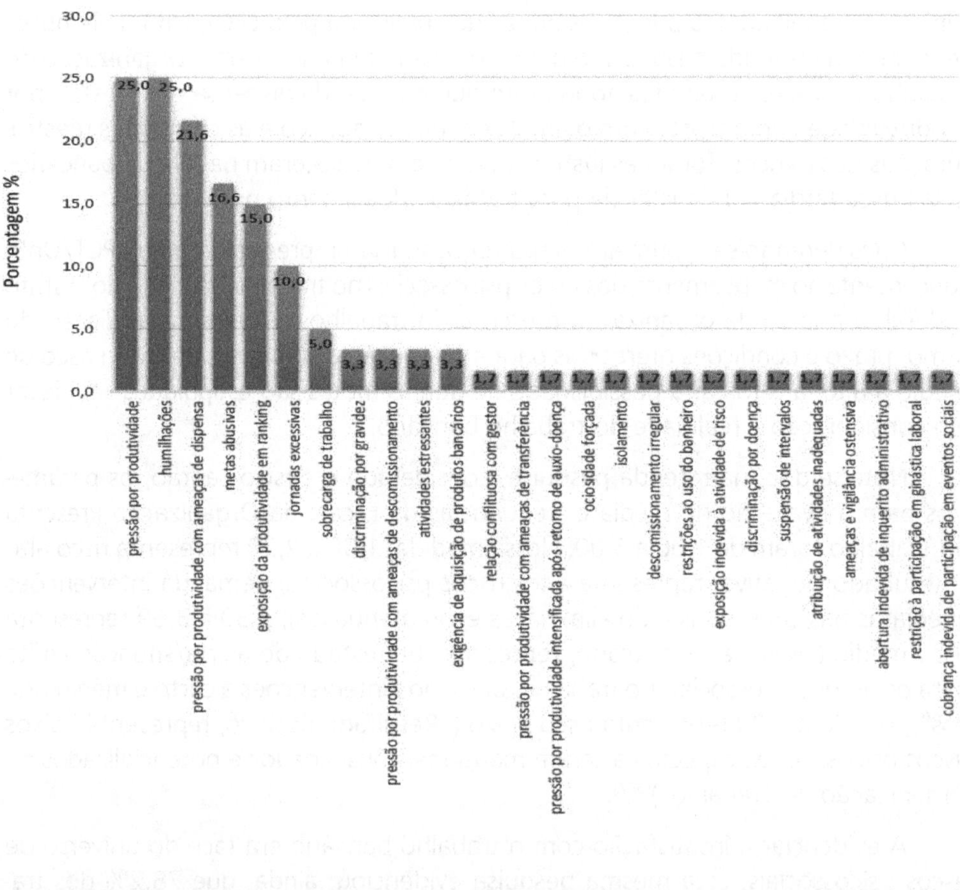

Os dados estatísticos demonstram que as condutas *pressão por produtividade* e *humilhações* alegadas pelas partes autoras foram reconhecidas judicialmente em 25% das ações propostas no quadriênio analisado nesta pesquisa, seguidas pela *pressão por produtividade com ameaças de dispensa* (21,6%), *metas abusivas* (16,6%), *exposição de produtividade em ranking* (15%), *jornadas excessivas* (10%) e *sobrecarga de trabalho* (5%).

Observou-se que, comparando-se as condutas alegadas pelas partes autoras e as comprovadas judicialmente, predominou o quesito da *pressão por produtividade*, embora tal conduta tenha sido alegada em 41,7% das ações propostas e comprovada em apenas 25%.

No tocante à alegação de *pressão por produtividade com ameaças de dispensa*, constatou-se que essa conduta predominou em 30% das alegações das partes autoras e foi efetivamente comprovada nos autos do processo judicial em 21,6% dos casos concretos analisados.

Quanto à alegação de *humilhações*, a proximidade entre os percentuais relativos à conduta abusiva alegada (26,7%) e a conduta abusiva comprovada (25%) foi bastante significativa.

O **Gráfico 6** demonstra, na primeira coluna, a quantidade de sentenças em que foi reconhecida a prática de assédio moral e, entre os processos que identificaram a ocorrência do assédio, qual foi a tipologia de assédio reconhecida judicialmente: assédio moral interpessoal ou assédio organizacional. A segunda coluna demonstra o percentual de ações trabalhistas em que não foi reconhecida a prática de assédio moral.

Esclareça-se que a indicação da tipologia *assédio interpessoal* foi utilizada quando o tema foi analisado, pelo julgador, sob o enfoque da dinâmica vítima-agressor. Já a tipologia *assédio organizacional* foi utilizada apenas nos casos em que expressamente o julgador reconhece a prática dessa tipologia de assédio nas sentenças analisadas, utilizando o termo *assédio organizacional* ou terminologia correlata (assédio coletivo, assédio moral institucional, gestão por estresse etc.). Por sua vez, adotou-se a indicação *não menciona* quando, a partir do estudo da sentença, não foi possível inferir, de forma clara, a perspectiva de análise do assédio moral adotada pelo julgador.

Gráfico 6 — Tipologia de assédio reconhecida judicialmente na sentença

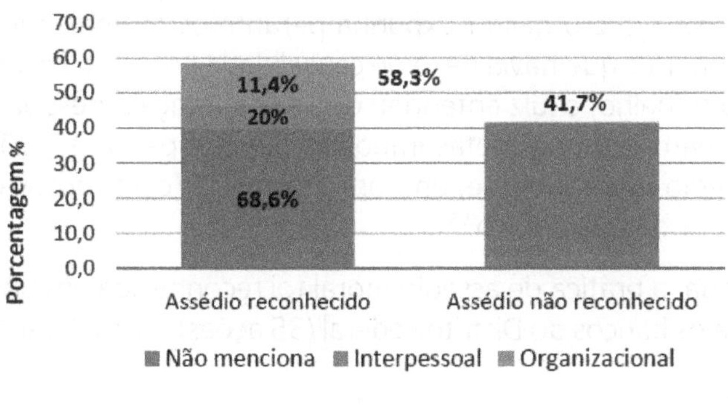

Como se pode constatar, em 41,7% das ações propostas não foi reconhecida a prática de assédio moral, a evidenciar um contexto probatório insuficiente ou, ainda, que a conduta abusiva alegada, segundo o julgador, não se caracteriza como prática de gestão lastreada na violência psicológica apta a ser enquadrada como assédio moral.

A título de exemplo, mencione-se o processo n. 1415-80.2015.5.10.0004. O julgador assentou que — embora tenha sido demonstrado nos autos "que todos na agência estão sujeitos a metas o tempo todo, difíceis de bater e que havia cobrança acima da meta"; o chefe "é uma pessoa autoritária; que ele é firme e tem forma de falar bem direta"; e "tinha um mural onde constava quem tinha batido e quem não tinha batido a meta" — a testemunha da parte autora não havia confirmado a alegada ameaça de dispensa em caso de descumprimento de metas, desrespeito ou exposição negativa dos empregados que descumpriam metas diante dos colegas. Nesse contexto, segundo o julgador, não havia provas de que o chefe houvesse praticado assédio moral. Aliás, segundo compreendeu, "a pressão, cobrança relatada pelo autor e por sua testemunha encontram-se dentro dos parâmetros normais de um ambiente de trabalho competitivo"(588).

Ressalte-se que, nos autos desse processo, havia registro na sentença de que a perícia judicial evidenciou que a parte autora desenvolveu transtorno depressivo recorrente moderado e estresse pós-traumático com nexo de causalidade entre esses transtornos mentais e o trabalho no banco reclamado. Todavia, em face do não reconhecimento da prática de assédio moral, as indenizações pelos danos patrimoniais e extrapatrimoniais decorrentes foram indeferidas, pois, para o Juiz do Trabalho, apesar de comprovado o dano e o nexo de causalidade, não houve prova de ato ilícito e culpa ou dolo do banco reclamado. A Turma julgadora do recurso ordinário interposto pela parte reclamante confirmou a sentença nesse ponto, mantendo a improcedência da ação quanto ao reconhecimento do assédio moral e às indenizações pleiteadas em face do adoecimento ocupacional.

No processo n. 270-77.2015.5.10.0007, a prática de assédio moral igualmente não foi reconhecida pelo julgador, em primeiro grau de jurisdição. Nesses autos, embora o quadro fático tivesse revelado a existência de pressão para o alcance de metas "impossíveis", que o gestor expunha perante os colegas aqueles bancários que não as cumpriam e que havia nexo de causalidade entre o transtorno mental da parte autora e o trabalho, o juiz entendeu que a "cobrança agressiva de metas pelo gestor, que também cumpria metas impostas pelos superiores", não configurava a prática de assédio moral porque, embora a conduta fosse reprovável, não havia intenção de causar dano psíquico(589).

Noutra toada, a prática de assédio moral foi reconhecida em 58,3% das ações propostas contra os bancos do Distrito Federal (35 ações). Considerado esse universo

(588) BRASIL. Tribunal Regional do Trabalho. (10ª Região). Sentença n. 1415-80.2015.5.10.0004. Juíza Patrícia Birchal Becattini, 8 de fevereiro de 2017. Disponível em: <http://www.trt10.jus.br/consweb_gsa/gsa_primeira_instancia.php?numero_unico=1415&ano_unico=2015&vara_unico=4&dta_public=08/02/2017&termos=>. Acesso em: 23 fev. 2019.

(589) BRASIL. Tribunal Regional do Trabalho. (10ª Região). Sentença n. 270-77.2015.5.10.0007. Juíza Érica de Oliveira Angoti, 23 de janeiro de 2017. Disponível em: <http://www.trt10.jus.br/consweb_gsa/gsa_primeira_instancia.php?numero_unico=270&ano_unico=2015&vara_unico=7&dta_public=23/01/2017&termos=>. Acesso em: 23 fev. 2019.

de 35 ações, constatou-se que em 20% delas foi reconhecida a prática de assédio moral interpessoal; em 11,4%, a prática de assédio organizacional; e em 68,6% não se menciona a tipologia de assédio reconhecida.

Entre as sentenças que reconheceram a existência de assédio organizacional, mencione-se a do processo n. 1736-45.2016.5.10.0016. O julgador assentou que o assédio organizacional, na hipótese daqueles autos, se configurou pela pressão por produtividade, uso do *ranking* entre empregados, transferência de empregados que não atingiam as metas e uso de gritos e expressões chulas no ambiente de trabalho. O adoecimento da parte autora ficou igualmente comprovado. Todavia, a perícia médica judicial não constatou o nexo de causalidade entre o transtorno mental e o trabalho, enfatizando a história de vida da parte autora e sua capacidade laborativa preservada, e, por essa razão, o julgador indeferiu os pedidos de indenização por dano moral e material[(590)].

O **Gráfico 7** correlaciona o reconhecimento em juízo das condutas *pressão por produtividade, pressão por produtividade com ameaças de dispensa, pressão por produtividade com ameaça de descomissionamento, pressão por produtividade com ameaças de transferência* e *metas abusivas* com a prática de assédio moral igualmente reconhecida pelo julgador. Enfatize-se que o universo analisado se circunscreve às sentenças em que foi reconhecida a prática de assédio moral e que há processos em que foi reconhecida pelo julgador a pressão por produtividade com ou sem ameaça de dispensa, descomissionamento e/ou transferência e simultaneamente o estabelecimento de metas abusivas.

Gráfico 7 — Reconhecimento judicial concomitante de assédio moral e de pressão por produtividade, pressão por produtividade com ameaças de dispensa, pressão por produtividade com ameaças de descomissionamento e/ou metas abusivas

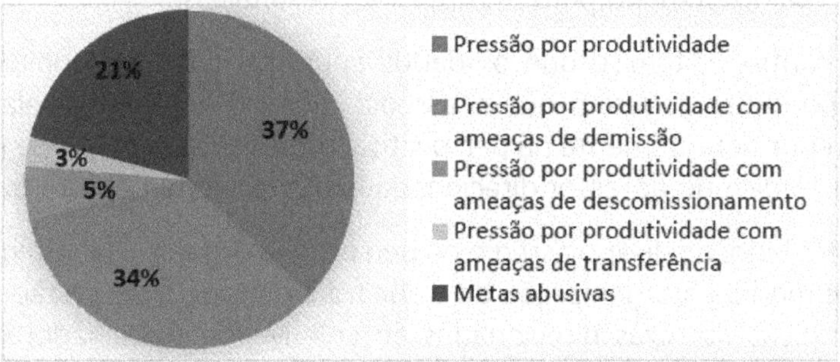

(590) BRASIL. Tribunal Regional do Trabalho. (10ª Região). Sentença n. 1736-45.2016.5.10.0016. Juiz Urgel Ribeiro Pereira Lopes, 8 de novembro de 2018. Disponível em: <https://intranet.trt10.jus.br/jurisprudencia/ServletVisualizaDocumento;jsessionid=20hbYSO0-IWUM6Ur_GGEgQvKYn7xFCH-95gBUmGic?nomeArquivo=0001736-45.2016.5.10.0016.html&tipoDownload=inline&tipoConteudo=text_html;charset=utf-8>. Acesso em: 23 fev. 2019.

Considerando-se o universo de ações judiciais trabalhistas propostas no Distrito Federal contra bancos em que foi reconhecida, na sentença, a prática de assédio moral (35 ações), tem-se que a circunstância de pressão por produtividade foi comprovada em 33% dos casos concretos; a pressão por produtividade acompanhada de ameaças de dispensa, em 38%; e a pressão por produtividade com ameaças de descomissionamento ou de transferência, em 8% dos casos analisados. O estabelecimento de metas consideradas abusivas foi comprovado em 21% das ações trabalhistas.

Constatou-se, ainda, que, entre as 35 ações judiciais em que foi reconhecida a prática de assédio moral, em apenas quatro delas não foram praticadas as condutas referidas — pressão por produtividade, pressão por produtividade com ameaças de dispensa, pressão por produtividade com ameaças de descomissionamento, pressão por produtividade com ameaças de transferência e/ou metas abusivas(591).

Assim, embora o julgador tenha enquadrado o assédio na tipologia organizacional em apenas quatro das 35 ações acima referidas, o que se constata é que em 31 dessas ações (88,6%) ficaram igualmente comprovadas práticas de gestão que sugerem a instrumentalização da violência psicológica na forma de assédio organizacional no contexto bancário.

Rememore-se que o mapeamento dos riscos psicossociais do trabalho bancário no Distrito Federal — pesquisa precursora da análise clínica e que entrevistou 1.489 bancários — revelou, ao analisar a organização prescrita do trabalho, quanto ao estilo de gestão, que 43,7% dos bancários indicaram presença moderada do estilo de gestão gerencialista, enquanto 42,8% apontaram para sua predominância. Esse estilo de gestão, típico do modelo toyotista, naturaliza a política de metas no contexto bancário, muitas vezes estipuladas à revelia dos riscos psicossociais da organização do trabalho nos bancos, e suas práticas tendem a naturalizar o uso da violência psicológica, ainda que manejada de forma sutil, como instrumento de gestão do trabalho humano para maximizar os resultados.

Nesse contexto, tem-se que os dados apurados lidos em conjunto com as pesquisas apontadas sugerem que o assédio moral é analisado, pela Justiça do Trabalho, preponderantemente na perspectiva interpessoal, em que se espera uma conduta antijurídica do agressor direcionada explicitamente para a vítima.

Por outro lado, analisar o assédio na perspectiva organizacional significa averiguar em que medida a organização do trabalho e o modelo de gestão evidenciam o uso de práticas abusivas direcionadas ao coletivo de trabalhadores, sem que necessariamente haja um agressor personalizado, uma vez que o agente agressor é a própria gestão do trabalho humano que afeta a dignidade e a saúde dos trabalhadores e a qualidade do ambiente laboral.

(591) Consultar o Gráfico 5.

Embora o trabalhador, o valor social do trabalho e o meio ambiente de trabalho, tanto nos casos de assédio moral interpessoal quanto nas hipóteses de assédio organizacional, necessitem ser tutelados de modo que a empresa reprima a prática de atos que violem os direitos à saúde e ao meio ambiente de trabalho equilibrado, fato é que o grau de reprovação da conduta empresarial, quando embasada no assédio organizacional, deve ser mais severo. Isso porque a utilização da violência psicológica como estratégia de gestão do trabalho humano para incrementar resultados, independente de ser uma opção aberta ou velada da empresa, além de estimular a prática do assédio moral interpessoal entre os colegas de trabalho — o que degrada ainda mais o ambiente laboral —, ocasiona danos especialmente à saúde mental dos trabalhadores, lançando ainda às expensas da sociedade os custos com os benefícios previdenciários, aposentadorias precoces, processos judiciais etc.

O **Gráfico 8** relaciona as doenças reconhecidas judicialmente, demonstrando quais são as mais recorrentes. O registro das doenças considerou as informações do laudo pericial, quando descrito na sentença, ou a fundamentação do julgador articulada na análise do assédio, da prova do adoecimento, do nexo de causalidade entre adoecimento e assédio e/ou do arbitramento de indenizações por danos morais e materiais. Ressalte-se que, em uma mesma ação trabalhista, pode ter sido reconhecida judicialmente mais de uma doença.

Gráfico 8 — Doenças reconhecidas judicialmente na sentença

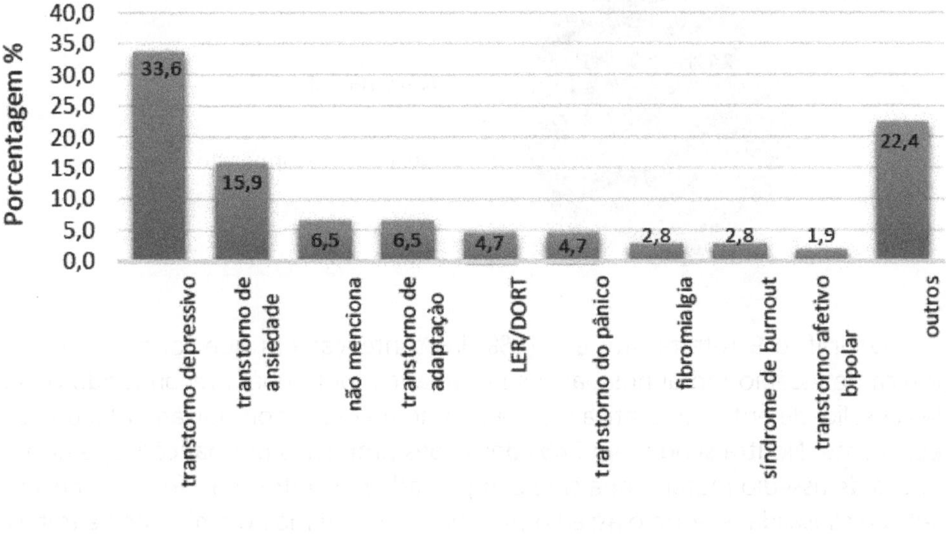

Os dados compilados no gráfico acima retratam que, no serviço bancário do Distrito Federal, as doenças mais recorrentes reconhecidas nos processos judiciais são os transtornos depressivo (33,6%) e de ansiedade (15,9%). No campo "outros" foram agregadas as demais doenças reconhecidas judicialmente que não se repetiam nas demais sentenças analisadas nesta pesquisa, tais como comportamento suicida, declínio cognitivo acentuado, fibromialgia, sintomas psicóticos, transtorno do estresse pós-traumático, síndrome do manguito rotador em ombros bilateral etc.

Em suma, constatou-se que preponderaram entre as doenças reconhecidas judicialmente aquelas que se enquadram como transtornos mentais e comportamentais.

Importante, nesse ponto, relembrar os achados do Dieese. No ano de 2017, o Dieese apurou que os bancos brasileiros foram responsáveis por, respectivamente, 21,2%, 18% e 17,1% do total de afastamentos de natureza acidentária por transtorno depressivo recorrente, transtornos ansiosos e episódios depressivos. Como se sabe, tais dados podem estar subnotificados, em razão da multiplicidade de fatores que envolvem o transtorno mental e comportamental, o que torna complexo o estabelecimento do nexo causal entre transtorno mental e organização do trabalho, e da própria discriminação e preconceito envoltos nesse tipo de adoecimento.

O **Gráfico 9** demonstra a quantidade de ações judiciais em que foram reconhecidos, na sentença, a prática de assédio moral e, simultaneamente, o nexo de causalidade entre o assédio moral reconhecido judicialmente e as doenças comprovadas no processo.

Gráfico 9 — Nexo de causalidade entre assédio e doença ocupacional

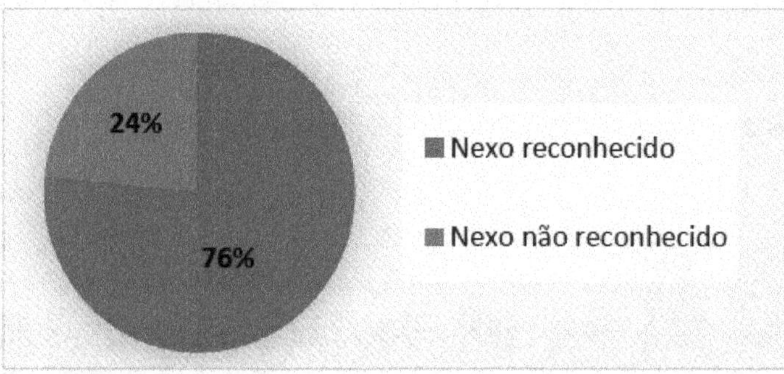

O Gráfico 9 retrata que em 76% das sentenças em que foi comprovada a prática de assédio moral nos bancos reclamados foi também reconhecido o nexo de causalidade entre tal prática e o transtorno mental e comportamental da parte reclamante. Noutra senda, em 24% das ações propostas por bancários, embora a prática de assédio moral tenha sido comprovada nos autos, não foi reconhecido o nexo de causalidade entre o assédio vivenciado pela vítima no ambiente de trabalho e o adoecimento mental igualmente comprovado nos autos.

Esses dados estatísticos sugerem certa reticência do Poder Judiciário trabalhista quanto ao reconhecimento do nexo de causalidade entre o adoecimento mental e a organização do trabalho bancário. Reforça tal inferência os dados estatísticos apurados no Gráfico 7, que demonstram que em 88,6% das ações trabalhistas nas quais foi reconhecida, na sentença, a prática de assédio moral ficaram também comprovadas práticas de gestão que tendem a ser configuradas como assédio organizacional.

Registre-se que o mapeamento dos riscos psicossociais no trabalho bancário no Distrito Federal realizado pelo LPCT/UnB revelou, quanto ao sofrimento patogênico vivenciado no ambiente laboral, que 45,9% dos entrevistados apontaram riscos médios para a falta de sentido no trabalho; 72,9%, riscos médios a altos quanto ao esgotamento mental; 49,7%, riscos médios a altos quanto à falta de reconhecimento no trabalho. Os principais danos psicológicos apontados por 53,6% dos trabalhadores entrevistados (riscos médios a altos) foram mau humor, tristeza, vontade de desistir de tudo, perda da autoconfiança, amargura e solidão, resultantes do sentimento de indignidade, desvalorização e inutilidade no trabalho. Os danos sociais que prevaleceram foram os comportamentos de isolamento e dificuldades nas relações familiares e sociais com riscos médios a altos apontados por 44,1% dos entrevistados. Por fim, quanto aos danos físicos, prevaleceram para 67,6% dos entrevistados os riscos médios a altos para dores no corpo e distúrbios biológicos.

Já a segunda etapa da pesquisa realizada pelo LPCT/UnB, consistente na análise clínica do trabalho, revelou que os bancários afastados do trabalho, predominantes no estudo, apresentavam quadros de intensidade moderada a grave de transtornos mentais, acrescentando que a busca tardia por auxílio foi motivada pelo medo da dispensa e pressão por produtividade. Esse comportamento do bancário, segundo a pesquisa, denotou que a "servidão voluntária" era a estratégia de defesa utilizada diante do sofrimento vivenciado no ambiente de trabalho.

Ademais, constatou-se que mais de 80% dos bancários em atendimento clínico relataram os seguintes sintomas: "sentimento de tensão", "incapacidade para relaxar", "irritabilidade", "inquietação" e "tristeza", causados ou agravados pelas vivências de sofrimento no trabalho.

A ideação suicida apareceu igualmente na fala dos bancários analisados, que reportaram os seguintes sintomas: "vontade de desistir de tudo", afirmado por 57,5% dos bancários; "sinto que não vale a pena viver", por 37,9%; "penso em morrer", por 32,7%; "desejo estar morto", por 28,8%; "penso em me ferir", por 22,9%; "tentativa de suicídio", por 13,7% dos trabalhadores.

Veja que os dados estatísticos apurados nas pesquisas que relacionam a saúde mental e a organização do trabalho apontam que o *modelo de gestão adotado nos bancos tem sido a causa principal do adoecimento mental de trabalhadores bancários*.

Nesse contexto, tem-se que os dados apurados e retratados no Gráfico 9, lidos em conjunto com as pesquisas apontadas, *sugerem* que o adoecimento mental, no Poder Judiciário Trabalhista, tende a ser investigado com enfoque na história de vida do sujeito e não na perspectiva da organização e da gestão do trabalho e dos riscos psicossociais desfavoráveis existentes no ambiente laboral; e que práticas de gestão embasadas na violência psicológica tendem a não se mostrar suficientes para desencadear ou agravar transtornos mentais. Tais ilações, todavia, demandam outros estudos para serem validadas, como a análise pormenorizada dos atos processuais, das provas dos autos e do laudo pericial, por exemplo. Esses estudos, diante das limitações desta pesquisa, não foram empreendidos.

O **Gráfico 10** revela uma curva cumulativa das indenizações por dano moral arbitradas judicialmente para a compensação pelo assédio moral e/ou pela doença ocupacional sofrida. Ressalte-se que foram consideradas, *entre as 60 sentenças analisadas, apenas as 35 sentenças com condenação por dano moral*, desconsiderando-se, portanto, aquelas sentenças sem a referida condenação.

Gráfico 10 — Indenizações por dano moral arbitradas em primeiro grau de jurisdição

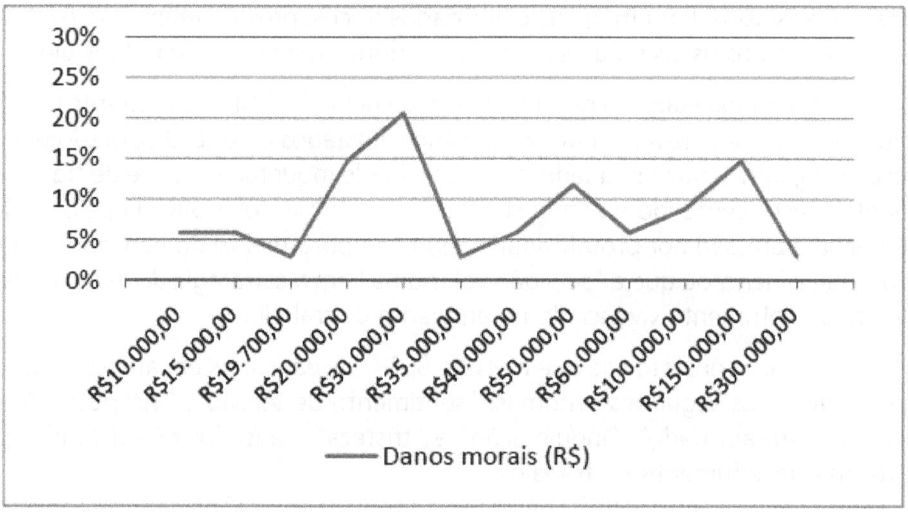

O Gráfico 10 denota que foram arbitrados pelo julgador, a título de compensação pelo dano extrapatrimonial, valores que variaram de R$ 10.000,00 (dez mil reais) a R$ 300.000,00 (trezentos mil reais). Em geral, os juízes sustentaram que os valores arbitrados para a compensação do dano moral foram pautados em critérios de razoabilidade e proporcionalidade, levando em consideração a gravidade e a repercussão dos danos e a condição socioeconômica do ofensor e da vítima e, em alguns casos, o julgador ressaltou o caráter pedagógico da indenização com a finalidade de inibir novas práticas.

Os dados apurados revelaram que os valores arbitrados para as indenizações, em mais de 50% dos casos concretos (18 ações), oscilaram entre R$ 10.000,00 (dez mil reais) e R$ 35.000,00 (trinta e cinco mil reais). Em 20,59% dos casos (sete ações), o valor arbitrado na sentença foi de R$ 30.000,00 (trinta mil reais); em 14,71% (três ações), foi de R$ 150.000,00; e em apenas um caso concreto o valor da indenização alcançou o patamar de R$ 300.000,00 (trezentos mil reais).

Nesse particular, cabe relembrar que, nesta pesquisa, preponderaram entre as doenças reconhecidas judicialmente aquelas que se enquadram como transtornos mentais e comportamentais. Igualmente preponderou, nas ações em que foi reconhecida a prática de assédio moral, a utilização de práticas de gestão que indicam a utilização da violência psicológica na forma de assédio organizacional para maximizar os resultados empresariais. De igual modo, os resultados da pesquisa empírica realizada pelo LPCT/UnB com os bancários do Distrito Federal[(592)] e as demais pesquisas efetivadas entre os anos de 2008 a 2018 com bancários de diversos estados brasileiros[(593)] sinalizaram a utilização da violência psicológica como recurso de gestão do trabalho humano para maximizar os lucros.

Nesse quadro, em que pese o fato de o transtorno mental e comportamental estar envolto em uma multiplicidade de fatores e que seu desencadeamento pode advir também de fatores associados à história de vida do bancário, compreende-se que o desencadeamento e/ou agravamento do transtorno mental do sujeito está preponderantemente vinculado à forma como a organização e a gestão do trabalho bancário vêm se desenhando.

Ora, os estudos promovidos pela Psicodinâmica do Trabalho e pela Clínica do Trabalho revelam que saúde mental e trabalho estão interligados, na medida em que a forma como o trabalho é organizado pode levar o sujeito a vivências de prazer ou de sofrimento patogênico. Como elucidado nos capítulos antecedentes, trabalhar desempenha um papel fundamental na constituição da identidade do sujeito, tanto no plano individual quanto social e coletivo, e o ambiente de trabalho é igualmente espaço para construção da solidariedade, afirmação da democracia e exercício da cidadania, de modo que o trabalho é o elemento central para a construção da saúde mental ou, ao contrário, para a sua descompensação.

Diante dessas premissas, ainda que não tenha sido possível elencar, nesta pesquisa, as peculiaridades de cada caso concreto para associá-las aos valores arbitrados à condenação por dano moral, os valores arbitrados, regra geral, se mostram *pouco expressivos*.

Essa constatação se reforça na medida em que se verifica a condição econômica dos bancos reclamados, cujo lucro líquido total alcançou em 2017 o montante de 77,4 bilhões, e o fato de, nesses bancos, as despesas de pessoal, nas quais se incluem as despesas decorrentes de ações trabalhistas, serem cobertas, com folga, por fontes de arrecadação secundárias relacionadas aos serviços e tarifas bancárias,

(592) Consultar subseção 2.3.1 do Capítulo 2.

(593) Consultar seção 3.4 do Capítulo 3.

cujo montante arrecadado é superior entre 5% a 72% aos gastos com empregados e ações judiciais, segundo revelou o Dieese[(594)].

Cumpre lembrar, ainda, que, segundo o Observatório Digital de Saúde e Segurança no Trabalho (MPT/OIT), os bancos múltiplos, com carteira comercial, embora responsáveis por apenas 1% dos empregos formais no Brasil, ocupam o primeiro lugar entre as atividades econômicas campeãs em despesas previdenciárias com benefícios de natureza acidentária (B91).

Acerca desse ponto, nesta pesquisa se constatou que 26 contratos de emprego com os bancos reclamados estavam suspensos em razão do gozo de auxílio-doença, auxílio-doença acidentário e de aposentadoria por invalidez (43%). Além disso, importante destacar que no universo de 28 contratos de trabalho extintos (47%), 19 partes reclamantes estavam acometidas de transtornos mentais e comportamentais devidamente comprovados nos autos.

Em suma, nesta pesquisa se apurou que, entre os 60 trabalhadores bancários que propuseram ação trabalhista no período analisado, 47 trabalhadores bancários estavam acometidos de transtornos mentais e comportamentais (78,3%).

Rememore-se que, em estudo longitudinal com trabalhadores do mercado formal, João Silvestre da Silva Júnior constatou que o afastamento do trabalho por transtornos mentais, especialmente quando o adoecimento está relacionado às condições estressoras no trabalho, tendem a ser mais prolongados e apresentam menores taxas de retorno ao trabalho[(595)].

Os dados estatísticos revelados na presente pesquisa lidos em harmonia com o arcabouço teórico e empírico delineado nos capítulos antecedentes indicam que os riscos psicossociais do trabalho bancário são, regra geral, desconsiderados e que as repercussões do adoecimento do trabalhador bancário são, em grande medida, transferidas para a sociedade, em razão dos benefícios previdenciários, aposentadorias precoces e custos dos processos judiciais; sem mencionar que o adoecimento, especialmente os transtornos mentais e comportamentais e as doenças psicossomáticas, desestruturam a família e os laços sociais do sujeito, desestabilizando ainda mais sua saúde, violando seu direito humano fundamental à sadia qualidade de vida, à existência digna, entre tantos outros insertos no Texto Constitucional de 1988.

O **Gráfico 11** sintetiza os parâmetros constitucionais articulados nas sentenças proferidas nas Varas do Trabalho do Distrito Federal do Tribunal Regional do Trabalho da 10ª Região. Ressalte-se que esta pesquisa se utilizou, para a compilação da

(594) Disponível em: <https://www.dieese.org.br/desempenhodosbancos/2018/desemprenhoDosBancos2017.html>. Acesso em: 3 dez. 2018.

(595) SILVA JÚNIOR, João Silvestre da. *Retorno ao trabalho após afastamento de longa duração por transtornos mentais:* um estudo longitudinal com trabalhadores do mercado formal. Tese (Doutorado em Saúde Ambiental). Faculdade de Saúde Pública, Universidade de São Paulo, São Paulo, 2017. p. 14.

informação, tanto a menção ao dispositivo constitucional tido como violado pelo julgador quanto o princípio ou direito fundamental nominalmente expresso na sentença, especificamente no tópico que analisou os temas referentes ao assédio moral, adoecimento ocupacional e indenização por danos patrimoniais e extrapatrimoniais. Registre-se que uma mesma sentença pode ter registrado mais de um dispositivo constitucional.

Gráfico 11 — Parâmetros constitucionais articulados na sentença

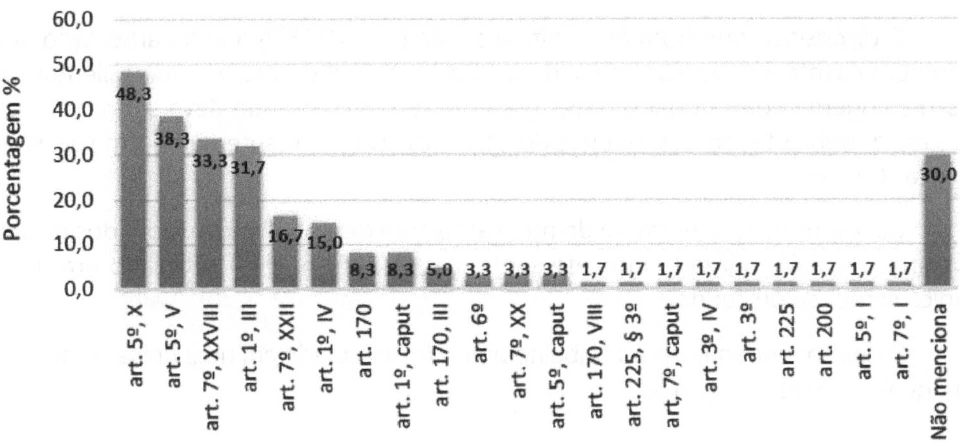

O Gráfico 11 revela que em 30% das sentenças proferidas não há menção expressa a dispositivo de natureza constitucional, seja princípio ou direito fundamental delineado na Constituição de 1988.

Predominaram no discurso constitucional construído nas sentenças a indicação de violação ao art. 5º, incisos V e X(596), referente ao direito à indenização por dano material, moral ou à imagem decorrente da violação à intimidade, vida privada, honra e imagem das pessoas. Em 33,3% das sentenças houve menção ao art. 7º, XXVIII(597), que trata igualmente do direito à indenização nos casos de acidentes de trabalho quando o empregador incorrer em dolo ou culpa.

(596) CONSTITUIÇÃO DA REPÚBLICA FEDERATIVA DO BRASIL DE 1988. Art. 5º (...) V — é assegurado o direito de resposta, proporcional ao agravo, além da indenização por dano material, moral ou à imagem; (...) X — são invioláveis a intimidade, a vida privada, a honra e a imagem das pessoas, assegurado o direito a indenização pelo dano material ou moral decorrente de sua violação.

(597) CONSTITUIÇÃO DA REPÚBLICA FEDERATIVA DO BRASIL DE 1988. Art. 7º São direitos dos trabalhadores urbanos e rurais, além de outros que visem à melhoria de sua condição social: (...) XXVIII — seguro contra acidentes de trabalho, a cargo do empregador, sem excluir a indenização a que este está obrigado, quando incorrer em dolo ou culpa.

Os incisos III e IV do art. 1º[598] foram articulados na fundamentação de 31,7% e 15%, respectivamente, das sentenças analisadas. O art. 7º, XXII[599], que trata da redução dos riscos inerentes ao trabalho, por meio de normas de saúde, higiene e segurança, que visam a tutelar a higidez do meio ambiente laboral, foi articulado em 16,7% dos casos.

O art. 1º, *caput*[600], que afirma o Estado Democrático de Direito, e o art. 170, *caput*[601], que ressalta o dever da ordem econômica de assegurar a todos existência digna por meio da valorização do trabalho e da livre-iniciativa, observados os ditames da justiça social, apareceram em 8,3% das sentenças analisadas.

O dispositivo que trata do direito à saúde (art. 196[602]) não foi articulado em nenhuma sentença, apesar de os incisos XXII e XXVIII do art. 7º, que salientam a forma cogente com a qual o dever geral de respeito à saúde deve se manifestar no meio ambiente laboral, terem sido utilizados concomitantemente em seis sentenças (10%).

Os dispositivos que tratam do meio ambiente de trabalho mencionados foram os arts. 7º, XXII, utilizado em sete sentenças, e 225, § 3º[603], utilizado em uma única sentença proferida.

O direito fundamental ao trabalho digno foi articulado em uma única sentença, na qual o julgador registrou:

---

(598) CONSTITUIÇÃO DA REPÚBLICA FEDERATIVA DO BRASIL DE 1988. Art. 1º A República Federativa do Brasil, formada pela união indissolúvel dos Estados e Municípios e do Distrito Federal, constitui-se em Estado Democrático de Direito e tem como fundamentos: (...) III — a dignidade da pessoa humana; IV — os valores sociais do trabalho e da livre-iniciativa.

(599) CONSTITUIÇÃO DA REPÚBLICA FEDERATIVA DO BRASIL DE 1988. Art. 7º São direitos dos trabalhadores urbanos e rurais, além de outros que visem à melhoria de sua condição social: (...) XXII — redução dos riscos inerentes ao trabalho, por meio de normas de saúde, higiene e segurança.

(600) CONSTITUIÇÃO DA REPÚBLICA FEDERATIVA DO BRASIL DE 1988. Art. 1º A República Federativa do Brasil, formada pela união indissolúvel dos Estados e Municípios e do Distrito Federal, constitui-se em Estado Democrático de Direito e tem como fundamentos.

(601) CONSTITUIÇÃO DA REPÚBLICA FEDERATIVA DO BRASIL DE 1988. Art. 170. A ordem econômica, fundada na valorização do trabalho humano e na livre iniciativa, tem por fim assegurar a todos existência digna, conforme os ditames da justiça social, observados os seguintes princípios.

(602) CONSTITUIÇÃO DA REPÚBLICA FEDERATIVA DO BRASIL DE 1988. Art. 196. A saúde é direito de todos e dever do Estado, garantido mediante políticas sociais e econômicas que visem à redução do risco de doença e de outros agravos e ao acesso universal e igualitário às ações e serviços para sua promoção, proteção e recuperação.

(603) CONSTITUIÇÃO DA REPÚBLICA FEDERATIVA DO BRASIL DE 1988. Art. 225. Todos têm direito ao meio ambiente ecologicamente equilibrado, bem de uso comum do povo e essencial à sadia qualidade de vida, impondo-se ao Poder Público e à coletividade o dever de defendê-lo e preservá-lo para as presentes e futuras gerações. (...) § 3º As condutas e atividades consideradas lesivas ao meio ambiente sujeitarão os infratores, pessoas físicas ou jurídicas, a sanções penais e administrativas, independentemente da obrigação de reparar os danos causados.

> O exercício da atividade profissional com segurança, com manutenção da integridade física e psicossocial do trabalhador, representa a essência do direito a um trabalho digno, alçado à condição de direito fundamental dos trabalhadores (arts. 1º e 7º, XXII, da Constituição Federal de 1988). O direito de acesso a um trabalho decente não significa apenas o direito a ocupar-se.[604]

O direito ao trabalho e o direito de trabalhar foram, do mesmo modo, mencionados em única sentença, na qual foram reconhecidas práticas de assédio moral (ociosidade forçada e descomissionamento irregular) e o nexo causal entre o transtorno depressivo e o assédio vivenciado pelo bancário (Processo n. 1631-47.2015.5.10.0002)[605].

Considerando-se o plano internacional dos Direitos Humanos, tem-se que em apenas duas sentenças foram citados instrumentos e declarações incorporados ao ordenamento jurídico brasileiro.

Nos autos do Processo n. 548-66.2015.5.10.0011, em que não foi reconhecida a prática de assédio moral, mas restou comprovada a doença ocupacional (LER/Dort), observou-se a articulação ampla do discurso constitucional de amparo à saúde do trabalhador e ao meio ambiente laboral equilibrado com os "deveres assumidos no plano internacional com a adesão ao Pacto Internacional dos Direitos Econômicos, Sociais e Culturais", especialmente em seu art. 12, no qual o direito à saúde mental se vincula à melhoria da higiene do trabalho e do meio ambiente, e com a ratificação das Convenções ns. 155 e 161 da OIT[606].

Já nos autos do Processo n. 1701-97.2016.5.10.0012, o julgador reconheceu a prática de assédio na perspectiva organizacional e o nexo de causalidade entre o assédio e o transtorno depressivo e, juntamente com o princípio da dignidade humana, afirmou os preceitos mínimos de garantia de uma existência digna proclamados na Declaração Universal de Direitos Humanos[607].

---

(604) BRASIL. Tribunal Regional do Trabalho. (10ª Região). Sentença n. 0000191-96.2014.5.10.0019. Juíza Noemia Aparecida Garcia Porto, 24 de junho de 2016. Disponível em: <http://www.trt10.jus.br/consweb_gsa/gsa_primeira_instancia.php?numero_unico=191&ano_unico=2014&vara_unico=19&dta_public=24/06/2016&termos=>. Acesso em: 23 fev. 2019.

(605) BRASIL. Tribunal Regional do Trabalho. (10ª Região). Sentença n. 1631-47.2015.5.10.0002. Juiz Raul Gualberto Fernandes Kasper de Amorim, 17 de novembro de 2017. Disponível em: <http://www.trt10.jus.br/consweb_gsa/gsa_primeira_instancia.php?numero_unico=1631&ano_unico=2015&vara_unico=2&dta_public=17/11/2017&termos=>. Acesso em: 23 fev. 2019.

(606) BRASIL. Tribunal Regional do Trabalho. (10ª Região). Sentença n. 548-66.2015.5.10.0011. Juiz Cristiano Siqueira de Abreu e Lima, 18 de dezembro de 2017. Disponível em: <http://www.trt10.jus.br/consweb_gsa/gsa_primeira_instancia.php?numero_unico=548&ano_unico=2015&vara_unico=11&dta_public=18/12/2017&termos=>. Acesso em: 23 fev. 2019.

(607) BRASIL. Tribunal Regional do Trabalho. (10ª Região). Sentença n. 1701-97.2016.5.10.0012. Juiz Carlos Augusto de Lima Nobre, 9 de janeiro de 2019. Disponível em: <http://www.trt10.jus.br/

O **Gráfico 12** demonstra o índice de manutenção e reforma das sentenças pelas Turmas do Tribunal Regional do Trabalho da 10ª Região.

Gráfico 12 — Índice de manutenção e reforma das sentenças pelas Turmas do Tribunal Regional do Trabalho da 10ª Região

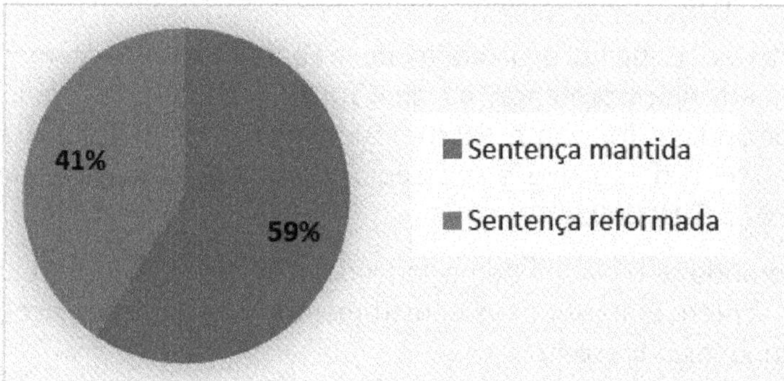

Pondere-se que, considerando o universo da pesquisa (60 processos), a análise dos dados informou a interposição de 46 recursos ordinários, a saber, 11 recursos interpostos pela parte reclamante; nove pelo banco reclamado; e 25 por ambas as partes, reclamante e banco reclamado.

Consultando o andamento processual desses processos, constatou-se que, até o dia 22.1.2019, 26 recursos ordinários haviam sido julgados pelas Turmas do TRT-10; sete processos estavam conclusos ao relator; quatro processos aguardavam inclusão em pauta para julgamento; nove recursos ordinários aguardavam remessa para o TRT-10; cinco processos estavam nas Varas do Trabalho em face de acordo judicial entabulado após a prolação da sentença; nove processos ainda tramitavam na Vara do Trabalho sem a ocorrência do momento processual oportuno para a interposição de eventual recurso ordinário.

Ressalte-se que, entre os 26 acórdãos proferidos, um deles tramita em segredo de justiça, de modo que, nesta pesquisa, foram analisados 25 acórdãos.

A análise dos 25 acórdãos proferidos pelas Turmas do Tribunal Regional do Trabalho da 10ª Região demonstrou que dois recursos ordinários não devolveram ao Tribunal a análise do tema pertinente ao assédio moral; foi negado provimento a 14 recursos ordinários, mantendo, assim, o entendimento proferido pelo juízo de primeiro grau nessas ações; foi dado provimento a nove recursos ordinários,

jurisprudencia/ServletVisualizaDocumento;jsessionid=EM9EloAyThGnk0CVepkAP5TKt4MVGEM9EloAy-ThGnk0CVepkAP5TKt4MVG8YsNlZbGnuj?nomeArquivo=0001701-97.2016.5.10.0012.html&tipoDownload=inline&tipoConteudo=text_html;charset=utf-8>. Acesso em: 23 fev. 2019.

modificando a sentença quanto à configuração do assédio moral, ao reconhecimento do nexo de causalidade entre o assédio e o adoecimento ocupacional e ao valor da indenização do dano moral e material.

O recurso da parte reclamante obteve êxito para o reconhecimento do assédio moral, negado em primeiro grau, em dois processos. O recurso do banco reclamado, de igual modo, obteve êxito para afastar o reconhecimento do assédio moral em dois processos.

Em apenas um acórdão, no qual foi mantida a sentença quanto ao reconhecimento da prática de assédio moral, foi utilizada a expressão assédio organizacional. Nesse acórdão, as práticas caracterizadas como assédio organizacional foram imposição de "jornada de trabalho extenuante", metas "muito agressivas", "cobrança excessiva de metas institucionais", "tratamento humilhante e vexatório, por meio de grosserias e ameaças". O relator, ao adotar a tipologia assédio organizacional, aduziu os seguintes fundamentos:

> Como se vê, há, no mínimo, culpa *in vigilando* da empresa, dada a sua negligência quanto ao ambiente de trabalho da autora, notadamente em relação ao comportamento dos seus empregados executivos perante os respectivos subordinados. Na verdade, não se (trata) apenas de omissão, senão de *política do banco exigir exageradamente e repressivamente de seus empregados a maior produtividade possível para auferir a mais elevada taxa de lucros. Cuida-se, assim, de um assédio moral de natureza organizacional.*(608)

---

(608) BRASIL. Tribunal Regional do Trabalho. (10ª Região). Recurso Ordinário n. 107-06.2015.5.10.0005. DOENÇA OCUPACIONAL. CULPA DA RECLAMADA. LABOR DESENVOLVIDO PELA OBREIRA. PRESENÇA DE NEXO DE CAUSALIDADE. RESPONSABILIDADE CIVIL DO EMPREGADOR. BENEFÍCIO PREVIDENCIÁRIO *X* PENSÃO MENSAL. CUMULAÇÃO. POSSIBILIDADE. Restando demonstrada a enfermidade ocupacional sofrida pela reclamante e, também, o nexo causal entre as condições de trabalho e a doença adquirida pela autora, ressaindo, assim, a culpa da reclamada para o desenvolvimento do agravo, fica evidenciado o desrespeito patronal ao dever geral de cautela e de adotar todos os cuidados em relação à segurança de seus empregados, obrigação advinda do dever de proteção ao meio ambiente do trabalho, nos termos dos arts. 200, inc. VIII, e 225 da CF. Assim, o empregador deve ser responsabilizado pelos danos decorrentes da doença ocupacional, nos termos dos arts. 186 e 927 do Código Civil. O recebimento do benefício previdenciário não inviabiliza o pagamento de indenização por dano material, a título de pensionamento, pelo empregador. Nesse sentido, aliás, a Súmula n. 229 do Supremo Tribunal Federal. A realização de seguro contra acidentes de trabalho, nem de longe, afasta a obrigação da empregadora em reparar o dano. Convém registrar, ainda, que a indenização por danos materiais não se comunica com a percepção de benefício previdenciário pago pelo INSS. A responsabilidade do empregador independe da circunstância de o empregado fazer jus a benefício previdenciário (art. 121 da Lei n. 8.213/91). Recurso ordinário da reclamante conhecido e parcialmente provido. Recurso ordinária da reclamada conhecido e desprovido. Relator: Desembargador Grijalbo Fernandes Coutinho, 14 de março de 2018. Disponível em: <http://www.trt10.jus.br/processos/consultasap/acordao.php?nProcTrt=01992&tipo_trt=RO&aProcTrt=2017&dt_julgamento_trt=06/04/2018&%20np=00107-2015-005-10-00-0&nj=GRIJALBO%20FERNANDES%20COUTINHO&npvoto=498497&tp=RO>. Acesso em: 23 fev. 2019 (grifo nosso).

Nesses autos, o relator articulou extensa fundamentação utilizando parâmetros constitucionais de proteção, tanto ao trabalhador e a sua saúde quanto ao meio ambiente de trabalho, ressaltando a importância do ambiente laboral equilibrado para a saúde dos trabalhadores e para que o direito à vida seja revestido de dignidade, mas ficou vencido na Turma julgadora quanto à majoração do valor arbitrado à indenização do dano moral. Nesse particular, consta do acórdão os seguintes fundamentos:

> Nesse contexto, adotando-se como parâmetro a natureza pedagógico–punitiva da medida e, ainda, considerando que a indenização é mero lenitivo para a dor moral vivenciada pela reclamante, entendo que o valor arbitrado na origem (R$ 50.000,00) merece pequeno acréscimo, sobretudo considerando a capacidade econômica da reclamada, de modo a preservar o caráter pedagógico da indenização. Assim, nego provimento ao recurso do reclamado e daria provimento ao recurso da reclamante, para majorar o valor da indenização por danos morais para R$ 70.000,00 (setenta mil reais). No entanto, após o debate em sessão e considerando a posição moderada da Turma em casos semelhantes a este, também envolvendo o cometimento de assédio moral por parte de banco contra os seus empregados, reformulei o meu voto originário para manter o valor da indenização por assédio moral, arbitrado em R$ 50.000,00 (cinquenta mil reais), com ressalva de entendimento pessoal. Tal valor encontra-se em sintonia com a condenação imposta a banco empregador, em casos semelhantes ao aqui tratado, no âmbito da 1ª Turma do TRT 10, reitere-se.(609)

No tocante aos valores arbitrados à indenização por dano moral, apurou-se que em apenas um dos acórdãos analisados, no qual se manteve a sentença quanto ao reconhecimento da prática de assédio moral, o valor arbitrado à referida indenização foi majorado de R$ 10.000,00 para R$ 30.000,00. Por outro lado, em dois processos, nos quais foi mantido o reconhecimento do assédio moral, o valor arbitrado à indenização por dano moral foi reduzido.

Nesse particular, nos autos do Processo n. 270-77.2015.5.10.0007, apesar de ter sido mantida a sentença quanto ao reconhecimento do nexo de causalidade entre o transtorno mental desenvolvido pela parte autora e o assédio moral vivenciado no banco reclamado, a Turma julgadora reduziu o valor da indenização de R$ 300.000,00 para R$ 50.000,00, aos seguintes fundamentos:

> No caso, o valor da indenização (R$ 300.000,00), em cotejo com o último salário recebido pela reclamante (R$ 8.101,07 — TRCT a fl. 330), me parece excessivo. Cito, por oportuno, o precedente 002525-94.2014.5.10.0022 — RO, tendo o mesmo reclamado no polo passivo, cujo valor arbitrado foi R$10.000,00, pelo dano decorrente de assédio moral por abuso do poder diretivo. Em patamar aproximado — R$ 15.000,00 — está o precedente da 2ª Turma, envolvendo o mesmo reclamado: 00925-2013-012-10-00-9

(609) BRASIL. Tribunal Regional do Trabalho. (10ª Região). Recurso Ordinário n. 107-06.2015.5.10.0005. *Loc. cit.*

RO, Rel. Des. Brasilino Santos Ramos in DEJT 19.9.2014. Logo, o montante poderia ser reajustado para tais patamares. No caso, entretanto, observo a existência de circunstância agravante, pelo fato de a autora ter sido levada a afastar-se do trabalho por determinado período de tempo, por culpa do empregador. Esse fato sugere maior comprometimento da saúde emocional que nos casos antes estudados. Assim, considerando principalmente a equivalência entre o ato faltoso e o dano sofrido, o grau de culpa do empregador, o caráter pedagógico da reparação, a vedação de enriquecimento sem causa e o arbitramento já efetuado pela Turma em casos similares, reduzo o valor da indenização para R$ 50.000,00.(610)

Já nos autos do Processo n. 256-23.2016.5.10.0019, o valor da indenização por dano moral foi reduzido de R$ 30.000,00 para R$ 15.000,00. Entre os acórdãos analisados, esse particularmente se destaca pelo fato de ter acrescido à parte dispositiva determinação de que se oficiasse ao Banco Central do Brasil, uma vez que "o banco reclamado obrigava a empregada, ora reclamante, a contrair empréstimo pessoal com o escopo de bater metas da agência"(611).

O **Gráfico 13** sintetiza os parâmetros constitucionais articulados nos acórdãos proferidos nas Turmas no TRT-10. Ressalte-se que se utilizou, para a compilação da informação, tanto a menção ao dispositivo constitucional tido como violado pelo julgador quanto o princípio ou direito fundamental nominalmente expresso no acórdão.

(610) BRASIL. Tribunal Regional do Trabalho. (10ª Região). Recurso Ordinário n. 270-77.2015.5.10.0007. BANCÁRIO. ASSÉDIO MORAL. DANOS MORAIS E MATERIAIS — DESPESAS MÉDICAS. INDENIZAÇÃO. VALOR. Demonstrado o abuso do poder diretivo do empregador, na forma do art. 187 do Código Civil, remanesce incólume a sentença condenatória de reparação por danos morais. Em tal cenário, é devida indenização correspondente, a qual deve ser proporcional ao dano sofrido. Outrossim, comprovadas as despesas médicas, cabível o ressarcimento [...]. Relator: Desembargador Ricardo Alencar Machado, 29 de março de 2017. Disponível em: <http://www.trt10.jus.br/processos/consultasap/acordao.php?nProcTrt=00809&tipo_trt=RO&aProcTrt=2017&dt_julgamento_trt=07/04/2017&%20np=00270-2015-007-10-00-5&nj=RICARDO%20ALENCAR%20MACHADO&npvoto=479545&tp=RO>. Acesso em: 23 fev. 2019.

(611) BRASIL. Tribunal Regional do Trabalho. (10ª Região). Recurso Ordinário n. 256-23.2016.5.10.0019. ASSÉDIO MORAL. CONFIGURAÇÃO. INDENIZAÇÃO. No que interessa ao Direito do Trabalho, define-se o assédio moral — ou *mobbing* — como atitude abusiva, de índole psicológica, que ofende repetidamente a dignidade psíquica do indivíduo, com o intento de eliminá-lo do ambiente laboral ou de diminuí-lo. O dano moral em si — a dor e abalo moral — não é passível de prova. Uma vez provado o fato ensejador do dano moral e a culpa do agente, resta configurada a obrigação de indenizar. Recursos conhecidos e parcialmente providos. Relator: Desembargador Grijalbo Fernandes Coutinho, 6 de junho de 2018. Disponível em: <https://pje.trt10.jus.br/consultaprocessual/pages/consultas/DetalhaProcesso.seam?p_num_pje=40488&p_grau_pje=2&p_seq=256&p_vara=19&cid=321788>. Acesso em: 23 fev. 2019.

Gráfico 13 — Parâmetros constitucionais articulados no acórdão do Tribunal Regional da 10ª Região

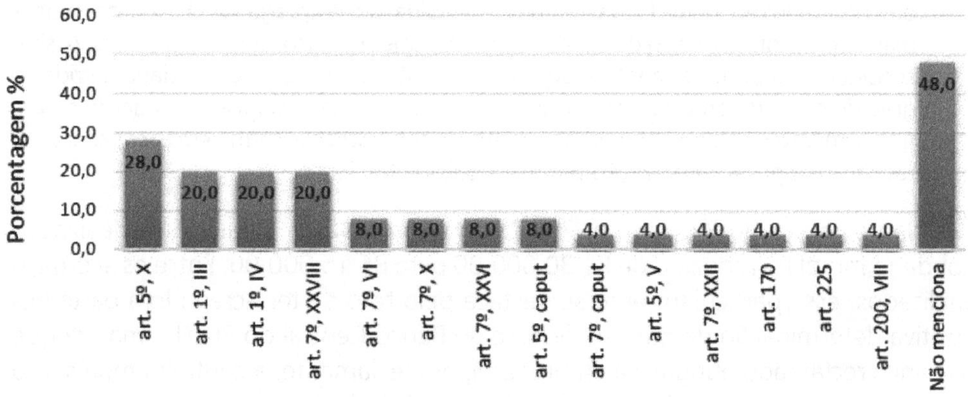

O Gráfico 13 revela que 48% dos acórdãos analisados não fazem menção expressa à dispositivo de natureza constitucional, seja princípio ou direito fundamental delineado na Constituição de 1988.

No discurso constitucional construído nos acórdãos predominaram, assim como nas sentenças, a menção ao art. 5º, inciso X(612) (28%), que trata do direito à indenização pelo dano material, moral ou à imagem decorrente da violação à intimidade, vida privada, honra e imagem das pessoas, e ao art. 7º, XXVIII(613) (20%), que trata igualmente do direito à indenização nos casos de acidentes de trabalho quando o empregador incorrer em dolo ou culpa.

Os incisos III e IV do art. 1º(614) foram articulados na fundamentação de 20% dos acórdãos analisados e os demais dispositivos foram mencionados em, no máximo, dois acórdãos.

Relembre-se, por fim, que um único acórdão proferido no âmbito das Turmas do Tribunal Regional do Trabalho da 10ª Região foi responsável pela articulação de

(612) CONSTITUIÇÃO DA REPÚBLICA FEDERATIVA DO BRASIL DE 1988. Art. 5º (...) X — são invioláveis a intimidade, a vida privada, a honra e a imagem das pessoas, assegurado o direito a indenização pelo dano material ou moral decorrente de sua violação.

(613) CONSTITUIÇÃO DA REPÚBLICA FEDERATIVA DO BRASIL DE 1988. Art. 7º São direitos dos trabalhadores urbanos e rurais, além de outros que visem à melhoria de sua condição social: (...) XXVIII — seguro contra acidentes de trabalho, a cargo do empregador, sem excluir a indenização a que este está obrigado, quando incorrer em dolo ou culpa.

(614) CONSTITUIÇÃO DA REPÚBLICA FEDERATIVA DO BRASIL DE 1988. Art. 1º A República Federativa do Brasil, formada pela união indissolúvel dos Estados e Municípios e do Distrito Federal, constitui-se em Estado Democrático de Direito e tem como fundamentos: (...) III — a dignidade da pessoa humana; IV — os valores sociais do trabalho e da livre-iniciativa.

diversos parâmetros constitucionais de proteção ao trabalhador e à sua saúde e ao meio ambiente de trabalho (arts. 1º, III e IV; 5º, *caput* e X; 7º, *caput*, VI, X, XXVI e XXVIII; 170; 200, VIII; e 225).

Tais dados sinalizam que, no particular, os parâmetros constitucionais de proteção ao direito fundamental ao trabalho digno são mais articulados nas sentenças, em primeiro grau de jurisdição, do que nos acórdãos proferidos pelas Turmas do Tribunal Regional do Trabalho da 10ª Região.

4.2.2. A regulação do assédio organizacional no trabalho bancário pelo Tribunal Superior do Trabalho

Inicialmente, ressalte-se que, embora o Tribunal Superior do Trabalho seja competente para uniformizar a interpretação da legislação constitucional e infraconstitucional destinada à regulação judicial do trabalho, trata-se de instância recursal extraordinária, o que implica a existência de pressupostos recursais específicos para o conhecimento do recurso de revista, tais como os pressupostos de cabimento previstos no art. 896 da CLT e os presentes nas súmulas de jurisprudência de natureza processual do Tribunal Superior do Trabalho, a saber, as Súmulas ns. 23[(615)], 221[(616)], 296[(617)], 337[(618)], entre outras.

---

(615) BRASIL. Tribunal Superior do Trabalho. Súmula n. 23. RECURSO (mantida). Não se conhece de recurso de revista ou de embargos, se a decisão recorrida resolver determinado item do pedido por diversos fundamentos e a jurisprudência transcrita não abranger a todos. *Diário da Justiça*, 19, 20 e 21 nov. 2003.

(616) BRASIL. Tribunal Superior do Trabalho. Súmula n. 221. RECURSO DE REVISTA. VIOLAÇÃO DE LEI. INDICAÇÃO DE PRECEITO. A admissibilidade do recurso de revista por violação tem como pressuposto a indicação expressa do dispositivo de lei ou da Constituição tido como violado. *Diário Eletrônico da Justiça do Trabalho*, 25, 26 e 27 set. 2017.

(617) BRASIL. Tribunal Superior do Trabalho. Súmula n. 296. RECURSO. DIVERGÊNCIA JURISPRUDENCIAL. ESPECIFICIDADE (incorporada a Orientação Jurisprudencial n. 37 da SBDI-1). I — A divergência jurisprudencial ensejadora da admissibilidade, do prosseguimento e do conhecimento do recurso há de ser específica, revelando a existência de teses diversas na interpretação de um mesmo dispositivo legal, embora idênticos os fatos que as ensejaram. (ex-Súmula n. 296 — Res. n. 6/1989, DJ 19.4.1989); II — Não ofende o art. 896 da CLT decisão de Turma que, examinando premissas concretas de especificidade da divergência colacionada no apelo revisional, conclui pelo conhecimento ou desconhecimento do recurso. (ex-OJ n. 37 da SBDI-1 — inserida em 1º.2.1995). *Diário da Justiça*, 20, 22 e 25 abr. 2005.

(618) BRASIL. Tribunal Superior do Trabalho. Súmula n. 337. COMPROVAÇÃO DE DIVERGÊNCIA JURISPRUDENCIAL. RECURSOS DE REVISTA E DE EMBARGOS. I — Para comprovação da divergência justificadora do recurso, é necessário que o recorrente: a) Junte certidão ou cópia autenticada do acórdão paradigma ou cite a fonte oficial ou o repositório autorizado em que foi publicado; e b) Transcreva, nas razões recursais, as ementas e/ou trechos dos acórdãos trazidos à configuração do dissídio, demonstrando o conflito de teses que justifique o conhecimento do recurso, ainda que os acórdãos já se encontrem nos autos ou venham a ser juntados com o recurso. II — A concessão

Além dessas restrições, o recurso de revista é submetido às barreiras de cognição concernentes às matérias devolvidas no recurso, aos fatos consignados na decisão proferida pelos Tribunais Regionais, diante da impossibilidade de revolvimento de matéria fática (Súmula n. 126 do TST[(619)]) e à exigência de a Corte Regional ter se manifestado expressamente acerca da matéria ou questão a ser analisada (Súmula n. 297 do TST[(620)]).

Traçadas tais premissas, cumpre relembrar que foram proferidos 26 acórdãos no Tribunal Regional do Trabalho da 10ª Região. Considerando-se a data limite para consulta processual adotada nesta pesquisa — 22.1.2019 —, constatou-se que, em face dos mencionados acórdãos, foram interpostos 16 recursos de revista — oito deles apresentados pela parte reclamante; cinco pelo banco reclamado; e três por ambas as partes, reclamante e banco reclamado.

Os 16 recursos de revista interpostos tiveram seu seguimento denegado pelo Presidente do Tribunal Regional do Trabalho da 10ª Região (art. 896, § 1º, da CLT), porque não preenchidos os pressupostos de admissibilidade insertos no art. 896 da CLT. Em face da decisão que denegou seguimento a tais recursos, foram interpostos agravos de instrumento em recurso de revista (art. 896, *b,* da CLT) com a finalidade de viabilizar a análise do recurso de revista pelo Tribunal Superior do Trabalho. Entre os agravos de instrumento em recurso de revista interpostos, oito foram julgados e os demais aguardavam autuação ou estavam conclusos ao relator aguardando julgamento.

---

de registro de publicação como repositório autorizado de jurisprudência do TST torna válidas todas as suas edições anteriores. III — A mera indicação da data de publicação, em fonte oficial, de aresto paradigma é inválida para comprovação de divergência jurisprudencial, nos termos do item I, "a", desta súmula, quando a parte pretende demonstrar o conflito de teses mediante a transcrição de trechos que integram a fundamentação do acórdão divergente, uma vez que só se publicam o dispositivo e a ementa dos acórdãos; IV — É válida para a comprovação da divergência jurisprudencial justificadora do recurso a indicação de aresto extraído de repositório oficial na internet, desde que o recorrente: a) transcreva o trecho divergente; b) aponte o sítio de onde foi extraído; e c) decline o número do processo, o órgão prolator do acórdão e a data da respectiva publicação no *Diário Eletrônico da Justiça* do Trabalho. V — A existência do código de autenticidade na cópia, em formato pdf, do inteiro teor do aresto paradigma, juntada aos autos, torna-a equivalente ao documento original e também supre a ausência de indicação da fonte oficial de publicação. *Diário Eletrônico da Justiça do Trabalho,* 21, 22 e 25 set. 2017.

(619) BRASIL. Tribunal Superior do Trabalho. Súmula n. 126. RECURSO. CABIMENTO (mantida). Incabível o recurso de revista ou de embargos (arts. 896 e 894, "b", da CLT) para reexame de fatos e provas. *Diário da Justiça,* 19, 20 e 21 nov. 2003.

(620) BRASIL. Tribunal Superior do Trabalho. Súmula n. 297. PREQUESTIONAMENTO. OPORTUNIDADE. CONFIGURAÇÃO (nova redação). I. Diz-se prequestionada a matéria ou questão quando na decisão impugnada haja sido adotada, explicitamente, tese a respeito. II. Incumbe à parte interessada, desde que a matéria haja sido invocada no recurso principal, opor embargos declaratórios objetivando o pronunciamento sobre o tema, sob pena de preclusão. III. Considera-se prequestionada a questão jurídica invocada no recurso principal sobre a qual se omite o Tribunal de pronunciar tese, não obstante opostos embargos de declaração. *Diário da Justiça,* 19, 20 e 21 nov. 2003.

Assim, no tocante à regulação judicial do assédio organizacional no trabalho bancário pelo Tribunal Superior do Trabalho, dentro dos parâmetros desta pesquisa, foram analisadas oito decisões ou acórdãos proferidos em face de agravo de instrumento em recurso de revista manejado pela parte recorrente para destrancar o recurso de revista.

Constatou-se, de pronto, que um dos recursos de revista interposto pelo banco reclamado não tratou do tema assédio moral, porque a sua prática não foi reconhecida em primeiro e segundo graus de jurisdição. Não havia, portanto, interesse recursal do banco reclamado.

Nos autos dos Processos TST-AIRR n. 582-68.2015.5.10.0002[(621)] e TST-AIRR n. 1445-87.2016.5.10.0002[(622)], as partes reclamantes se insurgiram contra o não reconhecimento do nexo de causalidade entre o adoecimento mental e as alegadas práticas de assédio moral no banco reclamado e, em ambos os processos, os relatores apontaram o óbice da Súmula n. 126 do TST[(623)]. Nos autos do Processo TST-AIRR n. 1519-79.2014.5.10.0013[(624)], o banco reclamado, ao contrário, se insurgiu contra o reconhecimento do referido nexo de causalidade e igualmente foi apontado pelo relator o óbice da Súmula n. 126 do TST.

O óbice processual previsto no art. 896, § 1º-A, da CLT foi apontado para obstaculizar a análise dos recursos de revista nos Processos TST-AIRR

---

(621) BRASIL. Tribunal Superior do Trabalho. Agravo de Instrumento em Recurso de Revista n. 582-68.2015.5.10.0002. Relator: Min. Breno Medeiros, 22 de novembro de 2018. Disponível em: <http://aplicacao5.tst.jus.br/consultaunificada2/inteiroTeor.do?action=printInteiroTeor&format=rtf&highlight=true&numeroFormatado=AIRR%20-%20582-68.2015.5.10.0002&base=despacho&rowid=AAANmhAAFAABMpGAAX&dataPublicacao=22/11/2018&localPublicacao=DEJT&query=>. Acesso em: 23 fev. 2019.

(622) BRASIL. Tribunal Superior do Trabalho. Agravo de Instrumento em Recurso de Revista n. 1445-87.2016.5.10.0002. RESPONSABILIDADE CIVIL. DOENÇA OCUPACIONAL. DANOS MATERIAIS E MORAIS. O Regional, após o exame de fatos e provas, excluiu da condenação o pagamento das indenizações por danos morais e materiais, ressalvando a inexistência de nexo causal entre a moléstia psiquiátrica adquirida e a relação de trabalho mantida entre as partes. Dentro de tal contexto, a reforma do julgado só é possível após o reexame do conjunto probatório, procedimento não mais possível em sede de Revista, tendo em vista o disposto na Súmula n. 126 desta Corte. Agravo de Instrumento conhecido e não provido. Relatora: Min. Maria de Assis Calsing, 20 de junho de 2018. Disponível em: <http://aplicacao5.tst.jus.br/consultaunificada2/inteiroTeor.do?action=printInteiroTeor&format=html&highlight=true&numeroFormatado=AIRR%20-%201445-87.2016.5.10.0002&base=acordao&rowid=AAANGhAA+AAAVhXAAH&dataPublicacao=29/06/2018&localPublicacao=DEJT&query=>. Acesso em: 23 fev. 2019.

(623) BRASIL. Tribunal Superior do Trabalho. Súmula n. 126. RECURSO. CABIMENTO (mantida). Incabível o recurso de revista ou de embargos (arts. 896 e 894, "b", da CLT) para reexame de fatos e provas. *Diário da Justiça*, 19, 20 e 21 nov. 2003.

(624) BRASIL. Tribunal Superior do Trabalho. Agravo de Instrumento em Recurso de Revista n. 1519-79.2014.5.10.0013. Relatora: Min. Delaíde Miranda Arantes, 17 de agosto de 2017. Disponível em: <http://aplicacao5.tst.jus.br/consultaunificada2/inteiroTeor.do?action=printInteiroTeor&format=rtf&highlight=true&numeroFormatado=AIRR%20-%201519-79.2014.5.10.0013&base=despacho&rowid=AAANmhAAFAABKZCAAB&dataPublicacao=17/08/2017&localPublicacao=DEJT&query=>. Acesso em: 23 fev. 2019.

n. 1353-53.2014.5.10.0011[625] e TST-AIRR n. 120-57.2015.5.10.0020[626]. Nesses autos, as partes reclamantes requeriam o reconhecimento da prática de assédio moral e do nexo de causalidade entre o adoecimento e o assédio. Já em relação ao Processo TST-AIRR n. 163-30.2015.5.10.0008[627], o não preenchimento dos pressupostos recursais insertos no art. 896 da CLT impediu o exame do recurso de revista em que a parte reclamante pleiteava indenização por lucros cessantes em face de doença ocupacional indeferida nas instâncias ordinárias.

Por fim, o último processo analisado foi o TST-AIRR n. 232-69.2014.5.10.0017[628]. Nos autos desse processo, a parte reclamante requereu a majoração do valor arbitrado à indenização por dano moral. Nesse caso concreto, há registro das seguintes alegações da parte reclamante na sentença:

> O reclamante sofreu inúmeras humilhações, ameaças de dispensa, cobranças desproporcionais de atividades e de resultados, cumprimento excessivo de metas e tarefas e objetivos irrealizáveis, principalmente sem pessoal capacitado para a agência. O quadro fático desenhado revela, de modo incontroverso, a existência de assédio moral. O obreiro fora vítima de colossal injustiça, com cobranças excessivas de metas, mudança constante de agências, acúmulo de funções, cobrança até mesmo de seus clientes, por não ter liberação do banco para realizar atividades básicas bancárias, bem como excesso do trabalho em tal nível que o autor não conseguia sequer realizar

---

(625) BRASIL. Tribunal Superior do Trabalho. Agravo de Instrumento em Recurso de Revista n. 1353-53.2014.5.10.0011. Relator: Desembargador Convocado Fábio Túlio Correia Ribeiro, 13 de novembro de 2018. Disponível em: <http://aplicacao5.tst.jus.br/consultaunificada2/inteiroTeor.do?action=printInteiroTeor&format=rtf&highlight=true&numeroFormatado=AIRR%20-%201353-53.2014.5.10.0011&base=despacho&rowid=AAANmhAAFAABMvuAAX&dataPublicacao=13/11/2018&localPublicacao=DEJT&query=>. Acesso em: 23 fev. 2019.

(626) BRASIL. Tribunal Superior do Trabalho. Agravo de Instrumento em Recurso de Revista n. 120-57.2015.5.10.0020. Relator: Min. Augusto César Leite de Carvalho, 26 de junho de 2018. Disponível em: <http://aplicacao5.tst.jus.br/consultaunificada2/inteiroTeor.do?action=printInteiroTeor&format=rtf&highlight=true&numeroFormatado=AIRR%20-%20120-57.2015.5.10.0020&base=despacho&rowid=AAANmhAA+AAAfgoAAU&dataPublicacao=26/06/2018&localPublicacao=DEJT&query=>. Acesso em: 23 fev. 2019.

(627) BRASIL. Tribunal Superior do Trabalho. Agravo de Instrumento em Recurso de Revista n. 163-30.2015.5.10.0008. Relatora: Min. Delaíde Miranda Arantes, 14 de novembro de 2018. Disponível em: <http://aplicacao5.tst.jus.br/consultaunificada2/inteiroTeor.do?action=printInteiroTeor&format=rtf&highlight=true&numeroFormatado=AIRR%20-%20163-30.2015.5.10.0008&base=despacho&rowid=AAANmhAAFAABMu1AAW&dataPublicacao=14/11/2018&localPublicacao=DEJT&query=>. Acesso em: 23 fev. 2019.

(628) BRASIL. Tribunal Superior do Trabalho. Agravo de Instrumento em Recurso de Revista n. 232-69.2014.5.10.0017. INDENIZAÇÃO POR DANOS MORAIS — ASSÉDIO MORAL. O Eg. Tribunal Regional, ao fixar o valor da indenização por danos morais, observou os princípios da razoabilidade e da proporcionalidade. Agravo de Instrumento a que se nega provimento. Relatora: Min. Maria Cristina Irigoyen Peduzzi, 1º de setembro de 2017. Disponível em: <http://aplicacao5.tst.jus.br/consultaunificada2/inteiroTeor.do?action=printInteiroTeor&format=html&highlight=true&numeroFormatado=AIRR%20-%20232-69.2014.5.10.0017&base=acordao&rowid=AAANGhAA+AAAVNBAAO&dataPublicacao=01/09/2017&localPublicacao=DEJT&query=>. Acesso em: 23 fev. 2019.

suas refeições no horário de expediente. Devido às condições laborativas ora noticiadas, o reclamante adquiriu diversas doenças psicológicas e faz uso constante de medicamentos para tentar reverter o quadro de depressão desencadeado por culpa exclusiva do banco reclamado.[629]

No referido acórdão do Tribunal Regional consta o registro de que a prova testemunhal revelou que a parte reclamante sofreu xingamento por clientes, "por não conseguir fazer o serviço, já que os clientes não eram da carteira dele reclamante, sendo que, de outro lado, o reclamante teria laborado com alto volume de serviço na agência em Santo Antônio do Descoberto, durante certo tempo".

A perícia judicial constatou que, apesar de o transtorno depressivo ter origem multicausal, havia nexo concausal, na medida em que o adoecimento do sujeito foi agravado "pelas atividades profissionais exercidas na reclamada, tipificado em grau III (o trabalho como provocador de um distúrbio latente, ou agravador de doença já estabelecida) conforme a classificação de Schilling". Ressaltou ainda o perito que

> O autor tem se submetido a diversos tratamentos psicológicos e, ainda que afastado de suas atividades na reclamada, persiste o quadro de transtornos psicológicos; o reclamante deve manter tratamento médico e psicológico continuado no intuito de controlar as crises recorrentes, objetivando recuperar a capacidade funcional para o trabalho. Por conseguinte, o quadro apresentado pelo autor configura-se de incapacidade parcial, temporária e multiprofissional.[630]

Diante desse quadro fático delineado, a Turma do Tribunal Regional do Trabalho manteve a sentença quanto ao reconhecimento da prática de assédio moral e do nexo de causalidade entre o transtorno depressivo e o assédio vivenciado no banco reclamado, bem como quanto ao valor arbitrado à indenização por dano moral (R$ 30.000,00).

A Turma do Tribunal Superior do Trabalho, com base na análise do quadro fático descrito no acórdão do Tribunal Regional acima relatado, indeferiu o pedido de majoração da indenização por dano moral, negando provimento ao agravo de instrumento em recurso de revista, aos seguintes fundamentos:

---

(629) BRASIL. Tribunal Regional do Trabalho. (10ª Região). Sentença n. 232-69.2014.5.10.0017. Juiz Jonathan Quintão Jacob, 27 de abril de 2016. Disponível em: <https://www.trt10.jus.br/processos/consultasap/atas.php?_1=01&_2=17&_3=2014&_4=0232&_5=www_516.&_6=27042016&_99=intra&_7=3>. Acesso em: 23 fev. 2019.

(630) BRASIL. Tribunal Superior do Trabalho. Agravo de Instrumento em Recurso de Revista n. 232-69.2014.5.10.0017. INDENIZAÇÃO POR DANOS MORAIS — ASSÉDIO MORAL. O Eg. Tribunal Regional, ao fixar o valor da indenização por danos morais, observou os princípios da razoabilidade e da proporcionalidade. Agravo de Instrumento a que se nega provimento. Relatora: Min. Maria Cristina Irigoyen Peduzzi, 1º de setembro de 2017. Disponível em: <http://aplicacao5.tst.jus.br/consultaunificada2/inteiroTeor.do?action=printInteiroTeor&format=html&highlight=true&numeroFormatado=AIRR%20-%20232-69.2014.5.10.0017&base=acordao&rowid=AAANGhAA+AAAVNBAAO&dataPublicacao=01/09/2017&localPublicacao=DEJT&query=>. Acesso em: 23 fev. 2019.

> No pertinente ao *quantum* indenizatório, fixado em R$ 30.000,00 (trinta mil reais), por ser impossível delimitar economicamente (com precisão, ao menos) o dano sofrido, deve o juiz adotar, quando da fixação da compensação, critério de razoabilidade e proporcionalidade entre a lesão de ordem imaterial sofrida, seus efeitos extrapatrimoniais porventura perceptíveis (a dor, o sofrimento e a humilhação, embora não essenciais à caracterização do dano moral, devem ser considerados pelo julgador, sempre sob a perspectiva do homem mediano), o grau da culpa do lesante e a capacidade econômica do Réu. Se o valor fixado foge aos limites do razoável, por ser extremamente irrisório ou exorbitante, a questão deixa de ser mera controvérsia interpretativa sobre fatos e provas e passa a revestir-se de caráter eminentemente jurídico (de direito). Da leitura dos fatos delineados pelo acórdão recorrido depreende-se que a instância ordinária, ao fixar o quantum indenizatório, pautou-se pelo princípio da razoabilidade, obedecendo aos critérios de justiça e equidade, não se justificando a excepcional intervenção desta Corte Superior, considerando o comportamento narrado acerca da superiora hierárquica do Autor.[631]

A tese jurídica acerca do arbitramento do valor indenizatório por danos extrapatrimoniais emitida por ocasião de um único julgado sinaliza a opção do Tribunal Superior do Trabalho no sentido de analisar tal tema apenas quando o valor fixado na instância ordinária se mostre irrisório ou exorbitante.

Em suma, a análise da jurisprudência do Tribunal Superior do Trabalho demonstrou que foi denegado seguimento a todos os recursos de revista interpostos no período analisado, quer pela identificação de óbice de natureza processual, quer pela não configuração de violação legal, nos termos do art. 896 da CLT, e que as decisões e os acórdãos em agravos de instrumento em recurso de revista proferidos não emitiram tese jurídica acerca da matéria concernente ao assédio e ao adoecimento dos trabalhadores bancários.

Além disso, a análise dos julgados do Tribunal Superior do Trabalho sinaliza que a aplicação de óbices de natureza processual determinados pela legislação pode ser uma das razões pelas quais não se vislumbrou a utilização de parâmetros argumentativos fundados no direito fundamental ao trabalho digno. A posição formalista imposta à instância recursal extraordinária pode (ou tende a) inviabilizar o exercício do papel constitucional do Tribunal Superior do Trabalho, no sentido de interpretar e aplicar a legislação à luz da Constituição, além de uniformizar a jurisprudência trabalhista nacional em casos concretos sensíveis, como os que envolvem o assédio organizacional.

Ficou patente a ausência de rigor conceitual no tocante ao assédio organizacional. Aliás, constatou-se que, na maioria das decisões, não se menciona a tipologia classificatória do assédio comprovada nos autos, se assédio moral interpessoal ou assédio organizacional (Gráfico 6).

---

(631) BRASIL. Tribunal Superior do Trabalho. Agravo de Instrumento em Recurso de Revista n. 232-69.2014.5.10.0017. *Loc. cit.*

No tocante ao valor arbitrado às indenizações por dano moral nos casos de assédio moral e de adoecimento do trabalhador, considerando os recursos julgados pelo Tribunal Regional do Trabalho da 10ª Região e pelo Tribunal Superior do Trabalho, verificou-se que em mais de 50% dos casos concretos analisados o valor oscilou entre R$ 10.000,00 (dez mil reais) e R$ 35.000,00 (trinta e cinco mil reais).

Diante da constatação, nesta pesquisa, de que o assédio organizacional é amplamente utilizado nos bancos do Distrito Federal como estratégia de gestão do trabalho e, ainda, considerando-se os elevados lucros apurados pelos cinco maiores bancos múltiplos, com carteira comercial, brasileiros, os valores arbitrados nos casos concretos analisados sugerem um descompasso entre uma das finalidades da indenização — a prevenção pedagógica[632] — e o dano perpetrado pela violência psicológica na saúde mental dos trabalhadores e na qualidade do meio ambiente de trabalho (sem mencionar o impacto no sistema previdenciário).

Comparando-se o padrão constitucional utilizado em primeiro e segundo graus de jurisdição, consideradas tão somente as ações propostas no Distrito Federal entre 1º de novembro de 2013 e 10 de novembro de 2017, que trataram do assédio moral e do adoecimento do trabalhador bancário, tem-se que os dados apurados sinalizam que *os parâmetros constitucionais de proteção ao direito fundamental ao trabalho digno são mais articulados nas sentenças, em primeiro grau de jurisdição, do que nos acórdãos proferidos pelas Turmas do Tribunal Regional do Trabalho da 10ª Região*.

Todavia, os dispositivos constitucionais que tutelam os direitos fundamentais à saúde e ao meio ambiente do trabalho ecologicamente equilibrado, considerada a dimensão socioambiental do direito fundamental ao trabalho digno, foram articulados, isoladamente ou inter-relacionados, em menos de 10% das sentenças prolatadas e em apenas um único acórdão proferido pelo Tribunal Regional do Trabalho da 10ª Região.

Tal dado sinaliza que a tutela jurídica ao meio ambiente de trabalho necessita ser aprimorada, especialmente nos casos de assédio organizacional nos bancos do Distrito Federal, dado que os danos inerentes a essa tipologia de assédio repercutem, de modo imediato, na qualidade do meio ambiente de trabalho, podendo comprometer a saúde mental de todos os trabalhadores submetidos ao mesmo modelo de gestão do trabalho.

Por fim, da análise do conjunto de decisões é possível inferir, ainda, que a Justiça do Trabalho tende a não reconhecer a existência de assédio organizacional como instrumento de gestão do trabalho bancário no Distrito Federal.

---

(632) Othon de Azevedo Lopes salienta que, no caso de direitos imateriais, a prevenção pedagógica possibilita "um aprendizado social no que se refere ao respeito a bens jurídicos" e mantém "a confiança na vigência do direito", "mostrando quais são os deveres caros para a manutenção da ordem social". LOPES, Othon de Azevedo. Dano moral individual e coletivo no Estado Democrático de Direito: reflexão a partir da jurisprudência cível e trabalhista. In: DELGADO, Gabriela Neves *et al.* (coord.). *Direito constitucional do trabalho:* princípios e jurisdição constitucional. São Paulo: LTr, 2015. p. 276.

Conclusão

Refletir sobre o trabalho é transgredir a ordem até então imposta.[633]

A *dimensão socioambiental do direito fundamental ao trabalho digno* se revela, no Estado Democrático de Direito, como categoria-chave para a regulação do trabalho humano por evidenciar o dever do Estado e da ordem econômica de proteção jurídica concomitante do sujeito trabalhador, do valor social do trabalho e do meio ambiente de trabalho, o que se efetiva pela tutela integrada do direito fundamental à saúde física e mental e do direito fundamental ao meio ambiente de trabalho ecologicamente equilibrado.

A Constituição de 1988, além de elevar o valor social do trabalho ao patamar de fundamento da República Federativa do Brasil e da ordem econômica (arts. 1º, IV, e 170, *caput*), realça que a dignidade do sujeito trabalhador tem como elemento essencial e constitutivo tanto o direito fundamental à saúde física e mental quanto o direito fundamental à qualidade do meio ambiente de trabalho, ambos indispensáveis para a proteção do livre desenvolvimento da personalidade do trabalhador.

O direito à saúde mental se reveste da qualidade de direito fundamental que decorre do próprio direito à vida (art. 5º, *caput,* Constituição de 1988). Tais direitos lidos à luz do princípio da dignidade humana revelam que, na ordem constitucional vigente, *a vida tutelada é a vida saudável, com dignidade preservada*.

O dever fundamental inerente à promoção e proteção da saúde, individual e coletivamente considerada, é imposto ao Estado e, em face do princípio da solidariedade social, se espraia alcançando as empresas e a sociedade. Esse dever, todavia, somente se efetiva se interconectado com a efetividade de outros direitos fundamentais, entre os quais se destaca a do *meio ambiente de trabalho saudável*.

A qualidade do meio ambiente de trabalho é direito fundamental intrinsecamente relacionado à sadia qualidade de vida do trabalhador. Tal conexão revela o dever jurídico do empregador de observar o conjunto de deveres econômicos,

(633) DELGADO, Gabriela Neves. *Direito fundamental ao trabalho digno.* São Paulo: LTr, 2006. p. 209.

sociais, culturais e ambientais relativos à proteção à saúde do trabalhador. Revela, ainda, segundo o eixo econômico do dever de sustentabilidade, o compromisso de assegurar a todos existência digna, fundada na justiça social, considerando, também, as condições ambientais favoráveis para o desenvolvimento das gerações humanas presentes e futuras.

Nessa medida, a defesa do meio ambiente de trabalho se apresenta como reforço necessário à rede de proteção jurídica do sujeito trabalhador e do valor social do trabalho. Assim, os princípios do Direito do Trabalho e do Direito Ambiental se mostram essenciais para viabilizar a construção da saúde no trabalho por meio da tutela efetiva da qualidade de vida no meio ambiente laboral.

Foi visto que a qualidade ambiental e a saúde mental dos trabalhadores são afetadas profundamente pelo modelo toyotista de organização e gestão da produção e do trabalho humano adotado pela empresa.

A Psicodinâmica do Trabalho e a Clínica Analítica do Trabalho demonstram que, dada a centralidade do trabalho para a construção da saúde, o modelo de gestão toyotista e a concepção gerencialista que o norteia afetam a saúde mental do sujeito trabalhador por conduzi-lo a vivências de sofrimento patogênico, o que pode desencadear transtornos mentais e comportamentais e, ainda, patologias sociais relacionadas ao trabalho, tais como a indiferença e a violência.

Diante da hipercomplexidade do mundo do trabalho e do aprofundamento da violência e do assédio nos espaços de trabalho, especialmente da violência psicológica e do assédio moral, a OIT realizou estudo respaldado na análise jurídica do tratamento da violência e do assédio na legislação de 80 países e constatou que as condutas caracterizadoras da violência psicológica e do assédio moral podem estar relacionadas aos riscos psicossociais decorrentes da organização do trabalho, de modo a configurar um tipo de violência estrutural ou de assédio institucional.

Embora não seja possível descrever a totalidade das condutas inerentes a esse tipo de violência inserta nas normas, na cultura e nas práticas de uma organização, a OIT constatou que, entre elas, se incluem a sobrecarga de trabalho, a rigidez da organização do trabalho, a ausência de incentivo às boas relações interpessoais no ambiente de trabalho e o estabelecimento de metas inviáveis ou com prazos insuficientes. A OIT reforçou também que, independente das características pessoais e do trabalho realizado, os trabalhadores expostos a situações de violência no trabalho terão sua saúde física e mental afetadas.

No Brasil, os resultados de estudos embasados na Psicodinâmica do Trabalho e na Clínica Analítica do Trabalho igualmente apontam que situações estressoras no trabalho, tais como pressão por produtividade, gestão por metas de produtividade e outras relacionadas às reestruturações e modelos de gestão que inserem na cultura organizacional a instrumentalização do medo da dispensa e/ou da perda da função comissionada, são precursoras da violência psicológica no trabalho, juridicamente identificada como assédio organizacional.

O assédio organizacional é a violência institucionalizada e naturalizada na estratégia de gestão, cuja função é advertir o trabalhador acerca da necessidade de dedicação ilimitada e de sujeição pessoal à organização empresarial, sob pena de exclusão. As práticas inerentes à violência institucionalizada ofendem a dignidade do trabalhador e podem causar sofrimento e comprometer sua integridade psicofísica.

Compreende-se que o sujeito busca no trabalho sua realização no campo social e o fortalecimento de sua identidade, inclusive como cidadão. Em um contexto de assédio organizacional como estratégia de gerenciamento do trabalho humano, o sujeito trabalhador, capturado e alienado pela dinâmica perversa presente na organização do trabalho, torna-se potencialmente descartável quando não mais atende os interesses exploratórios baseados na produtividade ilimitada e no lucro.

A violência sob a forma do assédio organizacional desarticula o coletivo dos trabalhadores ao propagar a indiferença, o individualismo e a competitividade desmedida, incentiva práticas desleais com todos os atores envolvidos no trabalhar — colegas, chefes, clientes etc. — e esfacela os laços de solidariedade no trabalho. A violência dessa dinâmica e a solidão ocasionadas pelo sofrimento e pelo esvaziamento da dinâmica do reconhecimento vão fragilizando a estrutura mental do sujeito trabalhador, que perde paulatinamente recursos para a construção da saúde.

A deterioração do meio ambiente de trabalho faz com que o trabalho humano perca sua condição de eixo fundamental de estabilização e fortalecimento da identidade do sujeito, de fonte de prazer e afirmação de cidadania, esvaziando o trabalho de valor, considerada a perspectiva constitucional. Nesse contexto de violência organizacional, o trabalho se torna sem sentido e fonte de sofrimento patogênico, adoecimento e exclusão social. Reduzido à condição de mercadoria, o valor social do trabalho é esvaziado de dignidade.

Entre as categorias econômicas e profissionais submetidas ao assédio organizacional destacou-se a categoria dos bancários.

Os resultados obtidos no projeto *"Clínica do Trabalho no Sindicato dos Bancários de Brasília"* promovido pelo Grupo de Estudos e Práticas em Clínica, Saúde e Trabalho (GEPSAT) do Instituto de Psicologia da Universidade de Brasília, nos anos de 2013 a 2017, revelaram que a violência do assédio organizacional é adotada como estratégia de gestão do trabalho humano pelos bancos públicos e privados do Distrito Federal, com intuito de maximizar resultados, tornando-se fator determinante para o adoecimento e a violação de direitos fundamentais de trabalhadores bancários.

Diante do "estado da arte" do trabalho bancário no Distrito Federal, investigou-se, sob a perspectiva constitucional, qual foi o padrão de regulação promovido pela

Justiça do Trabalho nos conflitos de interesse relacionados ao assédio organizacional nos bancos públicos e privados situados no Distrito Federal, considerando-se as ações propostas que trataram do assédio moral e do adoecimento do trabalhador bancário no mesmo período em que foi realizado o mencionado projeto "*Clínica do Trabalho no Sindicato dos Bancários de Brasília*" (2013 a 2017).

A análise das decisões judiciais revelou que o Poder Judiciário Trabalhista se utiliza dos parâmetros constitucionais de proteção ao direito fundamental ao trabalho digno, mas de forma comedida.

Tal análise sinalizou, ainda, que os parâmetros de proteção são mais articulados nas sentenças, em primeiro grau de jurisdição, do que nos acórdãos proferidos no Tribunal Regional do Trabalho da 10ª Região, e que os direitos fundamentais à saúde e ao meio ambiente de trabalho ecologicamente equilibrado, dada a dimensão socioambiental do direito fundamental ao trabalho digno, foram pouquíssimo articulados, seja isoladamente ou inter-relacionados.

Nesse ponto, importa salientar que a utilização do padrão constitucional de proteção ao sujeito trabalhador, ao valor social do trabalho e ao meio ambiente de trabalho de forma integrada na argumentação jurídica tende a vedar práticas violadoras de direitos fundamentais e, por conseguinte, fortalecer o dever de proteção da saúde do trabalhador e do meio ambiente de trabalho.

O conjunto das decisões analisadas revelou, ainda, que a Justiça do Trabalho tende a não reconhecer a utilização do assédio organizacional como instrumento de gestão do trabalho e causa preponderante do adoecimento mental do trabalhador bancário.

A análise do assédio tão somente sob o prisma tradicional, enfatizando relações interpessoais (vítima x agressor) e tendo a organização do trabalho apenas como parte de um contexto, desconsidera o fato de que o agente assediador pode não ser o preposto, mas sim o próprio modelo de gestão do trabalho humano adotado pela instituição que incorpora o uso da violência psicológica e tolera (quando não incentiva) que prepostos se tornem assediadores para viabilizar o aumento dos resultados.

Embora tanto o assédio moral quanto o assédio organizacional tenham por consequência o comprometimento da qualidade ambiental no trabalho, fato é que, no assédio organizacional, a dinâmica é diferenciada, pois o dano imediato alcança o meio ambiente de trabalho em face do risco iminente à saúde mental do coletivo dos trabalhadores.

Em suma, defende-se que o tratamento jurídico do assédio organizacional deve ser diferenciado na medida em que o agente agressor é a própria gestão do trabalho. Ou seja, é a própria empresa que, de forma velada ou explícita, opta por um modelo de gestão pautado na violência psicológica para aumentar os resultados da produção, cujos danos alcançam o meio ambiente do trabalho e repercutem na saúde do coletivo dos trabalhadores e, ainda, no sistema previdenciário em face do alto índice de afastamentos e de aposentadorias por invalidez, especialmente por transtornos mentais e comportamentais.

Nesta pesquisa, apurou-se que, entre os 60 trabalhadores bancários que propuseram ação trabalhista, na 10ª Região, no período analisado, 47 estavam acometidos por transtornos mentais e comportamentais (78,3%). O percentual, portanto, é altíssimo.

O adoecimento mental, especialmente o relacionado ao trabalho, envolve estigma e preconceitos enraizados culturalmente, desestrutura a família e os laços sociais do sujeito, pode conduzir ao isolamento social e à perda da identidade profissional, fatores que desestabilizam ainda mais a saúde do trabalhador adoecido, violando seu direito humano fundamental à sadia qualidade de vida, à existência digna, entre tantos outros insertos no Texto Constitucional de 1988.

Assim, o *direito fundamental à saúde mental* ganha especial relevo no contexto trabalhista por se revestir da qualidade de direito fundamental do trabalhador a ser protegido de toda forma de degradação do ambiente do trabalho, inclusive em casos de assédio organizacional.

Portanto, a *dimensão socioambiental do direito fundamental ao trabalho digno* revela a premência da proteção concomitante do sujeito trabalhador, do valor social do trabalho e do meio ambiente de trabalho a ser efetivada pela tutela integrada do direito à saúde física e mental no ambiente laboral e do direito ao meio ambiente de trabalho equilibrado, com vistas à afirmação da identidade constitucional do sujeito trabalhador e de seu patrimônio imaterial expresso por sua saúde psicofísica.

Referências

ALKIMIN, Maria Aparecida. *Assédio moral na relação de trabalho*. 3. ed. Curitiba: Juruá, 2013.

ALMEIDA, Fábio Portela Lopes de. Os princípios constitucionais entre deontologia e axiologia: pressupostos para uma teoria hermenêutica democrática. *Revista Direito GV*, São Paulo 4(2), p. 493-516, jul./dez. 2008.

AMARAL, Graziele Alves. *Escuta clínica do trabalho e (re)significação do sofrimento de professoras readaptadas*. Tese (Doutorado em Psicologia Social e do Trabalho e das Organizações) — Instituto de Psicologia, Universidade de Brasília, Brasília, 2018.

ANJOS, Felipe Burle dos. Organização do trabalho. In: MENDES, Ana Magnólia; VIEIRA, Fernando de Oliveira; CRESPO, Álvaro Roberto. *Dicionário crítico de gestão e psicodinâmica do trabalho*. Curitiba: Juruá, 2013.

ANTUNES, Ricardo; ALVES, Giovanni. As mutações no mundo do trabalho na era da mundialização do capital. *Educação & Sociedade*, Campinas, v. 25, n. 87, p. 335-351, maio/ago. 2004.

ANTUNES, Ricardo. As formas de padecimento no trabalho. *Saúde e Sociedade*, São Paulo, v. 17, n. 4, dez. 2008.

______. *O privilégio da servidão*: o novo proletariado de serviços na era digital. São Paulo: Boitempo, 2018.

______. *O sentido do trabalho*: ensaio sobre a afirmação e a negação do trabalho. 2. ed. 10. reimp. rev. e ampl. São Paulo: Boitempo, 2009.

ARAUJO, Adriane Reis de. *O assédio moral organizacional*. São Paulo: LTr, 2012.

______. Assédio moral organizacional. *Revista do TST*, Brasília, v. 73, n. 2, abr./jun. 2007.

______. *O assédio moral organizacional*. Dissertação (Mestrado em Direito) — Programa de Estudos Pós-Graduados em Direito. Pontifícia Universidade Católica de São Paulo, São Paulo, 2006.

ARAÚJO, Luciane Kozics Reis. Clínica do trabalho. In: MENDES, Ana Magnólia; VIEIRA, Fernando de Oliveira; CRESPO, Álvaro Roberto. *Dicionário crítico de gestão e psicodinâmica do trabalho*. Curitiba: Juruá, 2013.

BARRETO, Margarida Maria Silveira. *Uma jornada de humilhações*. Dissertação (Mestrado em Psicologia Social) — Programa de Estudos Pós-Graduados em Psicologia Social. Pontifícia Universidade Católica de São Paulo, São Paulo, 2000.

______. *Assédio moral:* a violência sutil. Tese (Doutorado em Psicologia Social) — Pontifícia Universidade Católica de São Paulo, São Paulo, 2005.

______. Assédio moral: trabalho, doença e morte. In: LIMA, Cristiane Queiroz Barbeiro; OLIVEIRA, Juliana Andrade; MAENO, Maria (coord.). *Seminário Compreendendo o Assédio Moral no Ambiente de Trabalho*, São Paulo: Fundacentro, 2013.

BARRETO, Margarida Maria Silveira; HELOANI, Roberto. Da violência moral no trabalho à rota das doenças e morte por suicídio. In: MOTA, Daniel Pestana; ALVES, Giovanni Alves; VIZZACCARO-AMARAL, André Luís (org.). *Trabalho e saúde*: a precarização do trabalho e a saúde do trabalhador no século XXI. São Paulo: LTr, 2011.

BECK, Ulrich. *La sociedade del riesgo*: hacia uma nueva modernidad. Barcelona: Paidós, 2001.

BOBBIO, Norberto; METTEUCCI, Nicola; PASQUINO, Gianfranco. *Dicionário de política*. 13. ed. 4. reimp. Brasília: Universidade de Brasília, 2010. v. 2.

BORGES, Lara Parreira de Faria. *Espiando por trás da persiana*: um olhar sobre a discriminação traduzida em assédio moral organizacional contra mulheres. São Paulo: LTr, 2015.

BRUNO, Walcir Previtale. Bancários não são máquinas. In: SZNELWAR, Laerte Idal (org.). *Saúde dos bancários*. São Paulo: Publisher Brasil, 2011.

CALGARO, José Claudio Caldas. Servidão voluntária. In: MENDES, Ana Magnólia; VIEIRA, Fernando de Oliveira; CRESPO, Álvaro Roberto. *Dicionário crítico de gestão e psicodinâmica do trabalho*. Curitiba: Juruá, 2013.

CAMARGO, Patrícia Olga. *A evolução recente do setor bancário no Brasil*. São Paulo: UNESP; Cultura Acadêmica, 2009.

CARPENA, Heloisa. Exercício abusivo de direitos e suas manifestações no direito civil e no direito do trabalho. In: TEPEDINO, Gustavo *et al.* (coord.). *Diálogos entre o direito do trabalho e o direito civil*. São Paulo: Revista dos Tribunais, 2013.

CARRASQUEIRA, Flora Allain; BARBARINI, Neuzi. Psicodinâmica do trabalho: uma reflexão acerca do sofrimento mental nas organizações. *Jornada de Saúde Mental e Psicanálise da PUCPR*, v. 5, n. 1, nov. 2010.

CARVALHO, Augusto César Leite de. *Direito do trabalho*: curso e discurso. São Paulo: LTr, 2016.

CARVALHO NETTO, Menelick de. A hermenêutica constitucional e os desafios postos aos direitos fundamentais. *Notícia do Direito Brasileiro*, Brasília: UnB, nova série, n. 6, 2º semestre de 1998.

______. Reflexão constitucional acerca dos direitos do portador de sofrimento mental em conflito com a lei. *Veredas do Direito*, Belo Horizonte, v. 2, n. 4, p. 67-80, jul./dez. 2005.

______. A hermenêutica constitucional sob o paradigma do Estado Democrático de Direito. In: OLIVEIRA, Marcelo Andrade Cattoni de (coord.). *Jurisdição e hermenêutica constitucional no Estado Democrático de Direito.* Belo Horizonte: Mandamentos, 2004.

CARVALHO NETTO, Menelick de; SCOTTI, Guilherme. *Os direitos fundamentais e a (in)certeza do direito*: a produtividade das tensões principiológicas e a superação do sistema de regras. Belo Horizonte: Fórum, 2011.

______. O direito do trabalho e o Estado Democrático de Direito: o individual e o coletivo no exercício da autonomia do trabalhador. In: DELGADO, Gabriela Neves; PEREIRA, Ricardo

José Macêdo de Britto (org.). *Trabalho, Constituição e cidadania*: a dimensão coletiva dos direitos sociais trabalhistas. São Paulo: LTr, 2014.

______. O direito do trabalho e o Estado Democrático de Direito: uma reflexão sobre o individual e o coletivo no exercício da autonomia do trabalhador. In: VIANA, Márcio Túlio; ROCHA, Cláudio Jannotti. *Como aplicar a CLT à luz da Constituição*: alternativas para os que militam no foro trabalhista. Obra em homenagem à Profa. Gabriela Neves Delgado. São Paulo: LTr, 2016.

CREMASCO, Maria Virgínia Filomena; EBERLE, André Davi; SOBOLL, Lis Andréa. Compreensões sobre o assédio moral no trabalho a partir da psicodinâmica do trabalho. In: SOBOLL, Lis Andrea; GOSDAL, Thereza Cristina (org.). *Assédio moral interpessoal e organizacional*: um enfoque multidisciplinar. São Paulo: LTr, 2009.

DAHLBERG, Linda L.; KRUG, Etienne G. *Violência*: um problema global de saúde pública. Capítulo extraído com autorização do autor do Relatório Mundial sobre Violência e Saúde. OMS, Organização Mundial de Saúde. Genebra: OMS, 2002. *Version of the Introduction to the World Report on Violence and Health (WHO).* Geneve: WHO, 2002, authorized by the authors. Disponível em: <www.scielo.br/pdf/csc/v11s0/a07v11s0>. Acesso em: 30 nov. 2018.

DEJOURS, Christophe; ABDOUCHELI, Elisabeth. Itinerário teórico em psicopatologia do trabalho. In: DEJOURS, Christophe; ABDOUCHELI, Elisabeth; JAYET, Christian. *Psicodinâmica do trabalho*: contribuições da escola dejouriana à análise da relação prazer, sofrimento e trabalho. Coordenação Maria Irene Stocco Betiol. 1. ed. 15. reimpr. São Paulo: Atlas, 2014.

DEJOURS, Christophe; BARROS, Juliana de Oliveira; LANCMAN, Selma. A centralidade do trabalho para a construção da saúde. *Revista de Terapia Ocupacional da Universidade de São Paulo*, v. 27, n. 2, p. 228-235, 17 ago. 2016.

DEJOURS, Christophe; CARDOSO, Marta Rezende. Christophe Dejours: entrevista. *Agora*, 4(2), p. 89-94, 2001. Recuperado em 10 de abril de 2009. Disponível em: <http://www.scielo.br/pdf/agora/v4n2/v4n2a07.pdf>.

DEJOURS, Christophe. *A banalização da injustiça social*. 7. ed. ampl. Rio de Janeiro: FGV, 2007.

______. A carga psíquica do trabalho. In: DEJOURS, Christophe; ABDOUCHELI, Elisabeth; JAYET, Christian. *Psicodinâmica do trabalho*: contribuições da escola dejouriana à análise da relação prazer, sofrimento e trabalho. Coordenação Maria Irene Stocco Betiol. 1. ed. 15. reimpr. São Paulo: Atlas, 2014.

______. *A loucura do trabalho*: estudo de psicopatologia do trabalho. 5. ed. ampl. São Paulo: Cortez-Oboré, 1992.

______. A psicodinâmica do trabalho na pós-modernidade. In: MENDES, Ana Magnólia; LIMA, Suzana Canez da Cruz; FACAS, Emílio Peres (orgs.). *Diálogos em psicodinâmica do trabalho*. Brasília: Paralelo 15, 2007.

______. A sublimação, entre sofrimento e prazer no trabalho. *Revista Portuguesa de Psicanálise*, n. 33 [2], p. 9-28.

______. Por um novo conceito de saúde. *Revista Brasileira de Saúde Ocupacional*, 14 (54), p. 7-11, 1986.

______. *Psicodinâmica do trabalho*: casos clínicos. Porto Alegre: Dublinense, 2017.

______. Psicopatologia do trabalho — psicodinâmica do trabalho. *Laboreal*, 7, (1), p. 13-16, 2011.

______. Subjetividade, trabalho e ação. *Revista Produção*, v. 14, n. 3, p. 27-34, set./dez. 2004.

______. Um suicídio no trabalho é uma mensagem brutal. Entrevista cedida a Ana Gerschenfeld. *Jornal Público 2*, 1º fev. 2010. Disponível em: <https://www.publico.pt/2010/02/01/sociedade/noticia/um-suicidio-no-trabalho-e-uma-mensagem-brutal-1420732#gs.THX6azF9>. Acesso em: 18 fev. 2019.

DELEUZE, Gilles. *Foucault*. 2. ed. São Paulo: Brasiliense, 1991.

DELGADO, Gabriela Neves. Constitucionalização dos direitos trabalhistas e os reflexos no mercado de trabalho. *Revista LTr*, v. 72, n. 5, maio 2008.

______. *Direito fundamental ao trabalho digno*. 2. ed. São Paulo: LTr, 2015.

______. Direitos humanos dos trabalhadores: perspectiva de análise a partir dos princípios internacionais do direito do trabalho e do direito previdenciário. In: DELGADO, Mauricio Godinho; DELGADO, Gabriela Neves. *Constituição da República e direitos fundamentais:* dignidade da pessoa humana, justiça social e direito do trabalho. 3. ed. São Paulo: LTr, 2015.

______. Os paradigmas do Estado Constitucional Contemporâneo. In: DELGADO, Mauricio Godinho; DELGADO, Gabriela Neves. *Constituição da República e direitos fundamentais:* dignidade da pessoa humana, justiça social e direito do trabalho. 4. ed. São Paulo: LTr, 2017.

______. *Terceirização*: paradoxo do direito contemporâneo. São Paulo: LTr, 2003.

______. Trabalho enquanto suporte de valor. *Revista da Faculdade de Direito da UFMG*, Belo Horizonte, n. 49, jul./dez. 2006.

DELGADO, Gabriela Neves; DIAS, Valéria de Oliveira. Reforma trabalhista e precarização do trabalho terceirizado: a incorporação do trabalho feminino nos estratos assalariados de serviços. In: PINTO, Roberto Parahyba de Arruda; CAMARANO, Alessandra; HAZAN, Ellen Mara Ferraz (coord.). *Feminismo, pluralismo e democracia*. São Paulo: LTr, 2018.

DELGADO, Gabriela Neves *et al.* (coord.). *Direito constitucional do trabalho*: princípios e jurisdição constitucional do TST. São Paulo: LTr, 2015.

DELGADO, Gabriela Neves; RIBEIRO, Ana Carolina Paranhos Campos. Os direitos sociotrabalhistas como dimensão dos direitos humanos. *Revista do Tribunal Superior do Trabalho*, Brasília: TST, v. 79, p. 199-219, 2013.

DELGADO, Mauricio Godinho. *Curso de direito do trabalho*. 17. ed. rev. atual. e ampl. São Paulo: LTr, 2018.

______. *Capitalismo, trabalho e emprego:* entre o paradigma da destruição e os caminhos de reconstrução. 3. ed. São Paulo: LTr, 2017.

______. Constituição da República, Estado Democrático de Direito e direito do trabalho. In: DELGADO, Mauricio Godinho; DELGADO, Gabriela Neves. *Constituição da República e direitos fundamentais*: dignidade da pessoa humana, justiça social e direito do trabalho. 4. ed. São Paulo: LTr, 2017.

______. Funções do direito do trabalho no capitalismo e na democracia. In: DELGADO, Mauricio Godinho; DELGADO, Gabriela Neves. *Constituição da República e direitos fundamentais*: dignidade da pessoa humana, justiça social e direito do trabalho. São Paulo: LTr, 2012.

______. *O poder empregatício*. São Paulo: LTr, 1996.

______. O poder no contrato de trabalho — diretivo, regulamentar, fiscalizatório, disciplinar. *Síntese Trabalhista*, ano VIII, n. 95, maio 1997.

______. *Princípios constitucionais do trabalho e princípios de direito individual e coletivo do trabalho*. 5. ed. São Paulo: LTr, 2017.

DELGADO, Mauricio Godinho; DELGADO, Gabriela Neves. *A reforma trabalhista no Brasil*: com os comentários à Lei n. 13.467/2017. 2. ed. rev. atual. e ampl. São Paulo: LTr, 2018.

______. O papel da Justiça do Trabalho. In: DELGADO, Mauricio Godinho; DELGADO, Gabriela Neves. *Constituição da República e direitos fundamentais*: dignidade da pessoa humana, justiça social e direito do trabalho. 4. ed. São Paulo: LTr, 2017.

DIAS, Valéria de Oliveira. O conteúdo essencial do direito fundamental à integridade psíquica no meio ambiente de trabalho na perspectiva do assédio moral organizacional. In: DELGADO, Gabriela Neves *et al.* (coord.). *Direito constitucional do trabalho*: princípios e Jurisdição Constitucional. São Paulo: LTr, 2015.

______. Dimensão econômica da sustentabilidade: uma análise com base na economia verde e a teoria do decrescimento. *Veredas do Direito,* Belo Horizonte, v. 13, n. 25, p. 133-153, jan./abr. 2016. Disponível em: <http://bancariosbraganca.org/publicacoes/100DF.pdf>. Acesso em: 31 maio 2018.

DRUCK, Graça *et al.* Bancário: um emprego de múltiplos riscos. *Caderno CRH,* Salvador, n. 37, p. 217-233, jul./dez. 2002.

DRUCK, Graça; FRANCO, Tânia; SELIGMANN-SILVA, Edith. As novas relações de trabalho, o desgaste mental do trabalhador e os transtornos mentais no trabalho precarizado. *Revista Brasileira de Saúde Ocupacional*, 2010.

DUTRA, Renata Queiroz. *Trabalho, regulação e cidadania*: a dialética da regulação social do trabalho. São Paulo: LTr, 2018.

DWORKIN, Ronald. *Levando os direitos a sério*. Tradução de Nelson Boeira. São Paulo: Martins Fontes, 2002.

ENRIQUEZ, Eugene. Vida psíquica e organização. *Organizações e Sociedade*, v. 3, n. 4, 1995.

FACAS, Emílio Perez. *Protocolo de avaliação de riscos psicossociais no trabalho* — contribuições da psicodinâmica do trabalho. Tese (Doutorado em Psicologia Social e do Trabalho e das Organizações) — Instituto de Psicologia, Universidade de Brasília, Brasília, 2013.

FACAS, Emilio Peres; DUARTE, Fernanda Sousa; MENDES, Ana Magnólia; ARAUJO, Luciane Kozicz Reis. Sofrimento ético e (in)dignidade no trabalho bancário: análise clínica e dos riscos psicossociais. In: MENDES, Ana Magnólia; MONTEIRO, Janine Kieling; VIEIRA, Fernando de Oliveira (org.). *Trabalho & prazer* — teoria, pesquisas e práticas. Curitiba: Juruá, 2015.

FENSTERSEIFER, Tiago. *A dimensão ecológica da dignidade humana:* as projeções normativas do direito (e dever) fundamental ao ambiente no estado socioambiental de direito. Dissertação (Mestrado em Ciências Jurídicas e Sociais) — Faculdade de Ciências Jurídicas e Sociais, Pontifícia Universidade Católica do Rio Grande do Sul, Rio Grande do Sul, 2007.

______. Estado socioambiental de direito e o princípio da solidariedade como seu marco jurídico-constitucional. *Direitos Fundamentais e Justiça*, n. 2, jan./mar. 2008.

FERNANDES, Aliana; GUIMARÃES, Flávio Romero; BRASILEIRO, Maria do Carmo Eulálio (org.). *O fio que une as pedras*: a pesquisa interdisciplinar na pós-graduação. São Paulo: Biruta, 2002.

FERREIRA, Leda Leal. Apresentação. In: DEJOURS, Christophe. *A loucura do trabalho:* estudo de psicopatologia do trabalho. 5. ed. ampl. São Paulo: Cortez-Oboré, 1992.

FOUCAULT, Michel. *Microfísica do poder*. 10. ed. Rio de Janeiro: Edições Graal, 1979.

FRANCO, Tânia. Alienação do trabalho: despertencimento social e desenraizamento em relação à natureza. *Caderno CRH*, Salvador, v. 24, n. spe. 1, p. 169-189, 2011.

FRAZÃO, Ana. A boa-fé objetiva e o contrato de trabalho: as funções de criação de deveres instrumentais e de limitação ao exercício de direitos e faculdades contratuais. In: TEPEDINO, Gustavo *et al.* (coord.). *Diálogos entre o direito do trabalho e o direito civil.* São Paulo: Revista dos Tribunais, 2013.

______. A boa-fé objetiva e o contrato de trabalho: as funções hermenêutico-integrativa e reequibradora. In: TEPEDINO, Gustavo *et al.* (coord.). *Diálogos entre o direito do trabalho e o direito civil.* São Paulo: Revista dos Tribunais, 2013.

FREITAS, Maria Ester de. Quem paga a conta do assédio moral no trabalho? *RAE-eletrônica,* v. 6, n. 1, art. 5º, jan./jun. 2007.

FREITAS, Maria Ester; HELOANI, Roberto; BARRETO, Margarida. *Assédio moral no trabalho.* São Paulo: Cengage Learning, 2008.

GAULEJAC, Vincent de. *Gestão como doença social:* ideologia, poder gerencialista e fragmentação social. São Paulo: Ideias e Letras, 2007.

GOSDAL, Thereza Cristina; SOBOLL, Lis Andrea Pereira (org.). *Assédio moral interpessoal e organizacional:* um enforque interdisciplinar. São Paulo: LTr, 2009.

GOSDAL, Thereza Cristina *et al.* Assédio moral organizacional: esclarecimentos conceituais e repercussões. In: GOSDAL, Thereza Cristina; SOBOLL, Lis Andrea Pereira; GOSDAL, Thereza Cristina *et al.* (org.). *Assédio moral interpessoal e organizacional:* um enfoque multidisciplinar. São Paulo: LTr, 2009.

GRAU, Eros Roberto. *A ordem econômica na Constituição de 1988*. São Paulo: Malheiros, 2012.

HARVEY, David. *Condição pós-moderna*. São Paulo: Loyola, 1992.

HELOANI, Roberto. *Gestão e organização no capitalismo globalizado*: história da manipulação psicológica no mundo do trabalho. 1. ed. 4. reimp. São Paulo: Atlas, 2011.

HELOANI, Roberto; BARRETO, Margarida. Assédio moral nas relações sociais no âmbito das instituições públicas. In: GEDIEL, José Antônio Peres; SILVA, Eduardo Faria; ZANIN, Fernanda; MELLO, Lawrence Estivalet de (orgs.). *Estado, poder e assédio*: relações de trabalho na administração pública. Curitiba: Kairós, 2015.

______. Trabalhadores "*transformers*" e flexibilização. Onde entra o assédio moral? In: TOLFO, Suzana da Rosa; OLIVEIRA, Renato Tocchetto de (orgs.). *Assédio moral no trabalho*: características e intervenções. Florianópolis: Lagoa, 2015.

______. Violência, saúde e trabalho: a intolerância e o assédio moral nas relações laborais. *Serv. Soc. Soc.*, São Paulo, n. 123, p. 544-561, jul./set. 2015.

HIRIGOYEN, Marie-France. *Le harcèlement moral:* la violence perverse au quotidien. Paris: Syros, 1998.

______. *Assédio moral:* a violência perversa no cotidiano. Rio de Janeiro: Bertrand Brasil, 2000.

______. *Mal-estar no trabalho*: redefinindo o assédio moral. Rio de Janeiro: Bertrand Brasil, 2002.

HONNETH, Axel. Trabalho e reconhecimento: tentativa de uma redefinição. *Civitas — Revista de Ciências Sociais*, v. 8, n. 1, jan./abr. 2008.

JACCARD, Pierre. *História social do trabalho.* Coleção Movimento. Lisboa: Livros Horizonte, 1974. v. 1.

JAQUES, Anderson Gonsalves; ZILIOTTO, Denise Macedo. As contingências do trabalho bancário: um estudo sobre os mecanismos de mediação e defesa do sofrimento. *Interação em Psicologia*, v. 21, n. 1, 2017.

JINKINGS, Nice. *Trabalho e resistência na "fonte misteriosa":* os bancários no mundo da eletrônica e do dinheiro. Campinas: Unicamp, 2002.

______. Os bancários e seu mister no mundo do capital em crise. *Seminário Nacional de Saúde Mental e Trabalho,* São Paulo, Oficina 3, p. 3, 28 e 29 de novembro de 2008. Disponível em: <http://www.fundacentro.gov.br/Arquivos/sis/EventoPortal/AnexoPalestraEvento/Oficina%203%20-%20Nise%20Jinkings%20_texto_.pdf>. Acesso em: 28 out. 2018.

JORGE, Maria Salete Bessa; BEZERRA, Maria Luciene Moreira Rolim. Inclusão e exclusão social do doente mental no trabalho: representações sociais. *Texto & Contexto — Enfermagem*, Florianópolis, v. 13, n. 4, p. 551-558, dez. 2004.

LANCMAN, Selma; SZNELWAR, Laerte Idal (orgs.). *Christophe Dejours*: da psicopatologia à psicodinâmica do trabalho. Tradução de Frank Soudant. Brasília: Paralelo 15; Rio de Janeiro: Fiocruz, 2011.

LANCMAN, Selma; UCHIDA, Seiji. Trabalho e subjetividade: o olhar da psicodinâmica do trabalho. *Caderno de Psicologia Social e do Trabalho*, São Paulo, v. 6, 2003.

LAPIS, Naira Lima; MERLO, Alvaro Roberto Crespo. A saúde e os processos de trabalho no capitalismo: reflexões na interface da psicodinâmica do trabalho e da sociologia do trabalho. *Psicologia & Sociedade*, Porto Alegre, 19 (1), p. 61-68, jan./abr. 2007.

LARANGEIRA, Sônia M. G. Reestruturação produtiva no setor bancário: a realidade dos anos 90. *Educação & Sociedade*, ano XVIII, n. 61, dez. 1997.

LEYMANN, Heinz. *Mobbing*: la persécution au travail. Paris: Seuil, 1996.

LIMA, Cristiane Queiroz Barbeiro; OLIVEIRA, Juliana Andrade; MAENO, Maria (coord.). *Seminário Compreendendo o Assédio Moral no Ambiente de Trabalho,* São Paulo: Fundacentro, 2013.

LOPES, Othon de Azevedo. Dano moral individual e coletivo no Estado Democrático de Direito: reflexão a partir da jurisprudência cível e trabalhista. In: DELGADO, Gabriela Neves *et al.* (coord.). *Direito constitucional do trabalho*: princípios e jurisdição constitucional. São Paulo: LTr, 2015.

MARQUES, Gabriela da Silva; GIONGO, Carmem Regina. Trabalhadores bancários em sofrimento: uma análise da literatura nacional. *Revista Psicologia: Organizações e Trabalho*, 16(3), jul./set. 2016.

MELLO FILHO, Luiz Philippe Vieira de; DUTRA, Renata Queiroz. *Direito do trabalho:* é preciso dizer o óbvio. Disponível em: <https://www.jota.info/opiniao-e-analise/artigos/direito-do-trabalho-e-preciso-dizer-o-obvio-23112018>. Acesso em: 18 dez. 2018.

MENDES, Ana Magnólia. Comportamento defensivo: uma estratégia para suportar o sofrimento no trabalho. *Revista de Psicologia*, Fortaleza, v. 13(1/2), v. 14(1/2), p. 27-32, jan./dez. 1995/1996.

______. Curso de Psicologia do Trabalho do Programa de pós-Graduação em Psicologia Social, do Trabalho e das Organizações do Instituto de Psicologia. Brasília: Curso de Pós-Graduação em Direito da Universidade de Brasília, 1º semestre de 2018. Notas de Debate.

______. Da psicodinâmica à psicopatologia do trabalho. In: MENDES, Ana Magnólia (org.). *Psicodinâmica do trabalho:* teoria, método e pesquisas. São Paulo: Casa do Psicólogo, 2007.

______. *Desejar, falar, trabalhar*. Porto Alegre: Editora Fi, 2018.

______. Novas formas de organização do trabalho, ação dos trabalhadores e patologias sociais. In: MENDES, Ana Magnólia (org.). *Psicodinâmica do trabalho:* teoria, método e pesquisas. São Paulo: Casa do Psicólogo, 2007.

MENDES, Ana Magnólia (org.). *Psicodinâmica do trabalho:* teoria, método e pesquisas. São Paulo: Casa do Psicólogo, 2007.

MENDES, Ana Magnólia; ARAUJO, Luciane Kozicz Reis. *Clínica psicodinâmica do trabalho:* o sujeito em ação. Curitiba: Juruá, 2012.

MENDES, Ana Magnólia; DUARTE, Fernanda; TEIXEIRA, Carolina Vieira Batista. *Relatório Equipe de Psicologia*, Brasília, 2017. No prelo.

MENDES, Ana Magnólia; MEDEIROS, Solene Nobre de; MARTINS, Soraya Rodrigues. Sofrimento e defesa: análise psicodinâmica do trabalho de monitoramento aéreo de trânsito. *Trivum*, v. 9, n. 1, p. 74-90, 2017.

MENDES, Ana Magnólia; VIEIRA, Fernando de Oliveira. Diálogos entre a psicodinâmica e clínica do trabalho e os estudos sobre coletivos de trabalho e práticas organizacionais. *Farol – Revista de Estudos Organizacionais e Sociedade*, Belo Horizonte, v. 1, n. 1, p. 161-213, jun. 2014.

MORAES, Maria Celina Bodin. *Danos à pessoa humana:* uma leitura civil-constitucional dos danos morais. Rio de Janeiro: Renovar, 2003.

MOUÇOUÇAH, Renato de Almeida Oliveira. *Assédio moral coletivo nas relações de trabalho.* 2. ed. São Paulo: LTr, 2014.

NAVARRO, Vera Lúcia; PADILHA, Valquíria. Dilemas do trabalho no capitalismo contemporâneo. *Psicologia & Sociedade*, 19, Edição Especial 1, p. 14-20, 2007.

OLIVEIRA, Sebastião Geraldo de. *Proteção jurídica à saúde do trabalhador.* 6. ed. rev. e atual. São Paulo: LTr, 2011.

PADILHA, Norma Sueli. Meio ambiente do trabalho: o diálogo entre o direito do trabalho e o direito ambiental. In: FELICIANO, Guilherme Guimarães *et al.* (coord.). *Direito ambiental do trabalho:* apontamento para uma teoria geral. São Paulo: LTr, 2015. v. 2.

______. O equilíbrio do meio ambiente do trabalho: direito fundamental do trabalhador e de espaço interdisciplinar entre o direito do trabalho e o direito ambiental. *Rev. TST*, Brasília, v. 77, n. 4, out./dez. 2011.

PADILHA, Norma Sueli; DI PIETRO, Josilene Hernandes Ortolan. A contribuição da OIT na construção da tutela internacional do direito ao meio ambiente do trabalho equilibrado. *Rev. Fac. Direito UFMG*, Belo Horizonte, n. 70, p. 529-559, jan./jun. 2017.

PEREIRA, Ricardo José Macêdo de Britto. A eficácia da declaração de princípios e direito fundamentais no trabalho da organização do trabalho de 1998. In: ROCHA, Cláudio Jannotti da *et al.* (coord.). *Direito internacional do trabalho:* aplicabilidade e eficácia dos instrumentos internacionais de proteção ao trabalhador. São Paulo: LTr, 2018.

PERRONE, Claudia Maria; SANTOS, Anelise Schaurich dos; DIAS, Ana Cristina Garcia. As cobranças são pesadas, a gente sofre muita pressão: as metas na vida de bancários. *Revista Trabalho (En)Cena*, 3(2), p. 44-64, 2018.

PIOVESAN, Flávia. *Direitos humanos e o direito constitucional internacional.* 16. ed. São Paulo: Saraiva, 2016.

PORTO, Lorena Vasconcelos. *A subordinação no contrato de emprego:* uma releitura necessária. São Paulo: LTr, 2009.

RENTERÍA, Pablo. Função social do contrato e abuso de prerrogativas contratuais por parte de empregadores e empregados. In: TEPEDINO, Gustavo *et al.* (coord.). *Diálogos entre o direito do trabalho e o direito civil.* São Paulo: Revista dos Tribunais, 2013.

ROSENFELD, Michel. *A identidade do sujeito constitucional.* Tradução de Menelick de Carvalho Netto. Belo Horizonte: Mandamentos, 2003.

______. *The identity of the constitutional subject:* selfhood, citizenship, culture, and community. London and New York: Routledge, 2010.

ROSENFIELD, Cinara L.; PAULI, Jandir. Para além da dicotomia entre trabalho decente e trabalho digno: reconhecimento de direitos humanos. *Caderno CRH*, Salvador, v. 25, n. 65, p. 319-329, maio/ago. 2012.

ROSSI, Elisabeth Zulmira. Análise clínica da organização do trabalho bancário e o processo de adoecimento por LER/Dort. In: MENDES, Ana Magnólia; MERLO, Álvaro Roberto Crespo;

MORRONE, Carla Faria; FACAS, Emílio Peres (orgs.). *Psicodinâmica e clínica do trabalho:* temas, interfaces e casos brasileiros. 1. ed. 3. reimp. Curitiba: Juruá, 2014.

______. As consequências psíquicas do adoecimento por LER/Dort: o fracasso do processo de reabilitação e a volta ao trabalho. In: SZNELWAR, Laerte Idal (org.). *Saúde dos bancários.* São Paulo: Publisher Brasil, 2011.

SANTOS, Marcelo Augusto Finazzi. *Patologia da solidão*: o suicídio de bancários no contexto da nova organização do trabalho. Dissertação (Mestrado em Administração) — Faculdade de Economia, Administração, Contabilidade e Ciência da Informação e Documentação — FACE, Universidade de Brasília, Brasília, 2009.

SARLET, Ingo Wolfgang. Algumas notas sobre a dimensão ecológica da dignidade da pessoa humana e sobre a dignidade da vida em geral. *Direito Público,* Porto Alegre, ano 5, n. 19, p. 7-26, jan./fev. 2008.

______. O direito fundamental ao meio ambiente do trabalho equilibrado. *Revista do TST*, Brasília, v. 80, n. 1, jan./mar. 2014.

______. *Dignidade da pessoa humana e direitos fundamentais na Constituição Federal de 1988*. 9. ed. rev. atual. 2. tir. Porto Alegre: Livraria do Advogado, 2012.

SARLET, Ingo Wolfgang; FENSTERSEIFER, Tiago. Direito à saúde e proteção do ambiente na perspectiva de uma tutela jurídico-constitucional integrada dos direitos fundamentais socioambientais (DESCA). *BIS, Bol. Inst. Saúde* (Impr.), São Paulo, v. 12, n. 3, 2010.

______. *Direito ambiental:* introdução, fundamentos e teoria geral. São Paulo: Saraiva, 2014.

SARLET, Ingo Wolfgang; FIGUEIREDO, Mariana Filchtiner. Algumas considerações sobre o direito fundamental à promoção e proteção da saúde aos 20 anos da Constituição Federal de 1988. *Revista de Direito do Consumidor — RDC*, v. 17, n. 67, p. 125-172, jul./set. 2008.

SARLET, Ingo Wolfgang; MARINONI, Luiz Guilherme; MITIERO, Daniel. *Curso de direito constitucional.* 7. ed. São Paulo: Saraiva Educação, 2018.

SARMENTO, Daniel; GOMES, Fábio Rodrigues. A eficácia dos direitos fundamentais nas relações entre particulares: o caso das relações de trabalho. *Revista do TST*, Brasília, v. 77, n. 4, out./dez. 2011.

SEGNINI, Liliana Rolfsen Petrilli. Reestruturação nos bancos no Brasil: desemprego, subcontratação e intensificação do trabalho. *Educação e Sociedade,* v. 20, n. 67, p. 183-209, 1999.

______. *Mulheres no trabalho bancário*: difusão tecnológica, qualificação e relações de gênero. São Paulo: Edusp, 1998.

SELIGMANN-SILVA, Edith. *Trabalho e desgaste mental:* o direito de ser dono de si mesmo. São Paulo: Cortez, 2011.

SILVA JÚNIOR, João Silvestre da. *Afastamento do trabalho por transtornos mentais e fatores associados:* um estudo caso-controle entre trabalhadores segurados da Previdência Social. Dissertação (Mestrado em Saúde Ambiental) — Faculdade de Saúde Pública, Universidade de São Paulo, São Paulo, 2012.

______. *Retorno ao trabalho após afastamento de longa duração por transtornos mentais:* um estudo longitudinal com trabalhadores do mercado formal. Tese (Doutorado em Saúde Ambiental) – Faculdade de Saúde Pública, Universidade de São Paulo, São Paulo, 2017.

SOARES, Ângelo. Assédio moral: o estresse das vítimas e das testemunhas. In: LIMA, Cristiane Queiroz Barbeiro; OLIVEIRA, Juliana Andrade; MAENO, Maria (coord.). *Seminário Compreendendo o Assédio Moral no Ambiente de Trabalho,* São Paulo: Fundacentro, 2013.

SOBOLL, Lis Andrea Pereira. Assédio moral e organizacional na perspectiva psicossocial: critérios obrigatórios e complementares. In: SOBOLL, Lis Andrea Pereira (org.). *Intervenções em assédio moral e organizacional.* São Paulo: LTr, 2017.

______. Assédio moral no trabalho. In: CATTANI, Antonio David; HOLZMANN, Lorena (org.). *Dicionário de trabalho e tecnologia.* 3. ed. *e-book.* Porto Alegre: Zouk, 2012.

______. *Assédio moral/organizacional:* uma análise da organização do trabalho. São Paulo: Casa do Psicólogo, 2008.

______. *Violência psicológica e assédio moral no trabalho bancário.* Tese (Doutorado em Medicina Preventiva). Faculdade de Medicina, Universidade de São Paulo, São Paulo, 2006.

SOBOLL, Lis Andrea Pereira; HELOANI, Roberto. A origem das discussões sobre assédio moral no Brasil e os limites conceituais. In: SOBOLL, Lis Andrea Pereira. *Assédio moral/organizacional:* uma análise da organização do trabalho. São Paulo: Casa do Psicólogo, 2008.

SOBOLL, Lis Andrea Pereira; JOST, Rossana C. Floriano. Assédio Moral no trabalho: uma patologia da solidão usada como estratégia de gestão organizacional. In: SZNELWAR, Laerte Idal (org.). *Saúde dos bancários.* São Paulo: Publisher Brasil, 2011.

SUPIOT, Alain. *O espírito de Filadélfia:* a justiça social diante do mercado atual. Traduzido por Tânia do Valle Tschiedel. Porto Alegre: Sulina, 2014.

SZNELWAR, Laerte Idal; UCHIDA, Seiji; LANCMAN, Selma. A subjetividade no trabalho em questão. *Tempo Social, Revista de Sociologia da USP*, v. 23, n. 1, p. 11-30.

TOREZAN, Zeila C. Facci; AGUIAR, Fernando. O sujeito da psicanálise: particularidades na contemporaneidade. *Revista Mal-Estar e Subjetividade*, Fortaleza, v. 11, n. 2, p. 525-554, 2011.

VIANA, Márcio Túlio. *Direito de resistência:* possibilidades de autodefesa do empregado em face do empregador. São Paulo: LTr, 1996.

VIEIRA, Carlos Eduardo Carrusca; LIMA, Francisco de Paula Antunes; LIMA, Maria Elizabeth Antunes. E se o assédio não fosse moral? Perspectivas de análise de conflitos interpessoais em situações de trabalho. *Revista Brasileira de Saúde Ocupacional,* São Paulo, 37 (126), p. 256-268, 2012.

VIVÈS, Jean-Michel. Nota introdutória: pulsão invocante e violência do supereu. In: MENDES, Ana Magnólia. *Desejar, falar, trabalhar.* Porto Alegre: Editora Fi, 2018.

WANDELLI, Leonardo Vieira. Da psicodinâmica do trabalho ao direito fundamental ao conteúdo do próprio trabalho e ao meio ambiente organizacional saudável. *Revista Eletrônica do Curso de Direito da UFSM,* v. 10, n. 1, 2015.

______. O direito fundamental ao conteúdo do próprio trabalho: uma reconstrução normativa do direito ao trabalho. In: MELO, Raimundo Simão de; ROCHA, Cláudio Jannotti da. *Constitucionalismo, trabalho, seguridade social e as reformas trabalhista e previdenciária*. São Paulo: LTr, 2017.

WARSHAW, Leon J. La violencia en el lugar de trabajo. *Enciclopédia de Salud y Seguridade en el Trabajo*, p. 51.2-51.8. Disponível em: <http://www.insht.es/InshtWeb/Contenidos/Documentacion/TextosOnline/EnciclopediaOIT/tomo2/51.pdf>. Acesso em: 15 dez. 2018.

Artigo de jornal

AFP. *Revista Exame*, Editorial Abril. *ONU elaborará tratado internacional contra assédio no trabalho.* Publicado em 8 jun. 2018. Disponível em: <https://exame.abril.com.br/economia/onu-elaborara-tratado-internacional-contra-assedio-no-trabalho/>. Acesso em: 4 dez. 2018.

Outros documentos consultados

BRASIL. *Anuário Estatístico da Previdência Social 2016* (*AEPS*). Disponível em: <http://www.previdencia.gov.br/wp-content/uploads/2018/01/AEPS-2016.pdf>. Acesso em: 3 jul. 2018.

______. Confederação Nacional dos Trabalhadores do Ramo Financeiro. *Bancos demitiram quase 25 mil de janeiro a setembro.* Disponível em: <http://www.contrafcut.org.br/noticias/bancos-demitiram-quase-25-mil-de-janeiro-a-setembro-4fa7>. Acesso em: 9 nov. 2018.

______. Conselho Superior da Justiça do Trabalho. *Plano Estratégico da Justiça do Trabalho 2015-2020.* Disponível em: <http://www.csjt.jus.br/c/document_library/get_file?uuid=-f525e749-2197-438c-91ae-d31acfe4cbdf&groupId=955023>. Acesso em: 25 jan. 2019.

______. Departamento Intersindical de Estatísticas e Estudos Socioeconômicos (Dieese). *Desempenho dos Bancos em 2017.* Disponível em: <https://www.dieese.org.br/desempenhodosbancos/2018/desemprenhoDosBancos2017.html>. Acesso em: 3 dez. 2018.

______. Sindicato dos Bancários de Brasília. *100% não é mais o limite*: riscos psicossociais do trabalho bancário. Disponível em: <http://bancariosbraganca.org/publicacoes/100DF.pdf>. Acesso em: 31 maio 2018.

______. Tribunal Superior do Trabalho. *Primeiro ano da reforma trabalhista:* efeitos. Disponível em: <http://www.tst.jus.br/noticia-destaque/-/asset_publisher/NGo1/content/id/24724445>. Acesso em: 18 fev. 2019.

NEGRÃO, Cecília. *Bancos são responsáveis por apenas 1% do estoque de empregos e 4,71% do total de afastamentos por doenças.* Disponível em: <http://spbancarios.com.br/07/2018/bancos-sao-responsaveis-por-apenas-1-do-estoque-de-empregos-e-471-do-total-de-afastamentos>. Acesso em: 4 jan. 2019.

ORGANIZAÇÃO DAS NAÇÕES UNIDAS. *Transformando Nosso Mundo:* a Agenda 2030 para o Desenvolvimento Sustentável. Disponível em: <https://nacoesunidas.org/pos2015/agenda2030/>. Acesso em: 4 dez. 2018.

ORGANIZAÇÃO INTERNACIONAL DO TRABALHO. Acabar com a violência e o assédio contra mulheres e homens no mundo do trabalho. *Conferência Internacional do Trabalho,* 107ª Sessão, 2018. Relatório V(1). Disponível em: <https://www.ilo.org/gender/

Informationresources/Publications/WCMS_546305/lang--es/index.htm>. Acesso em: 4 dez. 2018.

______. Acabar com a violência e o assédio no mundo do trabalho. *Conferência Internacional do Trabalho,* 107ª Sessão, 2018. Relatório V(2). Disponível em: <https://www.ilo.org/wcmsp5/groups/public/--ed_norm/--relconf/documents/meetingdocument/wcms_630697.pdf>. Acesso em: 4 dez. 2018.

______. *Constituição da Organização Internacional do Trabalho (OIT) e seu Anexo (Declaração de Filadélfia).* Disponível em: <https://www.ilo.org/wcmsp5/groups/public/--americas/--ro-lima/--ilo-brasilia/documents/genericdocument/wcms_336957.pdf>. Acesso em: 15 jan. 2019.

______. *Declaração Universal dos Direitos Humanos.* Disponível em: <https://nacoesunidas.org/direitoshumanos/declaracao/>. Acesso em: 15 jan. 2019.

______. *Relatório da OIT:* Melhorar a Segurança e a Saúde dos/as Trabalhadores/as Jovens, 2018. Disponível em: <https://www.ilo.org/safework/events/safeday/WCMS_626351/lang--en/index.ht>. Acesso em: 27 nov. 2018.

______. *Relatório do Diretor-Geral.* Quinto relatório complementar: Resultado da Reunião de Peritos sobre a violência contra as mulheres e os homens no mundo do trabalho, documento GB.328/INS/17/5 (Genebra), 2016.

______. *Relatório Nosso Futuro Comum (Relatório Brundtland).* Disponível em: <http://www.un.org/documents/ga/res/42/ares42-187.htm>. Acesso em: 27 nov. 2018.

SMARTLAB. *Observatório Digital de Saúde e Segurança do Trabalho.* Disponível em: <https://observatoriosst.mpt.mp.br/>. Acesso em: 4 jan. 2019.

Legislação consultada

BRASIL. Consolidação das Leis do Trabalho (CLT) (1943). Aprova a Consolidação das Leis do Trabalho. Diário Oficial [dos] Estados Unidos do Brasil, Rio de Janeiro, 9 ago. 1943. Secção 1, p. 11937-11984.

______. [Constituição (1988)]. *Constituição da República Federativa do Brasil.* Brasília: Senado, 1988.

______. Decreto n. 127, de 22 de maio de 1991. Promulga a Convenção n. 161 da Organização Internacional do Trabalho — OIT, relativa aos Serviços de Saúde do Trabalho. Disponível em: <http://www.planalto.gov.br/ccivil_03/decreto/1990-1994/D0127.htm>. Acesso em: 15 jan. 2019.

______. Decreto n. 591, de 6 de julho de 1992. Atos Internacionais. Pacto Internacional sobre Direitos Econômicos, Sociais e Culturais. Promulgação. Disponível em: <http://www.planalto.gov.br/ccivil_03/decreto/1990-1994/d0591.htm>. Acesso em: 15 jan. 2019.

______. Decreto n. 1.254, de 29 de setembro de 1994. Promulga a Convenção n. 155 da Organização Internacional do Trabalho, sobre Segurança e Saúde dos Trabalhadores e o Meio Ambiente de Trabalho, concluída em Genebra, em 22 de junho de 1981. Disponível em: <http://www.planalto.gov.br/ccivil_03/decreto/1990-1994/D1254.htm>. Acesso em: 15 jan. 2019.

______. Lei n. 8.080, de 19 de setembro de 1990. Dispõe sobre as condições para a promoção, proteção e recuperação da saúde, a organização e o funcionamento dos serviços correspondentes e dá outras providências. Disponível em: <http://www.planalto.gov.br/ccivil_03/leis/L8080.htm>. Acesso em: 18 dez. 2018.

Jurisprudência e processos judiciais

BRASIL. Supremo Tribunal Federal. Medida Cautelar na Arguição de Descumprimento de Preceito Fundamental MCADPF n. 532 MC/DF. Relator Ministro Celso de Mello, 1º de agosto de 2018. Disponível em: <http://portal.stf.jus.br/processos/downloadPeca.asp?id=314926270&ext=.pdf>. Acesso em: 15 fev. 2019.

______. Tribunal Regional do Trabalho. (10ª Região). Sentença n. 1415-80.2015.5.10.0004. Juíza Patrícia Birchal Becattini, 8 de fevereiro de 2017. Disponível em: <http://www.trt10.jus.br/consweb_gsa/gsa_primeira_instancia.php?numero_unico=1415&ano_unico=2015&vara_unico=4&dta_public=08/02/2017&termos=>. Acesso em: 23 fev. 2019.

______. Tribunal Regional do Trabalho. (10ª Região). Sentença n. 270-77.2015.5.10.0007. Juíza Érica de Oliveira Angoti, 23 de janeiro de 2017. Disponível em: <http://www.trt10.jus.br/consweb_gsa/gsa_primeira_instancia.php?numero_unico=270&ano_unico=2015&vara_unico=7&dta_public=23/01/2017&termos=>. Acesso em: 23 fev. 2019.

______. Tribunal Regional do Trabalho. (10ª Região). Sentença n. 1736-45.2016.5.10.0016. Juiz Urgel Ribeiro Pereira Lopes, 8 de novembro de 2018. Disponível em: <https://intranet.trt10.jus.br/jurisprudencia/ServletVisualizaDocumento;jsessionid=20hbYSO0-IWUM6Ur_GGEgQvKYn7xFCH95gBUmGic?nomeArquivo=0001736-45.2016.5.10.0016.html&tipoDownload=inline&tipoConteudo=text_html;charset=utf-8>. Acesso em: 23 fev. 2019.

______. Tribunal Regional do Trabalho. (10ª Região). Sentença n. 0000191-96.2014.5.10.0019. Juíza Noemia Aparecida Garcia Porto, 24 de junho de 2016. Disponível em: <http://www.trt10.jus.br/consweb_gsa/gsa_primeira_instancia.php?numero_unico=191&ano_unico=2014&vara_unico=19&dta_public=24/06/2016&termos=>. Acesso em: 23 fev. 2019.

______. Tribunal Regional do Trabalho. (10ª Região). Sentença n. 1631-47.2015.5.10.0002. Juiz Raul Gualberto Fernandes Kasper de Amorim, 17 de novembro de 2017. Disponível em: <http://www.trt10.jus.br/consweb_gsa/gsa_primeira_instancia.php?numero_unico=1631&ano_unico=2015&vara_unico=2&dta_public=17/11/2017&termos=>. Acesso em: 23 fev. 2019.

______. Tribunal Regional do Trabalho. (10ª Região). Sentença n. 548-66.2015.5.10.0011. Juiz Cristiano Siqueira de Abreu e Lima, 18 de dezembro de 2017. Disponível em: <http://www.trt10.jus.br/consweb_gsa/gsa_primeira_instancia.php?numero_unico=548&ano_unico=2015&vara_unico=11&dta_public=18/12/2017&termos=>. Acesso em: 23 fev. 2019.

______. Tribunal Regional do Trabalho. (10ª Região). Sentença n. 1701-97.2016.5.10.0012. Juiz Carlos Augusto De Lima Nobre, 09 de janeiro de 2019. Disponível em: <http://www.trt10.jus.br/jurisprudencia/ServletVisualizaDocumento;jsessionid=EM9EloAyThGnk0CVepkAP5TKt4MVG8YsNlZbGnuj?nomeArquivo=0001701-97.2016.5.10.0012.html&tipoDownload=inline&tipoConteudo=text_html;charset=utf-8>. Acesso em: 23 fev. 2019.

______. Tribunal Regional do Trabalho. (10ª Região). Recurso Ordinário n. 107-06.2015.5.10.0005. DOENÇA OCUPACIONAL. CULPA DA RECLAMADA. LABOR DESENVOLVIDO

PELA OBREIRA. PRESENÇA DE NEXO DE CAUSALIDADE. RESPONSABILIDADE CIVIL DO EMPREGADOR. BENEFÍCIO PREVIDENCIÁRIO *X* PENSÃO MENSAL. CUMULAÇÃO. POSSIBILIDADE. Restando demonstrada a enfermidade ocupacional sofrida pela reclamante e, também, o nexo causal entre as condições de trabalho e a doença adquirida pela autora, ressaindo, assim, a culpa da reclamada para o desenvolvimento do agravo, fica evidenciado o desrespeito patronal ao dever geral de cautela e de adotar todos os cuidados em relação à segurança de seus empregados, obrigação advinda do dever de proteção ao meio ambiente do trabalho, nos termos dos arts. 200, inc. VIII, e 225 da CF. Assim, o empregador deve ser responsabilizado pelos danos decorrentes da doença ocupacional, nos termos dos arts. 186 e 927 do Código Civil. [...]. Relator: Desembargador Grijalbo Fernandes Coutinho, 14 de março de 2018. Disponível em: <http://www.trt10.jus.br/processos/consultasap/acordao.php?nProcTrt=01992&tipo_trt=RO&aProcTrt=2017&dt_julgamento_trt=06/04/2018&%20np=00107-2015-005-10-00-0&nj=GRIJALBO%20FERNANDES%20COUTINHO&npvoto=498497&tp=RO>. Acesso em: 23 fev. 2019.

______. Tribunal Regional do Trabalho. (10ª Região). Recurso Ordinário n. 270-77.2015.5.10.0007. BANCÁRIO. ASSÉDIO MORAL. DANOS MORAIS E MATERIAIS – DESPESAS MÉDICAS. INDENIZAÇÃO. VALOR. Demonstrado o abuso do poder diretivo do empregador, na forma do art. 187 do Código Civil, remanesce incólume a sentença condenatória de reparação por danos morais. Em tal cenário, é devida indenização correspondente, a qual deve ser proporcional ao dano sofrido. Outrossim, comprovadas as despesas médicas, cabível o ressarcimento. [...]. Relator: Desembargador Ricardo Alencar Machado, 29 de março de 2017. Disponível em: <http://www.trt10.jus.br/processos/consultasap/acordao.php?nProcTrt=00809&tipo_trt=RO&aProcTrt=2017&dt_julgamento_trt=07/04/2017&%20np=00270-2015-007-10-00-5&nj=RICARDO%20ALENCAR%20MACHADO&npvoto=479545&tp=RO>. Acesso em: 23 fev. 2019.

______. Tribunal Regional do Trabalho. (10ª Região). Recurso Ordinário n. 256-23.2016.5.10.0019. ASSÉDIO MORAL. CONFIGURAÇÃO. INDENIZAÇÃO. No que interessa ao Direito do Trabalho, define-se o assédio moral — ou *mobbing* — como atitude abusiva, de índole psicológica, que ofende repetidamente a dignidade psíquica do indivíduo, com o intento de eliminá-lo do ambiente laboral ou de diminuí-lo. O dano moral em si — a dor e abalo moral — não é passível de prova. Uma vez provado o fato ensejador do dano moral e a culpa do agente, resta configurada a obrigação de indenizar. Recursos conhecidos e parcialmente providos. Relator: Desembargador Grijalbo Fernandes Coutinho, 6 de junho de 2018. Disponível em: <https://pje.trt10.jus.br/consultaprocessual/pages/consultas/DetalhaProcesso.seam?p_num_pje=40488&p_grau_pje=2&p_seq=256&p_vara=19&cid=321788>. Acesso em: 23 fev. 2019.

Anexo

					TRIBUNAL REGIONAL DO TRABALHO DA 10ª REGIÃO									
					1º GRAU DE JURISDIÇÃO (SENTENÇA E ADMISSIBILIDADE RECURSAL)									
	N. DO PROCESSO – CNJ	GÊNERO DO RECLAMANTE	PARTE RECLAMADA	CONTRATO DE TRABALHO - INÍCIO E SITUAÇÃO ATUAL	ASSÉDIO MORAL - CONDUTA ALEGADA PELA/O RECLAMANTE	ASSÉDIO MORAL - CONDUTA PRATICADA NO AMBIENTE LABORAL	ASSÉDIO RECONHECIDO? TIPOLOGIA DE ASSÉDIO RECONHECIDO	DOENÇA OCUPACIONAL COMPROVADA	NEXO DE CAUSALIDADE ENTRE ASSÉDIO E DOENÇA RECONHECIDO?	CONDENAÇÃO POR DANO MORAL	CONDENAÇÃO POR DANO MATERIAL?	PARÂMETROS CONSTITUCIONAIS UTILIZADOS	PARTE RECORRENTE/ RECURSO ORDINÁRIO ADMITIDO?
1	90-98.2014.5.10.0006	Feminino	banco privado	1998 – Suspenso (auxílio-doença acidentário)	–	Cobrança para atingir metas de produtividade com ameaças de demissão (pressão por produtividade com ameaça de dispensa)	Sim / assédio organizacional (institucional)	Transtorno depressivo e de síndrome de *burnout*	sim	R$ 100.000,00	não	–	Reclamado / sim
2	191-96.2014.5.10.0019	Feminino	banco privado	1994 - suspenso (auxílio-doença acidentário)	–	"política irracional" de metas de produtividade, "desenvolvimento de trabalho sob pressão, e em ambiente estressante", com sobrecarga de trabalho e excesso de jornada (metas abusivas; pressão por produtividade; sobrecarga de trabalho; jornadas excessivas)	Sim / não menciona	LER/ DORT; dores de cabeça; insônia; transtorno misto ansioso; transtorno depressivo	sim	R$ 150.000,00	R$ 190.000,00	arts. 1º, III, e 7º, XXII (direito ao trabalho digno); 5º, V e X	Reclamante e Reclamado / sim
3	232-69.2014.5.10.0017	Masculino	banco privado	Não menciona (é anterior a 1999)	cobrança desproporcional para atingir metas de produtividade e objetivos irrealizáveis, com ameaças de demissão (pressão por produtividade com ameaças de dispensa; metas abusivas)	sobrecarga de trabalho	Sim / não menciona	transtorno depressivo	sim	R$ 30.000,00		art. 5º, V e X	Reclamante e Reclamado / sim
4	244-07.2014.5.10.0010	Feminino	Sociedade de economia mista	1983 a 2012 (aposentadoria por invalidez)	submissão a situação vexatória e desrespeitosa por colega de trabalho (humilhações)	alegações não comprovadas	não reconhecida a prática de assédio moral	–	–	–	–	–	Reclamante / sim

					TRIBUNAL REGIONAL DO TRABALHO DA 10ª REGIÃO								
					1º GRAU DE JURISDIÇÃO (SENTENÇA E ADMISSIBILIDADE RECURSAL)								
	N. DO PROCESSO – CNJ	GÊNERO DO RECLAMANTE	PARTE RECLAMADA	CONTRATO DE TRABALHO - INÍCIO E SITUAÇÃO ATUAL	ASSÉDIO MORAL - CONDUTA ALEGADA PELA/O RECLAMANTE	ASSÉDIO MORAL - CONDUTA PRATICADA NO AMBIENTE LABORAL	ASSÉDIO RECONHECIDO? TIPOLOGIA DE ASSÉDIO RECONHECIDO	DOENÇA OCUPACIONAL COMPROVADA	NEXO DE CAUSALIDADE ENTRE ASSÉDIO E DOENÇA RECONHECIDO?	CONDENAÇÃO POR DANO MORAL	CONDENAÇÃO POR DANO MATERIAL?	PARÂMETROS CONSTITUCIONAIS UTILIZADOS	PARTE RECORRENTE/ RECURSO ORDINÁRIO ADMITIDO?
5	1026-75.2014.5.10.0022	Feminino	Sociedade de economia mista	1991 a 2012	Perseguição política com transferências sucessivas de posto de trabalho, ameaça de perda de função e esforço repetitivo, que ocasionaram depressão, crises de ansiedade e tenossinuvite (mudança de função; ameaça de descomissionamento)	alegações não comprovadas	não reconhecida a prática de assédio moral	-	-	-	-	art. 5º, V e X	Reclamado / sim
6	1042-92.2014.5.10.0001	Feminino	banco privado	2004 (em vigor)	após retorno de licença por doença profissional, houve perda de função, cobrança desproporcional de metas de produtividade, com promessas de promoção e ameaças de demissão (perda de função após retorno de auxílio-doença; pressão por produtividade com ameaça de dispensa)	"perseguição contínua e sistemática à reclamante, com cobranças excessivas e diferenciadas dos demais empregados, além de ameaças de demissão" (pressão por produtividade com ameaças de demissão)	Sim / não menciona	transtorno depressivo	não	R$ 20.000,00	-	-	Reclamante e Reclamado / sim

					TRIBUNAL REGIONAL DO TRABALHO DA 10ª REGIÃO — 1º GRAU DE JURISDIÇÃO (SENTENÇA E ADMISSIBILIDADE RECURSAL)								
	N. DO PROCESSO – CNJ	GÊNERO DO RECLAMANTE	PARTE RECLAMADA	CONTRATO DE TRABALHO - INÍCIO E SITUAÇÃO ATUAL	ASSÉDIO MORAL - CONDUTA ALEGADA PELA/O RECLAMANTE	ASSÉDIO MORAL - CONDUTA PRATICADA NO AMBIENTE LABORAL	ASSÉDIO RECONHECIDO? TIPOLOGIA DE ASSÉDIO RECONHECIDO	DOENÇA OCUPACIONAL COMPROVADA	NEXO DE CAUSALIDADE ENTRE ASSÉDIO E DOENÇA RECONHECIDO?	CONDENAÇÃO POR DANO MORAL	CONDENAÇÃO POR DANO MATERIAL?	PARÂMETROS CONSTITUCIONAIS UTILIZADOS	PARTE RECORRENTE/ RECURSO ORDINÁRIO ADMITIDO?
7	001353-53.2014.5.10.0011	Feminino	banco privado	2006 - 2014 (dispensada após o período de estabilidade por acidente de trabalho em razão de baixa produtividade, conforme depoimento do preposto da reclamada)	cobranças de metas abusivas, que se intensificaram após retorno de auxílio-doença; exposição pública quando do não cumprimento das metas, acompanhado de ameaças de demissão (pressão por produtividade com ameaça de dispensa; metas abusivas; exposição pública por descumprimento de metas)	cobrança de metas individuais e coletivas; o julgador registrou a inexistência de abuso na cobrança de metas (pressão por produtividade)	não reconhecida a prática de assédio moral	LER/ DORT; transtorno depressivo	não	–	–	–	Reclamante e Reclamado / sim
8	1382-15.2014.5.10.0008	Feminino	banco privado	1989 - 2010 (aposentadoria por invalidez)	sobrecarga de trabalho, cujas consequências foram infarto e transtornos psíquicos graves (sobrecarga de trabalho)	cobrança incisivas de metas diárias difíceis de serem alcançadas; redução de pessoal com manutenção da carga de trabalho (pressão por produtividade; metas abusivas; sobrecarga de trabalho)	Sim / não menciona	transtorno depressivo; transtorno de ansiedade; comportamento suicida; declínio cognitivo acentuado; síndrome de *burnout*; e fibromialgia	sim	R$ 10.000,00	R$ 350.000,00	art. 7º, XXVIII	Reclamante e Reclamado / sim

					TRIBUNAL REGIONAL DO TRABALHO DA 10ª REGIÃO								
					1º GRAU DE JURISDIÇÃO (SENTENÇA E ADMISSIBILIDADE RECURSAL)								
	N. DO PROCESSO – CNJ	GÊNERO DO RECLAMANTE	PARTE RECLAMADA	CONTRATO DE TRABALHO - INÍCIO E SITUAÇÃO ATUAL	ASSÉDIO MORAL - CONDUTA ALEGADA PELA/O RECLAMANTE	ASSÉDIO MORAL - CONDUTA PRATICADA NO AMBIENTE LABORAL	ASSÉDIO RECONHECIDO? TIPOLOGIA DE ASSÉDIO RECONHECIDO	DOENÇA OCUPACIONAL COMPROVADA	NEXO DE CAUSALIDADE ENTRE ASSÉDIO E DOENÇA RECONHECIDO?	CONDENAÇÃO POR DANO MORAL	CONDENAÇÃO POR DANO MATERIAL?	PARÂMETROS CONSTITUCIONAIS UTILIZADOS	PARTE RECORRENTE/ RECURSO ORDINÁRIO ADMITIDO?
9	1519-79.2014.5.10.0013	Feminino	banco privado	2003 - suspenso (auxílio-doença acidentário)	após retorno de licença médica (LER/DORT), comunicou gravidez à chefia imediata e sofreu cobranças excessivas de metas, inclusive, por telefone, durante consultas médicas e intervalo intrajornada (pressão por produtividade intensificada após retorno de auxílio-doença)	cobrança excessiva de metas direcionado a todos, mas mais rigoroso e vexatório, em relação à reclamante, por causa dos afastamentos para consulta médica (gestação e tratamento de LER/DORT); exposição da reclamante pelas constantes idas ao banheiro por causa da gestação (pressão por produtividade intensificada após retorno de auxílio-doença; humilhações; discriminação por gravidez)	Sim / não menciona	"flagrante sofrimento psíquico"	sim	R$ 15.000,00	não	art. 1º, III	Reclamante e Reclamado / sim
10	1557-64.2014.5.10.0022	Masculino	sociedade de economia mista	2002 - vigente	assédio moral (isolamento, desqualificação profissional e excesso de trabalho) por participação em greve; assédio moral após retorno de afastamento médico por estresse grave decorrente de excesso de trabalho (isolamento; sobrecarga de trabalho)	alegações não comprovadas	não reconhecida a prática de assédio moral	–	–	–	–	–	Reclamante e Reclamado / sim

					TRIBUNAL REGIONAL DO TRABALHO DA 10ª REGIÃO – 1º GRAU DE JURISDIÇÃO (SENTENÇA E ADMISSIBILIDADE RECURSAL)								
	N. DO PROCESSO – CNJ	GÊNERO DO RECLAMANTE	PARTE RECLAMADA	CONTRATO DE TRABALHO - INÍCIO E SITUAÇÃO ATUAL	ASSÉDIO MORAL - CONDUTA ALEGADA PELA/O RECLAMANTE	ASSÉDIO MORAL - CONDUTA PRATICADA NO AMBIENTE LABORAL	ASSÉDIO RECONHECIDO? TIPOLOGIA DE ASSÉDIO RECONHECIDO	DOENÇA OCUPACIONAL COMPROVADA	NEXO DE CAUSALIDADE ENTRE ASSÉDIO E DOENÇA RECONHECIDO?	CONDENAÇÃO POR DANO MORAL	CONDENAÇÃO POR DANO MATERIAL?	PARÂMETROS CONSTITUCIONAIS UTILIZADOS	PARTE RECORRENTE/ RECURSO ORDINÁRIO ADMITIDO?
11	2071-17.2014.5.10.0022	Masculino	banco privado	1989 a 2016	"excesso de cobranças por metas e brincadeiras constrangedoras por ser cardiopata"; dispensa discriminatória em razão de licenças médicas (infarto do miocárdio) - (pressão por produtividade; discriminação por doença; dispensa discriminatória por problema de saúde)	alegações não comprovadas	não reconhecida a prática de assédio moral	–	–	–	–	–	Reclamante / sim
12	107-06.2015.5.10.0005	Feminino	banco privado	1995 - suspenso desde 2013 (auxílio-doença acidentário)	metas exaustivas e inatingíveis, com sobrecarga de movimentos repetitivos (metas abusivas; sobrecarga de trabalho)	jornada excessiva; metas "muito agressivas"; cobrança permeada de ofensas e humilhações, "com conhecimento do gerente geral" (jornadas excessivas; metas abusivas; humilhações)	Sim / não menciona	LER/ DORT; transtorno depressivo; transtorno de ansiedade	sim	R$ 150.000,00 (R$ 100.000,00 - doença profissional e R$ 50.000,00 - assédio moral)	não	arts. 5º, V e X; 7º, XXVIII	Reclamante e Reclamado / sim
13	120-57.2015.5.10.0020	Feminino	banco privado	2011 - suspenso desde 2014	"sobrejornada, com pressão psicológica para o cumprimento das metas de vendas, sob ameaça constante de demissão" e agressões do gestor (jornadas excessivas; pressão por produtividade com ameaças de dispensa)	não menciona	não reconhecida a prática de assédio moral	transtorno mental de Personalidade Histreônica	não	–	–	–	Reclamante e Reclamado / sim

	N. DO PROCESSO – CNJ	GÊNERO DO RECLAMANTE	PARTE RECLAMADA	CONTRATO DE TRABALHO - INÍCIO E SITUAÇÃO ATUAL	TRIBUNAL REGIONAL DO TRABALHO DA 10ª REGIÃO								
					1º GRAU DE JURISDIÇÃO (SENTENÇA E ADMISSIBILIDADE RECURSAL)								
					ASSÉDIO MORAL - CONDUTA ALEGADA PELA/O RECLAMANTE	ASSÉDIO MORAL - CONDUTA PRATICADA NO AMBIENTE LABORAL	ASSÉDIO RECONHECIDO? TIPOLOGIA DE ASSÉDIO RECONHECIDO	DOENÇA OCUPACIONAL COMPROVADA	NEXO DE CAUSALIDADE ENTRE ASSÉDIO E DOENÇA RECONHECIDO?	CONDENAÇÃO POR DANO MORAL	CONDENAÇÃO POR DANO MATERIAL?	PARÂMETROS CONSTITUCIONAIS UTILIZADOS	PARTE RECORRENTE/ RECURSO ORDINÁRIO ADMITIDO?
14	163-30.2015.5.10.0008	Feminino	banco privado	2001 - suspenso desde 2012	tratamento desrespeitoso, com agressões verbais, indiferença e humilhações por parte de gestor (humilhações)	o tratamento descrito era dispensado pela gestora a todos os subordinados hierárquicos (humilhações)	Sim / não menciona	transtorno de adaptação; transtorno depressivo; transtorno de ansiedade; sintomas psicóticos	sim	R$ 20.000,00	R$ 80.000,00	art. 5º, X	Reclamante e Reclamado / sim

					TRIBUNAL REGIONAL DO TRABALHO DA 10ª REGIÃO								
					1º GRAU DE JURISDIÇÃO (SENTENÇA E ADMISSIBILIDADE RECURSAL)								
	N. DO PROCESSO – CNJ	GÊNERO DO RECLAMANTE	PARTE RECLAMADA	CONTRATO DE TRABALHO - INÍCIO E SITUAÇÃO ATUAL	ASSÉDIO MORAL - CONDUTA ALEGADA PELA/O RECLAMANTE	ASSÉDIO MORAL - CONDUTA PRATICADA NO AMBIENTE LABORAL	ASSÉDIO RECONHECIDO? TIPOLOGIA DE ASSÉDIO RECONHECIDO	DOENÇA OCUPACIONAL COMPROVADA	NEXO DE CAUSALIDADE ENTRE ASSÉDIO E DOENÇA RECONHECIDO?	CONDENAÇÃO POR DANO MORAL	CONDENAÇÃO POR DANO MATERIAL?	PARÂMETROS CONSTITUCIONAIS UTILIZADOS	PARTE RECORRENTE/ RECURSO ORDINÁRIO ADMITIDO?
15	270-77.2015.5.10.0007	Feminino	banco privado	2011 a 2014	"terror psicológico, em razão de exacerbadas cobranças e exposição diária no ambiente de trabalho", com ameaças de demissão (pressão por produtividade com ameaças de dispensa; exposição pública pelo descumprimento de metas; humilhações)	"pressão para o atingimento de metas e exposição perante os colegas"; "cobranças, "às vezes impossíveis" (metas abusivas; pressão por produtividade; exposição pública pelo descumprimento de metas)	Não reconhecida a prática de assédio moral (O juiz entendeu que a cobrança agressiva de metas pelo gestor - que também cumpria metas impostas pelos superiores - não configurou assédio moral, pois não vislumbrou intenção de causar dano psíquico, embora tenha considerado sua postura inadequada e responsabilizado o Banco.	"doença ocupacional de ordem psicológica" = não menciona	sim	R$ 300.000,00	–	arts. 1º, III; 5º, X; 7º, XXVIII; 170	Reclamado / sim

	N. DO PROCESSO – CNJ	GÊNERO DO RECLAMANTE	PARTE RECLAMADA	CONTRATO DE TRABALHO - INÍCIO E SITUAÇÃO ATUAL	TRIBUNAL REGIONAL DO TRABALHO DA 10ª REGIÃO – 1º GRAU DE JURISDIÇÃO (SENTENÇA E ADMISSIBILIDADE RECURSAL)								
					ASSÉDIO MORAL - CONDUTA ALEGADA PELA/O RECLAMANTE	ASSÉDIO MORAL - CONDUTA PRATICADA NO AMBIENTE LABORAL	ASSÉDIO RECONHECIDO? TIPOLOGIA DE ASSÉDIO RECONHECIDO	DOENÇA OCUPACIONAL COMPROVADA	NEXO DE CAUSALIDADE ENTRE ASSÉDIO E DOENÇA RECONHECIDO?	CONDENAÇÃO POR DANO MORAL	CONDENAÇÃO POR DANO MATERIAL?	PARÂMETROS CONSTITUCIONAIS UTILIZADOS	PARTE RECORRENTE/ RECURSO ORDINÁRIO ADMITIDO?
16	548-66.2015.5.10.0011	Feminino	banco privado	suspenso desde 2011	"prática rotineira, constante e sistemática de humilhação, constrangimento e perseguição, [...] com imposição de metas inatingíveis e obstáculos ao comparecimento de consultas médicas, [...] ameaças de demissão" (humilhações; perseguição; metas abusivas; pressão por produtividade com ameaça de dispensa)	alegações não comprovadas	não reconhecida a prática de assédio moral	LER/ DORT	-	-	-	arts. 1º, III e IV; 3º, IV; 5º, X; 7º, XXII e XXVIII; 170, III; 200; 225	Reclamante e Reclamado / sim
17	582-68.2015.5.10.0002	Feminino	banco privado	2008 a 2014	jornada excessiva com promessa de promoção não concretizada, cobrança excessiva de metas (pressão por produtividade; jornada excessiva; promessas de promoção não concretizadas)	alegações não comprovadas	não reconhecida a prática de assédio moral	não menciona	-	-	-	art. 5º, V e X	Reclamante / sim

					TRIBUNAL REGIONAL DO TRABALHO DA 10ª REGIÃO								
					1º GRAU DE JURISDIÇÃO (SENTENÇA E ADMISSIBILIDADE RECURSAL)								
	N. DO PROCESSO – CNJ	GÊNERO DO RECLAMANTE	PARTE RECLAMADA	CONTRATO DE TRABALHO - INÍCIO E SITUAÇÃO ATUAL	ASSÉDIO MORAL - CONDUTA ALEGADA PELA/O RECLAMANTE	ASSÉDIO MORAL - CONDUTA PRATICADA NO AMBIENTE LABORAL	ASSÉDIO RECONHECIDO? TIPOLOGIA DE ASSÉDIO RECONHECIDO	DOENÇA OCUPACIONAL COMPROVADA	NEXO DE CAUSALIDADE ENTRE ASSÉDIO E DOENÇA RECONHECIDO?	CONDENAÇÃO POR DANO MORAL	CONDENAÇÃO POR DANO MATERIAL?	PARÂMETROS CONSTITUCIONAIS UTILIZADOS	PARTE RECORRENTE/ RECURSO ORDINÁRIO ADMITIDO?
18	647-51.2015.5.10.0006	Masculino	sociedade de economia mista	1974 a 2012 (pedido de demissão)	após retorno de licença médica (depressão decorrente de assédio moral), foi transferido para outra dependência do Banco, mesmo com garantia sindical de inamovibilidade, inobservância de condições médicas para o trabalho, pressão para se aposentar (mudança de função após retorno de auxílio-doença; pressão para aposentadoria)	alegações não comprovadas	não reconhecida a prática de assédio moral	transtorno depressivo	–	–	–	–	Reclamante / sim
19	758-05.2015.5.10.0016	Feminino	banco privado	1987 - aposentada por invalidez por acidente de trabalho	"forte e constante cobrança pelo cumprimento de metas abusivas" (pressão por produtividade; metas abusivas)	"atividades estressantes e permanente pressão" (pressão por produtividade; atividades estressantes)	Sim / não menciona	transtorno depressivo; transtorno de pânico; estado de estresse pós-traumático; síndrome de *burnout*; problemas gástricos	sim	R$ 60.000,00	pensão mensal vitalícia no importe de 43%	arts. 1º, *caput* e III; 5º, V e X; 7º, XXII e XXVIII; 170.	Reclamada / sim

					TRIBUNAL REGIONAL DO TRABALHO DA 10ª REGIÃO								
					1º GRAU DE JURISDIÇÃO (SENTENÇA E ADMISSIBILIDADE RECURSAL)								
	N. DO PROCESSO – CNJ	GÊNERO DO RECLAMANTE	PARTE RECLAMADA	CONTRATO DE TRABALHO - INÍCIO E SITUAÇÃO ATUAL	ASSÉDIO MORAL - CONDUTA ALEGADA PELA/O RECLAMANTE	ASSÉDIO MORAL - CONDUTA PRATICADA NO AMBIENTE LABORAL	ASSÉDIO RECONHECIDO? TIPOLOGIA DE ASSÉDIO RECONHECIDO	DOENÇA OCUPACIONAL COMPROVADA	NEXO DE CAUSALIDADE ENTRE ASSÉDIO E DOENÇA RECONHECIDO?	CONDENAÇÃO POR DANO MORAL	CONDENAÇÃO POR DANO MATERIAL?	PARÂMETROS CONSTITUCIONAIS UTILIZADOS	PARTE RECORRENTE/ RECURSO ORDINÁRIO ADMITIDO?
20	817-96.2015.5.10.0014	Feminino	banco privado	2011 a 2014	"cobranças excessivas de metas e tratamento intimidador, constrangedor e humilhante, resultando um ambiente de terror psicológico" e exposição a atividade de risco (cobrança de clientes sem segurança e treinamento) - (pressão por produtividade; humilhações; exposição indevida à atividade de risco)	"cobrança excessiva de metas, com exposição em *ranking* regional, bem como a exposição indevida à atividade de risco" (pressão por produtividade; exposição da produtividade em *ranking*; humilhações; exposição indevida à atividade de risco)	Sim / não menciona	Transtorno do Estresse Pós-Traumático	sim	R$ 150.000,00 (R$ 100.000,00 - doença profissional decorrente da cobrança excessiva de metas e R$ 50.000,00 - exposição a atividade de risco)	–	arts. 1º, III; 5º, X; 225, § 3º	Reclamado / sim
21	1007-80.2015.5.10.0007	Feminino	banco privado	2007 - suspenso desde 2013 (auxílio--doença acidentário)	maior rigidez na cobrança de metas devido à gestação, tratamento vexatório; sobrecarga de trabalho (pressão por produtividade; discriminação por gravidez; humilhações, sobrecarga de trabalho)	"procedimento inadequado e opressor dirigido à reclamante, no ambiente laboral, situação agravada, ainda, pela ciência da assediadora acerca do estado de gravidez da acionante" (humilhações; discriminação por gravidez)	Sim / não menciona	transtorno de adaptação, transtorno de ansiedade, transtorno do pânico; transtorno depressivo	sim	R$ 100.000,00 (R$ 50.000,00 - doença profissional decorrente da cobrança excessiva de metas e R$ 50.000,00 - assédio moral)	pensão mensal até 81 anos de idade	arts. 1º, III; 7º, XXVIII	Reclamante e Reclamado / sim
22	1087-02.2015.5.10.0021	Feminino	banco privado	2015 (dispensa sem justa causa)	humilhação, constrangimento e cobrança abusiva de metas pelo gestor (humilhações, pressão por produtividade; metas abusivas)	humilhação, constrangimento e cobrança abusiva de metas pelo gestor (humilhações; pressão por produtividade; metas abusivas)	Sim / não menciona	–	–	R$ 10.000,00	–	–	Reclamante / sim

					TRIBUNAL REGIONAL DO TRABALHO DA 10ª REGIÃO								
					1º GRAU DE JURISDIÇÃO (SENTENÇA E ADMISSIBILIDADE RECURSAL)								
	N. DO PROCESSO – CNJ	GÊNERO DO RECLAMANTE	PARTE RECLAMADA	CONTRATO DE TRABALHO - INÍCIO E SITUAÇÃO ATUAL	ASSÉDIO MORAL - CONDUTA ALEGADA PELA/O RECLAMANTE	ASSÉDIO MORAL - CONDUTA PRATICADA NO AMBIENTE LABORAL	ASSÉDIO RECONHECIDO? TIPOLOGIA DE ASSÉDIO RECONHECIDO	DOENÇA OCUPACIONAL COMPROVADA	NEXO DE CAUSALIDADE ENTRE ASSÉDIO E DOENÇA RECONHECIDO?	CONDENAÇÃO POR DANO MORAL	CONDENAÇÃO POR DANO MATERIAL?	PARÂMETROS CONSTITUCIONAIS UTILIZADOS	PARTE RECORRENTE/ RECURSO ORDINÁRIO ADMITIDO?
23	1325-78.2015.5.10.0002	Feminino	banco privado	2011 a 2014	sobrecarga de trabalho e frequente pressão, da chefia imediata, para alcance de metas (sobrecarga de trabalho; pressão por produtividade)	alegações não comprovadas	não reconhecida a prática de assédio moral	transtornos de ansiedade; transtorno depressivo	não	–	–	–	Reclamante / sim
24	1378-62.2015.5.10.0001	Feminino	sociedade de economia mista	1988 - 2011 (aposentadoria por invalidez acidentária)	"forte *stress* em razão de altos níveis de cobrança dos superiores [...] e também pelos grandes desafios impostos [...], em ambientes predominantes masculinos," e perseguição e descomissionamento por ter proposto ação contra o banco (pressão por produtividade; discriminação por propositura de ação trabalhista)	alegações não comprovadas	não reconhecida a prática de assédio moral	transtorno depressivo	não	–	–	–	concluso para julgamento de Embargos de Declaração na Vara do Trabalho em 10/10/2018
25	1385-51.2015.5.10.0002	Masculino	banco privado	não menciona	cobranças abusivas para o cumprimento de metas inalcançáveis com ameaças de demissão (pressão por produtividade com ameaça de dispensa; metas abusivas)	cobrança de metas de forma abusiva com ameaça de demissão e transferência e exposição de *ranking* pelo *WhatsApp* (pressão por produtividade com ameaça de dispensa; exposição da produtividade em *ranking*)	Sim / não menciona	transtorno do pânico	não	R$ 50.000,00	–	arts. 1º, III; 5º, V e X; 7º, XXVIII	Reclamante e Reclamado / sim

					TRIBUNAL REGIONAL DO TRABALHO DA 10ª REGIÃO									
					1º GRAU DE JURISDIÇÃO (SENTENÇA E ADMISSIBILIDADE RECURSAL)									
	N. DO PROCESSO – CNJ	GÊNERO DO RECLAMANTE	PARTE RECLAMADA	CONTRATO DE TRABALHO - INÍCIO E SITUAÇÃO ATUAL	ASSÉDIO MORAL - CONDUTA ALEGADA PELA/O RECLAMANTE	ASSÉDIO MORAL - CONDUTA PRATICADA NO AMBIENTE LABORAL	ASSÉDIO RECONHECIDO? TIPOLOGIA DE ASSÉDIO RECONHECIDO	DOENÇA OCUPACIONAL COMPROVADA	NEXO DE CAUSALIDADE ENTRE ASSÉDIO E DOENÇA RECONHECIDO?	CONDENAÇÃO POR DANO MORAL	CONDENAÇÃO POR DANO MATERIAL?	PARÂMETROS CONSTITUCIONAIS UTILIZADOS	PARTE RECORRENTE/ RECURSO ORDINÁRIO ADMITIDO?
26	1415-80.2015.5.10.0004	Masculino	banco privado	2011 - suspenso desde 2013 (auxílio-doença acidentário)	cobranças reiteradas e abusivas para cumprimento de metas exorbitantes, com ameaças de demissão, críticas duras e exposição diante dos colegas, déficit de funcionários, acúmulo de função, clientes exigentes, agências lotadas, jornada extenuante (pressão por produtividade com ameaça de dispensa; metas abusivas; humilhações; sobrecarga de trabalho; jornadas excessivas)	"metas difíceis, cobranças, mural sobre quem bateu ou não bateu meta, de chefe direto e firme, mas não houve provas de que o chefe realizou assédio moral" (metas abusivas; exposição da produtividade em *ranking*; pressão por produtividade)	não reconhecida a prática de assédio moral	transtorno depressivo; estresse pós-traumático	sim	indeferida porque não comprovado o assédio moral	-	art. 7º, XXVIII	Reclamante / sim
27	1492-53.2015.5.10.0016	Feminino	banco privado	2009 a 2014	sobrecarga de trabalho, jornada extenuante, "pressão para cumprimento de metas absurdas, impossíveis e desproporcionais", "tratamento intimidador e constrangedor" (sobrecarga de trabalho; jornada excessiva; pressão por produtividade; metas abusivas; humilhações)	alegações não comprovadas (muito embora conste no depoimento de testemunha que a cobrança de metas era com ameaça de demissão, que empregados faziam empréstimos em seu nome para bater meta e que "não há prova de que havia tratamento diferenciado e constrangedor e intimidativo dirigido exclusivamente contra a Reclamante")	não reconhecida a prática de assédio moral	transtorno depressivo; transtorno de ansiedade; transtorno do pânico	sim	indeferida porque não comprovado o assédio moral	-	arts. 1º, III e IV; 5º, V; 7º, XXII e XXVIII	Reclamante / sim

					TRIBUNAL REGIONAL DO TRABALHO DA 10ª REGIÃO								
					1º GRAU DE JURISDIÇÃO (SENTENÇA E ADMISSIBILIDADE RECURSAL)								
	N. DO PROCESSO – CNJ	GÊNERO DO RECLAMANTE	PARTE RECLAMADA	CONTRATO DE TRABALHO - INÍCIO E SITUAÇÃO ATUAL	ASSÉDIO MORAL - CONDUTA ALEGADA PELA/O RECLAMANTE	ASSÉDIO MORAL - CONDUTA PRATICADA NO AMBIENTE LABORAL	ASSÉDIO RECONHECIDO? TIPOLOGIA DE ASSÉDIO RECONHECIDO	DOENÇA OCUPACIONAL COMPROVADA	NEXO DE CAUSALIDADE ENTRE ASSÉDIO E DOENÇA RECONHECIDO?	CONDENAÇÃO POR DANO MORAL	CONDENAÇÃO POR DANO MATERIAL?	PARÂMETROS CONSTITUCIONAIS UTILIZADOS	PARTE RECORRENTE/ RECURSO ORDINÁRIO ADMITIDO?
28	1532-44.2015.5.10.0013	Feminino	banco privado	2008 - suspenso desde 2014 (auxílio-doença acidentário)	jornada suplementar, excessiva carga de trabalho, ameaças de demissão, cobrança de metas excessivas, tratamento discriminatório em razão de seu peso corporal (discriminação envolvendo o corpo da vítima; jornadas excessivas; sobrecarga de trabalho; pressão por produtividade com ameaça de dispensa)	alegações não comprovadas	não reconhecida a prática de assédio moral	não menciona	não	indeferida porque não comprovado o assédio moral	–	–	Reclamante e Reclamado / sim
29	1631-47.2015.5.10.0002	Masculino	sociedade de economia mista	1983 a 2015 (em gozo de auxílio-doença desde 2009; aposentadoria por invalidez em 2015)	"excesso de cobranças e prorrogação de jornada de trabalho, agravado pelo assédio moral praticado pela chefia", consistente na dispensa de função, sem justificativa, e na determinação de que aguardasse em sua residência até nova designação, por mais de um mês (ociosidade forçada; descomissionamento irregular; pressão por produtividade; jornadas excessivas)	dispensa de função comissionada exercida há anos, de forma repentina e imotivada, e determinação de permanecesse na residência, por mais de um mês, a fim de buscar nova lotação (ociosidade forçada; descomissionamento irregular)	sim / interpessoal	transtorno depressivo	sim	não houve pedido	sim	arts. 1º, III; 5º, V e X; 6º (direito ao trabalho e direito de trabalhar)	Reclamante e Reclamado / sim

	N. DO PROCESSO – CNJ	GÊNERO DO RECLAMANTE	PARTE RECLAMADA	CONTRATO DE TRABALHO - INÍCIO E SITUAÇÃO ATUAL	TRIBUNAL REGIONAL DO TRABALHO DA 10ª REGIÃO – 1º GRAU DE JURISDIÇÃO (SENTENÇA E ADMISSIBILIDADE RECURSAL)								
					ASSÉDIO MORAL - CONDUTA ALEGADA PELA/O RECLAMANTE	ASSÉDIO MORAL - CONDUTA PRATICADA NO AMBIENTE LABORAL	ASSÉDIO RECONHECIDO? TIPOLOGIA DE ASSÉDIO RECONHECIDO	DOENÇA OCUPACIONAL COMPROVADA	NEXO DE CAUSALIDADE ENTRE ASSÉDIO E DOENÇA RECONHECIDO?	CONDENAÇÃO POR DANO MORAL	CONDENAÇÃO POR DANO MATERIAL?	PARÂMETROS CONSTITUCIONAIS UTILIZADOS	PARTE RECORRENTE/ RECURSO ORDINÁRIO ADMITIDO?
30	1706-77.2015.5.10.0005	Feminino	banco privado	2009 a 2015	constrangimento e pressão diárias para cumprimento de metas, "com designação de tarefas infindáveis, com apresentação de patologia (infecção urinária [...] restrições ao uso do banheiro" (pressão por produtividade; humilhações; metas abusivas; restrições ao uso do banheiro)	alegações não comprovadas	não reconhecida a prática de assédio moral	não menciona	–	–	–	art. 1º, III e IV	Acordo homologado em 20/2/2018
31	1816-88.2015.5.10.0001	Feminino	banco privado	2004 - suspenso desde 2013 (auxílio-doença)	"terror psicológico constante para o cumprimento de metas, realizando atividades em ritmo desumano e sofrendo exposição desnecessária nas reuniões realizadas, com ameaças de demissão" (pressão por produtividade com ameaças de dispensa; humilhações; sobrecarga de trabalho)	alegações não comprovadas	não reconhecida a prática de assédio moral	transtorno do pânico; transtorno de ansiedade; transtorno depressivo; agorafobia	não	–	–	arts. 1º, III e IV; 5º, X	Reclamante / sim

	N. DO PROCESSO – CNJ	GÊNERO DO RECLAMANTE	PARTE RECLAMADA	CONTRATO DE TRABALHO - INÍCIO E SITUAÇÃO ATUAL	TRIBUNAL REGIONAL DO TRABALHO DA 10ª REGIÃO – 1º GRAU DE JURISDIÇÃO (SENTENÇA E ADMISSIBILIDADE RECURSAL)								
					ASSÉDIO MORAL - CONDUTA ALEGADA PELA/O RECLAMANTE	ASSÉDIO MORAL - CONDUTA PRATICADA NO AMBIENTE LABORAL	ASSÉDIO RECONHECIDO? TIPOLOGIA DE ASSÉDIO RECONHECIDO	DOENÇA OCUPACIONAL COMPROVADA	NEXO DE CAUSALIDADE ENTRE ASSÉDIO E DOENÇA RECONHECIDO?	CONDENAÇÃO POR DANO MORAL	CONDENAÇÃO POR DANO MATERIAL?	PARÂMETROS CONSTITUCIONAIS UTILIZADOS	PARTE RECORRENTE/ RECURSO ORDINÁRIO ADMITIDO?
32	5125-54.2015.5.10.0022	Feminino	banco privado	2000 - suspenso desde 2011	"cobranças excessivas (por produtividade) sempre com ameaça de dispensa, pressão para o atingimento de metas, trabalhando nestas condições por onze anos ininterruptos", o que caracteriza, segundo a autora, o "assédio organizacional" - (pressão por produtividade com ameaça de dispensa)	Além da forma como era tratada e cobrada pelos gestores, as condições materiais de trabalho, ausência de intervalo regular para refeições, obrigação de transportar peso, malotes (pressão por produtividade com ameaças de dispensa; supressão de intervalos; atribuição de atividades inadequadas - transporte de malotes)	Sim / não menciona	dores no corpo, estresse, ansiedade, sobrecarga de trabalho, falhas de memória e cansaço físico, transtorno depressivo; transtorno de ansiedade; tenossinovite; fibromialgia	sim	R$ 150.000,00	sim (pensão mensal vitalícia no importe de 20%)	arts. 1º, III e IV; 5º, X; 7º, XXVIII	concluso para julgamento de Embargos de Declaração na Vara do Trabalho em 10/10/2018
33	100-26.2016.5.10.0022	Masculino	banco público	2009 a 2015 (demissão por justa causa)	pressão para cumprimento de metas exorbitantes de venda de produtos (pressão por produtividade; metas abusivas)	alegações não comprovadas	não reconhecida a prática de assédio moral	Reações ao estresse grave; transtornos de adaptação; transtorno de ansiedade; transtorno depressivo	não	–	–	arts. 1º, III e IV; 5º, V e X	Contraminuta de Embargos de Declaração em 19/12/2018

					TRIBUNAL REGIONAL DO TRABALHO DA 10ª REGIÃO								
					1º GRAU DE JURISDIÇÃO (SENTENÇA E ADMISSIBILIDADE RECURSAL)								
	N. DO PROCESSO – CNJ	GÊNERO DO RECLAMANTE	PARTE RECLAMADA	CONTRATO DE TRABALHO - INÍCIO E SITUAÇÃO ATUAL	ASSÉDIO MORAL - CONDUTA ALEGADA PELA/O RECLAMANTE	ASSÉDIO MORAL - CONDUTA PRATICADA NO AMBIENTE LABORAL	ASSÉDIO RECONHECIDO? TIPOLOGIA DE ASSÉDIO RECONHECIDO	DOENÇA OCUPACIONAL COMPROVADA	NEXO DE CAUSALIDADE ENTRE ASSÉDIO E DOENÇA RECONHECIDO?	CONDENAÇÃO POR DANO MORAL	CONDENAÇÃO POR DANO MATERIAL?	PARÂMETROS CONSTITUCIONAIS UTILIZADOS	PARTE RECORRENTE/ RECURSO ORDINÁRIO ADMITIDO?
34	227-27.2016.5.10.0001	Feminino	banco privado	2011 - suspenso (auxílio-doença)	não menciona	cobrança de metas de forma grosseira e depreciativa (pressão por produtividade; humilhações)	sim / interpessoal	transtorno de ansiedade; transtorno depressivo	sim	R$ 15.000,00	R$ 60.000,00	art. 7º, XXVIII	sentença publicada em 21/01/2019
35	256-23.2016.5.10.0019	Feminino	banco privado	2011 a 2014 (pedido de demissão)	"pressões oriundas do gerente geral da agência" (pressão por produtividade)	cobrança de metas com ameaças, coação e vigilância ostensiva, exigência de que os funcionários comprassem produtos do banco para cumprir as metas, constrangimento, restrição do uso de banheiro (pressão por produtividade; ameaças e vigilância ostensiva; exigência de aquisição de produtos bancários; humilhações; restrição do uso de banheiro)	sim / organizacional (embora não mencione a tipologia, indica a adoção da "gestão por injúria")	Transtorno Obsessivo-Compulsivo (TOC)	sim	R$ 30.000,00	–	art. 5º, V e X	Reclamante e Reclamado / sim

					TRIBUNAL REGIONAL DO TRABALHO DA 10ª REGIÃO								
					1º GRAU DE JURISDIÇÃO (SENTENÇA E ADMISSIBILIDADE RECURSAL)								
	N. DO PROCESSO – CNJ	GÊNERO DO RECLAMANTE	PARTE RECLAMADA	CONTRATO DE TRABALHO - INÍCIO E SITUAÇÃO ATUAL	ASSÉDIO MORAL - CONDUTA ALEGADA PELA/O RECLAMANTE	ASSÉDIO MORAL - CONDUTA PRATICADA NO AMBIENTE LABORAL	ASSÉDIO RECONHECIDO? TIPOLOGIA DE ASSÉDIO RECONHECIDO	DOENÇA OCUPACIONAL COMPROVADA	NEXO DE CAUSALIDADE ENTRE ASSÉDIO E DOENÇA RECONHECIDO?	CONDENAÇÃO POR DANO MORAL	CONDENAÇÃO POR DANO MATERIAL?	PARÂMETROS CONSTITUCIONAIS UTILIZADOS	PARTE RECORRENTE/ RECURSO ORDINÁRIO ADMITIDO?
36	376-63.2016.5.10.0020	Feminino	banco privado	1981 a 2014	"acúmulo de trabalho e pressão por metas" (pressão por produtividade; sobrecarga de trabalho)	pressão para cumprir metas e exposição em sistema de *ranking* com ameaças de demissão; retaliação em caso de licenças médicas (pressão por produtividade com ameaças de dispensa; exposição da produtividade em *ranking*; discriminação por doença)	Sim / não menciona	transtorno de ansiedade; transtorno depressivo; transtorno de adaptação; discopatia degenerativa de coluna cervical com radiculopatia" e "síndrome do manguito rotador em ombros bilateralmente"	sim	R$ 30.000,00	pensão mensal de 17,5% até 75 anos de idade	–	Intimação para manifestação publicada em 17/12/2018
37	468-35.2016.5.10.0022	Feminino	banco privado	2008 a 2015	excessiva cobrança pelo atingimento de metas com ameaça de demissão (pressão por produtividade com ameaças de dispensa)	não comprovadas as alegações	não reconhecida a prática de assédio moral	não menciona	–	–	–	arts. 1º, III e IV; 5º, V e X; 7º, XX	Reclamante / sim

					TRIBUNAL REGIONAL DO TRABALHO DA 10ª REGIÃO								
					1º GRAU DE JURISDIÇÃO (SENTENÇA E ADMISSIBILIDADE RECURSAL)								
	N. DO PROCESSO – CNJ	GÊNERO DO RECLAMANTE	PARTE RECLAMADA	CONTRATO DE TRABALHO - INÍCIO E SITUAÇÃO ATUAL	ASSÉDIO MORAL - CONDUTA ALEGADA PELA/O RECLAMANTE	ASSÉDIO MORAL - CONDUTA PRATICADA NO AMBIENTE LABORAL	ASSÉDIO RECONHECIDO? TIPOLOGIA DE ASSÉDIO RECONHECIDO	DOENÇA OCUPACIONAL COMPROVADA	NEXO DE CAUSALIDADE ENTRE ASSÉDIO E DOENÇA RECONHECIDO?	CONDENAÇÃO POR DANO MORAL	CONDENAÇÃO POR DANO MATERIAL?	PARÂMETROS CONSTITUCIONAIS UTILIZADOS	PARTE RECORRENTE/ RECURSO ORDINÁRIO ADMITIDO?
38	602-77.2016.5.10.0017	Feminino	banco privado	não menciona	não menciona	pressão para o cumprimento de metas, tratamento desrespeitoso em caso de descumprimento de metas (pressão por produtividade; humilhações)	Sim / não menciona	transtorno depressivo e transtorno de adaptação	sim	R$ 30.000,00	-	-	Reclamado / sim

					TRIBUNAL REGIONAL DO TRABALHO DA 10ª REGIÃO								
					1º GRAU DE JURISDIÇÃO (SENTENÇA E ADMISSIBILIDADE RECURSAL)								
	N. DO PROCESSO – CNJ	GÊNERO DO RECLAMANTE	PARTE RECLAMADA	CONTRATO DE TRABALHO - INÍCIO E SITUAÇÃO ATUAL	ASSÉDIO MORAL - CONDUTA ALEGADA PELA/O RECLAMANTE	ASSÉDIO MORAL - CONDUTA PRATICADA NO AMBIENTE LABORAL	ASSÉDIO RECONHECIDO? TIPOLOGIA DE ASSÉDIO RECONHECIDO	DOENÇA OCUPACIONAL COMPROVADA	NEXO DE CAUSALIDADE ENTRE ASSÉDIO E DOENÇA RECONHECIDO?	CONDENAÇÃO POR DANO MORAL	CONDENAÇÃO POR DANO MATERIAL?	PARÂMETROS CONSTITUCIONAIS UTILIZADOS	PARTE RECORRENTE/ RECURSO ORDINÁRIO ADMITIDO?
39	621-34.2016.5.10.0001	Feminino	banco privado	suspenso (auxílio-doença acidentário)	pressão para cumprimento de metas exorbitantes de venda de produtos, com ameaças de demissão (pressão por produtividade com ameaças de dispensa; metas abusivas)	muita pressão para atingir metas, com ameaças de demissão, rebaixamento de função em caso de descumprimento de metas (pressão por produtividade com ameaças de demissão; pressão por produtividade com ameaças de descomissionamento)	Sim / não menciona	transtorno depressivo; transtorno bipolar tipo II com piora do seu quadro por razões diretamente relacionadas às vivências de trabalho, onde se sentia humilhada, desprestigiada e perseguida, com constantes sensações de medo e de insegurança	sim	não houve pedido	pensão mensal até alta previdenciária	art. 5º, V	Reclamante e Reclamado / sim

	N. DO PROCESSO – CNJ	GÊNERO DO RECLAMANTE	PARTE RECLAMADA	CONTRATO DE TRABALHO - INÍCIO E SITUAÇÃO ATUAL	TRIBUNAL REGIONAL DO TRABALHO DA 10ª REGIÃO – 1º GRAU DE JURISDIÇÃO (SENTENÇA E ADMISSIBILIDADE RECURSAL)								
					ASSÉDIO MORAL - CONDUTA ALEGADA PELA/O RECLAMANTE	ASSÉDIO MORAL - CONDUTA PRATICADA NO AMBIENTE LABORAL	ASSÉDIO RECONHECIDO? TIPOLOGIA DE ASSÉDIO RECONHECIDO	DOENÇA OCUPACIONAL COMPROVADA	NEXO DE CAUSALIDADE ENTRE ASSÉDIO E DOENÇA RECONHECIDO?	CONDENAÇÃO POR DANO MORAL	CONDENAÇÃO POR DANO MATERIAL?	PARÂMETROS CONSTITUCIONAIS UTILIZADOS	PARTE RECORRENTE/ RECURSO ORDINÁRIO ADMITIDO?
40	628-60.2016.5.10.0022	Feminino	sociedade de economia mista	1988 - 2015 (aposentadoria por invalidez acidentária)	muita cobrança, jornada extensa, ameaças de descomissionamento (pressão por produção com ameaça de descomissionamento; jornadas excessivas)	muita cobrança, jornada extensa, ameaças de descomissionamento, aborto no trabalho sem comprovação de auxílio, inquérito administrativo nulo por ausência de capacidade civil, supressão de salários (pressão por produção com ameaças de descomissionamento; jornadas excessivas; abertura indevida de inquérito administrativo; supressão de salários)	Sim / não menciona	LER/ DORT, transtorno depressivo	sim	não houve pedido	R$ 600.000,00	arts. 1º; 3º; 5º; 6º; 7º, XX e XXII; 170, VIII	Juntada a petição de Contrarrazões em 19/11/2018
41	689-66.2016.5.10.0006	Feminino	banco privado	não menciona	intensa cobrança de metas e jornada exaustiva após o retorno de licença médica por acidente de trabalho (pressão por produtividade; jornada exaustiva)	alegações não comprovadas	não reconhecida a prática de assédio moral	transtorno depressivo	-	-	-	-	Disponibilizado(a) o(a) Sentença no Diário da Justiça Eletrônico em 11/01/2019
42	786-33.2016.5.10.0017	Masculino	sociedade de economia mista	2008 a 2015	carga excessiva de trabalho e pressão psicológica para cumprimento de metas (sobrecarga de trabalho; pressão por produtividade)	"pressão para o atingimento de metas com tratamento desrespeitoso e restrição à participação em ginástica laboral, inclusive com ameaças de desligamento" (pressão por produtividade com ameaças de dispensa; humilhações; restrição à participação em ginástica laboral)	sim / interpessoal	lesão de ombro direito, lombalgia e discopatia degenerativa da coluna lombar	sim	R$ 19.700,00	não houve pedido	art. 5º, V e X	Reclamado / sim

	N. DO PROCESSO – CNJ	GÊNERO DO RECLAMANTE	PARTE RECLAMADA	CONTRATO DE TRABALHO - INÍCIO E SITUAÇÃO ATUAL	TRIBUNAL REGIONAL DO TRABALHO DA 10ª REGIÃO – 1º GRAU DE JURISDIÇÃO (SENTENÇA E ADMISSIBILIDADE RECURSAL)								
					ASSÉDIO MORAL - CONDUTA ALEGADA PELA/O RECLAMANTE	ASSÉDIO MORAL - CONDUTA PRATICADA NO AMBIENTE LABORAL	ASSÉDIO RECONHECIDO? TIPOLOGIA DE ASSÉDIO RECONHECIDO	DOENÇA OCUPACIONAL COMPROVADA	NEXO DE CAUSALIDADE ENTRE ASSÉDIO E DOENÇA RECONHECIDO?	CONDENAÇÃO POR DANO MORAL	CONDENAÇÃO POR DANO MATERIAL?	PARÂMETROS CONSTITUCIONAIS UTILIZADOS	PARTE RECORRENTE/ RECURSO ORDINÁRIO ADMITIDO?
43	1001-27.2016.5.10.0011	Masculino	banco público	1989 a 2016	excessiva cobrança de metas (pressão por produtividade)	alegações não comprovadas	não reconhecida a prática de assédio moral	LER/ DORT	não	-	-	art. 7º, XXVIII	Reclamante e Reclamado / sim
44	1277-82.2016.5.10.0003	Masculino	banco privado	1991 a 2015	perseguição para cumprimento de metas (pressão por produtividade)	alegações não comprovadas	não reconhecida a prática de assédio moral	-	-	-	-	-	Reclamante e Reclamado / sim
45	1329-81.2016.5.10.0002	Masculino	banco privado	2010 a 2016	"assédio moral organizacional" ("existência de metas exacerbadas, com cobranças de forma hostil e ameaças, além de exposição contínua a situações de "*stress*"") = (pressão por produtividade com ameaças de dispensa; metas abusivas; humilhações)	"ambiente de trabalho estressante, com cobranças excessivas pelo cumprimento de metas, cumuladas com ameaças de desligamento implícitas, inclusive com exposição de *ranking* de produtividade" (pressão por produtividade com ameaças de dispensa; metas abusivas; exposição de produtividade em *ranking*)	Sim / não menciona	transtorno de ansiedade; transtorno depressivo	sim	R$ 30.000,00	não	art. 5º, V e X	Reclamante e Reclamado / sim
46	1423-02.2016.5.10.0011	Feminino	banco privado	2012 - suspenso (auxílio-doença acidentário)	metas arrojadas, gestores impacientes, pressão, clima de trabalho degradante (pressão por produtividade; metas abusivas)	"excesso de jornada, atritos constantes com a chefia, alteração da metodologia das metas, com consequente redução da comissão, etc." (jornadas excessivas; atividades estressantes)	sim / interpessoal	transtorno de ansiedade; transtorno depressivo	não	R$ 30.000,00	não	art. 7º, XXVIII	Acordo homologado em 08/03/2018

					TRIBUNAL REGIONAL DO TRABALHO DA 10ª REGIÃO – 1º GRAU DE JURISDIÇÃO (SENTENÇA E ADMISSIBILIDADE RECURSAL)									
	N. DO PROCESSO – CNJ	GÊNERO DO RECLAMANTE	PARTE RECLAMADA	CONTRATO DE TRABALHO - INÍCIO E SITUAÇÃO ATUAL	ASSÉDIO MORAL - CONDUTA ALEGADA PELA/O RECLAMANTE	ASSÉDIO MORAL - CONDUTA PRATICADA NO AMBIENTE LABORAL	ASSÉDIO RECONHECIDO? TIPOLOGIA DE ASSÉDIO RECONHECIDO	DOENÇA OCUPACIONAL COMPROVADA	NEXO DE CAUSALIDADE ENTRE ASSÉDIO E DOENÇA RECONHECIDO?	CONDENAÇÃO POR DANO MORAL	CONDENAÇÃO POR DANO MATERIAL?	PARÂMETROS CONSTITUCIONAIS UTILIZADOS	PARTE RECORRENTE/ RECURSO ORDINÁRIO ADMITIDO?
47	1445-87-2016.5.10.0002	Feminino	banco privado	2004 a 2015	"metas muito rigorosas, crescentes e desgastantes; que as metas eram cobradas de forma ofensiva e intimidadora" e desqualificação do trabalho pelo gestor, que alegava falta de competência; afirma que em razão do excesso de trabalho e pressões, sofreu um aborto (pressão por produtividade; metas abusivas; humilhações)	pressão constante e desmedida por parte de seu superior, com cobranças de metas de forma descortês e humilhante (pressão por produtividade; humilhações)	sim / interpessoal	transtorno depressivo ("primeiros sintomas consistiram em pensamentos de morte, tristeza, negativismo, cansaço, prejuízo da concentração e atenção, ansiedade, insônia, isolamento social")	sim	R$ 100.000,00 (R$ 50.000,00 - doença profissional e R$ 50.000,00 - assédio moral)	não	arts. 1º, III e IV; 5º, V e X; 7º, XXVIII; 170, III	Reclamado / sim

					TRIBUNAL REGIONAL DO TRABALHO DA 10ª REGIÃO								
					1º GRAU DE JURISDIÇÃO (SENTENÇA E ADMISSIBILIDADE RECURSAL)								
	N. DO PROCESSO – CNJ	GÊNERO DO RECLAMANTE	PARTE RECLAMADA	CONTRATO DE TRABALHO - INÍCIO E SITUAÇÃO ATUAL	ASSÉDIO MORAL - CONDUTA ALEGADA PELA/O RECLAMANTE	ASSÉDIO MORAL - CONDUTA PRATICADA NO AMBIENTE LABORAL	ASSÉDIO RECONHECIDO? TIPOLOGIA DE ASSÉDIO RECONHECIDO	DOENÇA OCUPACIONAL COMPROVADA	NEXO DE CAUSALIDADE ENTRE ASSÉDIO E DOENÇA RECONHECIDO?	CONDENAÇÃO POR DANO MORAL	CONDENAÇÃO POR DANO MATERIAL?	PARÂMETROS CONSTITUCIONAIS UTILIZADOS	PARTE RECORRENTE/ RECURSO ORDINÁRIO ADMITIDO?
48	1532-86.2016.5.10.0020	Feminino	banco privado	2007 a 2015	"cobranças de metas abusivas, inclusive com a aquisição de produtos para atingimento das metas; preterição nas promoções; e ameaças de demissão" (metas abusivas; pressão por produtividade com ameaças de dispensa)	"as cobranças das metas no caso concreto foram abusivas, inclusive com a necessidade da reclamante adquirir produtos do reclamado para o atingimento das metas, além das ameaças de demissão" (pressão por produtividade com ameaças de dispensa; metas abusivas; exigência de aquisição de produtos bancários)	Sim / não menciona	Discopatia degenerativa de coluna cervical com radiculopatia e síndrome do túnel do carpo bilateral = outros	sim	R$ 35.000,00 (R$ 20.000,00 - doença profissional e R$ 15.000,00 - assédio moral)	sim	arts. 5º, V e X; 7º, XXVIII	Reclamante e Reclamado / sim
49	1558-96.2016.5.10.0016	Feminino	banco privado	2007 - suspenso (desde 2014 - auxílio-doença)	cobranças excessivas e abusivas e assédio moral (pressão por produtividade; metas abusivas)	assédio moral, tratamento agressivo e abusivo e cobranças abusivas de metas de produtividade (humilhações; metas abusivas; pressão por produtividade)	sim / interpessoal	transtorno de ansiedade; transtorno depressivo	sim	R$ 30.000,00	sim	arts. 5º, X; 7º, XXII	Reclamante e Reclamado / sim
50	1663-76.2016.5.10.0015	Feminino	banco privado	8 meses (2016)	cobrança excessiva de metas e tratamento agressivo (pressão por produtividade; tratamento agressivo)	"tratamento degradante, [...] perseguição, cobranças exageradas, isolamento no local de trabalho, exposição vexatória de sua produção, cobrança indevida de participação em eventos sociais" (isolamento; pressão por produtividade; exposição da produtividade em *ranking*; humilhações; cobrança indevida de participação em eventos sociais)	sim / interpessoal	transtorno depressivo	não	R$ 50.000,00	não	arts. 1º, III; 5º, *caput*, I e X; 7º, I	Acordo homologado em 02/10/2018

					TRIBUNAL REGIONAL DO TRABALHO DA 10ª REGIÃO									
					1º GRAU DE JURISDIÇÃO (SENTENÇA E ADMISSIBILIDADE RECURSAL)									
	N. DO PROCESSO – CNJ	GÊNERO DO RECLAMANTE	PARTE RECLAMADA	CONTRATO DE TRABALHO - INÍCIO E SITUAÇÃO ATUAL	ASSÉDIO MORAL - CONDUTA ALEGADA PELA/O RECLAMANTE	ASSÉDIO MORAL - CONDUTA PRATICADA NO AMBIENTE LABORAL	ASSÉDIO RECONHECIDO? TIPOLOGIA DE ASSÉDIO RECONHECIDO	DOENÇA OCUPACIONAL COMPROVADA	NEXO DE CAUSALIDADE ENTRE ASSÉDIO E DOENÇA RECONHECIDO?	CONDENAÇÃO POR DANO MORAL	CONDENAÇÃO POR DANO MATERIAL?	PARÂMETROS CONSTITUCIONAIS UTILIZADOS	PARTE RECORRENTE/ RECURSO ORDINÁRIO ADMITIDO?
51	1701-97.2016.5.10.0012	Masculino	banco privado	30 anos de banco (dispensado sem justa causa em 2016)	cobranças excessivas e individualizadas de metas, sobretudo se não alcançadas (pressão por produtividade)	cobranças excessivas e individualizadas de metas, sobretudo se não alcançadas (pressão por produtividade)	sim / organizacional (embora não mencione a tipologia, responsabiliza expressamente o banco pelo assédio)	transtorno depressivo	sim	R$ 150.000,00	não	art. 1º, III	Sentença / Notificação em 09/01/2019
52	1708-77.2016.5.10.0016	Masculino	banco privado	2005 - suspenso (auxílio-doença acidentário)	metas rigorosas e desgastantes com ameaças constantes de demissão e jornada extenuante (pressão por produtividade; metas abusivas; jornadas excessivas)	labor extraordinário regular, atividade intensa com metas elevadas (jornadas excessivas; metas abusivas)	não reconhecida a prática de assédio moral	Transtorno de Adaptação, Transtorno Afetivo Bipolar e Transtorno Depressivo	sim	R$ 40.000,00	sim	arts. 1º, *caput*; 5º, V e X; 7º, XXII e XXVIII; 170	Reclamado / sim (notificação para contrarrazões em 08/01/2019
53	1736-45.2016.5.10.0016	Feminino	banco privado	2009 - suspenso (auxílio-doença acidentário)	exagerada carga de trabalho e perseguição (sobrecarga de trabalho; perseguição)	cobranças de metas realizadas de forma agressiva, particularmente em relação à autora, ameaça de transferência, exposição em *superanking* (pressão por produtividade com ameaças de transferência; exposição da produtividade em *ranking*; humilhações)	sim / organizacional	transtorno depressivo	não	R$ 50.000,00	não	art. 5º, V e X	Acolhidos Embargos de Declaração em face da sentença em 09/01/2019

					TRIBUNAL REGIONAL DO TRABALHO DA 10ª REGIÃO								
					1º GRAU DE JURISDIÇÃO (SENTENÇA E ADMISSIBILIDADE RECURSAL)								
	N. DO PROCESSO – CNJ	GÊNERO DO RECLAMANTE	PARTE RECLAMADA	CONTRATO DE TRABALHO - INÍCIO E SITUAÇÃO ATUAL	ASSÉDIO MORAL - CONDUTA ALEGADA PELA/O RECLAMANTE	ASSÉDIO MORAL - CONDUTA PRATICADA NO AMBIENTE LABORAL	ASSÉDIO RECONHECIDO? TIPOLOGIA DE ASSÉDIO RECONHECIDO	DOENÇA OCUPACIONAL COMPROVADA	NEXO DE CAUSALIDADE ENTRE ASSÉDIO E DOENÇA RECONHECIDO?	CONDENAÇÃO POR DANO MORAL	CONDENAÇÃO POR DANO MATERIAL?	PARÂMETROS CONSTITUCIONAIS UTILIZADOS	PARTE RECORRENTE/ RECURSO ORDINÁRIO ADMITIDO?
54	1741-52.2016.5.10.0021	Feminino	banco privado	2004 a 2016	não menciona	tratamento ofensivo diário com ameaça de demissão (humilhações; pressão por produtividade com ameaças de dispensa)	Sim / não menciona	não	não	R$ 20.000,00	não	art. 5º, V e X	Recebidos os autos para incluir em pauta em 02/01/2019
55	101-25.2017.5.10.0006	Feminino	banco privado	2011 - suspenso	rigor excessivo e metas abusivas (metas abusivas; relação conflituosa com gestor)	metas de vendas de produtos e serviços abusivas e relação conflituosa com gestor (metas abusivas; relação conflituosa com gestor)	Sim / não menciona	transtorno de ansiedade; transtorno depressivo	sim	R$ 60.000,00	sim	arts. 1º, *caput*, 5º, V e X; 7º, XXII e XXVIII; 170	Reclamante / sim (Expedida Intimação ao Ministério Público do Trabalho em 19/12/2018)
56	127-35.2017.5.10.0002	Feminino	banco privado	2005 - suspenso (auxílio-doença)	cobrança excessiva de metas, jornada extenuante, constrangimentos e humilhação (pressão por produtividade; jornadas excessivas; humilhações)	exposição de empregados que não cumpriam metas, tratamento agressivo e discriminatório com as mulheres, ameaça de demissão, sobrecarga laboral com jornada exaustiva, "vivenciou [...] verdadeiro terror psicológico" (exposição da produtividade em *ranking*; pressão por produtividade com ameaças de dispensa; sobrecarga de trabalho; jornadas excessivas)	Sim / não menciona	Transtorno afetivo bipolar; transtorno de ansiedade; transtorno depressivo; transtorno de adaptação; transtorno de somatização	sim	R$ 50.000,00 (R$ 30.000,00 - doença profissional e R$ 20.000,00 - assédio moral)	sim	arts. 5º, V e X; 7º, XXII e XXVIII	Reclamante e Reclamado / sim

					TRIBUNAL REGIONAL DO TRABALHO DA 10ª REGIÃO								
					1º GRAU DE JURISDIÇÃO (SENTENÇA E ADMISSIBILIDADE RECURSAL)								
	N. DO PROCESSO – CNJ	GÊNERO DO RECLAMANTE	PARTE RECLAMADA	CONTRATO DE TRABALHO - INÍCIO E SITUAÇÃO ATUAL	ASSÉDIO MORAL - CONDUTA ALEGADA PELA/O RECLAMANTE	ASSÉDIO MORAL - CONDUTA PRATICADA NO AMBIENTE LABORAL	ASSÉDIO RECONHECIDO? TIPOLOGIA DE ASSÉDIO RECONHECIDO	DOENÇA OCUPACIONAL COMPROVADA	NEXO DE CAUSALIDADE ENTRE ASSÉDIO E DOENÇA RECONHECIDO?	CONDENAÇÃO POR DANO MORAL	CONDENAÇÃO POR DANO MATERIAL?	PARÂMETROS CONSTITUCIONAIS UTILIZADOS	PARTE RECORRENTE/ RECURSO ORDINÁRIO ADMITIDO?
57	490-22.2017.5.10.0002	Masculino	banco privado	1989 a 2017	"tortura psicológica, por abusiva e excessiva cobrança de metas de forma repetitiva e prolongada, ficando exposto a situações humilhantes e constrangedoras. Tais cobranças eram de forma rude e sob ameaça de demissão ou transferência" (pressão por produtividade com ameaças de dispensa; pressão por produtividade com ameaças de transferência; humilhações; metas abusivas)	ficou comprovado que havia cobrança de metas, que a "agência não ia bem", mas que a reclamação foi direcionada a toda a agência (pressão por produtividade)	não reconhecida a prática de assédio moral	não	não	não	não	–	Acordo homologado em 05/11/2018
58	623-55.2017.5.10.0102	Masculino	banco privado	1996 a 2017	cobranças excessivas para cumprimento de metas com ameaças de demissão (pressão por produtividade com ameaças de dispensa)	exagero na cobrança das metas, exposição dos resultados perante os colegas e ameaça de demissão (pressão por produtividade com ameaças de dispensa; exposição da produtividade em *ranking*)	Sim / não menciona	Transtorno de ansiedade; Fibromialgia, Diabetes, Obesidade, Dislipidemia	não	R$ 40.000,00	não	arts. 1º, III e IV; 5º, V e X; 7º, *caput* e XXVIII	Reclamante e Reclamado / sim

					TRIBUNAL REGIONAL DO TRABALHO DA 10ª REGIÃO									
					1º GRAU DE JURISDIÇÃO (SENTENÇA E ADMISSIBILIDADE RECURSAL)									
	N. DO PROCESSO – CNJ	GÊNERO DO RECLAMANTE	PARTE RECLAMADA	CONTRATO DE TRABALHO - INÍCIO E SITUAÇÃO ATUAL	ASSÉDIO MORAL - CONDUTA ALEGADA PELA/O RECLAMANTE	ASSÉDIO MORAL - CONDUTA PRATICADA NO AMBIENTE LABORAL	ASSÉDIO RECONHECIDO? TIPOLOGIA DE ASSÉDIO RECONHECIDO	DOENÇA OCUPACIONAL COMPROVADA	NEXO DE CAUSALIDADE ENTRE ASSÉDIO E DOENÇA RECONHECIDO?	CONDENAÇÃO POR DANO MORAL	CONDENAÇÃO POR DANO MATERIAL?	PARÂMETROS CONSTITUCIONAIS UTILIZADOS	PARTE RECORRENTE/ RECURSO ORDINÁRIO ADMITIDO?
59	1087-70.2017.5.10.0008	Feminino	banco privado	2007 a 2017	cobranças excessivas de metas (abusivas e inatingíveis) acompanhadas de ameaças veladas de demissão, humilhações públicas, constrangimentos e tratamento hostil (pressão por produtividade com ameaças de dispensa; humilhações; metas abusivas)	cobrança abusiva de metas, com hostilidade, constrangimento e ameaça de demissão (pressão por produtividade com ameaças de dispensa; humilhações)	Sim / não menciona	transtorno depressivo	não	R$ 20.000,00	não	–	Reclamante e Reclamado / sim
60	1569-21.2017.5.10.0007	Masculino	banco privado	1990 a 2016	"cobrança por produtividade, ameaças de dispensas em caso do não atendimento a metas" (pressão por produtividade com ameaças de demissão)	não comprovadas as alegações	não reconhecida a prática de assédio moral	transtorno depressivo	não	–	–	art. 7º, XXVIII	Sentença publicada em 13/12/2018

	N. DO PROCESSO - CNJ	TRIBUNAL REGIONAL DO TRABALHO DA 10ª REGIÃO – 2º GRAU DE JURISDIÇÃO (ACÓRDÃO E ADMISSIBILIDADE RECURSAL)							TRIBUNAL SUPERIOR DO TRABALHO INSTÂNCIA EXTRAORDINÁRIA	
		REFORMA DA SENTENÇA?	TIPOLOGIA DE ASSÉDIO RECONHECIDO	NEXO DE CAUSALIDADE / CONCAUSALIDADE ENTRE ASSÉDIO E DOENÇA RECONHECIDO?	CONDENAÇÃO POR DANO MORAL	CONDENAÇÃO POR DANO MATERIAL	PARÂMETROS CONSTITUCIONAIS UTILIZADOS	PARTE RECORRENTE/ RECURSO DE REVISTA ADMITIDO?	DECISÃO UNIPESSOAL OU ACÓRDÃO? REFORMA DO ACÓRDÃO DO TRT?	ÓBICE PROCESSUAL?
1	90-98.2014.5.10.0006	aguardando remessa ao TRT						-	-	-
2	191-96.2014.5.10.0019	tramitação em segredo de justiça						-	-	-
3	232-69.2014.5.10.0017	não	-	-	-	-	-	Reclamante / não	Acórdão em AIRR / não	não ("valor arbitrado à indenização por dano moral observou os princípios da razoabilidade e da proporcionalidade")
4	244-07.2014.5.10.0010	prazo para contrarrazões em 14/12/2018						-	-	-
5	1026-75.2014.5.10.0022	não houve recurso quanto ao assédio moral alegado						Reclamado / não	AIRR concluso ao relator em 10/12/2018	
6	1042-92.2014.5.10.0001	Recebidos os autos para inclusão em pauta em 22/12/2018						-	-	-
7	1353-53.2014.5.10.0011	não	-	-	-	-	-	Reclamante / não	Decisão unipessoal / não	art. 896, § 1º-A, da CLT
8	1382-15.2014.5.10.0008	sim	-	-	majorado para R$ 50.000,00	mantido	-	Juntada a petição de Embargos de Declaração em 21/01/2019	-	-

	N. DO PROCESSO - CNJ	TRIBUNAL REGIONAL DO TRABALHO DA 10ª REGIÃO – 2º GRAU DE JURISDIÇÃO (ACÓRDÃO E ADMISSIBILIDADE RECURSAL)							TRIBUNAL SUPERIOR DO TRABALHO INSTÂNCIA EXTRAORDINÁRIA	
		REFORMA DA SENTENÇA?	**TIPOLOGIA DE ASSÉDIO RECONHECIDO**	**NEXO DE CAUSALIDADE / CONCAUSALIDADE ENTRE ASSÉDIO E DOENÇA RECONHECIDO?**	**CONDENAÇÃO POR DANO MORAL**	**CONDENAÇÃO POR DANO MATERIAL**	**PARÂMETROS CONSTITUCIONAIS UTILIZADOS**	**PARTE RECORRENTE/ RECURSO DE REVISTA ADMITIDO?**	**DECISÃO UNIPESSOAL OU ACÓRDÃO? REFORMA DO ACÓRDÃO DO TRT?**	**ÓBICE PROCESSUAL?**
9	1519-79.2014.5.10.0013	sim	–	–	mantido	sim (50% do último salário em parcela única)	art. 7º, XXVIII	Reclamado / não	Decisão unipessoal / não	art. 896, § 1º-A, da CLT
10	1557-64.2014.5.10.0022	não	–	–	–	–	arts. 1º, III e IV; 5º, X	Reclamado / sim	Acórdão / não (o assédio moral não foi reconhecido em 1º e 2º graus de jurisdição)	–
11	2071-17.2014.5.10.0022	RO aguardando processamento - Convertida a tramitação do processo do meio físico para o eletrônico em 26/11/2018						–	–	–
12	107-06.2015.5.10.0005	sim	mantém o reconhecimento do assédio e o tipifica como organizacional	–	mantido	pensão mensal em parcela única com abatimento de 10%	arts. 1º, III e IV; 5º, *caput* e X; 7º, *caput*, VI, X e XXVI; 170; 200, VIII; 225	Reclamado / não	AIRR concluso ao relator	
13	120-57.2015.5.10.0020	não	–	–	–	–	arts. 1º, III e IV; 5º, X; 7º, XX	Reclamante e Reclamado / sim	Decisão unipessoal / não	Súmula 126/TST
14	163-30.2015.5.10.0008	não	–	–	–	–	–	Reclamante e Reclamado / sim	Decisão unipessoal / não	Art. 896 da CLT
15	270-77.2015.5.10.0007	sim	–	–	reduzida para R$ 50.000,00	–	–	Ttransitou em julgado em 19/04/2017	–	–

	N. DO PROCESSO - CNJ	TRIBUNAL REGIONAL DO TRABALHO DA 10ª REGIÃO – 2º GRAU DE JURISDIÇÃO (ACÓRDÃO E ADMISSIBILIDADE RECURSAL)							TRIBUNAL SUPERIOR DO TRABALHO INSTÂNCIA EXTRAORDINÁRIA	
		REFORMA DA SENTENÇA?	TIPOLOGIA DE ASSÉDIO RECONHECIDO	NEXO DE CAUSALIDADE / CONCAUSALIDADE ENTRE ASSÉDIO E DOENÇA RECONHECIDO?	CONDENAÇÃO POR DANO MORAL	CONDENAÇÃO POR DANO MATERIAL	PARÂMETROS CONSTITUCIONAIS UTILIZADOS	PARTE RECORRENTE/ RECURSO DE REVISTA ADMITIDO?	DECISÃO UNIPESSOAL OU ACÓRDÃO? REFORMA DO ACÓRDÃO DO TRT?	ÓBICE PROCESSUAL?
16	548-66.2015.5.10.0011	concluso ao relator para julgamento em 22/10/2018						-	-	-
17	582-68.2015.5.10.0002	não	-	-	-	-	-	Reclamante / não	Decisão unipessoal / não	ausência de transcendência
18	647-51.2015.5.10.0006	não houve recurso quanto ao assédio moral alegado						Reclamante / não	AIRR concluso ao relator	
19	758-05.2015.5.10.0016	RO aguardando processamento - Convertida a tramitação do processo do meio físico para o eletrônico						-	-	-
20	817-96.2015.5.10.0014	não	-	-	-	-	-	Acordo homologado em 05/12/2017	-	-
21	1007-80.2015.5.10.0007	concluso ao relator para julgamento em 06/12/2018						-	-	-
22	1087-02.2015.5.10.0021	RO aguardando processamento - Convertida a tramitação do processo do meio físico para o eletrônico em 05/04/2018						-	-	-
23	1325-78.2015.5.10.0002	não	-	-	-	-	-	Publicado o Acórdão em 21/01/2019	-	-
24	1378-62.2015.5.10.0001	-	-	-	-	-	-	-	-	-
25	1385-51.2015.5.10.0002	não	mantém o reconhecimento do assédio e analisa a prática na perspectiva interpessoal	-	-	-	arts. 1º, III e IV; 5º, X; 7º, XXII	Trânsito em julgado em 17/07/2018	-	-

	N. DO PROCESSO - CNJ	TRIBUNAL REGIONAL DO TRABALHO DA 10ª REGIÃO – 2º GRAU DE JURISDIÇÃO (ACÓRDÃO E ADMISSIBILIDADE RECURSAL)							TRIBUNAL SUPERIOR DO TRABALHO INSTÂNCIA EXTRAORDINÁRIA	
		REFORMA DA SENTENÇA?	TIPOLOGIA DE ASSÉDIO RECONHECIDO	NEXO DE CAUSALIDADE / CONCAUSALIDADE ENTRE ASSÉDIO E DOENÇA RECONHECIDO?	CONDENAÇÃO POR DANO MORAL	CONDENAÇÃO POR DANO MATERIAL	PARÂMETROS CONSTITUCIONAIS UTILIZADOS	PARTE RECORRENTE/ RECURSO DE REVISTA ADMITIDO?	DECISÃO UNIPESSOAL OU ACÓRDÃO? REFORMA DO ACÓRDÃO DO TRT?	ÓBICE PROCESSUAL?
26	1415-80.2015.5.10.0004	não	–	–	–	–	–	Transitou em julgado em 08/02/2018		
27	1492-53.2015.5.10.0016	concluso ao relator para julgamento em 27/11/2018						–	–	–
28	1532-44.2015.5.10.0013	sim	reconhece o assédio e o analisa na perspectiva interpessoal	–	R$ 30.000,00	–	–	Transitou em julgado em 20/07/2017	–	–
29	1631-47.2015.5.10.0002	Recebidos os autos para inclusão em pauta em 13/12/2018						–	–	–
30	1706-77.2015.5.10.0005	–	–	–	–	–	–	–	–	–
31	1816-88.2015.5.10.0001	não						Reclamante / não (notificação do reclamado da interposição de RR em 07/01/2019)	–	–
32	5125-54.2015.5.10.0022	–	–	–	–	–	–	–	–	–
33	100-26.2016.5.10.0022	–	–	–	–	–	–	–	–	–
34	227-27.2016.5.10.0001	–	–	–	–	–	–	–	–	–

	N. DO PROCESSO - CNJ	TRIBUNAL REGIONAL DO TRABALHO DA 10ª REGIÃO							TRIBUNAL SUPERIOR DO TRABALHO INSTÂNCIA EXTRAORDINÁRIA	
		2º GRAU DE JURISDIÇÃO (ACÓRDÃO E ADMISSIBILIDADE RECURSAL)								
		REFORMA DA SENTENÇA?	TIPOLOGIA DE ASSÉDIO RECONHECIDO	NEXO DE CAUSALIDADE / CONCAUSALIDADE ENTRE ASSÉDIO E DOENÇA RECONHECIDO?	CONDENAÇÃO POR DANO MORAL	CONDENAÇÃO POR DANO MATERIAL	PARÂMETROS CONSTITUCIONAIS UTILIZADOS	PARTE RECORRENTE/ RECURSO DE REVISTA ADMITIDO?	DECISÃO UNIPESSOAL OU ACÓRDÃO? REFORMA DO ACÓRDÃO DO TRT?	ÓBICE PROCESSUAL?
35	256-23.2016.5.10.0019	sim	–	–	modifica a sentença para reduzir o valor da condenação para R$ 15.000,00	–	arts. 1º, III e IV; 5º, *caput* e X; 7º, VI, X, XXVI e XXVIII	trânsito em julgado em 19/7/2018	–	–
36	376-63.2016.5.10.0020	–	–	–	–	–	–	–	–	–
37	468-35.2016.5.10.0022	Conclusos os autos para julgamento (relatar) em 03/12/2018						–	–	–
38	602-77.2016.5.10.0017	Remetidos os autos para Órgão jurisdicional competente para apreciar acordo em 05/12/2018						–	–	–
39	621-34.2016.5.10.0001	sim	não menciona	–	–	reduçao em 30% do valor arbitrado na sentença	art. 7º, XXVIII	Reclamante e Reclamado / não	concluso ao relator em 19/11/2018	
40	628-60.2016.5.10.0022	–	–	–	–	–	–	–	–	–
41	689-66.2016.5.10.0006	–	–	–	–	–	–	–	–	–
42	786-33.2016.5.10.0017	prazo para contrarrazões em 20/12/2018						–	–	–
43	1001-27.2016.5.10.0011	Conclusos os autos para julgamento (relatar) em 26/06/2018						–	–	–
44	1277-82.2016.5.10.0003	não houve recurso quanto ao assédio moral alegado; renova o pedido de reconhecimento de nexo entre doença e trabalho						–	–	–

	N. DO PROCESSO - CNJ	TRIBUNAL REGIONAL DO TRABALHO DA 10ª REGIÃO							TRIBUNAL SUPERIOR DO TRABALHO INSTÂNCIA EXTRAORDINÁRIA	
		2º GRAU DE JURISDIÇÃO (ACÓRDÃO E ADMISSIBILIDADE RECURSAL)								
		REFORMA DA SENTENÇA?	TIPOLOGIA DE ASSÉDIO RECONHECIDO	NEXO DE CAUSALIDADE / CONCAUSALIDADE ENTRE ASSÉDIO E DOENÇA RECONHECIDO?	CONDENAÇÃO POR DANO MORAL	CONDENAÇÃO POR DANO MATERIAL	PARÂMETROS CONSTITUCIONAIS UTILIZADOS	PARTE RECORRENTE/ RECURSO DE REVISTA ADMITIDO?	DECISÃO UNIPESSOAL OU ACÓRDÃO? REFORMA DO ACÓRDÃO DO TRT?	ÓBICE PROCESSUAL?
45	1329-81.2016.5.10.0002	não	–	–	–	–	art. 5º, X	Reclamante / não (recurso de revista não admitido em 16/01/2019)	–	–
46	1423-02.2016.5.10.0011	–	–	–	–	–	–	–	–	–
47	1445-87-2016.5.10.0002	sim	não reconheceu a prática de assédio moral	reforma a sentença (afirma que não houve nexo, "embora demonstrada atitude abusiva por parte do preposto da reclamada, na medida em que, reiteradamente, chamava a reclamante de "burra" e aos gritos, não se evidencia, como apontado no laudo, a presença efetiva de um agente estressor capaz de desencadear a patologia psiquiátrica sofrida pela empregada")	reduzida para R$ 5.000,00	–	–	Reclamante / não	acórdão / não	Súmula 126/TST

	N. DO PROCESSO - CNJ	TRIBUNAL REGIONAL DO TRABALHO DA 10ª REGIÃO – 2º GRAU DE JURISDIÇÃO (ACÓRDÃO E ADMISSIBILIDADE RECURSAL)							TRIBUNAL SUPERIOR DO TRABALHO INSTÂNCIA EXTRAORDINÁRIA	
		REFORMA DA SENTENÇA?	TIPOLOGIA DE ASSÉDIO RECONHECIDO	NEXO DE CAUSALIDADE / CONCAUSALIDADE ENTRE ASSÉDIO E DOENÇA RECONHECIDO?	CONDENAÇÃO POR DANO MORAL	CONDENAÇÃO POR DANO MATERIAL	PARÂMETROS CONSTITUCIONAIS UTILIZADOS	PARTE RECORRENTE/ RECURSO DE REVISTA ADMITIDO?	DECISÃO UNIPESSOAL OU ACÓRDÃO? REFORMA DO ACÓRDÃO DO TRT?	ÓBICE PROCESSUAL?
48	1532-86.2016.5.10.0020	Conclusos os autos para julgamento (relatar) em 08/10/2018						–	–	–
49	1558-96.2016.5.10.0016	Recebidos os autos para incluir em pauta em 06/12/2018						–	–	–
50	1663-76.2016.5.10.0015	–	–	–	–	–	–	–	–	–
51	1701-97.2016.5.10.0012	–	–	–	–	–	–	–	–	–
52	1708-77.2016.5.10.0016	–	–	–	–	–	–	–	–	–
53	1736-45.2016.5.10.0016	–	–	–	–	–	–	–	–	–
54	1741-52.2016.5.10.0021	–	–	–	–	–	–	–	–	–
55	101-25.2017.5.10.0006	–	–	–	–	–	–	–	–	–
56	127-35.2017.5.10.0002	não	não menciona	–	–	–	art. 5º, V e X	Reclamado / não (decisão de admissibilidade publicada em 15/01/2019)	–	–
57	490-22.2017.5.10.0002	–	–	–	–	–	–	–	–	–

	N. DO PROCESSO - CNJ	TRIBUNAL REGIONAL DO TRABALHO DA 10ª REGIÃO — 2º GRAU DE JURISDIÇÃO (ACÓRDÃO E ADMISSIBILIDADE RECURSAL)							TRIBUNAL SUPERIOR DO TRABALHO INSTÂNCIA EXTRAORDINÁRIA	
		REFORMA DA SENTENÇA?	TIPOLOGIA DE ASSÉDIO RECONHECIDO	NEXO DE CAUSALIDADE / CONCAUSALIDADE ENTRE ASSÉDIO E DOENÇA RECONHECIDO?	CONDENAÇÃO POR DANO MORAL	CONDENAÇÃO POR DANO MATERIAL	PARÂMETROS CONSTITUCIONAIS UTILIZADOS	PARTE RECORRENTE/ RECURSO DE REVISTA ADMITIDO?	DECISÃO UNIPESSOAL OU ACÓRDÃO? REFORMA DO ACÓRDÃO DO TRT?	ÓBICE PROCESSUAL?
58	623-55.2017.5.10.0102	sim	não reconheceu a prática de assédio moral	não	não	não	–	Reclamante / não	recebidos os autos para autuar em 07/01/2019	
59	1087-70.2017.5.10.0008	Conclusos os autos para julgamento (relatar) em 13/11/2018						–	–	–
60	1569-21.2017.5.10.0007	–	–	–	–	–	–	–	–	–